132sa Abb.: ph

Peter Höh

DIE SCHÖNSTEN ROUTEN DURCH SARDINIEN

„Drum bleibt lieber in Rom,
ihr lieben Touristen, und verderbt mir
solche Länder wie Sardinien nicht."
Heinrich von Maltzan
in „Reise auf der Insel Sardinien", 1868

001sa Abb.: ph

DIE SCHÖNSTEN ROUTEN DURCH

SARDINIEN

Peter Höh
Die schönsten Routen durch Sardinien

erschienen im Reise Know-How Verlag Peter Rump GmbH, Bielefeld
Osnabrücker Straße 79, 33649 Bielefeld

Herausgeber: Klaus Werner

2., neu bearbeitete und komplett aktualisierte Auflage 2009

Gestaltung: K. Werner
Fotos: der Autor
Landkarten: Anna Medvedev, Catherine Raisin, Bernhard Spachmüller
Druck und Bindung: Wilhelm & Adam, Heusenstamm

ISBN 978-3-8317-1855-9
Printed in Germany

Dieses Buch ist erhältlich in jeder Buchhandlung Deutschlands, Österreichs, der Schweiz, Belgiens und der Niederlande. Bitte informieren Sie Ihren Buchhändler über folgende Bezugsadressen:

Deutschland: Prolit GmbH, Postfach 9, D-35461 Fernwald (Annerod)
sowie alle Barsortimente
Schweiz: AVA-buch 2000, Postfach 27, CH-8910 Affoltern
Österreich: Mohr Morawa Buchvertrieb GmbH, Sulzengasse 2, A-1230 Wien
Niederlande, Belgien: Willems Adventure, www.willemsadventure.nl

Wer im Buchhandel trotzdem kein Glück hat, bekommt unsere Bücher auch über unseren Büchershop im Internet: www.reise-know-how.de

Wir freuen uns über Kritik, Kommentare und Verbesserungsvorschläge. Alle Informationen in diesem Buch sind vom Autor mit größter Sorgfalt gesammelt und vom Lektorat des Verlages gewissenhaft bearbeitet und überprüft worden. Da inhaltliche und sachliche Fehler nicht ausgeschlossen werden können, erklärt der Verlag, dass alle Angaben im Sinne der Produkthaftung ohne Garantie erfolgen und dass Verlag wie Autor keinerlei Verantwortung und Haftung für inhaltliche und sachliche Fehler übernehmen.
Die Nennung von Firmen und ihren Produkten und ihre Reihenfolge sind als Beispiel ohne Wertung gegenüber anderen anzusehen.
Qualitäts- und Quantitätsangaben sind rein subjektive Einschätzungen des Autors und dienen keinesfalls der Bewertung von Firmen oder Produkten.

INHALTSVERZEICHNIS

VORWORT

Seit vielen Jahren reise ich nun schon über die Insel Sardinien, beruflich wie privat, hin und her und kreuz und quer. Oft, ja sehr oft, mit dem Wohnmobil, weil sich schnell gezeigt hat, dass es kein zweckdienlicheres Arbeitsmittel gibt als so ein mobiles Heim mit Büro, Bad, Bett, Kühlschrank und Kaffee-Kochgelegenheit. So habe ich viele Tausend Kilometer zurückgelegt und dabei diese Art des Reisens quasi „von der Pike auf" kennen gelernt und mich zu einem erfahrenen und überzeugten Wohnmobilisten gemausert. Ich habe die außerordentlichen Vorteile und Reize des Reisens mit dem Wohnmobil erkannt, genutzt und genossen, aber auch seine besondere Problematik erfahren, Grenzen gesehen und nicht zuletzt auch die vielen Vorurteile über die Womos am eigenen Leibe erfahren. Zu Vorteilen und Reiz bleibt nichts weiter zu bemerken, denn die kennt jeder Wohnmobil-Reisende ja selbst am allerbesten. Die elementaren Alltagsprobleme auch: Wo kann ich (sicher) übernachten, wo sauber entsorgen, wo Trinkwasser tanken? Aber auch ungeklärte „Kleinigkeiten" wie „wo parke ich mein Dickschiff gut und sicher in Cagliari", „wie sind die Straßenverhältnisse im gebirgigen Inselzentrum" oder auch „wo kaufe ich den guten Inselwein günstig?".

Diese elementaren Fragen konnte mir keiner der erhältlichen Sardinien-Reiseführer auch nur annähernd befriedigend beantworten. Ich musste von Tag zu Tag versuchen sie selbst zu beantworten, was nicht immer einfach war. Und genau deshalb habe ich mich entschlossen, meinen über die Jahre angewachsenen Erfahrungsschatz zum Thema „Mit dem Wohnmobil auf Sardinien" zu veröffentlichen.

Die wohl wichtigste Erfahrung ist: War Sardinien vor wenigen Jahren tatsächlich noch eines der letzten Womo-Paradiese Europas, wo man den Traum vom „Freistehen am Paradiesstrand" noch realisieren konnte, so ist dies heutzutage nicht mehr so. Das hat mehrere Ursachen: Zum Einen ist es die schiere Masse der Freizeitfahrzeuge, die im Hochsommer besonders vom italienischen Festland auf die Insel kommen und tatsächlich ganze Strände mit ihren Wagenburgen blockieren. Zum anderen ist es aber auch das ignorante Verhalten eines – wenn auch kleinen – Anteils der Womo-Besatzungen, die ohne Skrupel Müll und Abwasser illegal entsorgen. Dies hat dazu geführt, dass nun auch auf Sardinien immer mehr Strandzufahrten und Strandparkplätze für Wohnmobile gesperrt sind und Zuwiderhandlungen immer konsequenter verfolgt werden.

Es war mir deshalb nicht das wichtigste Anliegen, Ihnen mit diesem Tourguide die ganze Vielfalt und Schönheit dieser Insel aufzuzeigen – und schon gar nicht die „letzten Verstecke zum Frei stehen", sondern Ihnen diese tagtäglich wiederkehrenden und wie jeder weiß, nicht ganz selten Anspannung oder gar Stress auslösende Alltagsfragen nach Entsorgung, Übernachtung oder Reiseroute möglichst umfassend, detailliert und reisepraktisch sinnvoll aufbereitet zu beantworten.

Zum Kennenlernen der landschaftlichen und kulturellen Vielfalt dieser Insel empfehle ich nach wie vor den klassischen Reiseführer. In diesem Buch steht der ganz praktische Reisealltag des Reisens im Camper im Vordergrund und Mittelpunkt.

Jede der 7 je nach individuellen Bedürfnissen beliebig miteinander kombinier- und verknüpfbaren Rundtouren sind deshalb sämtliche vorhandenen Campingplätze, alle mir bekannten Wohnmobil-Stellplätze und Ver-/Entsorgungsstationen sowie zahlreiche Trinkwasserquellen angefügt – sowohl im Text als auch in den Tourenplänen und zu guter Letzt auch noch mit den GPS-Koordinaten. So ist sichergestellt, dass jeder, ob mit althergebrachter Autokarte oder satellitengestützt, alles Notwendige jederzeit und an jedem Ort schnell, garantiert punktgenau auffindet.

Natürlich ist dies ein Anfang und kann nur ein Anfang sein. Denn die Infrastruktur für das Reisen im Reisemobil ist in Sardinien erst am Beginn. Ständig kommen neue Stellplätze hinzu und werden bestehende ausgebaut und modernisiert. Ich werde mich auch weiterhin bemühen, alle diese Informationen so vollständig und aktuell als möglich zu halten, nicht zuletzt, indem ich Änderungen zwischen den Auflagen im Internet unter www.sardinienforum.de veröffentliche. Aber viele Augen sehen viel mehr und so bin ich auch auf Ihre Hilfe und Unterstützung angewiesen. Finden Sie einen noch nicht genannten Stellplatz, haben Sie die fehlenden GPS-Koordinaten einer Quelle oder stellen Sie Fehler oder Änderungen fest – schreiben Sie mir Ihre Erfahrungen und Informationen. Um diesen Reisebegleiter für Wohnmobilisten noch besser unseren speziellen Bedürfnissen anpassen zu können, freue ich mich auf Ihre Zuschrift!

Ich wünsche Ihnen eine gute Reise und erlebnisreiche Tage!
Peter Höh

GPS-Koordinaten in diesem Buch

Alle GPS-Koordinaten in diesem Buch sind in zwei verschiedenen Formaten angegeben:
1. UTM-Koordinaten, *die sich zunehmend als Standard durchsetzen. Diese Koordinaten können in jedes GPS-Handgerät eingegeben werden und lassen sich leichter auf eine Papierkarte übertragen. Einige Karten-Programme für den Computer akzeptieren jedoch keine Suche nach UTM-Koordinaten, sondern nur nach Länge und Breite. Beachten Sie, dass bei der Schreibweise der UTM-Koordinaten in diesem Buch beim Rechtswert (mE) die erste Null beibehalten wurde (z.B. 31 T 0670414 UTM 4913878), während sie in der üblichen Schreibweise meist weggelassen wird (31 T 670414 4913878). Wir haben sie beibehalten, da GPS-Geräte bei der Eingabe von UTM-Koordinaten diese Null meist verlangen.*
2. Geografische Koordinaten *(Länge/Breite; Lat./Lon.) in Dezimalgrad (hddd,ddddd) also z. B. N44,35816 E5,13844. Diese zusätzliche Angabe schien uns deshalb erforderlich, weil einige digitale Karten, die auf dem Computer/Notebook verwendet werden können, keine Sucheingaben in UTM-Koordinaten, sondern nur in Länge/Breite akzeptieren. Diese hier angegebenen geografischen Koordinaten sind in aller Regel eine einfache Umrechnung der von uns vor Ort ermittelten UTM-Koordinaten und bezeichnen daher genau den gleichen Punkt.*

Kartendatum *ist grundsätzlich WGS84.*

Nutzung der GPS-Koordinaten: *Wer ein GPS-Gerät oder Navigationssystem benutzt, das Wegpunkt-Eingaben akzeptiert, der kann die Koordinaten direkt in das Gerät eingeben (auf das richtige Format achten!). Praktisch alle GPS-Handgeräte bieten diese Möglichkeit, während die Navigationssysteme oft nur Eingaben von Adressen akzeptieren (Tipp: Alle Garmin-Geräte der Nüvi-Serie akzeptieren Wegpunkteingaben mit geografischen Koordinaten in Dezimalgrad wie sie in diesem Buch verwendet werden). Unterwegs kann man sich dann von seinem Gerät zu den gespeicherten Punkten führen lassen. Handgeräte zeigen in der Regel nur per Pfeil die Richtung an. Geräte zur Straßennavigation (z. B. Nüvi) hingegen können Sie mit Anweisungen per Sprachausgabe auf der Straße dorthin lotsen. Mit Hilfe der Koordinaten können Sie die einzelnen Punkte bereits bei der Reisevorbereitung (oder unterwegs per Notebook) in eine digitale Karte eingeben und darauf anzeigen lassen – oder z. B. auch in Google Earth, um den Camping- oder Stellplatz aus der Vogelperspektive zu sehen.*

Achtung: *Bei jeder Eingabe von Koordinaten ist unbedingt darauf zu achten, dass das richtige Format ausgewählt ist. Am stärksten verbreitet sind geografische Koordinaten – etwa Dezimalgrad (hddd,ddddd) wie im Buch verwendet. Wählt man das falsche Format, ist es, als würde man Kilometer und Meilen verwechseln. Und dann wundert man sich, warum der Platz im Meer liegt. Da ein Grad 60 (nicht 100!) Minuten hat, können Angaben in Dezimalgrad nicht einfach durch Kommaverschiebung in Dezimalminuten umgewandelt werden!*

Koordinaten aus dem Internet: *Um sich die Mühe manueller Koordinateneingabe (und mögliche Fehler) zu ersparen, können Sie die in diesem Buch angegebenen Koordinaten von der Website des Verlags (www.reise-know-how.de) herunterladen. Sie können sich die einzelnen Punkte dann z. B. mit MapSource auf der Landkarte anzeigen lassen und direkt auf Ihr GPS- oder Navigationsgerät übertragen – vorausgesetzt, das Gerät bietet diese Möglichkeit. Dafür geeignet sind z. B. alle Garmin-Geräte der Nüvi-Serie.*

003sa Abb.: ph

004sa Abb.: ph

005sa Abb.: ph

002sa Abb.: ph

PRAKTISCHE REISETIPPS A BIS Z

ANREISE

Wer mit dem Womo nach Sardinien will, sollte vor der Abfahrt einige grundsätzliche Überlegungen anstellen: Fahre ich selbst mit dem eigenen oder geliehenen Womo vom Heimatort aus oder fliege ich und miete vor Ort? Fährt man selbst, so schließt sich die Frage an: Welche Strecke fahre ich? Diese Frage wird von zwei Umständen wesentlich bestimmt. Erstens, wo man selbst losfährt und zweitens, wo die Fähre losfährt?

Sardinien-Information im Internet – www.sardinienforum.de

Unter dieser Internetadresse wird Ihnen geholfen, und zwar zu allem, was mit dem Thema „Sardinien" zu tun hat! Denn hier stellt nicht nur der Autor dieses Buches Aktualisierungen, Veränderungen, Korrekturen, Ergänzungen u. Ä. für Sie bereit, die ihn zwischen den Auflagen erreichen und z. B. durch Leserzuschriften bekannt werden. Im zentralen Forum-Bereich der Seite können darüber hinaus alle alles zum Thema „Sardinien" fragen, sagen, diskutieren und empfehlen, „Ersttäter" können mit alten Hasen Erfahrungen austauschen usw. Besonders interessant ist hier natürlich der Sonderbereich „Womo & Camping", aber auch die Rubrik „Flug & Fähre". Vorbeischauen lohnt sich immer, vor dem Urlaub wie auch nach dem Urlaub oder sonst mal so zum Feierabend.

FLY & DRIVE

Für jeden, der selbst ein Wohnmobil besitzt, ist dieses Thema eher uninteressant. Für die, die mit einem Leihfahrzeug Womo-Urlaub auf Sardinien machen wollen, schon weit mehr. Leihe ich im Heimatland und fahre selbst oder fliege ich nach Sardinien und leihe mir vor Ort ein Fahrzeug? Beides ist möglich, beides hat seine speziellen Vor- und Nachteile.

Beiden Möglichkeiten gemeinsam ist, dass es nicht gerade preiswert ist, sich ein Womo zu leihen, schon gar nicht zu Ferienzeiten. Denn sowohl beim Mieten zu Hause und noch mehr auf Sardinien sind Tagesmieten fällig, mit denen man durchaus auch ein gutes Hotelzimmer bezahlen könnte.

Vor- und Nachteile beim Mieten auf Sardinien

Klarer Vorteil beim Anreisen mit dem Flugzeug und Mieten vor Ort ist, dass die Anreise denkbar schnell und stressfrei erfolgt. Und: Bucht man bei einer der **Billiglinien** nach Sardinien (HLX, Ryanair, easyJet) rechtzeitig, so kann man Tickets schon für 20 € oder weniger erhalten. Dazu spart man die Zeit der langen Anreise und die nicht unerheblichen Unkosten für Benzin, Maut, Verpflegung, Fähre u. a.

Eine **Modellrechnung** sähe dann für die Strecke München – Livorno (1500 km hin und zurück) etwa so aus: Maut (3,5 t) ca. 80 €, Treibstoff ca. 150–200 €, Fähre ca. 250 €, Reisekosten (2 Pers.) ca. 120 €, Anmiet-Ersparnis 3 Tage ca. 350 €.

Das wären also ca. 1000 €, die man beim Anmieten vor Ort gegenüber „Anmieten in München" einsparen würde. Die immateriellen Posten wie Stress, Stau, Zeitdruck, Einschiffungstermin, verlorene Urlaubstage u. Ä. sind natürlich auch noch zu berücksichtigen und besonders in Ferienzeiten nicht zu gering zu veranschlagen.

Der größte Nachteil beim Womo-Mieten auf Sardinien ist, dass man bei der Anreise mit dem Flugzeug natürlich sehr viel weniger an **Ausrüstung und Gepäck** mitnehmen kann als bei der Selbstanreise. Mietfahrzeuge haben meist nur eine Grundausstattung, also das Nötigste, an Bord. Alle Sonderwünsche wie z. B. Strandmatten, Campingstühle, Bettwäsche u. Ä. muss man meist gegen Aufpreis dazu mieten.

Es ist also wichtig, sich genau anzuschauen, was der Mietpreis alles beinhaltet und was nicht. Dazu nehmen es manche italienische Vermieter mit **Sauberkeit, Funktionstüchtigkeit und der Ausstattung** der Fahrzeuge besonders bei großer Nachfrage zu Urlaubshochzeiten nicht immer allzu genau. Dadurch verursachter möglicher Streit wäre dann vor Gerichten in Cagliari oder Olbia auszufechten.

Damit sind wir beim zweiten größeren Nachteil: In Italien zugelassene Fahrzeuge unterliegen auch italienischem Recht, was im Falle des Falles erhebliche Komplikationen mit sich bringen kann. Die **Versicherungsbedingungen** sind also ebenfalls genau zu studieren, bevor man ein Womo auf Sardinien anmietet. Eine Ausnahme ist hier der deutsche Anbieter Sardinien Wohnmobil Vermietung mit Sitz in München (Adresse s. unten).

Vermieter auf Sardinien (noleggio camper)

Auf Sardinien haben sich zwischenzeitlich in Nähe der Flughäfen Cagliari, Olbia und Alghero Vermieter von Womos etabliert.

Einer davon ist der sardische Wohnmobil-Verleiher **Autocaravan Rent,** der insgesamt fünf Stationen in Olbia, Alghero, Oristano und Cagliari sowie Elmas (Flughafen Cagliari) unterhält. Der Anbieter hat vier verschiedene Modelle auf Ford- oder Fiatbasis für vier bis sieben Personen im Programm.

Wer aber doch lieber ein Fahrzeug mit deutscher Zulassung mieten und fahren möchte, der sollte sich mit der in München ansässigen Firma **Sardinien Wohnmobil Vermietung** in Verbindung setzen, deren Fahrzeuge zwar auf der Insel stationiert, aber in Deutschland zugelassen sind und damit deutschem Recht unterliegen. Sardinien Wohnmobil Vermietung bietet eine kleine Flotte der besonders wendigen Marco-Polo- und Ford-Nugget-Busse von unterschiedlicher Größe an. Die Fahrzeuge sind zwar in Olbia stationiert, werden aber auf Wunsch und gegen Aufpreis auch am Flughafen Alghero oder Cagliari übergeben.

Autocaravan Rent S.r.l

Viale Elmas 22, Elmas, autocaravan@tiscali.it, www.autocaravan.it
Cagliari: S.S. 130 KM, 4,350, V.le Elmas 222, Tel. 070 215878, Fax 243514
Elmas: S.S. 130 KM, 6,200 , Via Corbino, Tel. 070 2135122, Fax 2135325
Olbia: Loc. I Giunchi, Tel./Fax 0789 67108
Oristano: S.S. 131 KM 103,00 (Str. nach Sassari bei Esso-Tankstelle), 09070 Tramatza/Oristano, Mobil-Tel. 347 5774476

Sardinien Wohnmobil Vermietung (SWMV)

Travelplan, Lindwurmstr.62, 80337 München, Tel. 089 774232, Fax 770671, www.sardinien-wohnmobil-vermietung.de, travelplan@sardinien-wohnmobil-vermietung.de. Sehr handliche und wendige Fahrzeuge, mit denen auch ein normaler Pkw-Fahrer sich auf Sardinien selbst in kitzligen Fahrsituationen völlig problemlos bewegen kann. Ideal auch für Surfer und andere Sportler als „Basisstation".

› Routenübersicht vorderer Umschlag innen

006sa Abb.: ph

ROUTENPLANUNG

Die Frage „wo überquere ich die Alpen“ ist relativ schnell beantwortet, denn so viele Alternativen gibt es dafür nicht. Die schnellste, bequemste und am meisten genutzte Möglichkeit ist der Weg über die **Schweiz und durch den Gotthard-Tunnel.** Die Strecke ist praktisch durchgängig vierspurige Autobahn, aber auch stark frequentiert mit viel Schwerlastverkehr und während der Ferienzeiten nicht selten überlastet.

Die wichtigste und schnellste östliche Alpenquerung führt über **Österreich und den Brenner.** Diese Route ist durchgängig Autobahn und ebenso wie der Gotthard-Tunnel ständig stark befahren, es herrscht starker Lkw-Verkehr und auch diese Strecke ist zu Urlaubszeiten oft stark überlastet.

Als **Alternative** zu diesen beiden Strecken stehen noch einige wenige Nebenstrecken zu Verfügung, die, abgesehen von der ebenfalls überwiegend vierspurig ausgebauten Route über Chur und St. Moritz, jedoch alle mit erheblichem Mehraufwand an Zeit verbunden sind, dafür aber teils mit herrlicher bis überwältigend schöner Gebirgslandschaft entschädigen. Wer schnell in seinem Fährhafen sein will oder muss, dem bleiben deshalb nur die beiden Hauptrouten Schweiz/Gotthard und Österreich/Brenner.

Welche Strecke die richtige Wahl ist, hängt vor allem vom Startpunkt ab. Wer aus dem Westen Deutschlands via Frankfurt oder Stuttgart anreist, nimmt die Route durch die Schweiz, wer aus dem Ostteil der Republik über Nürnberg/München anreist, die über Österreich.

Egal ob Schweiz oder Österreich: Für die Benutzung der Hauptrouten durch die Alpen ist wie auch für die Benutzung der italienischen Autobahnen eine erhebliche **Maut** fällig. Hier gibt es keine realistische Alternative, außer man hat sehr viel Zeit und will gemütlich auf mautfreien Nebenstrecken in Richtung Süden bummeln.

▲ *Das Beste am Womo: Egal wo man ist, man kann jederzeit einfach anhalten und Pause machen*

SCHWEIZ (GOTTHARD)

Strecke Frankfurt/Main – Genua: 800 km, Fahrzeit ca. 10 Std., Maut ca. 12 €, Vignette Schweiz 27 €, ges. ca. 39 €
Strecke Frankfurt/Main – Livorno: 965 km, Fahrzeit ca. 12 Std., Maut ca. 28 €, Vignette Schweiz 27 €, ges. ca. 55 €

Strecke Frankfurt/Main – Genua

Die Strecke mit einer Gesamtlänge von ziemlich genau 800 Kilometern ist durchgängig auf Autobahnen zu befahren. Wer aus dem Rheintal via Basel (km 328) kommt, dem sei die **A 2 Basel – Luzern** (km 420) empfohlen. So meidet man den Großraum und die Stadt Zürich, wo es nicht selten zu zähfließendem Verkehr oder gar langen Staus kommt.

Anreisende aus Richtung Stuttgart/Singen und Schaffhausen werden das ärgerliche **Nadelöhr Zürich** jedoch kaum umgehen können. Zwar wird seit Jahren an der Beseitigung des Engpasses gearbeitet und Jahr für Jahr ein Stück mehr der flotten vierspurigen Stadtautobahn eröffnet, aber nach wie vor muss der gesamte Transitverkehr noch ein erhebliches Stück auf einer von (nicht aufeinander abgestimmten) Ampeln gespickten Straße quer durch die Stadt. Wer hier in der Rushhour hineingerät, hat schnell wenigstens eine oder auch bis zu 2 Stunden im Endlosstau verloren. Wer Zürich nicht umfahren kann, der sollte zumindest seinen Zeitplan so legen, dass er den Großraum Zürich außerhalb des morgendlichen oder spätnachmittäglichen Berufsverkehrs passiert.

Die beiden Routen treffen südlich des Vierwaldstätter Sees bei Altdorf am gleichnamigen Autobahndreieck aufeinander, um von hier auf der A 2 allmählich hinauf zum **Gotthard-Tunnel** (km 500) zu klettern.

Letzte Halte- und Rastmöglichkeit vor der Tunneleinfahrt ist der Rastplatz Silenen, die erste nach der Durchfahrt der Rastplatz Airolo. Auf beiden Rastplätzen kann man mit dem Womo eine Nacht stehen, doch sind sie beide 24 Stunden am Tag stark frequentiert und deshalb laut und wenig einladend.

Achtung: Schon einige Kilometer vor der Einfahrt Nord und Süd in den Gotthard-Tunnel ist für alle Lkw zwingend eine spezielle **Fahrspur**

Camping

Basel: Camping Waldhort

Tel. +41 (0) 61 7116429, www.camping-waldhort.ch, 1.3.–30.10. Anfahrt: Autobahn J8 Basel – Delémont bis Ausfahrt „Reinach Nord“, dann Ausschilderung folgen. Spezielle Womo-Plätze mit befestigten Standspuren vorhanden. Womo-Platz 18 Sfr inkl. Strom/Entsorgung, Pers. 9 Sfr.

Luzern:
Camping International Lido ****

Lidostraße 19, Tel. +41 (0) 41 3702146, www.camping-international.ch, ganzjährig. Anfahrt: A 2 bis Ausfahrt „Luzern-Zentrum“, weiter Straße Richtung Küssnacht (beschildert). Schöne ruhige Lage direkt am Vierwaldstätter See in parkähnlicher Anlage wenige Minuten vom Zentrum Luzerns. Nach 22 Uhr keine Einfahrt möglich! Stellplatz 10–25 Sfr, Erw. 10 Sfr, Strom 3–5 Sfr.

Camping Sihlwald **

GPS: 32 T 466753 UTM 5234749
N47,26537 E8,56051

Sihlwald, Tel. +41 (0) 44 7200434, 15.4.–15.10. Ebenes, lang gestrecktes Wiesengelände zwischen Bahndamm und Bergbach. Anfahrt: Von der Straße 4/E41 Zürich – Zug etwa 12 km südlich von Zürich beim Bahnhof Sihlwald über den Fluss. Womo 14–18 Sfr, Erw. 7 Sfr, Strom 3 Sfr.

› Routenübersicht vorderer Umschlag innen

Tipp: Fahrt über den Gotthard-Pass

Wer irgend Zeit hat, dem sei die alte Straßenroute über den 2108 m hohen Gotthard-Pass wärmstens ans Herz gelegt. Soweit geöffnet, ist er problemlos auch mit großen Womos befahrbar. Unterwegs können wenigstens die Beifahrer die grandiose Straßenbaukunst und die atemberaubende Gebirgskulisse genießen, durch die sich die Straße von Göschenen in Schwindel erregenden Serpentinen hinaufschraubt. Auf Passhöhe wartet ein Rasthaus mit ausgedehnten Parkplätzen sowie ein kleiner See, an dem man bestens die Nacht verbringen kann. Am Restaurant vorn sind große asphaltierte Parkplätze. Etwas weiter hinten liegt der kleine See mit Schotter- und Wiesenplätzen (GPS: N46,55765 E8,56645). Hier ist es viel ruhiger und idyllischer. Nachts herrscht eine atemberaubende Stille und, falls es wolkenfrei ist, prangt über einem ein unglaublich eindrucksvoller Sternenhimmel!! Auf der Südseite geht es dann ebenso steil und mit – bei klarem Wetter – Blick bis zum Mittelmeer (!!) hinab nach Airolo, wo man wieder auf die Autobahn trifft.

ausgewiesen. Diese ist aber tatsächlich *nur* für Lkw und nicht für Womos, auch nicht für große. Von dieser Spur kommt man schwer oder nach einem Stück Fahrt wegen Absperrungen auch gar nicht mehr zurück auf die Normalspur. Deshalb keinesfalls auf diese Lkw-Spur geraten! Sonst steckt man u. U. stundenlang zwischen den auf die Einfahrt wartenden Lkw fest, denn die werden sicherheitshalber per Ampel nur noch grüppchenweise in den Tunnel gelassen, was auf beiden Tunnelseiten oft zu kilometerlangen Brummi-Warteschlangen führt.

Die Durchfahrt durch den stinkenden, nur zweispurigen, mit 17 km längsten Alpentunnel ist zwar der schnellste Weg in den Süden, aber nicht jedermanns Sache und vor allem alles andere als schön.

Hat man die Wetterscheide des Gotthard-Massivs hinter sich gebracht, geht es problemlos hinab bis nach **Bellinzona** (km 556) und

Camping

Camping Gottardo **

32 T 485955 UTM 5146469
N46,47165 E8,81705

Chiggiogna, Tel. +41 (0) 91 8661562, 1.3.–31.10. Terrassiertes Wiesengelände mit lichtem Baumbestand am Ortsrand oberhalb der Straße. Eigene Bäckerei auf dem Platz. Im oberen Teil für große Womos etwas eng. Anfahrt: auf der A 2 bis Ausfahrt Faido, dann Beschilderung folgen. Womo 14 Sfr, Erw. 7 Sfr (Hochsaison 8,50 Sfr), Strom 3 Sfr.

Stellplatz

Autoparco Comense

GPS: 32 T 503219 UTM 5074949
N45,82810 E9,04145

Via Oldelli 14, Ponte Chiasso; Tel. +39 (0) 31 541158, ganzjährig. Stellplatz auf Truckstop am Stadtrand von Como mit Wasser, Strom und sanitären Einrichtungen. Nahe am Platz Bar, Restaurant, Einkaufsmöglichkeiten. Ins Stadtzentrum zu Fuß oder mit Buslinie 1 oder 12. Anfahrt: ca. 1 km nach der Grenze/Zollabfertigung. Abfahrt „Como Monte Olimpino", dann links und unter der Autobahn durch. Womo/Nacht 10 € inkl. Strom.

Camping

Camping Città di Milano ****

GPS: 32 T 506514 UTM 5035568
N45,47361 E9,08333

Via Gaetano Airaghi 61, in Milano-San Siro, Tel. +39 (0) 2 48207017, www.campingmilano.it, ganzjährig geöffnet. Großes ebenes Gelände mit lichtem Baumbestand nahe der Messe. In Hörweite von Autobahn, Disco und Wasser-Vergnügungspark. Direkte Busverbindungen (Linie 72) ins Zentrum. Anfahrt: von der Tangenziale Ovest. Abfahrt 3 „San Siro/Fiera", dann 2 km gut beschildert. Womo 10 € inkl. Strom, Erw. 9 €.

Camping Villa Doria **

Génova-Pegli, Via al Campeggio 15, Tel. +39 (0) 10 6969600, ganzjährig. Kleinerer, sehr zentral gelegener Platz, leicht ansteigende Terrassen mit altem Baumbestand. Ideal um auf die Fähre zu warten oder die Stadt zu besichtigen. Anfahrt: auf der A 10 bis Ausfahrt „Génova-Pegli". Ab hier ausgeschildert. Anfahrt ist stellenweise etwas eng. Womo 13 €, Erw. 9 €.

über die Grenze ins italienische **Como** (km 620). Von Como führt die **A 9** hinab in die weite Po-Ebene und den **Großraum Mailand** (Milano). Das Fernstraßengewirr um Mailand (km 655) ist gewaltig und der Verkehr fast immer ebenso. Der Autobahnring um die norditalienische Wirtschaftsmetropole ist jedoch durchgehend mindestens dreispurig, auf großen Abschnitten sogar vierspurig und sehr gut beschildert, sodass das Durchkommen gewöhnlich kein größeres Problem darstellt.

Richtig einordnen!

Wer zum Fährhafen will, sollte sich am besten bereits am Ende der Autobahn A 7 an der letzten Zahlstelle möglichst weit links einordnen. Denn nur wenige Hundert Meter nach der Mautstelle führt der Abzweig zum Hafen nach einer langen, nicht einsehbaren Kurve linker Hand in einer Schleife direkt hinab zur Einfahrt des „Terminal Traghetti". Versäumt man diese Abfahrt, landet man auf der Hochstraße über dem Hafen und hat seine liebe Not, irgendwo eine Wendemöglichkeit zu finden und umzukehren und dann die Einfahrt zum Fährhafen zu finden.

Aquarium und Antarktis-Museum

Wer auf die Fähre wartet oder Zeit im Gepäck hat, sollte nicht versäumen, das Aquarium zu besuchen. Das spektakuläre Museum, mit seinen 59 Becken das größte der Welt, liegt unweit der Fähranleger im Porto Antico, der seit seiner Umgestaltung durch den Stararchitekten Renzo Piano mit Panoramakran, Meerespavillon und Kinderstadt eine der Hauptattraktionen der Stadt wurde. In der Nähe befindet sich auch das Antarktis-Museum.
Aquarium: März–Okt. Di.–So. 10–19.30 Uhr, Nov.–Apr. Di.–Fr. 10–18 Uhr, Sa./So. 10–19.30 Uhr
Antarktis-Museum: Di.–Fr. 9.45–17.30 Uhr, Sa./So. 10–18 Uhr

Alternative: Wer den Großraum Mailand umgehen möchte, der kann bereits in Bellinzona (km 557) die A 2 verlassen und entlang des Nordufers des berühmten, landschaftlich sehr reizvollen Lago Maggiore auf gut 60 km Landstraße durch dieselbe bis zur A 26 rollen. Von der Auffahrt „Gravellona" geht es dann auf der A 26 via Novara schnurstracks weiter nach Genua. Um jedoch die Hafeneinfahrt in Genua nicht zu verfehlen, empfiehlt es sich, bei Alexandria die Querverbindung A 21 zu nehmen, die von der A 26 zur A 7 führt.

007sa Abb.: ph

Übernachten im Hafen

Wenn man am späteren Abend im Hafen ankommt und die Fähre geht am nächsten Morgen, wird man vom Hafenpersonal auf einen kleinen Parkplatz im Hafenbereich gelotst, auf dem man prima die Nacht stehen kann. Aber möglichst erst gegen 20 Uhr in den Hafen fahren, denn vorher wird man u. U. wieder weggeschickt, weil noch zu viel Verkehr ist. Zwischen 22 und 6 Uhr ist die Hafeneinfahrt geschlossen!

▲ *Fähre nach Afrika – die Kolumbusstadt Genua ist ganz von ihrem Hafen geprägt*

Strecke Frankfurt/Main – Livorno

Wer in Livorno an Bord seiner Fähre geht, der kann zwar auch über **Genua** (Genova) und dann weiter die Küstenautobahn **A 12** über La Spezia bis Livorno fahren, doch diese Route ist nicht nur etwas länger als die im Anschluss beschriebene via Parma, sondern sie ist meist ziemlich verkehrs- und vor allem extrem kurven- und tunnelreich. Wer behauptet, der 17 km lange Gotthard-Tunnel sei der längste, der ist noch nie diese Küstenautobahn gefahren. Für mich ist dies der längste Tunnel Europas, denn die Strecke zwischen Genua und La Spezia (immerhin rund 70 km) besteht größtenteils aus einer Aneinanderreihung von **zahllosen Tunneln.** Über 50 sind zu durchqueren und wenn man dazwischen kurz das Tageslicht erblickt, dann befindet man sich fast immer auf einem Schwindel erregend hohen Viadukt. Das Ganze ist eine ingenieurstechnische Meisterleistung, aber zum Fahren sehr unangenehm und gefährlich, besonders wegen der völlig enthemmt durch die engen und schlecht beleuchteten Tunnel rasenden Lkws.

Deshalb empfiehlt es sich, nachdem man dem Routenverlauf der Strecke Frankfurt/Main – Genua bis Mailand gefolgt ist, von dort am besten wie folgt weiter nach Livorno zu fahren: Am **Dreieck Milano Sud** geradeaus weiter auf der **A 50** (Tangenziale Ovest) der Beschilderung Bologna folgen und dann auf der **A 1** das flache Tal des Po hinab über Piacenza (km 730) bis zum Dreieck Parma (km 780). Hier

Camping

Camping I Pianelli **

GPS: 32 T 579312 UTM 4929244
N44,51216 E9,99788

Berceto, Tel. +39 (0) 525 64521, www.ipianelli.it, ganzjährig. Schön gelegener Platz in 850 m Höhe mit Einzelterrassen in Hanglage, für größere Womos nur wenige Stellplätze auf Kiesplatz beim Eingang. Anfahrt: auf der A 15 bis Ausfahrt Berceto, dann ca. 6 km Richtung Berceto. Platzzufahrt über abschüssige Straße, Womo 12 €, Erw. 6 €.

Camping St. Michael

bei Tirrenia, Via della Bigattiera 24, Tel. +39 (0) 50 3310350, www.campingstmichael.it, 29.5.-13.9. Ebenes Wiesengelände mit Hecken und alten Bäumen zwischen befahrener Straße und Strand. Flughafen in Hörweite. Anfahrt: auf der A 12 bis Ausfahrt Pisa Centro dann weiter Richtung Tirrenia, gut ausgeschildert. Womo 9,50-13 € inkl. Strom, Erw. 6,50-8 €.

biegt die Route nach Süden ab (Schild „Parma Ovest/La Spezia“ folgen) und führt auf der meist verkehrsarmen **A 15** quer über den Appennin nach La Spezia.

Nach der landschaftlich sehr reizvollen Überquerung des Gebirgszuges geht es ständig bergab und hinab nach La Spezia (km 876). Kurz vor der Stadt muss man auf die **A 12** einschwenken. Auf dieser erreicht man in schnurgerader Fahrt durch die Küstenebene und vorbei an Pisa (km 943) den **Hafen von Livorno.**

Stellplatz

Marina di Pisa

Mobil-Tel. 339 3232787. Schattenloser Platz nahe der Piazza Viviani an der Arnomündung am Meer. Nachts diskret beleuchtet, Ver-/Entsorgung, Duschen, geöffnet 6–24 Uhr. Anfahrt: von Pisa kommend am Ortseingang erste Straße rechts (ausgeschildert). 10 € inkl. Trinkwasser, So. und in ital. Ferien 15 €, Entsorgung 2 €, Kaltduschen, Waschmaschine.

Achtung

Der Passagierhafen von Livorno hat eine neue Zufahrt! Man wird wesentlich früher (ca. 2 km) auf das Fährhafengelände geführt. Die Zufahrt ist besonders für Erstlinge dadurch deutlich einfacher und für alle kürzer geworden. Um zum Fährhafen zu kommen, folgt man nach der Mautstelle den braunen Schildern „Imbarco Passeggeri“. Der neue Zugang zum Hafen heißt „Varco Donegani“.

Livorno: Übernachten im Hafen

Es ist ohne weiteres möglich im Fährhafen eine Nacht zu stehen. Dafür stehen bei der stazione marittima für 10 € besonders ausgewiesene Parkplätze für Womos (20–8 Uhr) zur Verfügung. Besonders in Hochsaisonzeiten ist es jedoch ratsam, das Fahrzeug nicht zu lange alleine zu lassen, da hier schon des Öfteren Womos aufgebrochen wurden. Wer nicht bezahlen will, kann auch direkt vor der Hafeneinfahrt stehen. Hat die letzte Fähre abgelegt, so wird man auch nach Vorzeigen des Tickets schon auf die entsprechende Spur gelotst und kann am Morgen direkt auf die Fähre rollen.

008sa Abb.: ph

◀ *Blick vom Deck der Moby Freedom auf den Hafen von Livorno*

› Routenübersicht vorderer Umschlag innen

ÖSTERREICH (BRENNER)

Strecke München – Livorno: 745 km, Fahrzeit ca. 9 Std., Maut ca. 37 €, Vignette (10 Tage) 7,70 €, gesamt ca. 45 €
Strecke München – Genua: 640 km, Fahrzeit ca. 8 Std., Maut ca. 33 €, Vignette (10 Tage) 7,70 €, gesamt ca. 41 €

Strecke München – Livorno

Die Strecke ist auf ihren gesamten rund 750 km auf Autobahnen zu befahren. Das erste Hindernis ist jedoch bereits der Großraum München, wo sich trotz neuem Ring der Verkehr ständig staut, ganz besonders zu Urlaubszeiten. Berühmt-berüchtigt für ständige Staumeldungen ist auch die gesamte weitere Strecke auf der **A 8** von München bis Dreieck Inntal und weiter auf der **A 93** via Kufstein (km 91) bis Innsbruck (km 161).

Am Dreieck „Innsbruck-Amras" halb links auf die **A 13** Richtung „Italien/Brenner" fahren. Dann klettert die ständig stark befahrene **Brennerautobahn** (mautpflichtig!) langsam aber sicher durch schöne Landschaften und Bergkulissen hinauf und zum 1374 m hohen **Brenner-Pass.** Die Passhöhe bildet die Staatsgrenze (km 196) zu Italien. Anschließend geht es dann weiter auf der **A 22** über Bozen (Bolzano) (km 280) und Trient (Trento) (km 332) bis nach Verona (km 432).

Am Dreieck „Modena" halb links auf die **A 1 Autostrada del Sole** Richtung „Bologna/Roma/Modena" abzweigen und quer durch die Po-Ebene bis nach Modena (km 512). Dann weiter auf der A 1 Richtung Bologna und Florenz (Firenze). Diese Strecke **Bologna – Florenz** ist jedoch stark befahren und weist viele Tunnel auf, sodass viele den etwas längeren, aber angenehmer zu fahrenden Weg über **Parma – La Spezia** bevorzugen.

Kurz vor Florenz bei Firenze Nord (km 635) erst halb rechts halten und auf die A 11 fahren, dann kurz darauf der Beschilderung „Genova/Livorno/Pisa Nord" auf die A 12 folgen. Nun geht es problemlos weiter bis zum Dreieck Pisa Nord (km 710). Dort zweigt man halb rechts auf die „Svincolo Pisa Nord" ab, die nach ca. 2 km auf die A 12 nach Livorno führt. Die Strecke zwischen Pisa und Livor-

Camping

Natterer See ****

bei Innsbruck, Tel. +43 (0) 512 546732, www.natterersee.com, 25.4.–31.10. Reizvoll gelegener, ebener, teils terrassierter Platz mit schönem Baumbestand direkt am See, Badestrand, Liegewiese. Anfahrt: auf der A 13 bis Ausfahrt 3, dann weiter Richtung Natters den Schildern folgen. Womo 8–20 €, Erw. 6–8 €, Strom 3,50 €.

Campingplatz Moosbauer

GPS: 32 T 676398 UTM 5152486
N46,50283 E11,29904

bei Bozen, Tel. +39 (0) 471 918492, www.moosbauer.com, ganzjährig. Ebenes Gelände mit Bäumen zwischen Gärten und Obstplantagen am Fuße eines Abhanges. Anfahrt: auf der A 22 bis Ausfahrt Bozen-Süd, dann weiter auf der Schnellstraße Richtung Meran bis Ausfahrt Eppan. Dann Richtung Bozen und nach ca. 1,5 km Richtung Krankenhaus den CP-Schildern folgen. Womo 13–16,50 € inkl. Strom, Erw. 7,50–8,70 €.

Stellplatz

Autocamp Sadobre

GPS: 32 T 685585 UTM 5194779
N46,88063 E11,43572

In Sterzing/Vipiteno/Autohof. Tel. +39 (0) 472 721793, ganzjährig (Nov.–März eingeschränkter Service). Großer, asphaltierter Platz mit baumbestandenen Wiesenstreifen, Ver-/Entsorgung, Strom, Sanitäranlagen mit Dusche/Sauna, Waschmaschinen, Restaurant. Womo 11 €.

no führt parallel zur Küste durch die Ebene. Beim Autobahnende von Livorno nach der Mautstelle den braunen Schildern „Imbarco Passeggeri" folgen. Der neue Zugang zum Passagierhafen heißt „Varco Donegani".

Piombino: Übernachten im Hafen

Es ist möglich, im Hafen (für 12 € direkt vor dem Eincheckgebäude) oder auch umsonst auf den Imbarcospuren zu übernachten, wegen des lärmenden und stinkenden Stahlwerks ist das aber nicht sehr empfehlenswert. Besser man biegt ca. 3 km vor Piombino zum Golf von Baratti ab: Oberhalb einer großen Badebucht liegen zahlreiche Parkplätze, teilweise erhöht und mit toller Aussicht über den Golf.

La Spezia: Übernachten im Hafen

Womo-Stellplatz auf einer Wiesenfläche am Hafen (8 € Womo/Nacht) oder kostenloser Stellplatz in der Viale San Bartolomeo in Pagliari mit Ver-/Entsorgung (GPS: N44,10350 E9,85897). Achtung: der Platz ist von 20 bis 8 Uhr verschlossen!

Camping

Michelangelo **

In Florenz, Viale Michelangelo 80, Tel. +39 (0) 55 6811977, campeggiomichelangelo.interfree.it, ganzjährig. Nur 1 km bis zum Stadtzentrum. Terrassiertes Hanggelände mit Olivenbäumen. Stellenweise herrlicher Blick über die Stadt. Schnell voll, deshalb frühzeitig anreisen. Anfahrt: A 1 bis Ausfahrt „Firenze Certosa" oder „Firenze Sud". Ab „Piazzale Michelangelo" beschildert. Womo 12,50–14,20 €, Erw. 9,30–10,60 €.

Stellplatz

Lucca

GPS: 32 T 619682 UTM 4855211
N43,84028 E10,48878

Großer, ebener, durch Grünstreifen unterteilter Platz für ca. 40 Womos, nachts beleuchtet, Ver-/Entsorgung, kein Strom, ganzjährig. Anfahrt: A 11 bis Ausfahrt Lucca, dann Richtung „Centro" und Schild P „autocaravan" folgen bis Viale Luporini S. Anna (Porta V. Emanuele) Womo 10–14 €.

Strecke München – Genua

Diese Strecke ist etwas kürzer und preiswerter als die nach Livorno. Bis Trient (km 332) verläuft sie wie die oben beschriebene, dann fährt man an der Ausfahrt „Affi/Lago di Garda Sud" rechts ab auf die **SR 450** und folgt der Beschilderung „Affi/Lago di Garda Sud". Nach zwei Kreisverkehren und ca. 15 km erreicht man bei Peschiera del Garda die **SR 249** und folgt der Beschilderung „Milano/Venezia" bis zur Auffahrt auf die A 4.

Auf der **A 4** Richtung „Milano/Venezia/Modena" bis zum Dreieck „Brescia Centro" (km 460). Dort auf die **A 21** Richtung „Torino/Piacenza/Cremona" abzweigen und auf dieser quer durch das Po-Tal nach Piacenza (km 535) bis zum Autobahnkreuz Tortona. Hier rechts auf die **A 7** der Beschilderung „Milano/Genova/Tortona" folgen. Vorbei an Tortona (km 613) geht es auf der A 7 bis **Genua.** Am Ende der Autobahn der Beschilderung „Genova Ovest/Genova Centro/Fiera/Porto" folgen. Ordnet man sich an der letzten Mautstelle bereits möglichst links ein, führt einen die linke Spur kurz nach der Zahlstelle in weitem Bogen hinab direkt zur **Einfahrt zum „Terminal Traghetti"** und den Sardinien-Fähren.

Camping

Camping Parco al Po ***

Bei Cremona, Lungo Po Europa, 12, Tel. +39 (0) 372 21268, www.campingcremonapo.it, 1.4.–30.9. Ebenes Wiesengelände mit Pappeln am Stadtrand von Cremona. Nur einfache Sanitäranlagen, Vergnügungspark mit Disco in Hörweite. Anfahrt: auf der A 21 bis Abfahrt Cremona oder Castelvetro. Auf der SS10 Richtung Zentrum, am südwestlichen Stadtrand auf beschilderten Abzweig von der SS10 (Cremona – Piacenza) achten. Womo 10 € inkl. Strom, Erw. 6 €.

MAUT

Egal wie man es anstellt und welche Route man wählt: Will man die schnellen Verbindungen nach Süden – sprich: Autobahnen und Alpentunnel – nutzen, wird man zur Kasse gebeten. Ob es sich nun Maut, Vignette, Straßengebühr oder sonstwie nennt – für ihre Nutzung sind erhebliche Summen zu bezahlen. Am gnädigsten ist Italien, am „habgierigsten" die Republik Österreich. Die Gebühren im Einzelnen:

Maut in Österreich

Die Benutzung von Autobahnen und Schnellstraßen ist in Österreich kostenpflichtig. Womos bis zu 3,5 t benötigen dafür eine so genannte **Vignette,** die es für 10 Tage/7,70 €, 2 Monate/22,20 € oder als Jahresvignette/73,80 € gibt. Anhänger benötigen keine Vignette.

Informationen zur Go-Box
Tel. 0800 40011400
(gebührenfrei)
www.go-maut.at

Womos über 3,5 t Gesamtgewicht sind gezwungen, sich wie der Schwerlastverkehr eine so genannte **Go-Box** zu beschaffen. Einziger Unterschied: Beim Womo werden die Achsen von Anhängern nicht mitgezählt. Mit der Go-Box wird die Maut vollelektronisch gemessen und bezahlt. Die Go-Box erhält man gegen eine Gebühr von 5 € an ausgewiesenen Verkaufsstellen an sämtlichen Hauptzufahrtsstrecken nach Österreich sowie in den Grenzbüros des ÖAMTC. Die Box kann mit Guthaben zwischen 75 und 500 € aufgeladen werden. Sie bleibt ab der letzten Aufladung 2 Jahre lang gültig. Die Box muss von innen an der Windschutzscheibe befestigt werden. Auf den vignettenpflichtigen Strecken beträgt die Gebühr für 2-achsige Womos 3,5 t zulässiges Gesamtgewicht 0,16 €/km, für 3-achsige 0,22 €/km.

Damit begnügt sich Österreich jedoch noch lange nicht. Zahlreiche Tunnel und Alpenstrecken sind **sondermautpflichtig.** So z. B. die Brenner-Autobahn oder der Arlberg-Tunnel. Für Womos bis 3,5 t werden für die Brenner-Autobahn nochmals 8 € fällig, für Womos über 3,5 t atemberaubende 28,20 €!

Nimmt man noch das Nachtparkverbot in Österreich dazu, welches verbietet, dass man sich im Womo auf Parkplätzen mal eine Mütze Schlaf holt, so muss man zum Ergebnis kommen: Womo-Reisende, meidet Österreich wo und wann immer ihr könnt!

Maut in der Schweiz

Auch in der Schweiz ist die Benutzung der Autobahnen und autobahnähnlicher Straßen kostenpflichtig. Womos bis 3,5 t benötigen dafür eine **Vignette.** Dies gilt 1 Jahr und ist beim ADAC, ÖAMTC, an allen Grenzübergängen und in grenznahen Regionen auch auf Postämtern und ähnlichen Stellen erhältlich. Achtung: **Anhänger** benötigen eine eigene Vignette! Zu beachten ist, dass die Vignette für das Kalenderjahr gültig ist (inkl. dem Dez. des Vorjahres und dem Jan. des Folgejahres, also gesamt max. 14 Monate). Das heißt, eine am 30.12.05 erworbene Vignette ist also nur noch bis 31.1.06 gültig. Die Jahres-Vignette kostet für Womos bis 3,5 t und Anhänger jew. 27,50 €.

Womos über 3,5 t benötigen dagegen keine Vignette, sondern müssen wie Lkws die so genannte **„Schwerverkehrabgabe"** bezahlen. Im Gegensatz zur Vignette, die nur für die Benutzung der Autobahnen Pflicht ist, muss die Schwerverkehrsabgabe für das gesamte Straßennetz der Schweiz bezahlt werden. Sie erhalten an der Grenze beim Schweizer Zollamt ein „Schwerverkehrabgabe"-Formular, das Sie ausfüllen müssen. Die Beamten hinter dem Schalter sind tendenziell wenig bereit, Ihnen dabei irgendwie behilflich zu sein. Ein mehr oder weniger knurriger Verweis auf die am Ausfüllplatz angebrachte Ausfüllhilfe – mehr werden Sie den Herren Eidgenossen kaum entlocken, diese aber Ihnen allerhand Scheine.

Die Abgabe gibt es für 1–30 aufeinanderfolgende Tage à 3,25 Sfr oder für 1–11 aufeinanderfolgende Monate à 58,50 Sfr oder jahresweise für 650 Sfr.

Transitreisenden, die mehrmals die Schweiz durchqueren wollen oder evtl. auf der Hin- oder Rückreise in der Schweiz übernachten, empfiehlt sich eine **10-Tages-Deklaration.** Diese kostet 32,50 Sfr und ist 1 Jahr gültig. Sie ist jedoch nicht übertragbar, sondern an das Fahrzeug (!) gebunden.

Die jeweiligen Tage sind frei wählbar und mussen selbst mit Tag und Datum in das Formular eingetragen werden. Nicht vergessen, es wird meist bei der Einreise bereits an der Grenze kontrolliert!

Auch in der Schweiz werden für die Benutzung bestimmter Tunnel trotz Vignette und Schwerlastabgabe weitere **Sondernutzungsgebühren** erhoben. Der Gotthard-Tunnel ist zwar abgabefrei, für den Großen St. Bernhard-Tunnel sind für Womos jedoch 46 Sfr (hin und zurück 74 Sfr) fällig.

Maut in Italien

Auch im Autonarrenland Italien ist die Benutzung von Autobahnen mautpflichtig. Die Bezahlung derselben erfolgt auf zwei unterschiedliche Arten.

Auf dem größten Teil des Autobahnnetzes erfolgt sie im **„geschlossenen System",** d. h., man zieht beim Einfahren an der **Mautstelle** *(stazione)* ein **Ticket,** das man beim Verlassen einem Kassierer vorzeigt und bezahlt. Benötigen Sie eine Quittung, bitten Sie um eine *ricevuta.*

Achtung: Unbedingt Ticket ziehen (roten Knopf drücken) und nicht verlieren, denn wer beim Verlassen des geschlossenen Systems kein Ticket vorweisen kann, zahlt unweigerlich den Maximalbetrag! Auch wer VIACARD nutzt, muss beim Einfahren den roten Knopf drücken und ein Mautticket ziehen. Sollte kein Ticket aus dem Apparat kommen, auf den Hilfeknopf drücken und warten, bis Hilfe kommt.

Auf manchen, meist kürzeren Autobahnabschnitten wie z. B. auf der Strecke Como – Milano (A 9) oder Varese – Milano (A 3) wird die Maut im **„offenen System"** erhoben. Dort muss kein Ticket gezogen werden, sondern man fährt bis zur **Zahlstelle,** wo für die Strecke am

› Routenübersicht vorderer Umschlag innen

VIACARD

Die VIACARD im Wert von 25,50 oder 51 € erhält man bei allen ADAC-Geschäftsstellen, unter der Rufnr. 01805 101112 (0,14 €/min) oder unter www.adac.de.

Richtig einordnen!

Achten Sie bei der Anfahrt auf die Zahlstellen unbedingt darauf, auf welche Zahlart-Spur Sie sich einordnen müssen. Denn unerlaubter Spurwechsel, Rückwärtsfahren oder gar Wenden ist an den Mautstellen strikt verboten und wird hart bestraft.

Kassenhäuschen ein Pauschalbetrag bar bezahlt wird. Dafür Kleingeld, am besten bereits abgezählt, bereithalten.

Neben der Barzahlung kann die Maut auch mit gängigen **Kreditkarten,** mit der Maestro-(EC-)Karte oder mit der beim ADAC erhältlichen und frei übertragbaren **VIACARD** bezahlt werden. Den „Telepass" können sie als Tourist nicht nutzen. Bei Benutzung der VIACARD ist darauf zu achten, dass noch genügend Guthaben auf der Karte ist. Denn ein Bezahlen von Restbeträgen in bar ist nicht möglich!

Bei Bezahlung per Karte die gezogene Mautkarte in den vorgesehenen Schlitz stecken. Daraufhin wird auf einem Display der zu bezahlende Betrag angezeigt. Dann die Karte einführen und nicht vergessen, sie nach der Abbuchung wieder zu entnehmen.

DIPLOMATISCHE VERTRETUNGEN

ITALIENISCHE BOTSCHAFTEN

- **Deutschland:** Hiroshimastr. 1, 10785 Berlin, Tel. 030 254400, Fax 25440140, www.ambberlino.esteri.it
- **Österreich:** Rennweg 27, 1030 Wien, Tel. 01 7125121, Fax 7139719, www.ambvienna.esteri.it
- **Schweiz:** Elfenstr. 14, 3000 Bern 16, Tel. 031 3500777, Fax 3500711, http://sedi.esteri.it/berna

VERTRETUNGEN IN ITALIEN

Tipp für Notfälle

In besonders dringenden Fällen ist die **deutsche Botschaft in Rom** auch außerhalb der Öffnungszeiten und an Sonn- und Feiertagen über Tel. +39 3357904170 erreichbar.

Deutsche Vertretungen

- **Botschaft:** Via San Martino della Battaglia 4, 00185 Rom, Tel. +39 (0) 6 492131, Fax 4452672, www.rom.diplo.de
- **Generalkonsulat:** Via Solferino 40, 20121 Mailand, Tel. +39 (0) 2 6231101, Fax 6554213, www.mailand.diplo.de, im Notfall tägl. bis 24 Uhr unter Mobil-Tel. +39 335 6255621
- **Honorarkonsulat:** Dott.ssa Alessandra Bruder, Via Raffa Garzia 9, 09126 Cagliari, Tel./Fax +39 (0) 70 307229

Österreichische Vertretungen

- **Botschaft:** Via Pergolesi 3, 00198 Rom, Tel. +39 (0) 6 8440141, Fax 8543286, www.aussenministerium.at/rom
- **Generalkonsulat:** Piazza del Liberty 8/4, 20121 Mailand, Tel. +39 (0) 2 783743, Fax 783625

Schweizer Vertretungen

- **Botschaft:** Via Barnaba Oriani 61, 00197 Rom, Tel. +39 (0) 6 809571, Fax 8088510, www.eda.admin.ch/roma
- **Konsulat:** Via XX Settembre 16, 09125 Cagliari, Tel. +39 (0) 70 663661, Fax 668042

009sa Abb.: ph

EINKAUFEN

Italien und damit auch Sardinien ist ein Schlaraffenland für Gegner gesetzlich geregelter **Ladenschlusszeiten.** Befreit von obrigkeitsstaatlichen Vorgaben macht jeder, wie er kann und will. Dennoch haben sich gewisse Kernzeiten herausgebildet, nach denen man seinen Einkauf planen sollte, und Besonderheiten, die zu beachten sind.

Wichtigste Grundregel: Es gibt die lange, sehr lange **Siesta** zur Mittagszeit. Zwischen 13 Uhr und 16/17 Uhr ist alles geschlossen. Und da diese sich über den halben Tag erstreckende Mittagspause eine heilige Institution ist, sollte sie in nur wirklich dringenden Fällen gestört werden. Das bedeutet: Entweder muss man recht früh auf den Beinen sein, um seine Einkäufe vor der halbtägigen Pause erledigt zu bekommen oder sich dann am Abend in das allabendliche Getümmel stürzen.

Bäckereien, Lebensmittelläden, Einzelhandelsgeschäfte und ähnliche **Versorgungseinrichtungen** sind in der Regel Mo.–Fr. 8.30/9.00–13 Uhr und 16/17–19.30/20 Uhr geöffnet. Während der Saison verlängern die Läden in den Urlaubszentren und Ferienorten die Verkaufszeit bis ca. 21 Uhr oder gar länger. Am Samstag sind sie überwiegend nur vormittags geöffnet und am Sonntag findet man im katholischen Sardinien höchstens in den viel besuchten Tourismuszentren an der Küste eine geöffnete Ladentür. Frische **Backwaren** gibt es allerdings fast immer – auch sonntags, denn wenigstens ein Bäcker öffnet auch am Sonntag seine Tür. Allerdings überwiegend nur am Vormittag.

Apropos Backwaren: Wichtig ist zu wissen, dass man Brot und Brötchen besonders auf Campingplätzen, Supermärkten etc. möglichst früh am Tage, auf jeden Fall vor der Siesta, einkaufen sollte. Denn

▲ *Am besten kauft man direkt beim Bauern am Straßenrand oder in kleinen Tante-Emma-Lädchen*

Literaturtipp

„Italienisch kulinarisch", Reihe KAUDERWELSCH, REISE KNOW-HOW Verlag. Mit diesem Sprachführer nie wieder sprachlos sein beim Einkaufen, im Café und Restaurant.

Shopping in der Città Mercato

Fast alle Womoreisenden kommen mit der Fähre in Olbia/Golfo Aranci an und brechen von dort in alle Himmelsrichtungen zu ihren Urlaubszielen auf. So hat es sich ergeben, dass viele sich in Olbia erst mal ordentlich verproviantieren. Von Lage, Größe und Parkmöglichkeiten ideal dafür sind die riesigen, auch sonntags geöffneten Einkaufszentren am nördlichen und südlichen Stadtrand von Olbia. Sie sind schnell über die breiten Ausfallstraßen Richtung Costa Smeralda oder Orosei/Nuoro zu erreichen, bieten reichlich Parkflächen und ein sehr breites Warenangebot. So ist der Stop bei „Auchan" (Süden) oder „Iperstanda" (Norden) für viele Wohnmobilisten schon zum beliebten Auftakt-Ritual des beginnenden Urlaubs geworden. Auch bevor man dann am Ende des Urlaubs wieder auf die Fähre geht, decken sich hier zahlreiche Heimkehrer noch schnell mit sardischen Köstlichkeiten ein. Doch Achtung: Die beiden Shoppingcenter, besonders aber Auchan im Süden, sind dadurch auch bei zwielichtigem Volk sehr beliebt geworden und haben sich bedauerlicherweise zu Schwerpunkten von Diebstählen und Autoaufbrüchen entwickelt. Ganze Wohnwagen sind vom Auchan-Parkplatz schon verschwunden, während die Familie heiter shoppen war. Ich persönlich ziehe es deshalb vor, in einem der anderen Supermärkte von Olbia meine ersten und letzten Einkäufe zu tätigen. Sie sind für die Langfinger wenig interessant, weil dort eben nicht Massen an unbewachten Touristenautos verlassen herumstehen. Wer dennoch in diesen Shopping-Centren einkauft, der sollte sein Auto besser nie alleine lassen. Ist dies nicht möglich, besser auf den Einkauf verzichten. Denn trotz zeitweiser optischer Präsenz von Sicherheitspersonal auf den Parkplätzen sollte man sich nicht in falscher Sicherheit wiegen – die Security-Jungs sehen martialisch aus, sind aber leider wenig wirkungsvoll und im Ernstfall ziemlich uninteressiert.

zur abendlichen Öffnungszeit steht man nicht selten vor den alten Resten des Vormittages oder gar leeren Brotregalen. Kauft man direkt beim Bäcker *(panificio)*, was immer das Beste ist, verhält es sich natürlich nicht so, weil dieser für den Abend meist eine zweite Backrunde einlegt, also ganz frische Ware hat.

Souvenirshops, Geschäfte für Tourismus- und Freizeitbedarf, Kioske u. Ä. haben während der Sommersaison häufig auch bis weit in die späten Nachtstunden geöffnet.

LEBENSMITTEL

Grundsätzlich können auf Sardinien sämtliche angebotenen Lebensmittel ohne Bedenken oder Vorsichtsmaßnahmen verzehrt werden. Die Preise für Lebensmittel sind relativ hoch, auch in den immer zahlreicher werdenden Supermärkten. Das Preisgefälle zwischen Tante-Emma-Laden und dem Shopping Center ist deutlich geringer als in Deutschland.

Was man besser mitbringt

Wer zum Frühstück seinen gewohnten **Bohnenkaffee** nicht entbehren will, der sollte sich einen ausreichenden Vorrat davon mitbringen, denn in den Regalen vor Ort findet man ausschließlich Espresso. Auch **Quark** und **Müsli und Vollkornprodukte** werden nur selten angeboten. Ebenfalls nur im Ausnahmefall erhält man **Bio-Produkte.** Fruchtsäfte gibt es überall, jedoch zu Schwindel erregenden Preisen.

Sonnenschutz

Sonnenschutzcreme gibt es in allen Varianten und Schutzfaktoren zuhauf, jedoch zu irrwitzigen Preisen. Deshalb gleich genügend davon mitnehmen. Achtung: Sie brauchen mehr, als Sie glauben!

Sardische Produkte (prodotti sardi)

Gut und günstig kauft man immer direkt beim Produzenten ein. Dies ist einerseits bei den vielen **Obst- und Gemüseständen** möglich, an denen die Bauern ihre qualitativ hochwertigen Produkte am Straßenrand, aus der Garage oder Haustür heraus anbieten. Geht man öfter mal zu demselben Händler, so wird man erleben, dass man kaum einmal weggeht, ohne nicht noch schnell ein paar leckere Tomaten oder eine saftige Melone oder sonst etwas als „kleine Aufmerksamkeit" mal eben so eingepackt erhält. Also wer kann, der sollte sich möglichst beim Erzeuger direkt eindecken.

Das gilt natürlich nicht nur für Obst und Gemüse, sondern auch für Fisch und Fleisch und natürlich für den köstlichen sardischen Wein! In zahlreichen Orten gibt es so genannte „Cantine Sociale" – **Erzeugergenossenschaften,** die vom Käse über Wein bis zur Pasta viele weiterverarbeitete Produkte und Waren anbieten. Die Verkaufsräume liegen praktisch immer, meist gut ausgeschildert, außerhalb der Ortszentren in Gewerbegebieten mit großen Parkflächen, was für große Womos von Vorteil ist. Sie haben gewöhnlich dieselben Öffnungszeiten wie die normalen Ladengeschäfte im Zentrum.

Brotland Sardinien

Hartnäckig hält sich das Gerücht, in Sardinien gäbe es nur das von den ernährungsbewussten Mitteleuropäern wenig geliebte Weißbrot, meist in einer eher labberigen Form. Wer nur die in der Fabrik produzierten, italienischen pannini im Supermarkt kauft, dem mag das so scheinen. Doch das ist grundfalsch! Ein Gang zum örtlichen Bäcker wird es zeigen – Sardinien ist absolutes Brotland! Es gibt hunderte von Sorten, Arten und Varianten. Jedes Dorf hat seine eigenen Backtraditionen und Kreationen dieses hoch geachteten Grundnahrungsmittels. Jeder Bäcker bietet verschiedene Variationen davon an. Probieren Sie sich durch! Es gibt wirkliche Brot-Köstlichkeiten.

010sa Abb.: ph

▲ *Das sardische Hirtenbrot „pane crasau" wird häufig noch zu Hause im Holzofen gebacken*

SUPERMARKT/ISA

Vor wenigen Jahren noch eher selten, beherrschen nun auch auf Sardinien langsam die großen Supermärkte und Discounter die Szene. Wer seine Einkäufe hier erledigt, der kann dies mancherorts auch bei Lidl und Aldi tun. Oder auch bei der französischen Auchan-Kette oder dem italienischen Konzern SISA. Hier findet man jedoch überwiegend das gleiche **„internationale" Warensortiment** wie in allen anderen Filialen dieser Konzerne. Wer Wert auf **sardische Produkte** legt (und darauf, dass sein Geld nicht in die Kassen nach Deutschland, Paris oder Rom fließt, sondern

› Routenübersicht vorderer Umschlag innen

auf der Insel bleibt), der sollte auf Geschäfte mit dem Zeichen **„ISA“** achten. Denn ISA steht für „**I**ndustria **S**arda **A**groalimentari“, ist in sardischem Besitz und fast in jedem Ort mit wenigstens einer Filiale vertreten. Unter dem Label **„Nonna ISA“,** das eine Sardin in Tracht zeigt, bietet die Supermarktkette rund 1000 verschiedene Produkte und Erzeugnisse aus der Region an.

EINREISEBESTIMMUNGEN

Für Bürger der EU entfallen Kontrollen an den gemeinsamen Grenzen der dem Schengener Abkommen beigetretenen Mitgliedsstaaten. Abgesehen vom Transit durch das Nicht-Mitglied Schweiz ist auf der Fahrt nach Sardinien also mit keinen Grenzformalitäten mehr zu rechnen.

Das bedeutet jedoch nicht, dass keine Dokumente mehr mitgeführt werden müssen. Für die Einreise nach Italien, nach Österreich oder in die Schweiz ist für Bürger der EU und für Schweizer jedoch nur der **Personalausweis** (alternativ Reisepass) erforderlich. Kinder von 0 bis 12 Jahren benötigen seit 2006 einen eigenen **Kinderreisepass** mit Lichtbild! Kinderausweise und Eintragungen in den elterlichen Ausweis sind nicht mehr gültig.

Wer mit dem Womo einreist, muss den **nationalen Führerschein** und den **Kfz-Schein** bei sich führen. Die Mitnahme der **Grünen Versicherungskarte** wird sehr empfohlen, da sie als Versicherungsnachweis dient und z. B. bei einem Unfall die Abwicklung erheblich erleichtert. Wer sein Fahrzeug bereits mit einem neuen Euro-Nummernschild ausgestattet hat, braucht kein Nationalitätskennzeichen mehr am Auto zu haben.

FÄHREN

VORÜBERLEGUNGEN

Welche Fähre, welche Strecke? Das sind die beiden „Schicksalsfragen“, die Jahr für Jahr unter den Sardinienfahrern immer wieder heiß und heftig diskutiert werden. Der eine empfiehlt genau das, was der andere als Allerletztes empfehlen würde und natürlich umgekehrt.

Denn *die* Strecke gibt es genau sowenig wie *die* Fährgesellschaft. Das Angebot an Linien wie an Reedereien ist groß und die Bedürfnisse der Reisenden oft grundverschieden. Wer vor der Wahl steht, sollte sich selbst erst einmal folgende Grundfragen beantworten: Soll die Fährpassage möglichst schnell gehen oder möglichst billig oder möglichst komfortabel sein? Hat man sich dies einigermaßen beantwortet, so lichtet sich der auf den ersten Blick tatsächlich völlig unübersichtliche Wust an Strecken, Möglichkeiten und Angeboten.

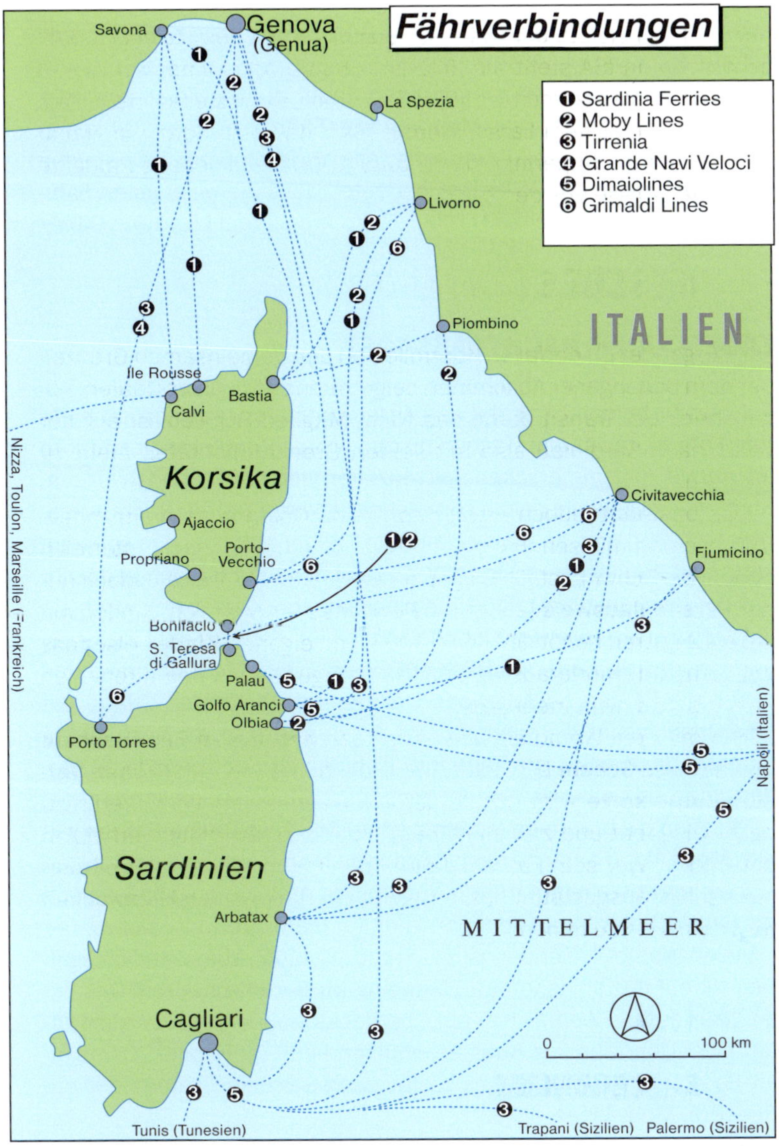

ROUTEN

Streckenmäßig die kürzeste Überfahrt ist die von Civitavecchia nach Olbia bzw. Golfo Aranci. Da hier jedoch eine wesentlich längere Anreise auf der mautpflichtigen Autobahn anfällt (von Livorno ca. 300 Kilometer), empfehlen sich für Reisende aus Richtung Norden nur die Fährhäfen Genua, La Spezia oder Livorno. Tatsächlich nimmt der überwältigende Teil der Autoreisenden aus Deutschland, Österreich und der Schweiz die Fähre ab Genua oder ab Livorno. Die beiden Hafenstädte sind beide relativ schnell zu erreichen und von diesen verkehren auch die meisten Fähren und die wichtigsten Fährgesellschaften.

Nicht anders sieht es „am anderen Ende“ auf Sardinien aus. Hier kommt die überwältigende Mehrheit aller Fährreisenden in Olbia und im nahegelegenen Golfo Aranci an. Alle anderen Fährhäfen spielen eine untergeordnete Rolle. Das bedeutet, dass die wichtigsten Fährlinien die Strecken Genua – Olbia/Golfo Aranci und Livorno – Olbia/Golfo Aranci sind.

TAGES- ODER NACHTPASSAGE?

Auf diesen beiden Strecken verkehren normalerweise täglich mehrere Fähren, meist eine Tagesfähre am Morgen und eine Nachtfähre am Abend. In sommerlichen Spitzenzeiten wird der Takt noch erhöht. Komfortabel sind die deshalb im Schnitt etwas teureren Nachtpassagen, weil man hier, so man eine Kabine gebucht hat, schön schlafen kann und am nächsten Tag früh, ausgeschlafen und frisch geduscht auf der Insel ankommt. Eine Tagespassage hat den Vorteil, dass sie die preiswerteste Variante ist und so eine Schiffsreise mit Liegestuhl und Cocktail an Bord und Blick aufs weite blaue Meer und die nicht selten die Fähren begleitenden Delfine einfach für den Urlaub auf einer Insel sicher die allerschönste Art der Anreise ist. Dazu bieten manche Reedereien am Tage ihre Kabinen zu Spottpreisen an, sodass man sein eigenes Zimmer zum Ausspannen haben kann.

Neu sind die brandneu in Dienst gestellten **Fast-Cruise-Fähren** wie die „Moby Aki“ (Fahrzeit knapp 6 Std.) von Moby Lines, die am Morgen starten und bereits am frühen Nachmittag ankommen, sodass noch vor Einbruch der Nacht genügend Zeit für die Weiterfahrt bleibt.

Vielen Womo-Reisenden ist die Frage „Kabine“ aber ziemlich egal, weil sie auf das so genannte **„Camping an Bord“** schwören. Das bedeutet, dass die Womos hier auf Oberdecks stehen und man sie während der Überfahrt als Kabine benutzen kann (s. Kapitel „Camping an Bord“). Diese Möglichkeit bietet nach Sardinien jedoch nur die Reederei Moby Lines.

SCHNELLFÄHREN (EXPRESS FERRIES)

Neben den normalen Cruise Ferries gibt es auf immer mehr Strecken auch immer mehr Express-Fähren. Der Vorteil dieser bis zu 70 Stundenkilometer schnellen Schiffe: Sie benötigen für die Überfahrt nur etwa die Hälfte der normalen Zeit. Nachteil: Sie sind erheblich teurer als die Normalfähren, haben keine Kabinen und sind, weil wesentlich kleiner, weit wetteranfälliger als die riesigen Cruise-Fähren, weshalb hier mit wesentlich häufigeren wetterbedingten Ausfällen gerechnet werden muss.

Inselhüpfen über Korsika

Eine interessante und auch schöne Alternative zur direkten Anreise ist das Inselhüpfen über Korsika, das von einigen Linien wie beispielsweise Moby Lines angeboten wird. Hierbei geht man in Bastia auf Korsika an Land, bummelt je nach Zeit und Lust auf irgendeinem Weg durch das landschaftlich zauberhafte Korsika bis an die Südküste nach Bonifacio (kürzeste, aber nicht unbedingt schönste Route entlang der Ostküste von Bastia nach Bonifacio ca. 180 Kilometer) und setzt dort über den schmalen Meereskanal (ca. eine Stunde) nach Santa Teresa di Gallura auf Sardinien über.

PREISE

Die Frage „Was kostet eine Fährpassage nach Sardinien?" kann Ihnen heute niemand mehr genau beantworten. Denn der beinharte und jährlich gnadenloser werdende Konkurrenzkampf der Reedereien untereinander und gegen die übermächtige Konkurrenz der Billigflieger hat die Fährlinien zu einem kaum mehr zu durchschauenden Preissystem veranlasst. So gibt es nun nicht mehr nur spezielle Preise für spezielle Wochentage oder Abfahrtstermine, sondern zusätzlich zahlreiche Rabatte, Sondertarife, Jackpot-Preise oder sonstige Spezialangebote und Vergünstigungen. Zusätzlich haben die beiden Marktführer Moby Lines und Sardinia Ferries zum größten Teil gar keine festen Preise mehr, sondern setzen ihre Preise nach einem System fest, das sie den Billigfliegern abgeschaut haben. In Kurzform bedeutet das, dass es bestimmte, jedoch sehr eng begrenzte Kontingente zu extremen Niedrigpreisen gibt (wie z. B. bei Moby Lines ab 1 €), die Ticketpreise von der Buchungslage abhängig sind und sich ständig und schnell ändern können.

BUCHUNG

Auch die Faustregel „Je früher, desto billiger gebucht" gilt so nicht mehr. Tipp: Erst abwarten, bis alle Wettbewerber ihre Preise veröffentlicht haben, dann gründlich vergleichen.

Am einfachsten und schnellsten ist das Buchen im **Internet.** Alle Fährlinien haben auf ihren Homepages diese Möglichkeit eingerichtet. Das geht tatsächlich schnell und unkompliziert. Aber eben nur, solange keine Komplikationen auftreten. Denn gibt es welche, sitzt ihr Ansprechpartner dafür möglicherweise in Savona oder Genua oder sonstwo auf der Welt. Dazu kämpfen sich nur noch Menschen mit viel Zeit oder Experten erfolgreich durch den derzeitigen Tarifdschungel.

› Fährroutenübersicht Seite 29

Wer dies alles nicht haben möchte, der kann sich an Anbieter und **Spezialisten** wie z. B. die Fa. Turisarda in Düsseldorf oder Vademecum in Ulm wenden. Diese vergleichen für Sie die Tarife der einzelnen Linien und buchen das Ticket ohne Aufschlag. Es ist damit also nicht teurer als online selbst gebucht. Im Gegenteil, es ist sogar nicht selten billiger, weil man schon einigermaßen erfahren und ausgefuchst sein muss, um sich in dem wuchernden Tarifdschungel zurechtzufinden.

Einige **Reedereien** haben in Deutschland, der Schweiz und Österreich auch eigene **Agenturen** oder Generalvertretungen, bei denen man diesen Anbieter direkt buchen kann, was jedoch nicht unbedingt die preiswertesten Tickets ergeben muss.

EINSCHIFFUNG (IMBARCO)

Während man früher noch vor dem Einschiffen mit dem Ticket ins jeweilige Reederei-Hafenbüro musste, ist dies in großen Häfen wie Genua und Livorno zwischenzeitlich auf **elektronische Erfassung** umgestellt worden. Das heißt, man wird wie in Genua direkt bei Einfahrt in den Hafen bereits elektronisch eingecheckt und in die betreffende Imbarco-Zone weitergeleitet oder man fährt wie in Livorno direkt dorthin. Dort wird das Einchecken durch Personal der Reederei mittels tragbaren elektronischen Lesegeräten kurz vor dem An-Bord-gehen erledigt.

▼ *Die Moby Freedom – die neuen Fähren sind Giganten der Meere*

011sa Abb.: ph

In der Hochsaison ist es erforderlich, **wenigstens eine Stunde, besser eineinhalb vor der Abfahrt** im Hafen zu sein. In der Vor- und Nachsaison genügt es, etwa eine Stunde vor Abfahrt da zu sein.

Achtung: Womos können **auf der Rampe** sowohl beim Auffahren als auch beim Abfahren schnell aufsetzen. Um das zu verhindern, liegen auf allen Fähren dicke Taue, Dielen o. Ä. Material bereit. Oft werden diese jedoch vom Einweisungspersonal nicht ausgelegt.

Mein Rat: Fahren Sie die Rampe möglichst schräg an. Haben Sie Bedenken, verlassen Sie sich nicht auf die Zeichen der Einweiser, sondern bestehen Sie auf dem **Auslegen der Dielen** etc. Denn beschädigen Sie Ihr Fahrzeug (ich habe auf diese Weise schon zwei Frontspoiler beschädigt), so interessiert das die Crew wenig. Die zucken mit den Schultern und laufen weg und die Reederei haftet sowieso für nichts!

DIE FÄHRLINIEN

Insgesamt buhlen gleich **sechs Fährlinien** um die Gunst der Kunden. Generell kann man sagen, dass darunter keine ist, von der aus triftigen Gründen wie Hygiene oder Sicherheit abgeraten werden müsste. Alle erfüllen die Mindeststandards. Darüber hinaus gibt es jedoch dann schon erhebliche Unterschiede zwischen den einzelnen Linien und auch Schiffen, die durchaus einer näheren Betrachtung würdig sind. So kann man mit dem Womo z. B. sehr preiswert „Camping-an-Bord" machen oder für einige Euro mehr auf den luxuriösen Fähren von Grimaldi/Grandi Navi Veloci mit Kabine und À-la-carte-Restaurant bereits die Anreise wie im gehobenen Hotel erleben.

Moby Lines

Der klare **Marktführer** auf den Linien von Italien nach Sardinien ist Moby Lines, die Gesellschaft mit dem dicken Fisch. Nicht von ungefähr, denn die meist fröhlich bunt angemalten Fähren liegen in Sachen Qualität, Sauberkeit und Pünktlichkeit mit an vorderster Stelle. Dazu bietet Moby Lines von **„Camping-an-Bord"** bis „Schwimmendes Hotel" die gesamte Breite an Möglichkeiten.

Besonders seit sie mit den neuen, ebenso riesigen wie luxuriösen **Cruise Ferries** „Moby Wonder" und „Moby Freedom" sowie der brandneuen **Fast-Cruise-Fähre** „Moby Aki" (Fahrzeit knapp 6 Std.) unterwegs sind, die von Ausstattung und Niveau schon in die Klasse von Kreuzfahrtschiffen vorstoßen, ist diese Linie die beliebteste geworden. Die Kabinen dieser Schiffe unterscheiden sich in Größe und Ausstattung in nichts von einem guten Hotelzimmer. Eigenes Bad mit Dusche und Föhn sind also inklusive.

Elegantes **Flaggschiff in Sachen Komfort und Luxus** ist die „Moby Drea", die anspruchsvollen Gästen in der V-Class Suiten, reichhaltiges Frühstücksbuffet und andere gehobene Serviceleistungen bietet.

Linien

- Genua – Olbia
- Genua – Porto Torres
- Livorno – Olbia
- Civitavecchia – Olbia
- Piombino – Olbia

Buchungszentrale

Moby Lines Europe GmbH
Wilhelmstr. 36-38, 65183
Wiesbaden, Tel. 0611
14020, Fax 1402244
www.mobylines.de

Camping an Bord

*Die schönste Sache für Wohnmobil-Fans ist sicherlich das sogenannte „Camping an Bord", das derzeit jedoch nur von **Moby Lines** und nur vom 1. April bis zum 31. Oktober sowie nur auf der Strecke von **Piombino nach Olbia** angeboten wird.*
*Dafür sind allerdings nur **Dieselfahrzeuge** zugelassen. **Strom- und Wasseranschlüsse** für das Wohnmobil gibt es an Bord nicht und die eigenen **Gasanlagen** dürfen ebenfalls nicht benutzt werden – es darf also nicht gekocht werden!*
*Die **Reederei** haftet für keinerlei Schäden beim Aufenthalt im Fahrzeug. Bei Gefahr – wie sehr schlechtem Wetter – kann der Kapitän das Parkdeck auch komplett räumen lassen und den Zugang verbieten.*

› Fährroutenübersicht Seite 29

142sa Abb.: ph

▲ *Wenn die dicken Fähren ihre Ladung ausspucken, herrscht im Hafen Hochbetrieb*

Hafenbüros

Genua: Tel. +39 (0) 10 2541513
Livorno: Staz. Marittima, Tel. +39 (0) 586 899950
Piombino: Tel. +39 (0) 565 222300
Olbia: Tel. +39 (0) 789 27927
Civitavecchia: Tel. +39 (0) 766 35245
Santa Teresa Gallura: Tel. +39 (0)789 751449

Tarife/Moby Card

Moby-Sondertarife sind z. B. der „Best-offer"-Tarif ab 1 € für Frühbucher (nur für Pkw!), der auf 90 % aller Verbindungen zur Verfügung steht und mit allen weiteren Sonderpreisen wie „Moby Pex" oder „Moby Pex Camper" kombinierbar ist.
Dazu bietet Moby ihren Kunden mit der **Moby Card** ein Prämienprogramm, das treue Kunden mit Punkten belohnt, die dann gegen Freifahrten eingelöst werden können. Die Details zu Punktevergabe und Prämien erfährt man unter www.mobylines.de, wo man auch die Kundenkarte beantragen kann. Wichtig: die Punkte werde immer erst *nach* Antritt der Reise gutgeschrieben, nicht schon bei der Buchung!

Inselhüpfen mit Moby Lines

Wer mit Moby Lines über die Insel Korsika anreist, erhält auf die knapp einstündige Passage von Bonifacio nach Santa Teresa Gallura einen Sonderpreis. Das Ticket buchen Sie gleich mit. Es gibt folgende Linien:

- Genua – Bastia (Korsika)
- Livorno – Bastia (Korsika)
- Bonifacio (Korsika) – S. T. Gallura (Sardinien)

Sardinia Ferries

Ohne Einschränkungen zu empfehlen sind auch die eleganten gelb-weißen Liner von Sardinia Ferries. Diese Fähren sind ebenfalls sehr gut ausgestattet, sauber und pünktlich.

Neueste Flaggschiffe sind die beiden neuen schnellen Fähren Megaexpress I und II sowie der brandneue, noch größere und aufwendiger ausgestattete Megaexpress III. Dadurch ist auch diese Reederei in den oberen Bereich vorgestoßen. Diese modernen Riesen benötigen für die Tagesüberfahrt auf der Linie Livorno – Golfo Aranci nur noch gut 5 Std.

Wie der Konkurrent Moby Lines hat auch Sardinia Ferries die Preisgestaltung auf ein **Bestpreis-System** umgestellt. Das bedeutet, der Preis ist abhängig von der Buchungszeit, der Tarifzone und der Passage. Die Sondertarife der Linie nennen sich „Jackpot" und „Jackpot Camper". Die billigsten Tickets (Pkw Kat. A ab 7,99 €) bekommt man beim „Jackpot Orange" oder „Viva Sardegna" in der Tarifzone Orange. Bei Tagesüberfahrten sind Kabinen auf den Fähren ab einem Preis von 20 € erhältlich.

Auch mit Sardinia Ferries ist eine **Anreise über Korsika** möglich. Die Linie verkehrt von zahlreichen Häfen in Frankreich und Italien zu mehreren Häfen auf Korsika. Für die Überfahrt nach Korsika empfehlen sich die Verbindungen Savona – Bastia oder Livorno – Bastia. Die Überfahrt von Bonifacio nach S. T. Gallura erfolgt mit Fähren des Partners SA.RE.MAR.

Linien

- Livorno – Golfo Aranci
- Civitavecchia – Golfo Aranci

Information und Buchung

Deutschland: Tel. 0180 5000483 (0,14 €/Min.)
Schweiz: Tel. 0900 778898 (0,20 Sfr/Min.)

Hafenbüros

Livorno:
Tel. +39 (0) 568 881380
Civitavecchia:
Tel. +39 (0) 766 500714
Golfo Aranci:
Tel. +39 (0) 789 46780

Buchungszentrale

Sardinia Ferries, Georgenstr. 38, 80799 München, Fax 089 38999112, www.sardiniaferries.com

Grandi Navi Veloci

Sehr komfortabel und elegant sind die Fähren der Grimaldi Group, die eher schwimmenden Hotels der gehobenen Art gleichen. Die GNV-Fähren wurden 2004 auch Sieger des ADAC-Sicherheitstests. Dementsprechend gestalten sich hier auch die Preise etwas höher als bei der Konkurrenz. Ermäßigungen gibt es nur auf der Strecke Genua – Olbia. Bis zu 50 % kann man hier mit dem Frühbucherrabatt sparen.

Linien

- Genua – Olbia
- Genua – Porto Torres

Buchungszentralen

Deutschland: Voigt Seereisen, Colonnaden 21, 20354 Hamburg, Tel. 040 18016000, Fax 180160010, www.seereisen-agentur.de oder
Ikon Reiseagentur, Schwanthalerstrasse 31, 80336 München, Tel. 089 5501041, Fax 598425, www.ikon-reiseagentur.de
Österreich: Terra Reisen, Ferdinand-Hanusch-Platz 1, 5020 Salzburg, Tel. 0662 8041330, Fax 804151
Schweiz: Cosulich AG, Stampfenbachstrasse 151, 8006 Zürich, Tel 044 3635255, Fax 3626782, www.cosulich.ch

› Fährroutenübersicht Seite 29

Tirrenia

Linien

- Genua - Olbia/Porto Torres/Arbatax/Cagliari
- Civitavecchia - Olbia/Arbatax/Cagliari
- Cagliari - Napoli/Palermo/Trapani/Arbatax

Die Fähren der **staatlichen italienischen Gesellschaft** Tirrenia verkehren auf zahlreichen Linien, allerdings nicht auf allen ganzjährig. In den letzten Jahren wurde erfolgreich in Image und Material investiert, um den nicht allzu guten Ruf etwas aufzupolieren. In Sachen Sauberkeit, Pünktlichkeit und Service hat Tirrenia deutlich zugelegt und steht den Privatreedereien nur noch in Sachen **„Störanfälligkeit durch Streik"** und vor allem, wie einer der letzten ADAC-Tests zeigte, auch in puncto **„Sicherheit"** deutlich nach. Auf einigen Strecken verkehren frisch überholte oder neu gebaute Fähren, die sich mit den Flaggschiffen von Moby oder Sardinia Ferries durchaus messen können. Auf den Strecken nach Sardinien fahren die neue „Bithia" und „Janas" und die 2004 und 2005 in Dienst gestellten „Nuraghes" und „Sharden". Auch in Sachen Preisgestaltung eifert Tirrenia der privaten Konkurrenz nach und nennt ihre Schnäppchen „Tariffe Spot" oder „Auto Low Cost".

Buchungszentralen

Deutschland/Österreich: Armando Farina GmbH, Kapellenstrasse 12, 63917 Grossheubach, Tel. 09371 6693736, Fax 6693738, www.armandofarina.de, www.tirrenia.it

Schweiz: Avimare, Oerlikoner Str. 47, 8057 Zürich, Tel. 01 3158060, Fax 315878

Dimaiolines

Linien

- Neapel - Cagliari/Golfo Aranci/Palau

EneRmaR wurde von der neapolitanischen Reederei Dimaiolines aufgekauft und mit ihr auch die Verbindungen. Die blau-gelben Fähren von Dimaiolines verkehrt von Neapel nach Golfo Aranci, Cagliari und Palau. Alle Strecken sind u.a. über www.dimaiolines.it buchbar, aber leider nur auf Italienisch, deshalb besser in Deutschland bei Vademecum oder Turisarda buchen (s.S. 41).

012sa Abb.: ph

Grimaldi Lines

Die Reederei mit dem recht klangvollen Namen Grimaldi Lines spielt auf dem Sardinienmarkt nur eine Nebenrolle. Interessant könnte die Verbindung von **Porto Torres** nach **Civitavecchia** sein, wenn man auf dem Hin- oder Rückweg noch einen Abstecher nach Rom plant. Die Verbindung von Porto Torres nach **Barcelona** (Spanien) ist für deutschsprachige Sardinienurlauber dagegen kaum von Interesse.

Buchungscenter

Ferry & Cruise Centre München, NEPTUNIA Schiffahrtsgesellschaft m.b.H., Bodenseestr. 3a/I, 81241 München, Tel. 089 89607344, Fax 664737, www.grimaldi-lines.de

GAS

Wer mit einem Womo unterwegs ist, das mit zwei gefüllten 11-kg-Tausch-Gasflaschen ausgestattet ist (graue Flaschen), der kommt im Normalfall damit problemlos durch den ganzen Urlaub. Auch dann, wenn dieser 4 Wochen lang ist, der Kühlschrank ständig läuft und mit Gas gekocht wird. Geht das Gas jedoch aus welchen Gründen auch immer dennoch einmal zur Neige, wird die **Nachversorgung** nicht ganz einfach. Denn zum einen gibt es die grauen 11-kg-Leihflaschen in Italien nicht, zum anderen passt anschlussmäßig nichts zusammen. Denn, vereintes Europa hin oder her, laut ADAC gibt es sage und schreibe rund 300 (!!) **verschiedene Anschlusssysteme** innerhalb der Gemeinschaft. (Hier wären mal die notorischen Brüsseler Normierer am Zuge und richtigen Platz!) Es ist offiziell verboten, deutsche Gasflaschen ohne passenden Adapter nachzufüllen. Der Gaslieferant kann Ärger bekommen, laut Aussage eines mir bekannten sogar seine Lizenz verlieren. Der eine macht es „als Freundschaftsdienst" dennoch, der andere nicht. Deshalb: Wer glaubt, mehr als zwei Flaschen zu brauchen, der nimmt sich am besten von zu Hause noch eine dritte Leihflasche mit. Oder er kauft sich für etwa 15 € das im Campingfachhandel erhältliche **Europa-Entnahme-Set,** das aus vier Adaptern besteht, die den Anschluss deutscher Gasregler an andere europäische Flaschen ermöglichen. Alternativ kauft man sich das italienische Druckventil (in Deutschland beim Campingzubehör erhältlich) und nutzt italienische Flaschen. Das ist preiswerter als sich verbotenerweise die deutsche Flasche füllen zu lassen oder sie an der Gastankstelle gar selbst zu füllen, was ebenfalls verboten ist!

Möglich ist auch der Erwerb von so genannten **Selbsttankflaschen** (z. B. der Firma Wynen). Diese 11-kg-Flaschen können an jeder Autogastankstelle problemlos wieder gefüllt werden. Doch dieser Weg ist eher theoretischer Natur, denn eine solche Flasche kostet etwa 235 € und muss dazu noch alle 10 Jahre für 90 € vom TÜV geprüft werden. Womos mit **fest eingebauten Gastanks** können dagegen ihre Behälter an jeder Flüssiggastankstelle problemlos wieder befüllen, die es in Italien und auf Sardinien in zunehmender Zahl gibt. Eine **Datenbank mit Autogastankstellen** in Europa findet man unter www.gas-tankstellen.de.

GELD

Dank der segensreichen **Einführung des Euro** sind die Schlachten mit endlosen Lire-Nullen und krummen Umrechnungskursen ebenso endgültige Vergangenheit wie die ewige Überlegung „Wo, wie und bei wem wechsle ich zum günstigsten Kurs?". Das hat den riesigen Vorteil, dass man eigentlich keinen Grund mehr hat, eine italienische Bank zu betreten. Für Fremdländer gilt: Banken am besten generell

◀ *Radfahrer warten auf die Fähre nach La Maddalena*

meiden und sich an die sehr viel effizienteren Automaten wenden. Ist dies einmal nicht möglich: erst erkundigen, ob man am richtigen Schalter ansteht, bevor man sich in eine der in Italiens Bankfilialen üblichen, zermürbenden Warteschlangen einreiht.

Italien ist dazu ein echtes Paradies für Plastikgeld. Bargeld wird auf Sardinien eher weniger genutzt. Dennoch sollte man stets auch ein paar Scheine und etwas Kleingeld mit sich führen. Denn **(Maestro-)EC- und Kreditkarten** werden fast überall akzeptiert, aber eben nicht immer.

Mit Karte *(Carta di credito)* wird nicht nur an der Tankstelle, im Supermarkt, im Hotel oder Restaurant bezahlt, sondern immer häufiger auch bei der Gemüsefrau um die Ecke. Manche Dienstleistungen wie z. B. ein Fahrzeug leihen sind ohne Kreditkarte nur unter großen Schwierigkeiten oder auch gar nicht mehr möglich. Eine EC- und eine Kreditkarte gehört also zur Grundausstattung eines modernen Italienreisenden. Am meisten verbreitet sind Visa Card, MasterCard, American Express und Diners Club.

Öffnungszeiten Banken

Banken sind in der Regel von 8.30 bis 13.30 Uhr und von 14.30 bis 16.00 Uhr geöffnet.

Geldautomaten *(Bancomat)* findet man mittlerweile zwar auch in kleineren Orten, allerdings kann es durchaus vorkommen, dass man bis zum nächsten Automat drei Orte weit fahren muss, was bei den sardischen Berg-und-Tal-Kurvenstrecken schnell zu einem halbstündigen Ausflug mutiert. Deshalb nicht warten, bis der letzte Cent ausgegeben ist, sondern immer rechtzeitig an Nachschub denken! Der maximale Abbuchungsbetrag beträgt normalerweise 250 €, kann jedoch auch mal bei 300 € liegen. Zum Abheben besser die EC-Karte benutzen. Sie funktioniert überall dort, wo Sie das Maestro-Zeichen erblicken. Beim Geldziehen mit Kreditkarte wird eine Gebühr von bis zu 4 % des Betrages fällig, was viel zu teuer ist. Electronic cash mit der EC-Karte funktioniert auf Sardinien nur selten.

GESUNDHEIT

Den über die Jahrzehnte lieb gewonnenen sogenannten „Auslandskrankenschein" gibt es nicht mehr. Er wurde 2006 durch die **Europäische Krankenversichertenkarte** (European Health Insurance Card = EHIC) ersetzt, die innerhalb der gesamten EU gilt. Der große Vorteil gegenüber dem alten Auslandskrankenschein: Man kann direkt zu einem Arzt oder einem Krankenhaus gehen, die dem staatlichen italienischen Gesundheitsdienst **„Unità Sanitaria Locale"** (USL) bzw. der sardischen ASL angeschlossen sind und einen kostenlos behandeln, man leistet nur die landesüblichen Zuzahlungen (max. 36 €). **Achtung:** Die EHIC wird nur von ASL-Vertragsärzte akzeptiert. Bei Privatärzten müssen die Behandlungskosten selbst getragen werden.

In touristischen Zentren gibt es einen speziellen Gesundheitsdienst für Touristen, den **„servizio di guardia turistica",** an den man sich ebenfalls direkt wenden kann. Allerdings akzeptieren nicht alle Arztpraxen den USL-Schein, sondern eben nur Vertragsärzte. Dazu ist der Ruf der USL sowie der USL-Ärzte auch unter den Einheimischen nicht der beste. Wer irgend kann, lässt sich privat auf eigene Rechnung behandeln. Da USL-Ärzte trotz korrektem Krankenschein von Ausländern nicht selten dennoch Barzahlung verlangen, ist es die ernsthafte Überlegung wert, sich die ganze Prozedur zu ersparen und gleich zu einem Nicht-USL-Arzt zu gehen. Der behandelnde Arzt stellt Ihnen in der Regel eine Rechnung aus. Legen Sie die quittierten und spezifizierten Rechnungen nach Ihrer Rückkehr bei Ihrer Krankenkasse vor. Diese wird feststellen, ob und in welcher Höhe die Kosten erstattet werden.

Achtung: Ganz schlaue Ärzte, von denen es auch in Italien offensichtlich nicht ganz wenige gibt, versuchen Sie eventuell zu überzeugen, doch vielleicht die eine oder andere überhaupt nicht erbrachte Leistung auf Ihre **Rechnung** schreiben zu lassen, weil man es zu Hause ja dann sowieso von der Kasse alles erstattet bekommt. Lassen Sie sich darauf auf keinen Fall ein! Denn meist gibt es für diese „Zusatzleistungen" kein Geld zurück und Sie handeln sich womöglich noch den Vorwurf des Betrugs ein!

Art und Umfang der zu erstattenden Leistungen, zu denen ärztliche und zahnärztliche Behandlung, Krankenhausbehandlung, Arzneien und Heilmittel gehören, richten sich nach den jeweiligen Rechtsvorschriften des Aufenthaltsstaates. Einfacher gesagt: Es besteht Anspruch auf alle erforderlichen medizinischen Sachleistungen. Häufig wird jedoch nur ein Teil der Kosten anerkannt und erstattet. Um das Risiko auszuschließen, empfiehlt sich der Abschluss einer **zusätzlichen Auslandskrankenversicherung,** die im Notfall auch den teuren Rücktransport in die Heimat einschließt.

Apotheken *(farmazia)* gibt es reichlich. Viele bei uns verschreibungspflichtige Medikamente sind in Italien ohne Rezept zu haben und dazu noch deutlich preiswerter. Geöffnet haben sie etwa von 8.30 bis 13 und von 16 bis 20 Uhr. Nachts, an Wochenenden und an Feiertagen gibt es Notdienste. Welche Apotheke in Ihrem Ferienort Dienst hat, kann man in der Tageszeitung nachlesen oder den Aushängen der Apotheken entnehmen.

HAUSTIERE

In Italien und auf Sardinien haben Haustiere, insbesondere **Hunde,** einen gänzlich anderen Stellenwert als in Deutschland. Es gelten deshalb recht strikte Vorschriften, die man allein schon aus Höflichkeit und Respekt vor dem Gastgeberland auch einhalten sollte.

Generell verboten sind Hunde in allen öffentlichen Gebäuden sowie allen öffentlichen Wäldern und besonders auch an Stränden. Frei laufende Vierbeiner erregen am Strand nicht nur zumindest den Ärger der Einheimischen, sondern können den Besitzer wegen empfindlich hoher Geldstrafen auch teuer zu stehen kommen. Das Mitführen

Literaturtipp

„Verreisen mit Hund" von Mark Hofmann, Reise Know-How Verlag. Der Praxis-Ratgeber von Reisevorbereitung über Einreisebestimmungen bis zum Umgang mit dem Hund unterwegs.

› Routenübersicht vorderer Umschlag innen

von Leine und Maulkorb für Hunde ist zwingende Vorschrift. Auch ist es absolut unüblich, seinen Liebling mit ins Restaurant zu nehmen. Mit Ausnahme von Sardinia Ferries ist auf allen **Fähren die Mitnahme von Hunden** in die Kabinen strikt verboten! Teilweise dürfen sie auch nicht in Bereiche wie Restaurant o. Ä. mitgenommen werden. Manche Reedereien schreiben vor, dass der Liebling während der Überfahrt in den Schiffszwinger muss. Erkundigen Sie sich bei Ihrer Fährlinie also bereits vor der Buchung genau, welche Regelungen für Haustiere gelten. Dies gilt auch für Campingplätze, denn auch dort sind Hunde oft nicht erlaubt.

Wer trotz aller Widrigkeiten dennoch sein Tier mitnehmen will, muss seit 2004 den blauen **EU-Heimtierpass** mit sich führen. Dieser gilt in allen 25 EU-Staaten sowie im Nicht-EU-Land Schweiz und kostet 10 €. Er identifiziert das Tier mittels Kenn-Nummer und attestiert, dass es gegen Tollwut geimpft ist. Die zweifelsfreie Identitätskennung durch implantierten Mikrochip oder Tätowierung ist zwingend. Die Tollwutimpfung muss mindestens 30 Tage und maximal 12 Monate vor Grenzübertritt erfolgt sein.

INFORMATIONEN

IN DEUTSCHLAND/ÖSTERREICH/SCHWEIZ

Um es freundlich auszudrücken: Die Informationslage bezüglich der Insel Sardinien ist außerhalb der Insel selbst zurzeit unbefriedigend. Das liegt insbesondere auch daran, dass 2005 das sardische ESIT aufgelöst und als ihr Nachfolger das **Assessorato di Turismo** benannt wurde.Vom italienischen **Fremdenverkehrsamt ENIT** wiederum darf man außer ein paar wenig aussgekräftigen Prospekten mit bunten Bildchen nicht viel erwarten und das Assessorato ist bislang wenig hilfreich in Erscheinung getreten. Gut ist der seither unter www.sardegnaturismo.it aufgebaute Infopool, der jedoch ein traditionelles Informationsbüro längst nicht ersetzen kann.

ENIT-Büros

- **Deutschland:** 60311 Frankfurt/Main, Neue Mainzer Strasse 26, Tel. 069 237434, Fax 232894, www.enit.de;
  80538 München, Prinzregentenstraße 22, Tel. 089 531317, Fax 534527
- **Österreich:** 1010 Wien, Kärntner Ring 4a, Tel. 01 505163912, Fax 5050248, E-Mail: delegation.wien@enit.at
- **Schweiz:** 8001 Zürich, Uraniastr. 32, Tel. 043 4664040, Fax 4664041, E-Mail: info@enit.ch

Assessorato di Turismo

Viale Trieste 105, 09124 Cagliari, Tel. (070) 6067261, Fax 6067271,
E-Mail: tur.serv.turismo@regione.sardegna.it, www.sardegnaturismo.it

Sardinien-Spezialisten

Die wenigen auf Sardinien spezialisierten Reisebüros finden sich mehr und mehr in der Situation wieder, eine Art Sardinien-Information zu spielen. Dies machen sie nach ihren Mitteln und Möglichkeiten auch ganz gut, sie können jedoch eine richtige „Sardinien-Tourismus-Information“ nicht ersetzen. Dennoch, wer zum Thema Fragen hat, nach Informationen sucht oder auch ganz einfach nur eine Fähre buchen will, ist bei den Sardinien-Spezialisten gut aufgehoben. Denn diese engagieren sich seit Jahrzehnten weit über die rein geschäftlich monetäre Ebene hinaus für die Insel und ihre Bewohner und haben meist auch noch berufliche oder gar familiäre Wurzeln in Sardinien. Besonders die **Turisarda** in Düsseldorf und **Oscar Reisen** in Augsburg, aber auch die von der Deutschsardin Frau Sotgiu ins Leben gerufene Internetfirma **Vademecum-Sardegna** in Ulm habe ich als sehr kompetent, freundlich, hilfreich und sehr nützlich erfahren. Eine zuverlässige Informationsquelle ist auch die Internetadresse www.sardinienforum.de.

Oscar Reisen

Bäckergasse 8, 86150 Augsburg, Tel. 0821 509550, Fax 158096, www.oscarreisen.de, E-Mail: info@oscarreisen.de

Vademecum-Sardegna

Lindenstrasse 27, 89077 Ulm, Tel. 0731 3600689, Fax 3600693, www.vs-sardinienreisen.de, E-Mail: info@vs-sardinienreisen.de

Turisarda

Richardstr. 28, 40231 Düsseldorf, Tel. 0211 2294000, Fax 22940029, www.turisarda.de, E-Mail: info@turisarda.de

INTERNET

Nicht nur wegen der unbefriedigenden Informationslage, sondern überhaupt ist das Internet als Informationsquelle unverzichtbar geworden. Das Problem: Hier kann jeder einstellen, was und wie er will. So ist das weltweite Web zugemüllt mit Massen von Adressen, die teils oder völlig nutzlos sind und Informationen verbreiten, die seit Jahren veraltet oder schlicht falsch sind. Zwischen diesen untauglichen Anbietern und Adressen finden sich jedoch auch einige gute bis sehr gute Anbieter, deren Informationen umfangreich, aktuell und vertrauenswürdig sind.

- **www.sardinien-information.de:** Die beste und beliebteste deutschsprachige Plattform zum Thema „Sardinien“. Hier treffen sich nicht nur viele Sardinienfreunde und Spezialisten regelmäßig zum Erfahrungsaustausch und helfen Neulingen und weniger Erfahrenen gerne bei ihren Fragen weiter. Hier erhält man auch stets aktuelle Erfahrungsberichte und Neuigkeiten über die Insel und auch zu den für Womo-Reisende besonders interessanten Sonderbereichen „Womo & Camping“, „Flug & Fähre“ oder „Sport & Spaß“. Die Informationen sind aktuell und werden ständig überprüft und erweitert.
- **www.regione.sardegna.it:** Die offizielle Internet-Seite der autonomen Region Sardinien mit sehr ausführlichen und vielfältigen Informationen zu allen Bereichen, jedoch nur auf italienisch.

- **www.sardinien.com:** Ein virtuelles Sardinien-Reisemagazin, das viele nützliche und interessante Informationen vorwiegend kultureller und touristischer Art über Sardinien anbietet. Fälschlicherweise wird diese Adresse oft als offizielle Homepage der Insel Sardinien bezeichnet. Sie wird jedoch privat von der in Cagliari ansässigen MMV Consulting betrieben, was ihrem sehr guten Inhalt jedoch keinen Abbruch tut.
- **www.sardegnaturismo.it:** vielfältige aktuelle touristische Infos zu Sardinien, leider nur auf Italienisch und Englisch
- **www.visit-gallura.com:** gute und vielfältige, jedoch auch noch deutlich lückenhafte kommerzielle touristische Infoseite zur Region Gallura, leider nur auf Italienisch und Englisch
- **www.faitasardegna.org:** Die offizielle Seite des sardischen Campingplatz-Verbandes, auf der man sich alle Mitgliedsplätze anschauen und die wichtigen Daten wie Adresse, Öffnungszeiten, Ausstattung etc. abrufen kann.
- **www.bikesardegna.it:** Hier gibt es ausführliche Informationen und Tourenvorschläge zum Biken und Mountainbiken auf Sardinien, betrieben von Sardiniens Bike-Pionier *Roberto Zedda.* Sehr gut für alle, die sich auch mal sportlich betätigen wollen.

AUF SARDINIEN

UPT

Das **Assessorato di Turismo** in den 8 Provinzen jeweils ein Regionalbüro (Ufficio Provenciale del Turismo), die teils schon zufriedenstellend oder auch gut arbeiten, teils jedoch noch im Aufbau sind.

UPT-Büros

- **Provinz Olbia-Tempio:** Via A. Nanni, 07026 Olbia, Tel. 0789 21453, Fax 22221, assturismoolbiatempio@email.it
- **Provinz Sassari:** Piazza Italia 31, 07100 Sassari, Tel. 079 2069000, Fax 299415, www.provincia.sassari.it
- **Provinz Nuoro:** Piazza Italia 19, 08100 Nuoro, Tel. 0784 238878, Fax 33432, E-Mail: turismo@provincia.nuoro.it
- **Provinz Oristano:** Piazza Eleonora 19, 09170 Oristano, Tel. 0783 3683210, Fax 3683206, www.provincia.or.it
- **Provinz Ogliastra:** Via Cedrino 24, 08048 Tortolì, Tel/Fax: 0782 660000, Fax 600920, www.turismo.ogliastra.it
- **Provinz Cagliari:** Piazza Deffenu 9, 09125 Cagliari, Tel. 070 604241, Fax 663207, Info-Tel. 800203541 (aus Italien kostenlos), www.provincia.cagliari.it
- **Provinz Carbonia-Iglesias,** Via Fertilia 40, 09013 Carbonia, Tel. 0781 6695238, Fax 670821, www.provincia.carboniaiglesias.it
- **Provinz Medio Campidano,** Via Carlo Felice 267, 09025 Sanluri, Tel. 070 9356400, Fax 9356799, www.provincia.mediocampidano.it

AAST

Größere Städte und touristische Orte haben eine eigene **Stadt-Information,** die AAST („Azienda Autonoma di Soggiorno e Turismo"). Diese arbeiten teils sehr professionell als touristische Dienstleister, haben also saisonal wechselnde Öffnungszeiten, die sich dem praktischen Bedarf anpassen. **AAST-Büros** gibt es in folgenden Städten: Alghero, Arzachena/Cannigione, Cagliari, La Maddalena/Palau, Olbia und Santa Teresa Gallura. Die Adressen stehen bei der Beschreibung des jeweiligen Ortes im Buch.

Pro Loco

Kleine Orte und Dörfer besitzen meist ein so genanntes Pro Loco. Das sind **kleine Büros** mit unregelmäßigen Öffnungszeiten, die von meist ehrenamtlichen Gemeindemitgliedern besetzt sind. Diese kümmern sich oft um das gesamte kulturelle Leben der Gemeinde, organisieren also neben den rein touristischen Informationen zu ihrem Ort häufig noch die lokalen Musik-, Tanz-, Theater- und Folkloregruppen, veranstalten Dorffeste u. a.

KARTEN

STRASSENKARTEN

An erster Stelle ist hier die Landkarte „Sardinien“ im Maßstab 1:200.000 des **Reise Know-How Verlags** zu nennen. Ihre unschlagbaren Vorteile: Sie ist nicht nur genau, sondern sie ist absolut reiß- und wasserfest, da sie aus einem normalem Papier verblüffend ähnlichen synthetischen Papier besteht. Das giftfreie, recycelbare Material, das zur Herstellung weniger Energie benötigt als Normalpapier, nennt sich Polyart, ist knick- und faltbar wie und so oft man will und selbst mit Kraft nicht klein zu kriegen. Sie ist nach neuester Kartographie-Technik erstellt und enthält die detaillierte Darstellung des Terrains mit Höhenlinien und -schichten, ein aktuelles Straßenbild sowie UTM- und Gradgitter, was sie GPS-tauglich macht. Das Layout ist in seiner Farbgebung und Gestaltung zwar etwas gewöhnungsbedürftig, man hat sich jedoch nach kürzester Zeit darin „eingesehen“.

Unter www.sardinienshop.de erhält man außerdem die touristische Straßenkarte Carta Stradale, Sardegna (1 : 250.000), die es auch nur für Nord-Sardinen (1 : 200.000) gibt.

Kartentipp

„Sardinien 1:200.000“ aus der Serie world mapping project, Reise Know-How Verlag. Detaillierte Straßenkarte, speziell für Reisende konzipiert.

WANDERKARTEN

Brauchbare Wanderkarten für Sardinien sind ein echtes Problem. Warum? Weil es sie kaum gibt! Die einzigen im Wandermaßstab, die man im Internet unter **www.sardinienshop.de** oder direkt vor Ort erhalten kann, sind die Wander- und Trekkingkarte „Barbagia/Gennargentu/ Supramonte“ (1:50.000), die Wanderkarte „Supramonte di Urzulei“ (1:25.000), „Siniscola“ mit Monte Albo (1:25.000), „Arzachena“ mit Costa Smeralda (1:30.000), „Isola di San Pietro“ (1:25.000), „Loiri – Porto San Paolo“ (1:25.000), „Supramonte von Oliena und Orgosolo“ (1:30.000), „Galtelli, Dorgali, Cala Gonone“ (1:30.000), „Villasimius“ (1:30.000) sowie „Olbia e Tempio“ (1:60.000) und „Alghero e Sassari“ (1:60.000).

Ansonsten gibt es nur noch die Karten aus dem italienischen **Istituto Geografico Militare (IGM)**. Mit 295 Blatt für die Insel und wanderbarem Maßstab 1:50.00 oder 1 : 25.000 sind sie zwar topographisch sehr genau, aber überwiegend seit langer Zeit, teils seit ihrer Herstellung vor mehr als 20 Jahren (!) nicht mehr aktualisiert worden. Welche Blätter zu Sardinien mit welchen Nummern vorliegen, kann man sich auf der IGM-Website sehr übersichtlich anschauen. Hier erfährt man auch das jeweils letzte Aktualisierungsdatum.

Sonderkarten

Unter www.sardinienshop.de gibt es auch sehr hilfreiche thematische Sardinienkarten z. B. zu den Stichworten „Strände“, „Häfen“, „Archäologie“, „Spezialitäten“, „Wein“, „Tauchen“ und „Agriturismo“.

IGM

www.igmi.org; IGM-Verkaufsstelle: Punto Vendita diretta, Viale F. Strozzi 10, 50129 Firenze, Tel. 055 2732798

DIGITALE KARTEN

Für die Reiseplanung zu Hause am Computer, zur Nutzung unterwegs auf dem Notebook oder sogar zur GPS-gesteuerten Navigation gibt es verschiedene digitale Straßenkarten auf DVD bzw. auf MicroSD-Karte. Für 159€ bekommt man von Garmin eine routingfähige Karte („City Navigator NT Europa" – umfasst 40 Länder) für die Planung zu Hause und für die **GPS-Navigation** unterwegs. Mit entsprechenden Garmin-Geräten (etwa Zümo, Nüvi, Streetpilot, Quest sowie routingfähige Handheld-Geräte) ist sogar eine **elektronische Routenführung** möglich. Dies ist vor allem dann nützlich, wenn man sich vor Ort schnell zu bestimmten Adressen führen lassen will.

Wer nur mit dem **GPS-Gerät** arbeitet und nicht auf dem PC oder Laptop plant, kommt mit dem Garmin „City Navigator NT Ost Europa, Nord West Region" aus (39€). Die Karte ist auf einer MicroSD-Karte gespeichert und wird einfach ins Gerät gesteckt – los geht's.

Die dritte Möglichkeit von Garmin heißt „MetroGuide" (ganz Europa kostet 129 €). Diese Karte bietet die gleichen Kartendaten wie der „City Navigator", ist aber nicht routingfähig. Für übliche **Planungs- und Orientierungsaufgaben** ist sie ausreichend, aber sie ermöglicht keine Straßennavigation wie ein Navigationssystem. Wer nur ein Handgerät ohne Kartendarstellung hat, arbeitet mit Wegpunktplanung, d. h. er erstellt die Route mit Wegpunkten auf dem PC und überträgt sie dann auf das GPS-Gerät. Umgekehrt lassen sich unterwegs gespeicherte Wegpunkte oder aufgezeichnete Touren auch auf den PC übertragen und auf der Karte darstellen.

Weitergehende Informationen zum Thema digitale Karten und deren Einsatzmöglichkeiten findet man auf der Internetseite www.garmin.com/garmin/cms/site/de/karten.

Die ausgezeichnete Landkarte Sardinien 1 : 200.000 aus der Serie **world mapping project** (s. S. 43) ist auch als **digitale Rasterkarte** (nicht im Vektorformat) für einige Movingmap-Programme wie fugawi, ttqv und oziexplorer verfügbar. Sie ist auf dem PC oder Laptop und verschiedenen Handgeräten für die Routenplanung und zur allgemeinen Orientierung einsetzbar und kann unter www.reise-know-how.de bezogen werden.

PANNE/UNFALL

Kleinere Pannen hat der Fahrzeughalter ja meist selbst im Griff, größeren kann man mit guter Wartung und einem gründlichen Check vor Antritt der Reise und unterwegs mit einem umsichtigen Fahrstil vorbeugen. Aber selbst der bestgepflegte Wagen kann plötzlich mucken und bocken und einfach nicht mehr weiter wollen. Als erste Maßnahme hilft meist gerne ein **Kollege Wohnmobilist** mit Rat und Tat. Im Idealfalle natürlich einer, der dasselbe Fabrikat sein Eigen nennt. Oft kann man sich hier bei Typengleichheit mit kleineren Ersatzteilen wie Sicherungen, Glühbirnen etc. gegenseitig aushelfen und den Schaden beheben. Ist das Fahrzeug noch fahrtüchtig, so kann man in den (hoffentlich mitgeführten) Fahrzeugunterlagen im **internationalen Kundendienstverzeichnis** nachschauen, wo der Hersteller seine nächstgelegene Vertrags-Fachwerkstatt hat. Auch nicht-markengebundene **Autowerkstätten** sind zu empfehlen. Manche Chassis-Hersteller wie Fiat bieten eine eigene „Mobilitätsgarantie“, die sehr gut funktioniert, sodass auch das Nicht-ADAC-Mitglied auf professionele Hilfe hoffen darf. Aus eigener Erfahrung kann ich sagen, dass sardische Automechaniker pfiffige Handwerker mit viel Improvisationstalent sind und bei „normalen“ Pannen meist kurzfristig helfen können und es auch tun. Ist das Fahrzeug nicht mehr fahrtüchtig, hilft nur noch die **Pannenhilfe des italienischen Automobilclubs ACI.**

Sind zur Reparatur **Ersatzteile** notwendig, so muss man wegen der Insellage u. U. mit längeren Lieferzeiten rechnen. Immer mehr Wohnmobil-Hersteller gehen jedoch dazu über, wie z. B. die Firma Hymer mit ihrer HymerCard, ihren Käufern zusätzlichen Service wie z. B. Hilfe und Ersatzteillieferung im Ausland zu bieten. Nehmen Sie daher Kontakt mit Ihrem Hersteller auf und erkundigen Sie sich nach Unterstützungsmöglichkeiten. Nicht selten wird hier aus Gründen der Imagepflege mehr getan, sprich: geholfen als das, was vertraglich vereinbart ist.

Im Falle eines **Unfalls mit Sachschaden** sollte man sich auf keinerlei Vereinbarungen mit dem Unfallgegner einlassen, sondern die Polizei (112) zur Unfallaufnahme rufen. Sind Personen zu Schaden gekommen, sofort unter 118 den Notarzt rufen! Unbedingt sollte man sich sowohl die Kfz-Nummer des Gegners als auch dessen Versicherungsnummer und -gesellschaft notieren. Diese Angaben finden Sie in Italien auf einem Pflicht-Aufkleber an der Frontscheibe eines jeden Fahrzeuges.

Achtung

Abschleppen auf eigene Faust auf Autobahnen ist in Italien verboten!

ADAC-Notrufnummern

- **ADAC/ACI Notrufdienst Italien,** Tel. +39 (0) 3921041 (24 Std. besetzt, deutschsprachig)
- **ADAC-Notrufzentrale München,** Tel. +49 (0) 89 222222 (24 Std. besetzt, Hilfe bei Panne, Unfall, Diebstahl, Verlust von Papieren, Kreditkarten u. a.)
- **ADAC-Ambulanzdienst München:** Tel. +49 (0) 89 767676 (24 Std. besetzt, medizinische Hilfe wie Krankenrücktransport, Medikamentenversand, Vermittlung deutschsprachiger Ärzte)

Notrufnummern

- **Polizei** (Carabinieri): Tel. 112 (auch europaweiter Handy-Notruf)
- **Rettungsdienst** (Soccorso Pubblico di Emergenza): Tel. 113
- **Unfallrettung** (Emergenza sanitaria): Tel. 118
- **Feuerwehr** (Vigili del Fuoco): Tel. 115
- **Pannenhilfe** (Soccorso Stradale): Tel. 800 116800)

013sa Abb.: ph

▲ *Im Frühling ist Sardinien eine einzige Blütenpracht*

REISEZEIT

Im Womo ist Sardinien das ganze Jahr durch sehr gut zu bereisen. Aber wer einen Strandurlaub plant, der sollte natürlich nicht im eher trübnassen November fahren und wer viel sportlich-anstrengende Unternehmungen wie Biken oder Trekken vorhat, nicht in den Spitzenhitzemonaten Juli oder August.

DAS SARDINIEN-WETTER IM DETAIL

Vorab: Das Wetter voraussagen kann niemand, es wird sowieso wie es wird. Obwohl Sardinien eine weit südlich gelegene Mittelmeerinsel ist, so besitzt sie doch **ausgeprägte Jahreszeiten.** Der sardische **Winter** dauert von November bis März und ist in der Regel kühl und feucht. Es kann aber auch im Winter durchaus warme und sonnige Abschnitte geben, die in unseren Breitengraden unwidersprochen als „herrlicher Sommertag“ bezeichnet würden. Dies ist im Afrika nahe gelegenen Süden der Insel natürlich häufiger der Fall als im raueren Norden.

Im Winter haben jedoch nur sehr wenige Campingplätze geöffnet und in den Hochlagen des Gennargentu-Gebirges ist sogar mit Eis und Schnee zu rechnen. (Es gibt dort tatsächlich Skilifte!)

Ab März beginnt der **Frühling.** Es regnet weniger und die Temperaturen steigen, auch wenn das Meer zum Baden noch zu kalt ist. Spätestens ab Ende Mai enden die Regenfälle und es wird heiß, ja teils sehr heiß und vor allem sehr trocken. Wassertemperaturen von 25 °C und Lufttemperaturen von weit über 30 °C kennzeichnen den sardischen **Sommer.** Dieser ist durch drei Dinge gekennzeichnet: sehr heiß, sehr voll, sehr teuer. Besonders die erste Hälfte des August ist auf Sardinien absolute Höchstsaison und so ziemlich alles sehr trubelig, teuer, laut und voll. Wer nicht reinen Badeurlaub machen will und die italienische Art des Urlaubmachens liebt, der sollte diese touristische Hauptkampfzeit besser meiden. Ab Mitte bis Ende September sinken die Temperaturen allmählich wieder. Abgesehen von gelegentlichen Wolken- oder Regentagen ist der **Herbst** in der Zeit bis Mitte/Ende Oktober von der Luft- und Wassertemperatur her eine sehr schöne Womo-Reisezeit.

DIE BESTE REISEZEIT

Klimatisch und optisch fraglos die allerschönste Reisezeit sind die Monate **Mai und Juni.** Dann ist die gesamte Insel durch die vorangegangenen Regenfälle noch üppig grün und von einem unbeschreiblich schönen, farbenfrohen Blumen- und Blütenteppich bedeckt. Die Luft ist noch klar und die Temperaturen noch angenehm. Oben in den Bergen, wo dann zahlreiche Bäche zu Tale glucksen und plätschern, kann es jedoch auch zu dieser Jahreszeit nachts noch recht frisch werden.

Vorteilhaft ist auch, dass dann nur **wenige Besucher auf Sardinien** weilen und man nicht selten manchen Traumstrand praktisch für sich allein hat. Auch wird dann das immer häufiger anzutreffende Womo-Verbot weniger oder auch gar nicht mehr kontrolliert.

Ähnlich ist es dann am Ende der Saison in den Monaten **September und Oktober.** Dann ist es nicht mehr ganz so heiß, das heftige Hochsaisongetümmel nimmt ab, die Preise fallen und das Wasser ist noch herrlich warm. Die Vegetation ist jedoch vom regenlosen Sommer dann noch vertrocknet und präsentiert sich in allen Schattierungen an Braun-, Gelb- und Ockertönen. Ab Mitte/Ende Oktober, wenn die ersten ausgiebigeren Regenfälle einsetzen, verwandelt sich die verbrannte Erde jedoch praktisch über Nacht erneut in ein herrlich **blühendes grünes Paradies,** an dem man sich nicht satt sehen kann. Die Sommergäste sind weg und die Küsten leeren sich.

Ab Ende September/Anfang Oktober beginnen dann auch die Gemeinden entweder, ihre saisonalen Verbotsschilder für Womos ganz abzumontieren oder stellen die Kontrollen ein. Zur selben Zeit **schließen die ersten Campingplätze.** Spätestens Mitte Oktober sind nur noch einige sehr wenige geöffnet und die geregelte Entsorgung kann durchaus zum Problem werden.

Von Mitte Oktober bis Ende April ist man je nach Standort mehr oder weniger alleine auf der Insel.

SICHERHEIT

Eine der wichtigsten Fragen, nicht nur für Womo-Reisende, ist die Frage nach der Sicherheit. Italien steht ja nicht gerade in dem Ruf eines besonders sicheren Reiseziels und in so manchem Kopf geistert immer noch hartnäckig das Klischee von Sardinien als der Banditeninsel.

Das ist jedoch Unfug. Denn die Insel Sardinien ist nicht Italien, die sardischen Banditen sind Geschichte und so es sie noch gibt, Ehrenmänner mit strengem Kodex und keine Kleinkriminellen. Aus persönlicher Erfahrung kann ich sagen: Sardinien ist eine **sichere Reiseregion.** Nach vielen Dutzend Reisen kreuz und quer über die Insel und zahllosen freien Übernachtungen habe ich niemals auch nur das kleinste Problem gehabt.

Aber natürlich ist die Insel auch nicht eine „Insel der Seligen". In den urbanen Ballungszentren ist, wie überall in der westlichen Welt, die Drogensucht hoch und die **Beschaffungskleinkriminalität** auch. Seit einigen Jahren ist leider festzustellen, dass zur Saison gezielt Clans und Banden aus Rumänien, Albanien oder dem Kosovo anreisen, die sich in touristischen Ballungszentren und **an touristischen Schwerpunkten** betätigen. Dies ist schon im Fährhafen festzustellen, wo bettelnde Minderjährige durch die wartenden Autoschlangen ziehen und bei geöffnetem Fenster mit schnellem Griff nach der offen liegenden Handtasche oder der Kamera greifen. Schwerpunkte sind auch **Parkplätze** bei viel besuchten Sehenswürdigkeiten, an Stränden und die Flughafenparkplätze von Cagliari und Olbia.

Als Faustregel gilt: Dort, wo Sie viel Glas von zerbrochenen Autoscheiben liegen sehen, besser nicht parken.

Aber um es nochmals zu betonen: Sardinien ist weitaus sicherer als das italienische Festland und eine Reise auf die Insel ist weniger gefährlich als eine Reise nach Berlin, München oder Wien. Denn die **traditionelle Gastfreundschaft der Sarden,** die das Wohl und die Unversehrtheit der Gäste an erste Stelle stellen, ist nach wie vor ein hohes und im Alltag auch gepflegtes Gut. So ist mir während meiner langjährigen Arbeit kein Fall bekannt geworden, wo ausländische Besucher körperlich zu Schaden gekommen wären.

Die üblichen **Sicherheitsgrundregeln** reichen also völlig aus. Keine Wertsachen im Fahrzeug liegen lassen, schon gar nicht sichtbar. An touristischen Brennpunkten Augen offen halten und auf das eigene Gefühl vertrauen. Das signalisiert meist das Richtige. Lungern am Parkplatz zwielichtige Gestalten herum, besser weiterfahren oder jemand bleibt im Fahrzeug. Scheint Ihnen die Ecke zu dunkel oder dubios, nehmen Sie sich die Zeit und suchen Sie eine hellere, sympathischere.

Dasselbe gilt für Womo-Reisende, die frei parken, sei es zum Baden am Strand oder über Nacht. Mir persönlich ist bislang auf Sardinien weder jemals ein Fahrzeug beschädigt noch aufgebrochen noch etwas gestohlen worden (auf der Nachbarinsel Korsika dagegen sehr wohl). Auch bin ich nie belästigt oder gar attackiert worden, weder am Tage noch in der Nacht. Andererseits ist es in den letzten Jahren erstmals auch auf Sardinien vorgekommen, dass frei stehende Womos von Jugendlichen im Schutze der Nacht mit Steinen beworfen oder gar überfallen wurden. Dies hat meist jedoch keinen kriminellen Hintergrund, sondern viel mehr mit der in den touristischen Ballungszentren zunehmenden Allergie der Einheimischen gegen trotz Verbots frei stehende Reisemobile zu tun. Deshalb ist es in dieser Frage besonders wichtig, **Sensibilität walten zu lassen.** Dort, wo ein Verbotsschild steht, sollte es auch beachtet werden. Dort, wo man das Gefühl hat, dass man an diesem Ort nicht besonders erwünscht ist, sollte man sich auch nicht installieren und ausbreiten. Wer großspurig und ignorant die Gefühle der Einheimischen verletzt und sich in einer Art von unappetitlicher Eroberermentalität über die Bedürfnisse und Regeln der „Eingeborenen" hinwegsetzt, der muss sich über eventuelle unschöne Folgen nicht weiter wundern.

Meiner Erfahrung nach die beste Methode: Erst fragen, dann parken und die Liegestühle ausladen. **Persönliche Kommunikation** schafft immer auch menschliche Verbindlichkeit. Selten oder nie wird man ein „Nein" zur Antwort erhalten. Wenn doch, dann sollte man dies jedoch auch respektieren. Oft genug wird man aber „unter die Fittiche" genommen und als Gast behandelt.

Wenn doch einmal der Ernstfall eintritt und Sie **Opfer eines Diebstahls oder eines Autoaufbruchs** werden: Suchen Sie umgehend die nächste **Polizeidienststelle** *(Posto di Polizia* oder *Stazione di Carabinieri)* auf, um den Vorfall und den Verlust anzuzeigen und amtlicherseits protokollieren zu lassen. Dies ist insofern sehr wichtig, weil Sie von Ihrer Versicherung eventuelle Erstattungen nur erhalten können, wenn Sie ihr eine polizeiliche **Verlust- bzw. Diebstahlanzeige** *(denuncia di smarrimento/denuncia di furto)* vorlegen können. Um die verschiedenen verlustig gegangenen Gegenstände protokollieren zu können, hält die Polizei mehrsprachige Formulare bereit. Sollten Sie bei der Polizei sprachliche Probleme haben, so bitten Sie um die Hinzuziehung eines Dolmetschers.

Die Wahrscheinlichkeit, die gestohlenen Dinge jemals wieder zu erhalten, ist jedoch ziemlich gering. Denn so wirklich interessiert sich da niemand dafür, schon gar nicht die Polizei.

Sind Ihnen Ausweise, Fahrzeugpapiere, Kreditkarten oder andere wichtige Papiere bzw. Unterlagen abhanden gekommen, benötigen Sie das polizeiliche Protokoll auch zur **Ausstellung von Ersatzpapieren** durch die jeweilige Botschaft.

Sehr vereinfachend und damit Zeit sparend ist es, wenn man bereits vor der Reise von allen wichtigen Unterlagen **Fotokopien** anfertigt, die man dann bei den Behörden vorlegen kann. Abhanden gekommene Maestro-(EC-) oder Kreditkarten, Handys, Krankenkassenausweise o. Ä. unbedingt sofort sperren lassen!

Literaturtipp

„Schutz vor Gewalt und Kriminalität unterwegs" von Matthias Faermann, Reise Know-How Verlag. Gewalttaten vorbeugen, Eigentumsdelikte verhindern, Selbsthilfe und Notwehr, Hilfe im Ausland

Kartensperrung

Einheitliche Notrufnummer Tel. 116116, Ausland Tel. +49 116116 oder Tel. +49 30 40504050, www.sperr-notruf.de. Europaweit sperren von Medien wie Kredit- und EC-Karten, Handys, digitalen Signaturen, Krankenkassenkarten, Mitarbeiter-Ausweisen, Kundenkarten, sensiblen Online-Berechtigungen etc.

STRASSEN

Sardinien heißt: Spazieren fahren wie vor 30 Jahren – tolle Straßen, kein Verkehr. Denn Sardiniens **Straßennetz ist engmaschig** und vor allem **ausgezeichnet ausgebaut.** Im Laufe der letzten Dekade müssen immense Strukturhilfe-Förderungsmittel aus Rom und besonders aus Brüssel auf die Insel geflossen sein. Auch unbedeutendere Nebenstrecken sind gut und zweispurig ausgebaut. Nicht selten trifft man auch auf brandneue Fahrwege in tiptop Bundesstraßenqualität, die viele Kilometer landschaftlich herrlich in die einsame Bergwelt hinaufführen und dort im Nirgendwo enden. Sie haben also reinen Spazierfahrzweck und nennen sich freundlich *„strada panoramica"* oder *„strada turistica"*. Für Steuerzahler ein Unding, für Touristen toll und für Einheimische eine komfortable Art, um zum Jagen in die Berge zu kommen.

Winter für Winter werden viele Straßenkilometer weiter ausgebaut und mit einer **neuen Fahrbahndecke** versehen, sodass man meist seine wahre Freude an den Straßenverhältnissen auf Sardinien hat. Rüttel-, Schüttel-, Holperstrecken sind geradezu eine Rarität geworden. Und Staubpisten führen nur noch durch die Wallachei zum abgelegenen Bauernhof oder Strand. Für Womo-Fahrer heißt das: Sardinien ist weitestgehend unproblematisch zu befahren, auch mit großen Reisemobilen.

014sa Abb.: ph

▲ *Ob Haupt- oder Nebenstraße – die Straßen Sardiniens sind sehr gut und meist ist man auf ihnen fast alleine unterwegs*

Allerdings sind die Straßen, ob groß oder klein, meist auch unglaublich **kurvenreich** und schlängeln sich hoch hinauf und dann gleich wieder tief hinab, nur um sofort dasselbe wieder zu tun. Das bedeutet: Man kommt nur langsam voran und mit einem schwergewichtigen Reisemobil noch langsamer. Denn die reine **Entfernung** oder Kilometerzahl ist wenig aussagekräftig. So täuscht ein Blick auf die Karte sehr leicht und sehr oft. Faustregel: Sie brauchen immer erheblich länger als gedacht! Mein Rat: Verdoppeln Sie Ihre erste Zeiteinschätzung, dann liegen Sie einigermaßen richtig.

Fährt man diese Kurvenorgien allerdings mit Muße, dann macht es richtig Spaß, sich wie im „Walzertakt" durch die wunderbaren sardischen Landschaften zu schaukeln. Allerdings: Der Verkehr ist zwar außerordentlich gering, aber es gibt ihn. Und die **anderen Verkehrsteilnehmer** bestehen nicht nur aus benzingetriebenen Maschinen (oft aus Gruppen von Motorradfahrern, die auch die Kurvenorgien feiern!), sondern auch aus wiederkäuenden und krumm gehörnten oder meckernden und grunzenden **Bio-Apparaten.** Kühe, Ziegen, Schweine, Schafe – alles bewegt sich gern und oft auf den ruhigen Nebenstrecken. Also Vorsicht! Hinter jeder Kurve könnte auch eine träge Kuh rumliegen!

Tipps für Womo-Fahrer

- *Immer ein Auge im Rückspiegel haben! Erkennen Sie dort ein Fahrzeug oder gar eine anwachsende* ***Pkw-Schlange,*** *lassen Sie diese bei der nächsten Ausweichmöglichkeit passieren. So vermeiden Sie mögliche riskante Überholmanöver derselben und vor allem ernten Sie mittels Winken und Hupen viel „Dankeschön" von den sehr erfreuten Pkw-Fahrern.*
- *Achtung auf Nebenstrecken vor* ***auf der Straße laufenden oder liegenden Tieren!*** *Entdecken Sie auf der Fahrbahn frische Köttel oder Haufen, so sind die Verursacher nicht weit!*
- *Begegnen Sie einer* ***Ziegen- oder Schafherde*** *– befolgen Sie die Anweisungen des Hütehundes! Das ist kein Scherz! Denn oft sind die Herden herrenlos, also ohne Hirte, unterwegs, aber die sardischen Hirtenhunde sind wahrlich genial und managen die Situation alleine und perfekt. Erst werden Sie mit Bellen und Straße Versperren gestoppt, dann wird die Herde „verdichtet" und zur Seite gebissen, sodass eine Passage entsteht. Dann wird der Weg für Sie frei gegeben. Unglaublich, aber Sie werden es selbst erleben.*
- *In Ortschaften, ob klein oder groß,* ***niemals in kleinere Nebenstraßen hineinfahren,*** *auch nicht unabsichtlich! Das kann schnell zum Albtraum werden. Denn die werden mit ziemlicher Sicherheit irgendwann so eng, dass es für ein Womo nicht weiter geht. Oder die Balkone hängen so tief, dass Ihr Alkoven Schweißausbrüche bekommt. Sie auch, denn wieder das Ganze rückwärts raus ist Stress pur bei 30 Grad im Schatten. Besonders dann, wenn das nicht mehr geht, weil hinter Ihnen bereits wild hupende Pkw mit mediterran aufgeregt fuchtelnden Fahrern stehen.*
- ***Ortsdurchfahrten*** *sind immer eng, manchmal sehr eng. Besonders eng zur Geschäftszeit am Morgen und noch enger zur obligatorischen „passegiata" am Abend. Wer sich seiner Sache nicht ganz sicher ist, der sollte diese Stoßzeiten meiden! Lassen Sie sich nicht vermeiden, so kann man am Ortseingang auf den nächsten Omnibus oder Lkw warten und sich an diesen anhängen. Der „schiebt" Ihnen dann den Weg frei.*
- *Immer mehr Bergdörfer mit besonders engen Durchfahrten haben für den Schwerlastverkehr* ***Umgehungsmöglichkeiten*** *geschaffen. Auch wenn Sie mit Ihrem „kleinen" Womo noch quer durch den alten Kern karriolen könnten – tun Sie es nicht, sondern folgen Sie den Lkw-Wegweisern.*
- *Auf Campingplätzen, an Stränden, Pinetas (lichte Pinienwäldchen direkt am Strand) oder ähnlichen unbefestigten Plätzen sicherheitshalber erst zu Fuß den* ***Untergrund auf Festigkeit inspizieren,*** *bevor Sie die feste Straße verlassen. Manchmal bedeckt nur eine sehr dünne Grasnarbe den weichen Sand, in dem dann das schwere Womo beim geringsten Durchdrehen der Räder unweigerlich versackt.*
- *Bevor Sie von der Küste in die Berge fahren, immer Schmutzwassertank und Toilette entleeren. Denn* ***im Inselinneren*** *gibt es nur wenige* ***Entsorgungsmöglichkeiten.***

Mautpflichtige Autobahnen oder sonstige gebührenpflichtige Straßen gibt es auf Sardinien nicht. Die einzige **autobahnartige Straße** auf Sardinien ist die überwiegend vierspurig, aber nicht immer kreuzungsfrei ausgebaute „Superstrada" SS 131 „Carlo Felice". Auf ihr kann man in kurzer Zeit von Olbia nach Sassari und weiter bis Porto Torres nach Süden über Oristano nach Cagliari brausen.

Achtung

Die SS 131 ist **keine Autobahn,** es gilt also auch hier max. Tempo 90 km/h.

Tipp zur Strandsuche

Dort, wo Sie weiße Spuren von Fahrzeugen sehen, die von einem staubigen, nicht beschilderten Nebenweg auf die schwarze Asphaltstraße einbiegen, ist meist auch ein Strandzugang, den nur die Einheimischen oder mit dem Gelände Vertrauten kennen. Sind Sie sich nicht sicher, wohin der Weg führt, entweder abwarten und den Nächsten fragen oder mal eine kleine Expedition zu Fuß, mit Roller oder Rad starten.

Achtung: **Geschwindigkeitsbegrenzungen** einhalten, auf der Schnellstraße wird viel geblitzt! Wird man erwischt, wird's teuer!

Strada statale **(Staatsstraße)** sind übergeordnete, mit unseren Bundesstraßen vergleichbare Hauptverkehrswege und praktisch durchweg gut ausgebaut.

Strada bianca, „weiße Straße", wie man die staubigen **Geländepisten** nennt, sind meist nur einspurig und teils in schlechtem, je nach Jahreszeit und Witterung auch sehr schlechtem Zustand. Ob Sie mit Ihrem teuren Womo im Einzelfall weiterfahren oder doch besser umkehren, ist eine individuelle Entscheidung. Dort, wo ein Verbotsschild steht, ist dann aber auch wirklich kein Durchkommen mehr möglich.

BESCHILDERUNG

So gut die Straßen Sardiniens sind, so gut ist die Ausschilderung. Mit ihrer Hilfe und einer Straßenkarte kommt man gewöhnlich bestens ans Ziel. Ausnahme: Nicht wenige der Straßenschilder dienen den wilden Jungs der Insel als Zielscheibe. Teilweise sind sie so mit Schrott und Kugeln durchsiebt, dass auf ihnen kaum mehr etwas entzifferbar ist.

Die blauen Verkehrschilder werden durch **braune Tourismus-Schilder** ergänzt, die Sie zu den Attraktionen und Sehenswürdigkeiten der Insel führen. Jährlich werden es mehr, weil immer neue der zahllosen noch gänzlich unberührten und unerschlossenen archäologischen Stätten für den Besucherverkehr ausgebaut werden. Allerdings verschwinden auch alljährlich wieder welche. Hauptsächlich deshalb, weil verärgerte Bauern und Hirten sie verbiegen, verdrehen oder auch abmontieren und in die Macchia schmeißen. Meist, weil die Besucher ihnen ignorant quer übers neu angesäte Getreidefeld trampeln oder ständig und dauernd auf dem Weg zum Großsteingrab alle Weidetore öffnen, aber nicht wieder verschließen und ihnen so andauernd das liebe Vieh wegläuft.

Häufige Zielscheiben – manche Verkehrsschilder sind so zerschossen, dass man sie kaum noch entziffern kann

015sa Abb.: ph

STROM

Die Netzspannung beträgt **220 Volt Wechselstrom.** Deutsche Stecker passen nicht in alle Steckdosen. Es empfiehlt sich die **Mitnahme eines Zwischensteckers.** Mindestens eine **20-m-Kabeltrommel** mit sich führen. Selbst damit wird es auf Campingplätzen manchmal bereits eng, da der Weg zur nächsten Stromsäule zu weit ist. Ein zusätzliches Verlängerungskabel kann nie schaden. Überwiegend haben sich auf den Camping- und Womostellplätzen zwischenzeitlich die vertrauten **dreipoligen CEE-Steckdosen** durchgesetzt.

TANKEN

Tankstellen *(Distributore)* sind auf dem dünn besiedelten Sardinien relativ sparsam gesät. Mehr davon gibt es entlang der Küste, weniger in den besonders dünn besiedelten Regionen im Inneren der Insel. Deshalb sollte man den Tank nie bis auf den letzten Tropfen leerfahren. Denn man findet nicht gleich um die Ecke die nächste Zapfstelle. Und wenn doch, dann ist sie nicht selten geschlossen. Denn Tankstellen haben auf Sardinien regelrechte **Öffnungszeiten.** An Wochentagen sind sie meist von 7.30/8 Uhr bis 12.30 Uhr geöffnet. Die Mittagspause geht mindestens bis 15.30 Uhr, Feierabend ist dann gegen 19/20 Uhr. Durchgehend geöffnete Tankstellen findet man nur in größeren Städten oder an Hauptverkehrsstraßen. Samstags sind nur wenige, sonntags fast gar keine Tankstellen geöffnet. Für die doch recht ausgedehnten Schließzeiten besitzen viele der Stationen **Tankautomaten,** bei denen man per Geldkarte oder Geldschein tankt. Dafür sollte man stets ein paar größere, möglichst knitterfreie Scheine bereithalten.

Das Procedere: Erst schaue man, welche Nummer die gewünschte (Diesel-)Zapfsäule hat, dann stecke man den Schein/die Karte in den dafür vorgesehenen Schlitz. Darauf drückt man die Nummer der Säule und wartet, bis ein grünes Licht erleuchtet. Dann können Sie die Zapfpistole abnehmen und den gekauften Betrag tanken. Bei anderen Säulen muss man direkt an derjenigen, in die man den Schein oder die Karte einschiebt, auch die Art des Kraftstoffes, im Normalfall also **Diesel** *(Gasolio)* wählen. Dieselsäulen sind gewöhnlich schwarz. Kommen Sie selbst nicht klar, so hilft Ihnen der hinter Ihnen wartende Sarde gerne.

TELEFON

Italien ist das Mekka fürs **mobile Telefonieren.** Das geliebte *cellulare* ist so ziemlich das wichtigste Utensil eines jeden und wird ständig und überall exzessiv benutzt. Telefonzellen, Fernsprechzentralen

Vorwahl – mit Null oder ohne Null?

Um es möglichst kompliziert zu machen, ist es beim Telefonieren nach/auf Sardinien so: Ruft man eine sardische Festnetznummer an, muss die „0" der Ortsvorwahl immer, auch bei innerstädtischen Gesprächen, mitgewählt werden! Ruft man dagegen eine sardische Mobilnummer an, muss die „0" grundsätzlich weggelassen werden.

Vorwahlen aus Sardinien

- Deutschland 0049
- Österreich 0043
- Schweiz 0041

Vorwahlen nach Sardinien

Deutschland/Österreich/Schweiz 0039

Achtung

Am Steuer darf nur mit einer Freisprechanlage telefoniert werden!

Tipp

Nehmen Sie von zu Hause ein altes, ausgedientes, aber funktionstüchtiges Zweithandy mit, in das Sie dann eine vor Ort zu beschaffende italienische SIM einsetzen können. So haben Sie Ihre deutsche und die neue italienische Nummer immer verfügbar und sind erreichbar.

und ähnlich antiquierte Methoden des Fernsprechens werden nur im Notfall genutzt und verschwinden mehr und mehr aus dem öffentlichen Leben. Dort, wo es sie trotzdem noch gibt, ist die Zeit des Kleingeld und „Gettone" endgültig vorbei. **Telefonzellen** funktionieren praktisch ausschließlich mit **Telefonkarten** *(carta telefonica)*. Die erhält man zu verschiedenen Werten zwischen etwa 2,50 und 25 € an zahlreichen Stellen wie Tabakläden, Kiosken, Hotelrezeptionen, bei der Post etc. Sie sind nur begrenzt gültig (1–2 Jahre), sollten also nicht bis zum nächsten Italien-Urlaub aufbewahrt werden. Vor dem Telefonieren mit ihnen muss die perforierte Ecke abgebrochen werden. Telefoniert man die Karte leer, kann während des Gespräches eine neue nachgeschoben werden.

Wer viel ins Ausland, also in die Heimat telefoniert, der sollte sich eine **internationale Telefonkarte** beschaffen, die es im Wert von 6–50 € gibt. Diese wird jedoch nicht ins Telefon gesteckt, sondern man wählt von einem beliebigen Apparat die auf der Karte angegebene Nummer an und folgt dann den Anweisungen der in mehreren Sprachen verfügbaren Ansage.

Bis auf Funklöcher in ungünstigen Lagen wie Taleinschnitten im Gebirge o. Ä. können Sie auf Sardinien durch das sogenannte „Roaming"-Verfahren Ihres Mobilnetzbetreibers überall problemlos mit Ihrem **Handy telefonieren.** Dieses Verfahren ist jedoch sehr teuer, selbst wenn Sie nur angerufen werden. Denn Sie zahlen als Angerufener trotzdem die italienischen Gebühren! Richtig teuer wird es, wenn Sie mit Ihrem deutschen Handy ein anderes deutsches Handy auf Sardinien anrufen. Denn dann werden doppelte Gebühren fällig. Wer viel telefoniert, für den lohnt sich die SIM-Karte einer italienischen Gesellschaft, die es theoretisch zwar nur gegen Nennung einer italienischen Steuernummer gibt, praktisch jedoch auch nach Nennung der Hoteladresse oder auch einfach so. Diese SIM-Karte kann man dann mit Beträgen *(sceda ricarica)* zwischen 5 und 50 € aufladen.

ÜBERNACHTEN

Wo bleibe ich die Nacht? *Die* Schicksalsfrage und oft *das* Problem schlechthin für die allermeisten Womo-Reisenden. Denn man hat ja stets alles Notwendige dabei und kann rein technisch problemlos mal einfach zum Schlafen anhalten oder auf einem still und abgeschieden gelegenen Wanderparkplatz „Landhotel im Grünen" spielen.

Manche Womo-Reisende haben sich das **„Freistehen"** ja zum Prinzip erhoben und meiden so oft als möglich offizielle und damit auch meist kostenpflichtige Stellmöglichkeiten. So genanntes „Freistehen"

601sa Abb.: ph

ist zwar technisch möglich, aber eben eigentlich auf Sardinien nicht mehr erlaubt und wird je nach Region und Jahreszeit auch verfolgt und geahndet.

▲ *Ob auf dem Camping oder am Strand – Sardiniens Küste bietet zahllose herrliche Plätze für Wohnmobilisten*

Andere möchten aus Sicherheits- oder Bequemlichkeitsgründen nicht irgendwo auf dem Strandparkplatz stehen, sondern auf die Vorzüge und Sicherheiten eines gut ausgestatteten **Campingplatzes** nicht verzichten.

Wieder andere möchten zwar ebenfalls lieber nicht alleine irgendwo stehen, fühlen sich jedoch auch nicht als klassische Camper. Diese suchen dann oft ganz gezielt nach speziellen, meist im Vergleich zum Campingplatz recht preiswerten, manchmal sogar kostenlosen **„Womo-Stellplätzen“.**

Die gute Nachricht ist, dass es auf Sardinien von allem zu finden gibt. Aber eben nicht alles gleichzeitig und nicht immer und nicht überall.

PROBLEMATIK FREIES STEHEN

Es ist nur wenige Jahre her, da war Sardinien tatsächlich so etwas wie das letzte Paradies für Womo-Urlauber.

Zwar ist in Italien, also auch auf Sardinien, seit langem wie praktisch überall in Europa das Wildzelten prinzipiell verboten. Tatsächlich konnte man jedoch praktisch immer und überall frei stehen, auch über Tage oder gar Wochen hin. Nicht selten war dies nicht nur geduldet, sondern wurde in strukturschwachen, vom Tourismus damals noch kaum berührten Regionen wie der Halbinsel Sinis oder an der abgelegenen Küste des Sulcis und Iglesiente im Südwesten Sardiniens geradezu begrüßt. Kamen einmal die Carabinieri, so war es mit dem Hinweis *„no campeggio, solo per una notte"* eigentlich immer getan.

Leider hat sich diese Situation in den letzten Jahren gründlich verändert. Auch wenn andere Veröffentlichungen weiterhin das Gegenteil behaupten, ist es heute rings um die gesamte Insel herum **offiziell verboten,** mit dem Womo frei zu stehen. Dementsprechend ist so ziemlich alles in Küsten- und Strandnähe mit entsprechenden Hinweisschildern, Höhenbegrenzungen oder Schranken versehen.

Die Verbote erlassen und überwachen die verschiedenen Provinzen und Gemeinden. Das bedeutet, dass das Verbot zwar generell ist, aber je nach Saison und Ort sehr verschieden gehandhabt und durchgesetzt wird oder auch nicht.

So ist es beispielsweise auf dem Territorium der sehr **womo-unfreundlichen Gemeinde Santa Teresa Gallura** im Nordwesten der Insel in der Saison kaum mehr möglich, mit dem Womo auch nur einen Strandparkplatz zu erreichen, weil schon auf vielen Anfahrten dazu für Womos „Durchfahrt verboten" ist. Jedes Übernachten außerhalb von erlaubten Bereichen wird rigoros verfolgt. Das ist jedoch nur von ca. Mai–Sept. so. Danach werden auch in S. T. Gallura alle Verbotsschilder abgeschraubt. Andere Gemeinden wiederum haben zwar auch die von der Provinz verordneten Schilder aufgestellt, sehen jedoch keinen Grund, Zuwiderhandlungen auch zu verfolgen. Mancherorts bleiben sie auch außerhalb der Saison stehen, haben aber dann faktisch keine Gültigkeit. Nicht selten stand ich schon neben Carabinieris auf eigentlich gesperrten Plätzen, die gemeinsam mit mir die schöne Aussicht aufs Meer genossen haben.

Die Situation ist auf Sardinien damit zurzeit mehr als nur **uneinheitlich und verwirrend.** So ist es nicht selten, dass der eine Urlauber von vielen schlechten Erfahrungen zu berichten und von happigen Geldstrafen zu erzählen weiß, während der andere völlig unbelästigt herrliche Freisteh-Zeiten am Traumstrand erlebt hat und die Erzählungen des Anderen so gar nicht recht glauben mag.

Um etwas Klarheit in die Situation zu bringen, habe ich mich immer wieder vor Ort bei Bürgern, Polizei oder auf Tourist-Infos schlau zu machen versucht, was wann, wo, wie und warum nun gilt oder eben nicht.

Eine wirkliche Antwort habe ich nicht erhalten. Einfach deshalb, weil sie keiner geben kann. Übereinstimmender Tenor der Antworten: „Ja, kann man ruhig machen. Aber wenn es zu viel wird, dann muss man sich dagegen wehren."

Damit ist die **zentrale Problematik des Freistehens** definiert: Es ist das „zu viel". Tatsächlich wurde es rein mengenmäßig Jahr für Jahr immer mehr und war schon seit Jahren wenigstens im Hochsommer, wenn die Italiener vom Festland kommen, mehr als nur zu viel. Wer einmal gesehen hat, wie Dutzende oder auch Hunderte von Womos dann mit kaum zu durchdringenden Wagenburgen Sperrgürtel bilden und manche Strände blockieren und für den Normalbadenden nur unter Schwierigkeiten erreichbar gemacht haben, der versteht, warum es den Einheimischen dann eben immer öfter „zu viel“ wurde und wird. Und wenn er dann sieht, welche Müllberge diese Wohnmobile hinterließen und wie leichtfertig und unverantwortlich sie leider teils noch immer mit dem **Thema „Ver-/Entsorgen“** umgehen, dann kann man auch als Womo-Reisender durchaus Verständnis für Verbote aufbringen.

Deshalb werde ich in diesem Buch keine freien Stellplätze empfehlen, sondern zum Übernachten ausschließlich **offiziell erlaubte Plätze** nennen. Ob Sie dann auf eigenes Risiko auf dem einen oder anderen beschriebenen Picknick- oder Badeplatz dennoch einfach die Nacht bleiben, das steht Ihnen natürlich völlig frei.

„Zu viel“ ist es denn auch nur dort, wo viele sind und nur **während der Saison.** Im Juli und August ist es **entlang der Küste** kaum mehr möglich, irgendwo über längere Zeit frei am Strand zu stehen. Besonders da nicht, wo schon andere Camper stehen. Doch steht ein einzelnes Womo an einer abgelegenen Stelle am Strand und stört dabei niemand, so bleibt es meist selbst auch ungestört, auch im Hochsommer. In der Vor- und Nachsaison und im Winter sowieso stört sich kein Mensch an ein paar Fahrzeugen am Strand. Außer es werden eben „zu viel“.

Die geschilderte diffuse Situation gilt allerdings nur in der Saison und an den Küsten. Ansonsten ist sie ziemlich klar. Denn will man das **Inselinnere** mit dem Womo bereisen, so bleibt einem mangels Alternativen gar nichts anderes übrig, als sich irgendwo in der freien Wildbahn einen netten Platz für die Nacht zu suchen. Denn Camping- oder Stellplätze gibt es hier, von ein paar sehr wenigen Ausnahmen abgesehen, schlicht nicht.

Außerhalb der Saison gilt das auch für die gesamte Küste. Denn zwischen Ende Oktober und Anfang Mai sind fast alle Camping- und Womo-Stellplätze geschlossen. Die Entscheidung, ob und wo Sie frei stehen oder nicht, müssen Sie in eigener Verantwortung treffen.

CAMPING

Das breiteste Angebot an Stellmöglichkeiten für Wohnmobile bieten die zahlreichen Campingplätze. Doch auch hier gilt: Nicht Sardinien, sondern die **Küsten der Insel** sind Sardiniens viel besuchtes Urlaubsziel für Campingtouristen.

An den Küsten und Stränden bieten **über 100 Campingplätze** der unterschiedlichsten Kategorien für jeden Geschmack und Geldbeutel gute Gelegenheiten. Am besten mit Campingplätzen versorgt ist der touristischere Inselnorden und die dem Festland zugewandte Ostküste mit ihren karibischen Superstränden. An der von den Fährhäfen weiter abgelegenen Westküste und westlichen Südküste sind sie weniger, doch in ausreichender Zahl vorhanden.

Faustregel

Egal wann und wo Sie sich auf Sardinien aufhalten, wenn Sie mal frei stehen möchten: möglichst nie da parken, wo schon andere stehen.

Camping-Komfort-Kategorien

★
Einfache Plätze mit Grundausstattung (Strom, Wasser, Sanitärgebäude), evtl. einfache Bar

★★
Einfache Plätze mit Grundausstattung (Strom, Wasser, Sanitär), dazu weitere Grundelemente wie Minimarkt, Pizzeria, Strom am Stellplatz u. a.

★★★
Komfortable Mittelklasse mit meist gehobenen Sanitäranlagen, Strom, Wasser, Ver-/Entsorgung für Wohnmobile, Supermarkt, Spielplatz, Sportgeräteverleih, Pizzeria/Ristorante, Bar, zunehmend auch mit Swimmingpool

★★★★
Luxuriös und umfangreich ausgestattete Plätze, die schon an die Qualität von gehobenen Hotelressorts heranreichen. Außer der Grundausstattung gibt es große Pools, diverse gastronomische Einrichtungen, Disco, Animation, Sportgeräte, Sportschulen, Kinderbetreuung, Kurse, Ausflugsangebote, teils sogar Privat-WC und Bad u. a.

Praktisch **campingplatzfrei** ist jedoch **das gesamte Inselinnere.** Die dort vorhandenen gerade einmal ganzen vier Plätze sind allesamt weniger Campingplätze, sondern mehr noch einfache Zeltplätze für Wanderer. Für Wohnwagen und Womos sind sie teils wegen problematischer, sprich: enger und steiler Anfahrt, teils wegen ihres ungeeigneten Geländeprofils, sprich: steile Hanglage und fast immer wegen fehlender Einrichtungen zur Ver- und Entsorgung nicht oder nur sehr bedingt geeignet.

FAITA Sardegna

Eine sehr gute Übersicht über die vorhandenen Plätze bietet die jährlich in einer aktualisierten Form herausgegebene Campingkarte des sardischen Campingverbandes FAITA Sardegna. Sie enthält die Adressen, Daten, Öffnungszeiten und Ausstattungsmerkmale der einzelnen Mitgliederplätze. Erhältlich ist die Karte direkt bei FAITA oder auch bei Sardinienspezialisten wie Turisarda in Düsseldorf oder gegen einen frankierten, adressierten Freiumschlag auch unter www.sardinienshop.de.
FAITA Sardegna, Via Is Orrosas,
08040 Lotzorai, Tel 0782/ 669461,
Fax 669701, www.faitasardegna.it

Offizielle Campingplätze im Inselinneren

- Camping Supramonte bei Orgosolo
- Camping La Pineta bei Monti
- Camping Senniseddu am Fuße des Monte Arci bei Pau
- Zeltplatz beim Ostello della Gioventu in Tonara

Wer einen längeren Campingplatzaufenthalt plant, dem sei zumindest für die Zeit von Mitte Juli bis Ende August eine **rechtzeitige Buchung empfohlen.** Denn die meisten Plätze sind dann rappelvoll und voller italienischem Leben, sprich: oft bis in die frühen Morgenstunden laut und turbulent. Die am schönsten gelegenen und am besten ausgestatteten Plätze sind nicht selten völlig ausgebucht.

WOMO-STELLPLÄTZE (AREA DI SOSTA)

Hat man vor Ort vor wenigen Jahren nach so etwas wie einem Stellplatz für Womos gefragt, so erntete man bestenfalls ein verständnislos dreinschauendes, freundliches Gesicht. Spezielle Stellplätze für Womos waren noch völlig unbekannt. Das hat sich im Zuge des immer strikter und flächendeckender durchgesetzten Freisteh-Verbotes allerdings erheblich geändert. Jahr für Jahr entstehen an allen Ecken und Enden neue so genannte *area di sosta.*

Sardinien ist allerdings hier noch in den Kinderschuhen und echtes Entwicklungsgebiet. So sind die bislang bestehenden Plätze alle **unterschiedlichster Natur.** Sie reichen vom einfachen Acker, auf dem der Bauer ein paar Steckdosen an die umstehenden Bäume genagelt hat und dazu höchstens noch irgendwo im weiten Gelände einen Trinkwasserhahn bereit hält bis zu hervorragend angelegten und ausgestatteten Stellplätzen.

Den meisten Stellplätzen gemein ist jedoch, dass sie unverständlicherweise **nur während der Saison,** also max. von Mai bis Oktober geöffnet sind. Es sind mir jedenfalls nur sehr wenige ganzjährig geöffnete Stellplätze bekannt. Unverständlicherweise genügt es den anderen Betreibern dann meist nicht, Strom und Wasser abzustellen und den Entsorgungsschacht zu verschließen, sondern sie spannen vor die Einfahrt auch noch Ketten und Schranken.

016sa Abb.: ph

▲ *In der Vor- und Nachsaison steht man nicht selten vor verschlossenen Toren*

So trifft man zurzeit auf die unbefriedigende Situation, dass es zwar immer mehr derartige Plätze für Womo-Reisende gibt, dass sie aber in der Hochsaison noch eindeutig zu wenige sind, um allen Womos Platz zu bieten. Dazu liegen sie nicht ganz selten **in weniger attraktiven Lagen,** d. h. fernab von Küste und Strand. Besonders blöd: Genau dann, wenn Womos besonders viel und gerne reisen, nämlich in der Vor- und Nachsaison, sind sie überwiegend geschlossen. Es wird wohl noch eine geraume Weile dauern, bis die Anbieter die speziellen Bedürfnisse von Womo-Reisenden verstehen und sich darauf einstellen.

VERHALTENSHINWEISE

TRINKGELD

Zusätzlich zum *coperto* wird allgemein auch ein angemessenes Trinkgeld erwartet. Dies bewegt sich im international eingebürgerten Bereich, also im Restaurant etwa in Höhe von 5 bis 10 % der Gesamtrechnung, in der Bar etwa 15 %. Das Trinkgeld wird dem Kellner nicht direkt in die Hand gedrückt wie es bei uns üblich ist, sondern diskret in einer Schale oder Behältnis, auf oder in dem Ihnen die Rechnung gebracht wird, zurückgelassen oder auf dem Tisch liegen gelassen.

Apropos Rechnung: Bezahlt wird grundsätzlich auf eine Rechnung, auch wenn man in größerer Runde gegessen hat. Sie bringen den Kellner mit großer Sicherheit zur Verzweiflung, wenn Sie in der Gruppe darauf bestehen, einzeln abzurechnen.

TÜREN UND TORE

Sardinien ist Hirten- und Bauernland. So ist die Insel flächendeckend von Weidemauern und Zäunen überzogen. Oft muss man, um zu einer Sehenswürdigkeit zu gelangen, über privates Weideland und dazu Tore und Absperrungen öffnen. Wirklich wichtig: Alles was Sie öffnen, unbedingt auch wieder schließen! Denn unachtsamen Touristen haben es die Bauern und Hirten zu verdanken, dass ihnen das liebe Vieh abhaut und sie ihre liebe Not haben, es wieder einzufangen und zurückzubringen.

OFFENES FEUER

Sardinien ist im Sommer ebenso heiß wie trocken. Dann ist praktisch die gesamte, von ausgedörrtem Gras und undurchdringlichem Macchiagehölz überzogene Insel in höchstem Maße brandgefährdet. Deshalb gilt in dieser Zeit ein **absolutes Verbot von jeglichem offenen Feuer!** Selbst kleine Feuer im Privatgarten müssen vorher bei der Feuerwehr angemeldet und genehmigt werden. Zuwiderhandlungen werden mit sehr hohen Geldstrafen geahndet. Trotz gewaltiger Anstrengungen (so wird unter größten Mühen alles trockene Holz von Hand aus den Wäldern gesammelt!) kommt es Jahr für Jahr zu schlimmen Busch- und Waldbränden, die die wenigen und deshalb umso wertvolleren Wälder der Insel bedrohen und noch mehr dezimieren. Auslöser kann schon eine Zigarettenkippe sein oder ein Stück Glas einer achtlos weggeworfenen Flasche, in dem sich die Sonnenstahlen wie in einem Brennglas konzentrieren.

Deshalb, egal ob am Strand oder auf dem Campingplatz, niemals offene Lagerfeuer anzünden. Grillen und ähnliche Tätigkeiten sind ausschließlich an speziell dafür angelegten Anlagen erlaubt. Zuwiderhandlungen werden streng bestraft!

VERKEHRSREGELN

Italien ist längst nicht mehr das Land des chaotischen Verkehrs, wo jeder macht, was und wie er will. Das gehört in die folkloristische Mottenkiste. Im Gegenteil: Italiens Autofahrer sind längst gesitteter als die bundesdeutsche Raserfront. Das ist nicht zuletzt den **strengen italienischen Verkehrsregeln** zu verdanken und vor allem derer rigoroser Durchsetzung. Das muss man wissen: Italien ist in Sachen **„Geldbuße“** eines der absoluten Hochpreisländer Europas. Das „billigste“, was es überhaupt an monetärer Verwarnung zu haben gibt, ist „Parken im einfachen Parkverbot“, was Sie rund 35 € kostet. Alles Andere kostet sehr viel mehr. Bei „Rotlicht überfahren“ ist man beispielsweise mit 140 bis 550 € dabei, bei Verstoß gegen die Gurtpflicht mit 70 bis 270 €. Besonders teuer sind **Geschwindigkeitsüberschreitungen.** Für 10 bis 40 km/h zahlt man 140 bis 550 €, für alles darüber 350 bis 1400 € (plus sofortiges Fahrverbot). Nach einer kurzen und heftigen Schockphase sind die Italiener ziemlich gesetzestreue Autofahrer geworden und die Zahl der tödlichen Unfälle ist drastisch zurückgegangen. Es lohnt sich also, die Regeln strikt zu beachten.

Wichtige Verkehrsschilder

Accendere i fari	Licht einschalten
Deviazione	Umleitung
Divieto di accesso	Zufahrt verboten
Inizio zona tutelata	Beginn der Parkverbotszone
Lavori in corso	Achtung Bauarbeiten
Rallentare	Langsam fahren
Sbarrato/Interrotta	Gesperrt
Senso unico	Einbahnstraße
Strada senza uscita	Sackgasse
Tenere la destra	Rechts fahren
Tutte le direzioni	alle Richtungen
Parcheggio	Parkplatz
Zona disco	Parken nur mit Parkscheibe
Zona pedonale	Fußgängerzone
Zona di silenzio	Hupverbot

139sa Abb.: ph

◀ *Ein einsamer Job – Feuerwache auf dem Gipel des Monto Novo San Giovanni*

Abweichende Verkehrsregelungen

- **Höchstgeschwindigkeit für Womos bis 3,5 t:** innerorts 50 km/h, außerorts 90 km/h, Schnellstraße 110 km/h, Autobahn 130 km/h
- **Höchstgeschwindigkeit für Womos über 3,5 t:** innerorts 50 km/h, außerorts 80 km/h, Schnellstraße 80 km/h, Autobahn 100 km/h
- **Bei Regen** gilt auf allen Autobahnen ein **Tempolimit** von 110 km/h, auf Schnellstraßen von 90 km/h.
- Außerhalb geschlossener Ortschaften muss immer, auch am Tag, mit **Abblendlicht** gefahren werden.
- Die **Promillegrenze** liegt bei 0,5.
- Alle nach hinten **über das Fahrzeug hinausragenden Dachlasten** und Ladungen müssen mit einer 50 x 50 cm großen, rot-weiß gestreiften Warntafel (beim ADAC, an den Grenzstationen und an Tankstellen erhältlich) gekennzeichnet sein. Das gilt für alles, also auch für den leeren Fahrradständer!
- Beim Verlassen des Fahrzeuges in Situationen wie Unfällen oder Pannen außerhalb geschlossener Ortschaften ist eine **Sicherheitsweste** zu tragen! Diese muss so deponiert sein, dass sie erreichbar ist, ohne das Auto verlassen zu müssen. Also nicht im Kofferraum!
- Unerlaubter Spurwechsel, rückwärts fahren oder wenden **im Mautstellenbereich** ist strikt verboten und wird mit besonders hohem Bußgeld geahndet, oft auch mit Fahrverbot.
- Privates **Abschleppen auf der Autobahn** ist verboten.
- Im Bereich **schwarzgelb markierter Bordsteine** besteht Parkverbot.
- **Parken in Landschaftsschutzgebieten** ist nur auf dafür ausgewiesenen Plätzen erlaubt.

› Routenübersicht vorderer Umschlag innen

VER- UND ENTSORGUNG (SCARICO/CARICO)

VER- UND ENTSORGUNGSSTELLEN

Bis vor wenigen Jahren waren es praktisch ausschließlich **Campingplätze,** die eine mehr oder weniger geregelte Entsorgung für Womos anboten. Da es diese Plätze jedoch nur entlang der Küste gibt und sie überwiegend nur von Mai bis September geöffnet sind, war die Entsorgung von Brauchwasser und besonders der Chemietoilette ein echtes Problem.

Heute haben sich die Campingplätze gut oder sehr gut auf die speziellen Bedürfnisse von Reisemobilen eingestellt und **moderne Ver- und Entsorgungsanlagen** errichtet. Zusätzlich zu den Camping-

Niemals wild entsorgen!

Auch wenn man es leider noch immer und immer wieder erlebt, dass verantwortungslose Womo-Besitzer ihr stinkendes Schmutzwasser einfach dort ablassen, wo sie stehen („ist ja bloß Wasser") und den Inhalt ihrer Toilette kurzerhand in die Büsche kippen oder bestenfalls vergraben: Das ist schlicht eine Sauerei und noch dazu verboten!

Grundregel eines jeden Womo-Reisenden muss die strikte geregelte Ver- und Entsorgung sein. Wer dieser ehernen Regel zuwider handelt, verdirbt nicht nur den Ruf der Womo-Reisenden und verschmutzt die Umwelt, sondern macht sich auch der Gesetzesübertretung schuldig. Geschieht dies z. B. in einem Naturschutzgebiet, kann es richtig teuer werden! Aber nicht die Strafe, sondern der Verstand sollte einen von derartigen „Ferkeleien" abhalten.

Deshalb: Beobachten Sie dergleichen, nehmen Sie sich ein Herz und sprechen den Schweineigel darauf an!

Entlang der Küste gibt es genügend Möglichkeiten, Toilette und Brauchwasser sauber zu entsorgen. Bei Ausflügen ins Innere der Insel sieht das jedoch etwas anders aus. Hier sind die Möglichkeiten noch Mangelware. Deshalb sollten Sie stets vor der Fahrt ins Innere der Insel Schmutzwasser und Toilette entleeren. Sollte das nicht ausreichen, suchen Sie im Notfall nach einer kommunalen Kläranlage oder fragen Sie an einer Tankstelle o. Ä., ob Sie Ihre Toilette in die dortige Toilette entleeren könnten. Ein kleines monetäres „Dankeschön" ist im Falle der Erlaubnis immer gut! Beim Ablassen des Schmutzwassers in einen Straßengulli, was nur im echten Notfall erfolgen sollte, vorher unbedingt sicherstellen, dass dieser nicht nur als reiner Regenablauf dient und einige Meter weiter im freien Feld endet, sondern an die örtliche Kanalisation angeschlossen ist.

plätzen sind in den letzten Jahren mehr und mehr **Womo-Stellplätze** entstanden, die meist auch Ver- und Entsorgungsmöglichkeit bieten. Das ist schön und gut – nur gibt es von diesen Plätzen noch zu wenige und vor allem sind sie fast durch die Bank von Ende September bis Anfang Mai geschlossen.

Diese Lücke können auch die wenigen bisher vorhandenen **kommunalen Entsorgungsmöglichkeiten,** die es in einzelnen Orten wie San Teodoro, Nuoro, Oristano oder Alghero gibt, nur sehr notdürftig schließen.

Problematisch ist es besonders im Inneren der Insel, wo kaum eine Infrastruktur für Camper und Womo-Reisende besteht. Zwar gibt es auch hier lobenswerte Initiativen und Ausnahmen, in denen sich einzelne Gemeinden dem Problem annahmen und Stell- und Entsorgungspunkte eingerichtet haben. Doch keiner weiß, wo diese zu finden sind, da es keinerlei Verzeichnis oder Ähnliches darüber gibt. So habe ich mich aufgemacht, sie gezielt aufzuspüren und in Augenschein zu nehmen. Alle die ich finden konnte, sind in den jeweiligen Tourenkapiteln sowie in den dazu gehörenden Tourenplänen vermerkt und eingezeichnet.

TRINKWASSER (ACQUA POTABILE)

Das Wasser ist auf Sardinien praktisch immer und **überall sorglos genießbar.** Sommerliche Knappheit und marode Versorgungsleitungen führen jedoch in manchen Küstenbereichen dazu, dass das Trinkwasser stark oder sehr **stark gechlort** werden muss. Teilweise empfand ich dieses „Trinkwasser“ tatsächlich nicht mehr „für den menschlichen Verzehr“ geeignet, obwohl es das offiziell natürlich ist. Babys oder Kleinkindern würde ich dieses Chlorwasser jedenfalls nicht zum Trinken geben wollen.

Mein Tipp: Tanken Sie Ihr Trinkwasser, wann und wo immer Sie können, in den Bergen an **gefassten Quellen.** Ich halte dies seit vielen Jahren so und habe noch niemals schlechte Erfahrungen damit gemacht. Denn die auch im Sommer sprudelnden Wasserspender liefern erstklassige, völlig unbelastete **Trinkwasserqualität** – besser, als es das Leitungswasser an der Küste je sein kann. Dort, wo Sie Einheimische den Kofferraum mit Kanistern füllen sehen, können Sie ohne weiteres dasselbe tun. Hat die Quelle einmal ausnahmsweise keine Trinkwasserqualität, so ist sie mit *„Acqua non potabile“* deutlich sichtbar markiert. Haben Sie Zweifel, so fragen Sie die Einheimischen, ob das Wasser trinkbar *(acqua potabile)* ist oder nicht.

Einzige Region, in der man diesbezüglich etwas **Vorsicht** walten lassen sollte, ist der **Südwesten der Insel** (Sulcis und Iglesiente), in dem seit Jahrhunderten Bergbau betrieben wird. Dort ist manchmal durch Abraumhalden, Schwermetalle und andere ungesunde bergwerkliche Hinterlassenschaften das Quellwasser belastet.

Wasser tanken – aus den zahlreichen Quellen sprudelt Trinkwasser allerbester Qualität

018sa Abb.: ph

Die wenigsten gefassten Quellen sind mit einem Wasserhahn ausgestattet. Zum **Wassertanken** bewähren sich am besten 10-Liter-Eimer, am allerbesten die mit einem kleinen Ausgießschnäuzelchen. Ihren Wasserschlauch können Sie dagegen an den meisten öffentlichen Wasserhähnen verwenden, die viele Gemeinden irgendwo im Ort besitzen.

Ich habe alle mir bekannten **Zapfstellen für Trinkwasser,** bevorzugt jedoch gefasste Quellen und Brunnen, in den einzelnen Touren vermerkt und näher beschrieben, sodass Ihr Womo eigentlich nie „Durst leiden" muss. Es ist jedoch möglich, dass aus mancher beschriebenen Quelle im August nur noch ein Rinnsal kommt oder vielleicht auch gar nichts mehr. Fragen Sie dann einfach die Einheimischen nach der nächsten Trinkwasserstelle. Meist ist sie nicht weit.

Sparsamer Verbrauch

Wasser ist das wichtigste Gut auf der Insel, denn es ist rar und besonders in den weitgehend regenlosen Sommermonaten kommt es trotz zahlreicher Stauseen und kommunaler wie privater Vorratshaltung zu Engpässen oder gar Rationierungen. Deshalb gilt nicht nur für die Einheimischen, sondern auch für die Besucher die Grundregel: Wasser sparen! Autowaschen, das Womo an der Ver- und Entsorgungsstation mal schnell abspritzen oder ähnliche Verschwendungen sollte man grundsätzlich unterlassen. Auch beim Duschen, Waschen oder Abspülen sollten Sie immer darauf achten, möglichst wenig vom kostbaren Nass zu verbrauchen.

Unterwegs begegnet man zahlreichen gefassten **Brunnen und Quellbecken,** die kristallklares Trinkwasser erster Qualität spenden. Hier holen viele Sarden ihr Trinkwasser mit Kanistern, hier können auch Sie beruhigt Ihren Trinkwasservorrat auffrischen und den Frischwassertank füllen. Auf gar keinen Fall darf man in die Becken und Tröge Seife, Spülmittel, Waschpulver oder Ähnliches einbringen! Denn in den Becken tränken die Hirten ihre Herden. Ist das Wasser verunreinigt, trinken die Tiere nicht mehr und die Herde muss warten, bis sich das gesamte Wasser des Beckens durch nachfließendes Frischwasser ausgetauscht hat, was Stunden dauern kann.

▼ *Europas ältester Ölbaum (4500 Jahre) bei Luras*

141sa Abb.: ph

Von der exklusiven Costa Smeralda durch die Granitwelt der Gallura zu den Stränden der Anglona

Der Norden Sardiniens ist von starken Gegensätzen geprägt. Während die ebenso legendäre wie teure Costa Smeralda nördlich der Hafenstadt Olbia Tummelplatz der Schönen und (Super-) Reichen ist, trifft man wenige Kilometer landeinwärts auf karge Abgeschiedenheit, geprägt von „Tafoni-Felsen", bizarr verwitterten Granitfelsen und tiefen Korkeichenwäldern.

Vom Capo d'Orso, dem Wahrzeichen des Nordens, hat man einen prachtvollen Panoramablick auf das zum marinen Nationalpark erklärte Archipel von La Maddalena.

Vorbei am Surfermekka Porto Pollo führt der Weg zu den einzigartigen Felsengärten am Capo Testa. Nach Badepause an den Traumstränden der „Costa Paradiso" geht es in die Metropole Sassari und dann hinein in das urwüchsig wilde Bergland der Gallura. Über die Bergstadt und Sommerfrische Tempio hinauf in das quellenreiche Massiv des Monte Limbara mit dem höchsten Gipfel Nordsardiniens. An seinen Südhängen gedeiht der köstliche „Vermentino di Gallura", der beste Weißwein der Insel.

019sa Abb.: ph

ROUTE 1

DER NORDEN

GROSSES GELD UND BIZARRER GRANIT

› Routenübersicht vorderer Umschlag innen

STRECKENVERLAUF

◀ *Vorseite: Gigantisch – der granitene Bär auf dem Capo d'Orso ist einer der eindrucksvollsten Tafoni-Felsen der Gallura*

Strecke:
Olbia - Golfo Aranci (25 km) - Porto Cervo (30 km) - Cannigione (16 km) - Palau (15 km) - Porto Pollo (10 km) - S. T. Gallura (30 km) - Capo Testa (6 km) - Isola Rossa (50 km) - Castelsardo (30 km) - Porto Torres (35 km) - Sassari (22 km) - Osilo (18 km) - Martis (30 km) - Perfugas (20 km) - Tempio Pausania (25 km) - Monte Limbara (15 km) - Lago del Coghinas (25 km) - Berchidda (30 km) - Monti (20 km) - Olbia (25 km)

Streckenlänge:
ohne Abstecher ca. 480 km
mit Abstechern ca. 650 km

OLBIA

„Terra Nova" nennt man bis heute die quirlige Hafenstadt Olbia mit ihrem großen modernen Hafen, in dem heute ein Großteil aller selbstfahrenden Sardinientouristen ankommt. Die meisten streben gleich wieder hinaus aus der Stadt den Stränden entgegen. Das ist eigentlich schade, denn Olbia ist durchaus einen Stopp wert. Und wenn er nur zum ersten Einkauf dient. Zwar hat die Stadt, abgesehen vom noch recht neuen **archäologischen Museum** am Hafen, das allerdings zurzeit geschlossen ist, weil sich scheinbar kein Betreiber findet, nicht so viel an Sehenswürdigkeiten zu bieten, aber ein Bummel durch die **Altstadt** lohnt sich. Dazu fährt man vom Fährhafen *(porto turistico)* Richtung „Centro", also nicht in den Tunnel! Dort sind direkt am Rande der Altstadt am Hafenrand entlang der Viale Prin. Umberto genügend große Parkflächen. Von hier aus sind es nur wenige Minuten zur **Fußgängerzone Corso Umberto,** die quer durch die Altstadt bis zur einladenden Piazza Margherita und Piazza Matteotti führt. Dort lässt sich prima der erste kleine Schwarze in einem der Straßencafés nehmen. Die Einkaufstraße der Stadt ist jedoch die Viale Aldo Moro in der Neustadt. Wer sich kurz im **Supermarkt** versorgen will, fährt die Hafenstraße Viale Prin. Umberto weiter geradeaus und dann nicht links auf die Hochstraße, sondern direkt bei der Rampe hinauf rechts die kleine Straße. Dort kommt gleich ein Supermarkt mit großem Parkplatz. Wer ab Hafen Richtung Süden will, fährt links in den Tunnel, der erst wieder am anderen Ende der Altstadt das Tageslicht erblickt, und landet auf der großen Ausfallstraße Richtung Budoni/SanTeodoro. Oder er folgt dem Schild „Nuoro 4 corsi" und kommt so auf die vierspurige Umfahrung von Olbia und damit auf die Schnellstraße Richtung Siniscola.

Information

UPT Olbia, Via A. Nanni 17/19, 07026 Olbia, Tel 0789 557732, Fax 22221, www.olbiaturismo.it, info@olbiaturismo.it

L33sa Abb.: ph

▲ *Die Piazza Matteotti in Olbias historischem Zentrum*

Sehenswertes

Museo Archeologico di Olbia, an der Hafenmole Brin gegenüber der Altstadt (zurzeit allerdings mangels Betreiber geschlossen).

Chiesa San Paolo/Piazza, netter, beschaulich ruhiger Platz mit Kapelle und Kirche, deren bunte Majolika-Kuppel freundlich in der Sonne glänzt.

Chiesa San Simplicio, dreischiffige romanische Kirche aus dem 11./12. Jh., einer der ältesten Sakralbauten Sardiniens.

Essen

Gallura, Corso Umberto 145, Tel. 0789 24648, gehobenere Preisklasse, dafür die beste Küche Olbias. Exquisite Köstlichkeiten in einer Mischung aus traditioneller Gallura-Küche und eigener Inspiration. Sehr zu empfehlen ist die Meeresküche!

Trattoria Sperrittu, Via Nuoro 15, Tel. 0789 21830, empfehlenswerte Trattoria in der Altstadt wenige Schritte von der Piazza Crispi, in der Gavino sich mit ausgezeichnetem Ergebnis auf die vielfältige Meeresküche aus frischesten Zutaten konzentriert.

Einkaufen

Wochenmarkt jeden Samstag in der Viale Aldo Moro

Tipp

Die Küstenstraße zwischen Olbia und San Teodoro/Budoni ist so ziemlich die unangenehmste ganz Sardiniens. Denn sie ist immer stark befahren mit viel Lkw-Verkehr und dazu sehr schmal und ohne befestigte Seitenstreifen. Viel entspannter und bequemer fährt es sich auf der vierspurigen, kaum befahrenen Schnellstraße bis San Teodoro. Zu ihr kommt man, wenn man am Ende der Stichstraße zum Fährhafen dem Schild „Nuoro 4 corsi“ folgt.

› Routenatlas Seite 285, Stadtplan S. 70

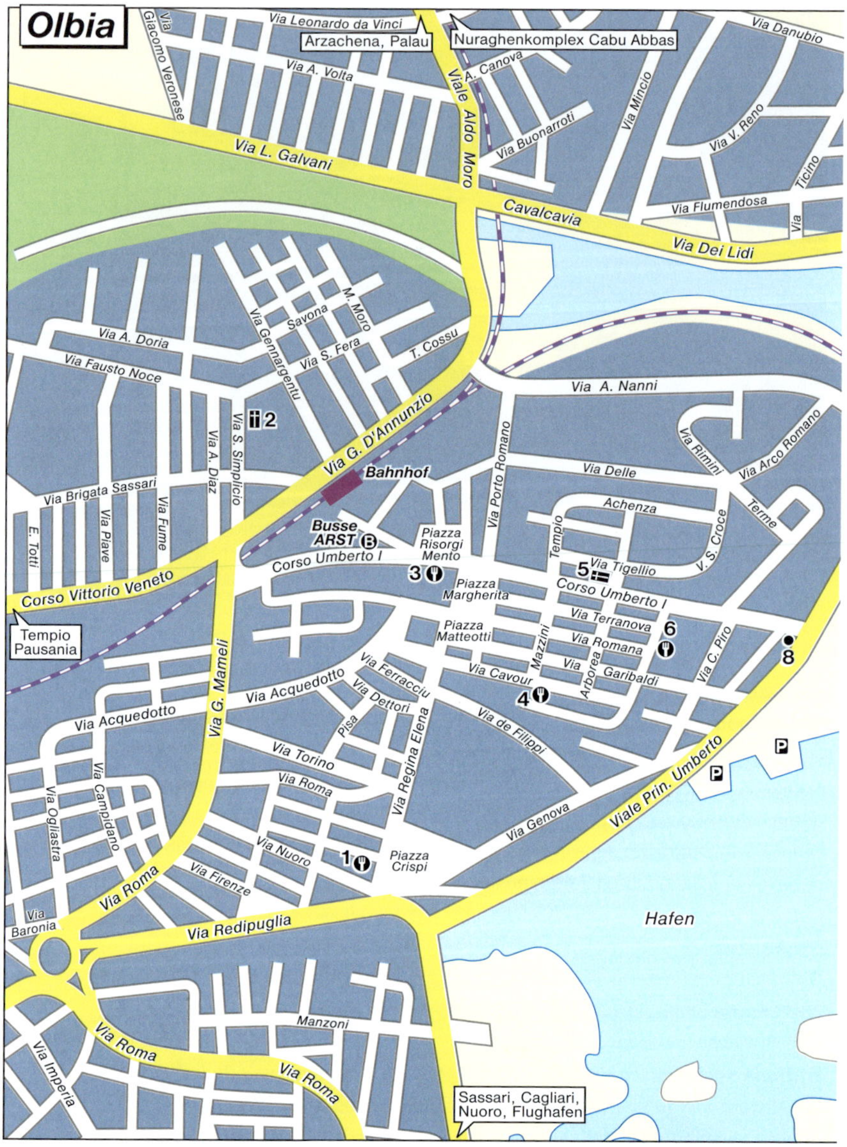

GOLFO ARANCI (25 km – km 25)

Lässt man die Stadt Olbia links liegen und macht sich gleich auf die große Reise, dann folgt man am Ende der langen Geraden vom Fährhafen der Beschilderung. Diese ist jedoch etwas wirr, ebenso wie die Straßenführung. Denn hier ballt sich ein brandneues, abenteuerliches Gewimmel von Über- und Unterführungen, Kreisverkehren, Tunneln und anderen modernen verkehrstechnischen „Innovationen" zusammen, das auf der gesamten Insel seinesgleichen sucht. Wer es eilig hat, nimmt die neue vierspurige Strecke, die landeinwärts

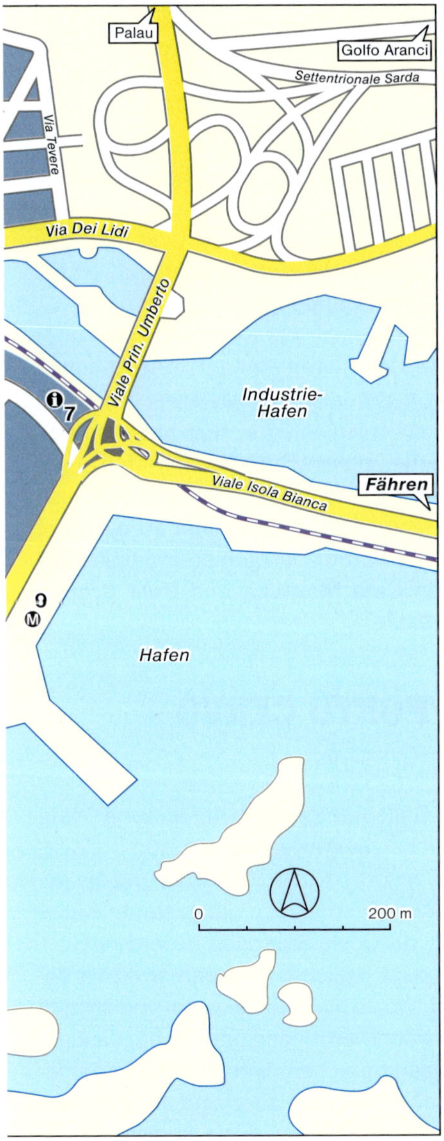

- 1 Trattoria Sperrittu
- 2 Chiesa San Simplicio
- 3 Gallura (Hotel und Restaurant)
- 4 Da Paolo
- 5 Chiesa San Paolo
- 6 Centrale (Hotel und Restaurant)
- 7 Ufficio Provinciale del Turismo
- 8 Rathaus
- 9 Museo Archeologico

verläuft. Wer gleich auf den ersten Kilometern seiner Reise erleben will, was Sardinien so an Küste und Strand bereithält, der folgt dem Schild Golfo Aranci/Porto Industriale/Spiaggai Pittulongu und damit der alten Küstenstraße. Schon nach kurzer Fahrt genießt man einen wunderbaren Ausblick zurück auf den Golf von Olbia und die Stadt.

Kurz danach erblickt man das lange goldgelbe Band des **Lido di Pittulongu,** Olbias beliebter und viel besuchter Hausstrand. Sowohl dieser als auch das folgende halbe Dutzend an feinsandigen Bilderbuchstränden zwischen Olbia und Golfo Aranci wie die **Cala Banana,** die **Spiaggia Bados** oder die schneeweiße **Spiaggia Bianca** sind

› Routenatlas Seite 285

021sa Abb.: ph

während der Saison sämtlich für Womos nicht direkt anfahrbar. Man muss also etwas zu Fuß gehen, wenn man gleich hier das erste Wellenbad nehmen will.

Nach kurzer, aber zauberhafter Fahrt über die Küstenklippen mit großartigen Aussichten auf die Küste und das Meer erreicht man kurz vor Golfo Aranci einen Aussichtspunkt mit Parkplatz. Unten erblickt man die weiße Spiaggia Bianca und über das Meer hinweg die kleine Hafenstadt auf dem weit ins Meer vorspringenden **Capo Figari.**

Vor wenigen Jahren noch war Golfo Aranci ein eher gesichtsloses Dorf mit guten Einkaufsmöglichkeiten und Tankstellen, das nur zum Leben erwachte, wenn eine Autofähre an- oder ablegte. Nun hat man das Ufer gestaltet, einen malerischen Fischerhafen angelegt und die Strände erschlossen. Es lohnt sich also durchaus, mal einen kurzen Abstecher zu machen. Das Capo Figari ist Naturschutzgebiet und bietet mit seinen Stränden **Cala Moresca** und **Cala Grecca** idyllische Badeplätze.

COSTA SMERALDA/PORTO CERVO

(30 km – km 55)

Man kann jedoch auch kurz vor Golfo Aranci gleich in Richtung Costa Smeralda abbiegen. Die eigentliche **„Samaragdküste“** ist nur ein relativ kleines Gebiet, Besitz des Consorzio Costa Smeralda und ein geschütztes Warenzeichen. Landläufig wird jedoch die gesamte Küste zwischen Golfo Aranci und Palau als Costa Smeralda bezeichnet.

Auf dem Gebiet des Consorzio ist jegliches Campen strikt verboten. Es gibt weder Camping- noch Womo-Stellplätze. Legal und offiziell kann man also hier nirgends die Nacht verbringen und könnte deshalb einen großen Bogen um die Gegend machen. Wer jedoch einmal einen Blick in die Welt der Reichen und Superreichen und der Schönen und Superschönen werfen will, für den lohnt sich ein Bummel durch **Porto Rotondo.** (Hier hat der ital. Regierungschef *Berlusconi* seine Hypertraumvilla auf einem Grundstück, das so groß ist wie der Vatikanstaat.) Oder noch besser gleich durch das „Fischerdorf“ **Porto Cervo,** das Herz des „Costa“, das mit großem finanziellem Aufwand auf „uralt“ gebaut wurde. Hier kann man viele Millionen schwere Jachten, ihre Besitzer und Gespielinnen bestaunen oder auch bei „Verrutschi & Co“ eine Sonnenbrille für 500 € oder ein kleines Strandcollier für das 100-fache erstehen. Egal welchen Ort man hier besucht, ob **Porto Cervo, Liscia di Vacca** oder **Baia Sardinia,** das Womo muss stets auf einem Parkplatz am Ortseingang abgestellt werden. In den Ort geht es für Wohnmobilreisende generell nur zu Fuß.

Tenuta di Capichera – ein Wein für besondere Stunden

Ganz in der Nähe von Arzachena versteckt sich eine kleine aber feine Adresse: die **Azienda Vitivinicola Capichera.** Hier keltert der Winzer Mario Ragnedda aus den Trauben des Vementino das weiße Gegenstück zum roten Kultwein Turrgia aus dem Süden Sardiniens: den Capichera. Die Fläche von 35 ha ist eher klein, wenn man auf die große und stetig wachsende internationale Fangemeinde dieses edlen Tropfens blickt. Das hebt ebenso den Preis wie die Nähe der Costa Smeralda, wo das sich große Geld trifft. So kann man sich auch erlauben, die Köstlichkeit nur kartonweise abzugeben, wobei der preiswerteste mit knapp 30 € die Flasche zu Buche schlägt. Doch es lohnt sich!

Tenuta di Capichera, Tel. 0789 80800, www.capichera.it, GPS: N41,04007 E9,38373, Anfahrt: von Arzachena Richtung St. Antonio di Gallura, nach ca 5 km links (unbefestige Piste) und einige Kurven bergab. Ist die Schranke zu, bitte klingeln.

CANNIGIONE (16 km – km 71)

Die Womo-Durststrecke endet am Scheitelpunkt des tief ins Land drängenden **Golfo di Arzachena.** Dort liegt der erste Campingplatz am geschützten Golf.

Auf der vergleichsweise schmalen Küstenstraße nach Palau passiert man einige straßennahe Strände, an denen man fast direkt aus dem Auto ins kühle Nass springen könnte. Achtung Fahrzeuglenker: Nicht zu sehr nach den Bikinis schielen, es ist wirklich etwas eng und die Aufmerksamkeit sollte deshalb ganz dem Straßenverkehr gelten. Einziger Ort an diesem Küstenabschnitt ist Cannigione. Vor einigen Jahren eher noch ein verschlafenes Nest, ist es zu einem quirligen Badeort herangewachsen. Sehenswertes hat Cannigione nicht, dafür aber sehr gute Einkaufs- und Versorgungsmöglichkeiten. Der netteste Platz ist der am großen Fischer- und Sportboothafen, an dem immer etwas los ist.

Camping

① Cugnana ***

GPS: 32 T 0542457 UTM 4539407
N41,00475 E9,50487

Loc. Cugnana, Tel. 0789 33184, Fax 33398, www.campingcugnana.it, 15.3.-30.9. Der erste Camping aus Richtung Olbia. Einladendes Gelände im Eukalyptuswald mit riesigem Swimmingpool, im Sommer viel Animation und Halligalli. Direkt am Platz kein Strand, aber mehrere kleine Badebuchten in fußläufiger Entfernung. Womo 9-11 €, Strom 3,50 €, Erw. 9-18 €.

Information

AAST Arzachena, Via Lungomare Andrea Doria (Ortsausgang Richtung Palau). Tourist-Info für die gesamte Region um die Costa Smeralda, Tel./Fax 0789 849388

Kurz hinter dem Ortsende von Cannigione weist ein Schild nach rechts hinaus zur nahen Küste und dem dortigen „Villagio Campeggio Isuledda“, einem der schönsten und am besten ausgestatteten Plätze Sardiniens. Nicht nur die Lage auf einer landschaftlich ungemein schönen Landzunge mit gleich mehreren Sandstränden und malerischen Felspartien macht ihn besonders attraktiv, sondern auch die Vielzahl an unterschiedlichsten Stellplätzen. Ob direkt am Sandstrand mit Sand im Vorzelt, im Schatten spendenden Eukalyp-

Camping

② ***Villagio Turistico Isuledda Camping*** ★★★★

GPS: 32 T 0537187 UTM 4553811
N41,13476 E9,44307

Tel. 0789 86003, Fax 86089, www.isuledda.it, 1.4.-30.10. Zauberhaft gelegener, sehr großer und sehr gut ausgestatteter Platz. Mehrere bildschöne Strände und Badebuchten. Vielfältige Sport- und Freizeitangebote und Sportgeräte-Verleih. Stellplatztipp: Am Eingang gleich links an Waschhäusern vorbei bis hinauf auf den Hügel. Oben ist es ruhig und man genießt eine einmalige Aussicht! Womo 10-30 € inkl. Strom, Erw. 5-12 €, Camperstop (Womo/2 Erw) 14-20 €.

▲ *Zimmer mit Aussicht – der Camping Isuledda bietet viele tolle Plätze*

tuswald oder etwas abgelegen auf einem Hügel zwischen den duftenden Zistrosensträuchern der Macchia mit umwerfender Aussicht auf den Golf – auf Isuledda findet jeder sein Traumplätzchen. Aber Achtung: Der Platz ist zwar sehr groß, aber dennoch in der Hochsaison meist ausgebucht.

ABSTECHER INS HINTERLAND (RUNDFAHRT/TAGESAUSFLUG)

Strecke:
San Pantaleo – Arzachena – Coddu Vecchiu – Li Lolghi – Luogosanto – Quelle Filetta – Landkirche San Trano – Castello Santo Stefano – Arzachena
Gesamtlänge: ca. 80 km

Etwa auf Höhe von **Portisco** zweigt ein Sträßlein landeinwärts ab und führt durch einmalig schöne Gallura-Landschaft hinauf zum Bergstädtchen **San Pantaleo.** Kaum hat man die Küstenstraße verlassen, erblickt man rechts etwas unterhalb der Straße das kleine Landkirchlein **Santa Chiara** mit schön angelegten Picknickplätzchen mit tollem Blick auf die bizarren, Gallura-typischen „Tafoni-Felsen". Nur 500 m weiter zeigt ein unauffälliges Schild „Fonti San Pantaleo" links in ein neu geteertes einspuriges Sträßlein.

Sehenswertes
Fonti di San Pantaleo, tägl. 9.30-12.30 und 15-18 Uhr

Nach 1 km Piste rechts dem Teerweg folgen. Dieser führt zur überaus kräftig sprudelnden **Mineralquelle von San Pantaleo,** deren exzellentes Mineralwasser inselweit in Flaschen verkauft wird. Hier können Sie für ganze 5 Cent pro Liter Ihre Kanister und Wassertanks mit diesem köstlichen Nass füllen. Fährt man das Sträßlein weiter nach San Pantaleo, erblickt man auf Passhöhe einen [P] Parkplatz mit Madonna im malerischen Tafoni-Fels. Die Aussicht auf **San Pantaleo** und die gezackten Gipfel der Gallura ist grandios.

Das charmante Bergdorf gruppiert sich um die Piazza mit Bäumen, Kirche und Bar. Seit einiger Zeit entwickelt es sich immer mehr zum Künstlerdorf und zur beliebten, angenehm unaufgeregten Sommerfrische, denn hier oben ist die Luft auch dann noch angenehm erfrischend, wenn unten an der Küste die Sommerhitze alles lähmt.

Auch die Bergstadt **Arzachena** hat Attraktionen, die sich lohnen. Bereits vor dem Ortseingang liegt, von der Küste/Cannigione kommend, links der Straße der **Nuraghe Albucciu.** Ihm gegenüber ist das Büro der Coop Lithos, die die Eintrittskarten für alle archäologischen Stätten in und um Arzachena verkauft und eine hilfreiche Karte mit der genauen Lage derselben anbietet.

Folgt man der Hauptstraße weiter bergauf Richtung Zentrum, erreicht man die einladende Piazza Risorgimento mit Kirche S. M. della Neve, schmuckem Rathaus und netten Straßencafés. Unterwegs weist ein kleines Schild rechts in eine Gasse den Weg zum wenige Minuten entfernten **„Funghi"**, einem gigantischen Fels in Pilzform, der zu den eindrucksvollsten Tafoni-Felsen der Gallura zählt. Vom zentralen Platz führt der Corso Garibaldi schnurgerade hinauf zum Belvedere, auf dem die freundlich in Pastelltönen ausgemalte Chiesa S. Lucia thront.

Trinkwasser

Gefasste Quelle mit Parkbucht 200 m vor der Passhöhe auf linker Straßenseite.

Trinkwasser

Gefasste Quelle bei der Esso-Tankstelle an der Durchgangstraße, wo das Wasser malerisch aus einem Hahn im Tafoni-Fels sprudelt.

Sehenswertes

Tempietto Malchittu. Nuraghische Kultstätte aus dem zweiten Jahrtausend vor Christus mit ungewöhnlichem, elliptischem Grundriss.

Information

Centro Informazioni/Coop Lithos, Ortseingang Arzachena am Nuraghen Albucciu, Mobil-Tel. 335 1276684951. Tickets für alle fünf prähistorischen Sehenswürdigkeiten in und um Arzachena mit Mengenrabatt, ein Objekt 2,50 €, zwei für 4 €, drei für 5,50 €. Malchittu, Albucciu, Coddu Vecchiu, tägl. 9–20 Uhr, Li Lolghi und Li Muri tägl. 9–13 und 15–19 Uhr

▼ *Das Gigentengrab Coddu Vecchiu ist eines der eindrucksvollsten Sardiniens*

023sa Abb.: ph

Einige der bedeutendsten archäologischen Stätten Sardiniens liegen unweit von Arzachena im freien Feld. Als Erstes ist hier **Coddu Vecchiu** zu nennen, das bedeutendste und schönste Großsteingrab der Insel aus dem 2. Jahrtausend v. Chr. mit seiner über 4 m hohen und 1,9 m breiten Eingangsstele. Am Grab lädt ein angelegter [P] Parkplatz mit Picknickgelegenheit und kleiner Bar unter Bäumen zur Siesta ein. Anfahrt: Von Arzachena Straße Richtung Sant' Antonio, nach 2,8 km rechts Richtung Luogosanto, nach weiteren 2 km links einspurige Teerstraße bis zum Parkplatz.

Nicht ganz so gut erhalten ist das einige Kilometer weiter auf einem kleinen Hügel ge-

Olivastri Millenari

Am Nordufer des Lago di Liscia steht der älteste Baum Europas, eine gigantische, über 4000 Jahre alte Olive, daneben eine 2500 Jahre alte und eine 1000-jährige.
GPS: 32 T 521494
UTM 4539438
N41,00585 E9,25560

Quelle mit Picknick

Fonte Filetta. Große, einsam in der Natur gelegene Anlage mit zahlreichen Picknickplätzen im schattigen Wald mit Tischen und Bänken. Die Quelle selbst ist nur zu Fuß erreichbar. Anfahrt von Luogosanto aus ausgeschildert.
GPS: 32 T 0518680
UTM 4541971
N41,02874 E9,22221

legene Gigantengrab **Li Lolghi.** Umweit davon entfernt liegt die **Nekropole Li Muri,** eine von einer schützenden Steinmauer umgebene Grabstätte der Arzachena-Kultur, in der einst ein Hirtenkönig erst aufgebahrt und nach seiner Skelettierung in ein steinernes Kistengrab gegeben wurde. Anfahrt: Vom Grab Coddu Vecchiu ist Li Lolghi über eine knapp 2 km lange Staubpiste zu erreichen, die auch mit Womo problemlos befahrbar ist. Am Grab angelegter [P] Parkplatz, zur Li Muri an Wegegabelung ca. 200 m nach bzw. vor Li Lolghi Feldweg bergauf nehmen (am besten zu Fuß!) und vorbei an zwei Bauernhöfen bis Nekropole.

Zurück zur Küste nimmt man am besten die kleine Nebenstraße, die von **Luogosanto** durch völlig einsame, aber wunderschöne Gallura-Landschaft zurück nach Arzachena führt. An dieser Strecke liegen gleich mehrere zauberhaft in die Landschaft eingebettete Sehenswürdigkeiten, die allesamt mehr als nur entzückende Plätze für ein ausgiebiges Picknick in stiller Natur bieten. Als Erstes erreicht man die grandios in Felsen gebaute **Chiesa San Trano** mit einem Altar aus einem Tafoni-Fels und umwerfender Fernsicht und Picknickplatz (N41,04070 E9,21653). Kurz danach führt ein 3 km langes Stichsträßlein hinaus zum **Castello Santo Stefano** mit großem geteerten Parkplatz und romantischen Ruinen in einsamster Natur. Schließlich signalisiert linker Hand ein angelegter [P] Parkplatz, wo der steile, aber bildschöne Weg über Stock und Stein hinauf zur kleinen Pilgerkirche San Leonardo und den Ruinen des Castello di Balaiana beginnt.

CAPO D'ORSO/PALAU (15 km - km 86)

Nach Cannigione schlängelt sich die Küstenstraße durch unbewohntes Land weiter zum schmalen **Golfo de Saline.** Unterwegs passiert man mehrere Strandparkplätze, die jedoch während der Saison für Womos durch Schranken und Höhenbegrenzungen nicht benutzbar sind. Nächste Möglichkeit für einen Halt und Sprung ins Wasser ist der Strand am Scheitelpunkt der Bucht. Seit Jahren ist die eigentliche Straße wegen eines Erdrutsches gesperrt und der Verkehr wird direkt hinter dem Strand über eine Geländepiste geführt. Hier bieten sich unbeschränkte [P] Parkmöglichkeiten und einige Bäumchen Schatten fürs Strandpicknick. Am anderen Ufer der schmalen Bucht kommt man unmittelbar an der Einfahrt zum Camping Capo d'Orso wieder auf befestige Straße.

Der Name des Platzes weist auf das nächste Ziel hin: das spektakuläre **Capo d'Orso,** dessen Ersteigung im doppelten Sinne ein Hö-

Camping

③ Camping Capo d'Orso ***

GPS: 32 T 0533787 UTM 4556752
N41,16140 E9,40272

Loc. Le Saline, Tel. 0789 702007, Fax 702006, www.capodorso.it, 15.3.-30.9. Terrassierter, gut ausgestatteter Platz mit allem Komfort und mehreren kleinen und schönen Strandbuchten. Wege für große Womos teils durch Bäume etwas eng, tief hängende Äste beachten. Womo 8-28 €, Strom 3 €, Erw. 5-8 €.

hepunkt ist. Hinter dem Namen „Bären-Kap“ verbirgt sich eine der großen Naturattraktionen im Norden Sardiniens, die gleichzeitig ein Wahrzeichen der Gallura und der Insel ist. Die Anfahrt zum Capo d'Orso ist ausgeschildert. Wo die Straße endet, wartet ein angelegter kostenpflichtiger Parkplatz auf die Besucher. Von ihm führt der neu angelgte Fußweg durch eine fantastische Felslandschaft mit zahlreichen bizarr verwitterten Tafoni-Felsen und wunderbar skurrilen Formen und Figuren. Oben angekommen, erwartet einen eine gigantisch Felsverwitterung in Form eines Bären, die dem Kap seinen Namen gab und die man auch erklettern kann. Die Aussicht von hier oben über Palau, das Meer und die Inselwelt des Maddalena-Archipels bis hinüber zur Nachbarinsel Korsika ist unbeschreiblich!

Vom Kap schwingt sich die Küstenstraße kurvenreich hinab nach **Palau,** das in der Sommersaison aus allen Nähten platzt. Der Grund dafür erschließt sich schnell, wenn man vom Capo d'Orso, der Punta Sardegna oder einem anderen Aussichtspunkt einen Blick hinab auf wahrlich atemberaubend schöne Kulisse aus zerklüfteter Küste, bizarren Felsklippen, tiefblauem Meer, blendend weißen Sandstränden und der vorgelagerten, wegen ihrer Einmaligkeit und Unberührtheit zum Nationalpark erklärten Inselwelt des Maddalena-Archipels wirft. Palau selbst ist vom ständigen Verkehr geprägt, der vom Fährhafen rund um die Uhr nach La Maddalena übersetzt. Seit die Amerikaner ihren Marinestützpunkt auf der Insel Santo Stefano geräumt haben, ist es im kleinen Fährhafen jedoch merklich ruhiger und die Taktzahl der Fähren geringer geworden.

024sa Abb.: ph

▲ *Tafoni am Capo d'Orso – die bizarr verwitterten Granitfelsen sind charakteristisch für die Gallura*

Zwischen dem Hafen und der riesigen **Marina La Gavetta,** in der sich Sportjachten zu Hunderten drängeln und die Ausflugsboote zu Nationalpark-Rundfahrten ablegen, liegt ein sehr großer 🅿 Parkplatz. Hier parkt man am besten, wenn man sich den Ort etwas näher anschauen will.

Ob man mit dem Womo nach **La Maddalena** übersetzt, muss man selbst entscheiden. An befahrbaren Wegen gibt es nur die „strada panoramica“, die ringförmig um die Insel La Maddalena herumführt, sowie eine Stichstraße zum Garibaldi-Museum auf der Nachbarinsel Caprera, die durch einem Damm mit La Maddalena verbunden ist. Es ist zu überlegen, ob man nicht besser, so man sportlich genug ist, mit dem Fahrrad übersetzt oder an einer Maddalena-Busrundfahrt mit Garibaldi-Museumsbesuch teilnimmt, die während der Saison ab Hafen La Gavetta angeboten wird.

Mit der historischen Schmalspurbahn durch die Berge der Gallura

Eine ebenso einmalige wie landschaftlich schöne Tour bietet der „Trenino Verde", das „Grüne Züglein". Die historische Schmalspurbahn, die bis vor wenigen Jahren noch fahrplanmäßig von Palau nach Sassari und von dort weiter bis an die Westküste nach Alghero fuhr, ist heute leider nur noch im Sommer in Betrieb. Von Mitte Juni bis Mitte September fährt der niedliche Zug einmal täglich die 60 km hinauf in die freundliche Bergstadt und beliebte Sommerfrische Tempio Pausania.
Abfahrt ab Palau Marina 9 Uhr, Ankunft Tempio 10.50 Uhr, zurück ab Tempio 16.30 Uhr, Ankunft Palau 18 Uhr (Sa./So. 2x tägl.), Erw. hin und zurück 15 €, Kind 7,50 €.
***Info:** Bahnhof Palau (stazione FS), Tel. 0789 709502, www.treninoverde.com*

Fähren

Linie Palau – La Maddalena: Vom Hafen verkehren 24 Std. Fähren von (je nach Saison) mehreren Gesellschaften. Da sie versetzt fahren, fährt also tagsüber etwa alle 10–15 Min. eine Fähre, ab 20 Uhr nur etwa stündlich. Tickets kauft man am jeweiligen Schalter in der stazione marittima.
Preise: Womo (nach Länge) ca. 20–25 €, Erw. 3–5 €, zzgl. 1 € Nationalpark-Zuschlag pro Person.

Information

AAST Palau, Palazzo Fresi, 07020 Palau, Tel. 0789 707025, Fax 706268

Camping

(4) Camping Baia Saraceno ★★★

GPS: 32 T 0532986 UTM 4558736
N41,17930 E9,39328

Loc. Punta Nera, Tel. 0789 709403, Fax 709425, www.baiasaraceno.com, 1.3.–31.10. Östlich von Palau, landschaftlich reizvoll zwischen Granitfelsen gelegener Platz, Bilderbuchküste mit Sandsträndchen und Tafoni-Felsen. Mit einem der wenigen offiziellen FKK-Bereiche auf Sardinien. Erw. inkl. Womo und Warmdusche 8–18 €, Strom 3 €.

(5) Camping Acapulco ★★★

GPS: 32 T 0531692 UTM 4559520
N41,18641 E9,37790

Loc. Punta Palau, Tel. 0789 709497, Fax 706380, www.campingacapulco.com, 1.3.–31.10. Südlich von Palau reizvoll in die Natur eingebetteter Platz mit Blick auf die Punta Sardegna und La Maddalena. Nette Betreiber, gutes und gemütliches Restaurant, 5 Fußmin. zur Spiaggia Sciumara, dem schönsten Strand von Palau. Erw. inkl. Womo und Warmdusche 8–18 €, Strom 3 €.

ABSTECHER NACH LA MADDALENA UND LA CAPRERA (30 km einfach)

Seit 1994 ist die fantastische Inselwelt des Archipels von La Maddalena wegen ihrer einzigartigen Symbiose aus Land und Meer Nationalpark und unterliegt damit besonderem Schutz. Bewohnt ist nur **La Maddalena.** Der Hauptort La Maddalena ist ein ausgesprochen freundlicher Ort mit mediterranem Flair. Um die Insel führt als Ringstraße die „strada panoramica" durch eine grandiose Mischung aus Felslandschaft mit zahllosen Tafoni-Gebilden und einer extrem zergliederten Küste mit reizvollen Badestränden und Buchten wie der bildschönen **Cala Spalmatore.** Die Rundfahrt hat man mit dem Auto in knapp einer Stunde gemeistert. Zwei einfache Campingplätze und ein Womo-Stellplatz bieten Übernachtungsmöglichkeiten. An Sehenswürdigkeiten hat La Maddalena neben seiner Natur ein archäologisches Schifffahrtsmuseum vorzuweisen.

Die Nachbarinsel **La Caprera** ist durch einen Damm mit La Maddalena verbunden. Die Straße endet am **Garibaldi-Museum.** Der Ruhesitz und das Sterbehaus des Revolutionärs und Nationalhelden ist für Italiener eine Art heiliger Gral und dementsprechend viel besucht.

Achtung: Im Museumsgelände ist absolutes Handyverbot. Ein Klingeln führt unweigerlich zum heftigen Zornausbruch des Führers und Rauswurf!!

Auf Caprera laden ebenfalls einige Strände und Buchten von großer Schönheit zum Baden ein. Rings um die beiden Hauptinseln liegen zahlreiche kleine Inselchen und Eilande. Zu ihnen fahren in der Saison Ausflugsboote. Die berühmte **Isola Budelli** mit ihrem rosaroten Korallenstrand darf leider nicht mehr betreten werden, da unvernünftige Besucher den Strand tütchenweise weggeschleppt hatten und er so akut gefährdet war.

Information

Pro Loco La Maddalena,
Via Principe di Napoli 16, Tel. 0789 739165, www.prolocolamaddalena.it

Sehenswertes

Casa Museo Garibaldi,
Tel. 0789 727162, Di.-So. 9-13.30 Uh rund 14-18.30 Uhr

▲ *Traumbucht im Nationalpark La Maddalena*

Stellplatz/Camping

(6) Womo-Stellplatz Il Sole **

GPS: 32 T 0535606 UTM 4563320, N41,22048 E9,42479

Loc Moneta, Tel. 727727, 1.6.–30.10. Eingezäunter Platz ohne jeden Schatten nahe Damm nach Caprera. Anfahrt ausgeschildert, einfachste Sanitäranlagen. Ver-/Entsorgung, Strom. Womo 15 €, Ver-/Entsorgung für Durchreisende 7 €.

(7) Camping La Maddalena ***

GPS: 32 T 0535856 UTM 4563876, N41,22548 E9,42780

Loc. Punta Cannone, Tel. 0789 728051, Fax 727776, 15.6.–30.9., www.campingmaddalena.it. Einfaches Areal an der Ostküste ohne direkten Zugang zum Meer, dafür schöner Blick auf Caprera. Camperstop (16–10 Uhr, Womo inkl. 2 Pers., Ver-/Entsorgung) 10–25 €, sonst Erw. 8–13 €, Strom 3,50 €.

(8) Camping Abbatoggia **

GPS: 32 T 0533841 UTM 4566953, N41,25328 E9,40394

Loc. Abbatoggia, Tel. 0789 739173, Fax 738742, www.campingabbatoggia.it, 1.6.–30.9. Reizvoll und einsam im Norden der Insel an der Bucht Baia Trinita gelegener Platz in zerklüfteter Landschaft mit Felsen und herrlichem Sandstrand. Achtung: häufig sehr windig und die Schilfzäune schützen nur sehr begrenzt! Womo 3–4 €, Strom 1,50 €, Erw. 8–10 €, Warmdusche 0,50 €.

▼ Mit dem Wind – Porto Pollo ist nicht nur ein Topspot für „Windbrettfahrer", sondern auch für Kiter

026sa Abb.: ph

PORTO POLLO (10 km – km 96)

Wenige Kilometer nach dem Ortsende von Palau biegt nach Norden eine Stichstraße ab, die schnurgerade hinausführt nach Porto Pollo. Hier liegt Sardiniens absolutes **Surfermekka.** Denn im Kanal zwischen den Inseln Korsika und Sardinien ist fast immer Wind und nicht selten sehr starker. Was Normalurlauber eher stört, liebt der Windbrettfahrer über alles und eilt aus ganz Europa in großer Zahl an diesen Ort. Besonders segensreich wirkt sich dazu der lange Damm aus, der hinaus zur (Fast-)Insel **Isola dei Gabbiani** führt. Er teilt das Wasser in eine windgeschützte und eine dem Wind ausgesetzte Seite, sodass Anfänger wie Profis hier ihr Revier finden.

Bereits vor dem Damm signalisieren große geteerte [P] Parkflächen inmitten der Stranddünen, welch Getümmel hier im Sommer herrscht. Die Parkflächen erstrecken sich bis auf den Damm. Hier stehen oft zahlreiche Womos Seite an Seite, deren Besatzungen

Camping

⑨ *Camping Isola dei Gabbiani* ****

GPS: 32 T 0526711 UTM 4560565
N41,19601 E9,31855

Loc. Porto Pollo, Tel. 0789 704019, Fax 704077, www.isoladeigabbiani.it, 1.4.-18.10. Komfortabler Platz auf einer meerumspülten Miniinsel, Anlaufpunkt für Surfer. Die schönsten Stellplätze zwischen Felsbrocken direkt am Wasser und winzigen Sandbuchten findet man an der äußersten Spitze des Inselchens, also hintersten Bereich. Womo inkl. 2 Pers., Strom, Ver-/Entsorgung 22-44 €. Zum Zeitpunkt der Drucklegung war der Platz temporär geschlossen.

ausnahmslos dem Surfen frönen. Es ist jedoch verboten, hier mit dem Womo zu übernachten, was während der Saison auch kontrolliert wird. Legale Stellmöglichkeit in allerschönster Küstennatur bietet der Camping Isola dei Gabbiani, der die gesamte Insel einnimmt. Die exklusive Lage und die teils paradiesisch zwischen Granitfelsen am Strand gelegenen Stellplätze und natürlich die idealen Surfbedingungen machen den Platz begehrt. Doch wer sich hier neben dem obligatorischen Powersurfen nicht zumindest dem Ultraskaten, Superbiken oder Megajoggen widmet, der kommt sich doch etwas fehl am Platze vor.

SANTA TERESA GALLURA (30 km - km 126)

Reisende, die weniger der Leibesertüchtigung frönen wollen, sondern ein beschauliches Plätzchen mit Meerblick suchen, verlassen Porto Pollo und rollen weiter auf der S 133 in Richtung S. T. Gallura. Nach ca. 10 Kilometern erreicht man das kleine, unspektakuläre Küstendörfchen **Porto Pozzo.** Baukräne zeigen an, dass auch hier Neues geplant wird. Doch noch findet man hier den ruhigen, einladenden Campingplatz Arcobaleno. Dieser liegt, für Sardinien selten, nicht nur direkt am Meer, sondern an einer Bachmündung auf einer großen, ebenen, von großen Bäumen beschatteten und oft bis in den Sommer hinein grünen (!) Wiese. Hier gibt es, was man auf der Isola dei Gabbiani und in und um Palau nicht findet: Ruhe und Beschaulichkeit.

Camping

⑩ *Camping Arcobaleno* ***

GPS: 32 T 0522794 UTM 4560247
N41,19326 E9,27182

Loc. Porto Pozzo, Tel. 0789 752040, Fax 752117, www.campingarcobaleno.com, 1.5.-30.9. Großes ebenes Gelände, im vorderen Bereich harte Erde, im hinteren schöne Wiese mit Bachlauf und Lagunensee, lichtem Baumbestand und schönem kleinem Sandstrand und nettem Ristorante/Pizzeria. Womo 3 €, Erw. 8-16 €, Strom 3,50 €.

▶ *Auf Sardinien ein eher seltener Anblick – Fischerboote im Hafen von S. T. di Gallura*

027sa Abb.: ph

Auf der Weiterfahrt auf der S 133, die bis S. T. Gallura etwas landeinwärts verläuft, zeigen alle paar Kilometer Schilder hinaus zur Küste und den dortigen, meist bilderbuchschönen Buchten und Stränden. Doch egal ob zu Val d'Erica, Spiggia La Licciola, Spiaggia La Marmora oder wie sie alles heißen – sie haben alle eines gemein: Sie sind in der Saison für Womos gesperrt. Das ist mehr als nur ärgerlich, aber es ist so. Sparen Sie sich also die kilometerlangen Anfahrten auf schmaler Spur bis zur Küste. Denn spätestens dort ist an einer Schranke oder Höhenbegrenzung Schluss und davor gibt es keine Parkmöglichkeiten.

Selbst das kleine Landkirchlein **Nostra Signora di Buon Cammino,** das kurz vor der Stadt überaus idyllisch von riesigen uralten Olivenbäumen umgeben abseits der Küste in der Natur liegt, ist mit „Wohnmobile verboten"-Schildern versehen, was denn schon an Paranoia grenzt.

Tatsächlich ist der Spaß für Womo-Reisende in und um die **Hafenstadt S. T. Gallura** eher bescheiden. Auch die Stadt selbst ist gepflastert mit Verbotschildern. Wer einen Bummel durch das durchaus einladende Zentrum machen will, der wird auf einen sehr großen 🅿 Parkplatz gelotst, von dem es für Bus- und Womo-Besatzungen nur noch zu Fuß weitergeht. Aber der Weg lohnt sich durchaus. Denn rings um die zentrale Piazza Vittorio Emanuelle laden Bars und Cafés ein und die von zahlreichen Läden gesäumte Fußgängerzone Via XX. Septembre führt zur hoch über dem Meer thronenden Piazza Liberta, von der aus man einen überragenden Panoramablick hinab auf den sichelförmigen Stadtstrand Rena Bianca, hinaus auf das offene Meer und hinüber nach Korsika hat.

🅿 Parkplatz

GPS: 32 T 515961 UTM 4565103, N41,23717 E9,19047

Sehr großer Parkplatz an der Ecke Via E. d. Arborea/Via Berlinguer auf dem alle Busse, Lkw und Womos parken müssen. Anfahrt: die große, schnurgerade Via Nazionale Richtung Zentrum, dann rechts in die Via E. d. Arborea einbiegen. Zum Zentrum ca. 10 Fußminuten bergauf.

Information

AAST S. T. Gallura, Piazza Vittorio Emanuele 24,
Tel. 0789 754127, Fax 754185

Der Hafen, von dem auch die Fähren hinüber nach **Bonifacio** auf der Nachbarinsel Korsika an- und ablegen, wurde in den letzten Jahren völlig neu gestaltet und ist ein echtes Schmuckstück geworden. Auf dem Weg hinab bietet in allerdings wenig attraktiver Lage ein offizieller Stellplatz für Womos die einzige legale Übernachtungsmöglichkeit.

Stellplatz

(11) Womo-Stellplatz

GPS: 32 T 0515924 UTM 4564550
N41,23219 E9,19001

Größerer ebener Teerplatz direkt an der Straße hinab zum Hafen und Richtung Loc. La Ficaccia gegenüber der Einfahrt mit Schild „Il Porto". Ohne Ver-/Entsorgung und Strom. Nur Müllcontainer. 400 m zum schönen neu angelegten „porto turistico" mit Fischerhafen, Bars und Restaurants.

Fähre

Fähren nach Bonifacio/Korsika: mit Moby Lines je nach Saison vier- bis zehnmal tägl., Tel. 0789 751449; mit Saremar je nach Saison drei- bis viermal tägl., Tel. 0789 754156

CAPO TESTA (6 km - km 132)

Einige Kilometer westlich von S. T. Gallura liegt eine der großartigsten Sehenswürdigkeiten, die die vielfältige Natur Sardiniens zu bieten hat – das berühmte Capo Testa. Das weit ins Meer vorgeschobene Kap aus härtestem Granit ist so etwas wie das Nordkap der Insel: Es ist fast immer windig und oft sturmumtost und den Elementen schutzlos ausgeliefert. Die Fantasie und die Schaffenskraft der Natur kannte dabei keine Grenzen. Herausgekommen ist ein wirklich unbeschreiblicher Märchenfelsengarten, in dem es von bizarren Felsskulpturen, skurrilen Steinformen und fantastischen Gestalten nur so wimmelt. *„Cimitero dei sassi"*, **„Friedhof der Steine"** – diesen Spitznamen gaben die Sarden den bizarren Felsgärten am Kap, das vor einiger Zeit insgesamt zum „parco naturale" erklärt wurde und sich nun mit angelegten Pfaden, Hinweistafeln und Picknickplätzen den Besuchern präsentiert.

▼ Zwischen den Granitfelsen verstecken sich kleine Sandbuchten

028sa Abb.: ph

Tagelang könnte man hier durch diese einzigartige Welt aus Stein streifen und bei jedem Schritt und Tritt immer wieder neue Fabelwesen entdecken. Ein Besuch des Capo Testa, wie auch der des Capo d'Orso auf der Ostseite bei Palau, gehört für jeden Gallura-Urlauber zum absoluten Pflichtprogramm. Und da leigt auch das Problem, denn die Gallura ist Sardiniens beliebteste Ferienregion. Und so platzt nicht nur S. T. Gallura im Sommer aus allen Nähten, sondern auch das

Kap. Und da zu ihm nur eine Stichstraße hinausführt, an deren Ende kaum Parkplätze zur Verfügung stehen, bricht hier regelmäßig das totale Verkehrschaos aus. So ist jetzt während der Hauptreisezeit die Zufahrt zum Kap für alle größeren Fahrzeuge gesperrt – das gilt also auch für Womos!

029sa Abb.: ph

Die Spiaggia Rena Maiore ist einer der schönsten Strände der Region

ISOLA ROSSA (50 km – km 182)

Mit S. T. Gallura hat man den nördlichsten Punkt Sardiniens erreicht und auch den Scheitelpunkt des Besucheransturms. Ab nun geht es Richtung Süden und die Küste wird immer weniger verbaut und ruhiger. Die Straße führt breit und gut ausgebaut fast schnurgerade Richtung Vignola Mare. Bereits wenige Kilometer hinter der Stadt öffnet sich in weitem Schwung die **Cala Val Alta,** ein unerhört schönes Stück Küste. So schön, dass sie insgesamt unter Schutz gestellt wurde. Jeder Strand dieser Küste besitzt einen angelegten und ausgeschilderten, mit Infotafeln versehenen „sentiero natura", einen Naturpfad. Alle diese Pfade sind gute Möglichkeiten, die Küste und ihre Natur bei einem ausgiebigen Spaziergang zu erkunden.

Der schönste Strand ist die **Spiaggia Rena Maiore** mit dem „sentiero Maiore", einem Pfad der rings um die Paradiesbucht und über die imposanten Klippen der anschließenden Steilküste hinüber bis zur Nachbarbucht Spiaggia Rena Matteu führt. Diese Strandbucht wird wiederum vom „sentiero Matteu" erschlossen. Wenige Kilometer weiter folgt die bildschöne, einsame **Spiaggia Montirussu** am gleichnamigen Kap, die auf gleich zwei Naturlehrpfaden durchstreift werden kann. Die folgende **Spiaggia Li Littorani,** ein zauberhafter Sandstrand mit eingesprenkelten Felsen, wird vom als Rundweg an-

Camping

⑫ Camping La Liccia ★★★

GPS: 32 T 0514830 UTM 4558805
N41,18046 E9,17682

Bei km 66, Tel. 0789 755190, Fax 755557, www.campinglaliccia.com, 1.5.-30.9. Ca. 7 km südwestlich von S. T. Gallura auf einem Hügel über dem nahen Traumstrand Rena Maiore gelegener, von junger freundlicher Coop geführter Platz. Langsam spenden die erst vor wenigen Jahren angepflanzten Bäume und Büsche Schatten. Zur Küste und zum Strand muss man durch eine Ferienhaussiedlung den Hügel hinab. Womo 5-10 €, Erw. 7,50-13 €, Strom 3,50 €.

⑬ Camping Marine delle Rose ★★★

GPS: 32 T 0508377 UTM 4553118
N41,12932 E9,09980

Loc. Naracu Nieddu, Tel. 079 602090, Fax 602088, www.marinadellerose.com, 1.5.-30.9. Am Hang im Pinienwald gelegener Platz direkt über einem Traumstrand. Die Anfahrt geht steil hinab, ist aber problemlos. Mit separatem, sehr schönem Womo-Stellplatz unmittelbar über dem Strand Spiaggia Li Littorani mit vorgelagertem Korallenriff. Mit Ver-/Entsorgungsstation, Strom, Sanitäranlagen auf dem Camping. Womo 2-8 €, Strom 3 €, Erw. 10-13 €, auf der Area Camper alles inkl. (pauschal 20 €).

gelegten „sentiero Tuvatu“ erschlossen. Über diesem Badeparadies bietet der ⛺ Camping „Marina delle Rose“ mit separatem Womo-Platz einen idealen Standort.

Schließlich **Vignola Mare,** nichts mehr als eine Hand voll Häuser, zwei Campingplätze, zwei einfache Hotels und ein ebenso großer wie schöner Stellplatz für Womos und ein kilometerlanger Supersandstrand, der sich wegen der vorherrschenden Windverhältnisse bei Surfern und Kitern großer Beliebtheit erfreut.

Stellplatz/Camping

⑭ Stellplatz Area Camper Oasi Gallura

GPS: 32 T 0505321 UTM 4552714
N41,12571 E9,06339

Via Berlinguer 19, Mobil-Tel. 338 7319626, 1.6.-30.9. Großes Wiesengelände mit teils attraktiven Plätzchen in „Separées“ für ca. 70 Womos nur wenige Meter von Bars und Strand. Mit Ver-/Entsorgung (auch für Durchreisende), Strom, Duschen, Waschmaschine. Anfahrt: an Einfahrt zum Camping Baia Blu vorbei (Womo-Durchfahrt-Verbotsschild ignorieren!) bis zum Kreisverkehr, dann rechts die neue Straße rein. Womo 13-18 inkl. Warmdusche und Ver-/Entsorgung, Strom 2 €.

⑮ ⛺ Camping Baia Blu La Tortuga ★★★★

GPS: 32 T 0505648 UTM 4552585
N41,12454 E9,06728

Loc. Vignola Mare, Tel. 079 602060, Fax 602040, www.baiablu-latortuga.de, 1.4.-19.10. Sehr großer, mit allem Komfort ausgestatteter ebener Platz direkt hinter dem Strand in der schattigen Pineta. Fest in deutscher Hand, im Sommer sehr voll und turbulent. Stellplatz Kat. A, B, C inkl. 2 Pers. und Strom 14-49 €, Ver-/Entsorgung ab 2 Übernachtungen gratis, sonst 45 € (!).

Camping

(16) Camping Saragosa ***

GPS: 32 T 0505963 UTM 4552874
N41,12715 E9,07104

Loc. Vignola Mare, Tel. 079 602077, Fax 602037, www.campingsaragosa.it, 1.5.-30.9. Gegenüber vom Baia Blu, weniger üppig, aber immer noch gut ausgestattet, im lichten Pinienwald hinter dem Strand. Womo inkl. 2 Pers., Strom, Ver-/Entsorgung 16-26 €, Ver-/Entsorgung für Durchreisende 25-30 €.

Wenige Kilometer weiter weist ein Schild „Costa Paradiso“ Richtung Küste. Folgt man ihm, kommt man zu einer (fast immer offenen) Schranke. Dahinter beginnt eine riesige Feriensiedlung namens **„Costa Paradiso“.** Nach dem kleinen Zentrum mit Supermarkt und anderen Versorgungseinrichtungen führt die Straße in engen Serpentinen steil hinab zur Küste. Ringsum bedecken erdbraune Bungalows die Hänge. Unten angekommen, steht man vor einer sagenhaften Kulisse aus bizarren roten Klippen.

Nur einige Kilometer weiter biegt direkt vor dem Restaurant „Il Geranio“ eine gut befahrbare Piste ab, die nach 4 km an einem unglaublich schönen Stück Küste mit weißem Sandstrand, roten Klippen, grüner Pineta und tiefblauem Meer endet. Oberhalb dieses Miniparadieses hat man eine Feriensiedlung in die einsame Landschaft gestellt. Ist diese geschlossen, ist man hier unten aber alleine wie Robinson Crusoe.

Vom kleinen Dorf **Paduledda** führt eine Stichstraße 4 km steil hinab nach **Isola Rossa,** dem das ihm malerisch vorgelagerte rote Felseiland seinen Namen gab. Vor wenigen Jahren noch ein eher beschaulicher Fleck, hat sich Isola Rossa mit einer neuen Marina und mehreren neuen Hotelanlagen in kurzer Zeit zu einem beliebten und im Sommer viel besuchten Ferienort entwickelt. Direkt am Ort liegt ein eher schmaler Sandstrand. Schöner und gerne von Wohnmobilen besucht (großer P Parkplatz über dem Strand) wird die etwa 2 km entfernte **Baia Trinita** mit dem Superstrand **Sa Marinedda** zwischen roten Felsen und hinter weißen Dünen und gemütlichen Strandbars.

In Paduledda kann man die Tour abkürzen und über **Trinita d'Agultu** und das einmalig schön gelegene **Aggius** nach **Tempio Pausania** fahren, wo man wieder auf die hier beschriebene Route trifft. Die Strecke führt auf gut 30 Kilometern durch menschenleere, aber wunderschöne Gallura-Natur.

Einkaufs-Tipp

Kurz nach dem Abzweig zur kleinen Feriensiedlung Portobello di Gallura erblickt man bei km 42 rechts der Straße ein kleines weißes Häuschen mit der Aufschrift „Formaggi“. Anhalten, denn hier verkauft der in den Bergen bei Tempio Pausania beheimatete Hirte Mario Usai seinen selbst gemachten, naturreinen Käse, darunter auch den ebenso pikanten wie raren „fiore sardo“. Schräg gegenüber hat die Cantina von Berchidda einen saisonalen Verkaufspunkt, in dem man den köstlichen Vermentino auch „sfuso“ (offen) bekommt. Formaggi e Carni da Mario Usai, Loc. La Samisedda, Tel. 079 656695, GPS: 32 T 503247 UTM 4549905, N41,10042 E9,03867

Essen

Il Geranio, Loc. Casabraga, Tel. 079 681406. Restaurant mit Panoramablick hinab auf Isola Rossa und die Küste, dazu innovative Mittelmeerküche auf traditioneller Basis.

CASTELSARDO (30 km - km 212)

ANFAHRT

Südlich von Isola Rossa endet die Region Gallura und beginnt die Anglona. Vor allem aber beginnt hier ein Sandstrand, der sich über viele Kilometer bis zur Mündung des Flusses Coghinas bei Valledoria erstreckt. Ein Badeparadies wie es kaum schöner sein könnte. Die erste Abzweigung zu ihm führt nach **Badesi Mare.** Der kleine ruhige Badeort mit Strandbar, der außerhalb der Saison fast ausgestorben wirkt, bietet mit dem Camping „Mare Blu" Freunden von Ruhe und Abgeschiedenheit ideale Bedingungen.

Die Anfahrt geht über eine kilometerlange, schmale, teils geteerte, teils staubige einspurige Straße kreuz und quer durch die Einöde, weshalb man sich besser vorher mit allem Notwendigen gut versorgt.

Wer es lieber belebter mag und gerne eine kleine Stadt in der Nähe hat, der fährt durch das fruchtbare Schwemmland, das der Rio Coghinas an seiner Mündung geschaffen hat, weiter bis **Valledoria.** Das freundliche, lebendige Städtchen mit guten Einkaufsmöglichkeiten aller Art ist in der Saison ganz auf Campingtouristen und auch auf Camper eingestellt. Gleich drei Campingplätze und ein großer Stellplatz bieten beste Gelegenheit. Der Trumpf Vallerdorias ist der herrliche Sandstand mit weitläufigen Dünenlandschaften an der Coghinasmündung. Ortsnächster Platz ist der Camping „La Foce".

Nicht nur für Wohnmobilreisende ein sehr schönes Fleckchen ist das kaum 2 km von Valledoria entfernt liegende **San Pietro a Mare.** Beim namensgebenden Pilgerkirchlein bietet ein großer P Parkplatz beste Parkmöglichkeit mit tollem Meerblick.

Die Straße endet wenig weiter bei einer Hand voll einfacher Bars direkt gegenüber dem Strand. Der Fleck ist schön, aber allabendlich bricht hier der große Autocorso an, d. h., halb oder auch ganz Valledoria und Umgebung fahren im Konvoi hierher und in der Runde herum. Die Älteren und die ganz Kleinen schauen etwas aufs Meer, die Jüngeren versammeln sich oben am Kirchlein zum Knutschen und anschließendem mehr.

Camping

(17) Camping Mare Blu ★★★

GPS: 32 T 0488005 UTM 4535167
N40,96758 E8,85745

Loc. Fughilaggi, Tel./Fax 079 684688, 15.6.-15.09. Schönes, sehr großes naturbelassenes Gelände unmittelbar am Strand, einfache Ausstattung. Im Juli/Aug. voll, sonst meist sehr ruhig. Womo 5 €, Strom 3 €, Erw. 5-16 €.

Picknickplatz

San Pietro a Mare. Großer ebener Sandplatz über der Mündung des Fiume Coghinas.

GPS: 32 T 0483542 UTM 4530996
N40,92992 E8,80451

ORTSBESCHREIBUNG

Vom Camperparadies Valledoria fällt der Blick schon auf das im Süden in der Ferne aufragende Städtchen Castelsardo, das malerisch auf einem ins Meer vorspringenden Felsen thront. Die Fahrt dorthin ist völlig problemlos und die pittoreske Hafenstadt wirklich einen Be-

Stellplatz/Camping

(18) Stellplatz Camper-Service Punto Marganai

GPS: 32 T 0482505 UTM 4529953

N40,92050 E8,79223

Mobil-Tel. 349 6124675, Mai–Okt. Schöner, langgestreckter Wiesenplatz wenige Schritte vom Strand. Bei Sign. Nicolino Nurra gibt es Strom, Ver-/Entsorgung sowie Duschen (nur kalt) und Waschmaschine. Anfahrt: an Einfahrt Camping International vorbei, dann nach 200 m rechts rein. Womo 15 € inkl. Ver-/Entsorgung, Strom 2 € , Ver-/Entsorgung für Durchreisende 8 €.

(19) Camping La Foce ***

GPS: 32 T 0484560 UTM 4531400

N40,93358 E8,81660

Via Ampurias 1 c.s, Tel. 079 582109, Fax 582191, www.foce.it, 15.5.–30.9. Sehr großes, schön an der Coghinasmündung gelegenes ebenes Gelände mit Schatten spendenden Bäumen und Büschen bestanden. Boote bringen die Gäste kostenfrei hinüber zum super Dünenstrand. Im Sommer im separierten Bereich Kinder- und Jugendgruppen. Der freundliche Besitzer Sign. Stefano Lampati spricht gut Deutsch. Tipp: Kanu-, Kajakverleih auf dem Platz.
Womo inkl. 2 Pers., Strom, Ver-/ Entsorgung, Warmdusche, Pool 16–35 €.

(20) Camping International ***

GPS: 32 T 0482780 UTM 4530262

N40,92329 E8,79548

Via La Ciaccia 39, Tel. 079 584070, Fax 584058, www.campingvalledoria.com, 15.5.–30.9. Großer, gut ausgestatteter, von Pinien und Wacholder reizvoll beschatteter Platz 3 km außerhalb direkt am tollen Sandstrand. Deutschsprachige Rezeption.
Womo 3–7 €, Erw. 7–13 €, Strom 3 €, Camper-Service für Durchreisende 10,50–16 €.

(21) Camping Baia dei Ginepri **

GPS: 32 T 0482696 UTM 4529987

N40,92081 E8,79449

Tel. 079 584373, www.baiaginepri.it, 15.6.–15.9. Recht neuer Platz neben dem Camping International. Stellplätze unter Wacholder und Pinien, scheint jedoch in der Saison komplett von Ruf Jugendreisen belegt zu sein.

(22) Stellplatz Agriturismo „Crabileddu"

GPS: 32 T 0483208 UTM 4529098

N40,91282 E8,80060

La Mudizza, Via Nuoro 3, Tel. 079 584003, ganzjährig. Ca. 10 Stellplätze auf Privatgelände am Haus, mit Storm, Ver-/Entsorgung und Restaurant. Anfahrt: von Valledoria kommend am Ortseingang rechts. Wer im Agriturismo zu Abend isst, steht kostenfrei. Nach Möglichkeit bitte zwei Tage vorher anmelden.

such wert. Das Problem jedoch ist das Parken, besonders mit größeren Womos. Denn entlang der Hauptstraße Via Roma, die unterhalb der Altstadt durch den Ort führt, und rings um die zentrale Piazza del Popolo ist es für „Dickschiffe" verboten. So muss man entweder hinab Richtung Stadtstrand fahren und dort sein Glück versuchen oder bereits am Ortseingang bei den Parkflächen an den Tennisplätzen parken, dann aber ein ordentliches Stück zu Fuß marschieren.

030sa Abb.: ph

▲ *Wie ein funkelndes Juwel strahlt die Kuppel der Kathedrale Sant Antonio Abate hoch über dem tiefen Blau des Meeres*

Wer diese Hürde gemeistert hat, den belohnt das **alte Korbflechterzentrum** Castelsardo mit einer bildschönen Altstadt. Verwinkelte Treppen und Gassen führen hinauf zum alten **genuesischen Kastell** auf dem Gipfel, von dem man eine herrliche Aussicht über die Dächer der Stadt auf das tief unten schimmernde Meer genießen kann. An vielen Hauseingängen und Treppen bieten Frauen ihre handgeflochtenen Korbwaren feil, die sich sehr gut als praktisches kleines Mitbringsel eignen.

Sehenswertes

Castello di Doria, ehem. genuesisches Kastell mit kleinem Kunsthandwerkermuseum sowie toller 360-Grad-Panorama-Aussicht, eintrittspflichtig.
Kathedrale Sant Antonio Abate, spätgotische Kirche aus dem 16. Jh. unterhalb des Kastells mit leuchtend bunter Majolikakuppel und wertvoller Einrichtung.
Kirche Santa Maria delle Grazie, mittelalterliche Kirche in der Altstadt, in der „Critu Nieddu", der „Schwarze Christus", ein Kruzifix aus dem 14. Jh. aufbewahrt wird.

Essen

La Guardiola, Piazza Bastione 4, Tel. 079 470428. Kleines, einladendes und sehr gutes Restaurant oben in der Altstadt zu Füßen des Kastells. Zur exzellenten Küche, besonders Meeresküche, gibt es kostenlos einen umwerfenden Blick über die Altstadt hinaus auf das Meer.

Einkaufen

ISOLA, Via Roma 104, Tel. 079 471413. Hier kauft man sicher, denn hier gibt es garantiert handgefertigte Korbwaren mit den traditionellen Mustern von Castelsardo.

Abstecher zum Roccia dell'Elefante

Kein Besuch von Castelsardo ohne einen Abstecher zum Roccia dell'Elefante! Diese in jeder Karte vermerkte Felsverwitterung mit den Umrissen eines Elefanten liegt direkt an der Straße S 134, die von Castelsardo landeinwärts nach Sedini und Perfugas führt. Am Parkplatz beim Elefantenfels bieten Händler Käse, Liköre und andere Leckereien feil, die man gleich auf dem einladenden Picknickgelände verzehren kann, das die Forstverwaltung kurz hinter dem Elefanten rechts oben im schattigen Wald angelegt hat.

› Routenatlas Seite 283

Abstecher nach Sedini (24 km einfach)

Die Straße, die vom Roccia dell'Elefante aus der Küstenebene hinauf in die Berge nach Sedini führt, ist seit Jahren gesperrt. So muss man nun einen Umweg über das benachbarte Tergu mit sehenswerter Kirche (von 1117) in Kauf nehmen. Doch schon die Anfahrt nach Sedini ist außergewöhnlich schön! Nicht nur der Blick zurück auf die Küste ist großartig, sondern auch das niedliche Felsenhaus „Sa Rocca" in Sedini, das in einem gewaltigen Kalksteinfelsklotz am Ortsende untergebracht ist. Vor allem aber gehört dazu ein Picknickplatz mit Quelle und tollem Ausblick. Das Plätzchen erreicht man, wenn man direkt am Felsenhaus rechts die kleine, steil hinabführende Straße nimmt.

23 *Stellplatz*

GPS: 32 T 0484610 UTM 4522896
N40,85697 E8,81740

Kostenloser, großer, gepflasterter Platz am Sportplatz. Offensichtlich kaum genutzt, deshalb eingewachsen und ungepflegt. Aber mit Trinkwasserhahn und Entsorgungsschacht. Anfahrt gut ausgeschildert.

PORTO TORRES (35 km – km 247)

Quelle

GPS: 32 T 466781
UTM 4516630,
N40,80000 E8,60620

Wer Trinkwasser braucht, kann nach Sennori und weiter Richtung Osilo fahren. Etwa 1 km nach Ortsende beim schneeweißen Pilgerkirchlein San Giovanni gibt es eine starke Quelle mit Wasserhahn, große Parkplätze, Picknickeinrichtungen und einen großartigen Panoramablick hinab auf die Küste.

Bootsausflüge zur Nationalparkinsel Asinara

In der Saison verkehren vom Hafen mehrere Ausflugsboote zu Tagesfahrten nach Asinara. Es können unterschiedliche Pakete gebucht werden, die von der einfachen Überfahrt bis zum Rundum-Paket mit Essen, Transport, Führung, etc. Abfahrt ca. 9–9.30 Uhr, Rückkehr ca. 18–19 Uhr

ANFAHRT

War der Strand im Mündungsgebiet des Coghinas mit 16 km schon unglaublich lang, so ist der Strand, der kurz nach Castelsardo beginnt und sich im sanften Bogen bis kurz vor Porto Torres hinzieht, bald doppelt so lang. Die Küstenstraße verläuft in geringer Entfernung parallel zu ihm entlang und alle paar Kilometer führt eine Stichstraße hinaus zu einem der zahlreichen Strandparkplätze direkt hinter dem Dünengürtel. Manche der Parkplätze sind mit saisonaler Bar, manche ohne jede Einrichtung. Allen gemein ist, dass sie ideale Plätze sind, um sich in die nahen Fluten zu stürzen.

Doch Achtung: Durch die Nähe zu Sassari, Sardiniens zweitgrößter Stadt, sind die Parkplätze in der Saison oft rappelvoll. Tags mit Badegästen, am Abend mit Liebespärchen. Dazu haben sich entlang der schnurgeraden Straße käufliche „Strandschwalben" aus Afrika eingefunden. Im Umfeld dieser Gesellschaft haben sich nun auch die Autoaufbrüche und Diebstähle auf den Strandparkplätzen leider deutlich gehäuft. Im Frühjahr und Herbst ist man jedoch praktisch alleine.

Etwa auf halber Strecke bietet der Campingplatz „Li Nibari" sichere Übernachtungsmöglichkeiten, bei Platamona ein großer eingefriedeter Stellplatz.

ORTSBESCHREIBUNG

Es genügen schon 21.000 Einwohner, um die im ersten vorchristlichen Jahrhundert von den Römern als *Turris Libyssonis* gegründete Hafenstadt Porto Torres zu einer der größten Sardiniens zu machen. Die Stadt selbst ist wenig touristisch, durch ihren Hafen besonders im Sommer jedoch sehr belebt.

Stellplatz/Camping

(24) Camping Li Nibari ****

GPS: 32 T 0461494 UTM 4519500
N40,82562 E8,54335

Loc. Marina di Sorso, Tel. 079 310303, Fax 310306, www.campinglinibari.com, ganzjährig. Weitläufiger Sandplatz in den Dünen, durch die Nähe zu Sassari überwiegend mit Wochenendcampern in Bungalows bestimmt. Der Untergrund ist oft lockerer Sand, also aufpassen! Gute Stellplätze mit festem Untergrund findet man nahe dem Eingang in einer leichten Senke. Zum Strand geht es über die Straße. Womo 1–3 €, Erw. 8–15 €, Warmdusche 0,30 €.

(25) Stellplatz „Camp Site"

GPS: 32 T 04544945 UTM 4518430
N40,81562 E8,46042

SP 81, km 13 (bei Platamona Lido), Tel. 079 233082. Großer, ebener, teils schattiger, eingezäunter Wiesenplatz für ca. 50 Womos. Gute Ausstattung mit Strom, Ver-/Entsorgung, Duschen, Waschmaschine, Beleuchtung. Zu Supermarkt und Strand ca. 200 m. Womo 16–20 € inkl. Strom, Dusche (kalt), WC, Ver-/Entsorgung, Camper-Service für Durchreisende: Frischwasser 3 €, Entsorgung 3 €.

(26) Camping Golfo del Asinara ****

GPS: 32 T 0456606 UTM 4518508
N40,81644 E8,48545

Loc. Platamona, Tel. 079 310230, Fax 310589, www.campingasinara.it. Einer der wenigen 4-Sterne-Plätze Sardiniens. Großer, sehr gut ausgestatteter und einladend gestalteter Platz in der schönen Strandpineta. Womo 5–8,50 €, Erw. 8,50–15 €.

(27) Stellplatz Agricampeggio Satta

GPS: 32 T 0457080 UTM 4517661
N40,80884 E8,49113

Tel. 079 310936. 4 Stellplätze beim Agriturismo Satta ohne weitere Einrichtung, aber mit Ristorante. Anfahrt: ca. 1 km die Straße von Platamona Lido nach Sassari. Womo/Nacht 15 €.

Ich empfehle auf der direkt am Wasser verlaufenden Straße nach Porto Torres hineinzufahren, d. h. dem Schild „Porto" folgen. Denn auf dieser Strecke bieten eine ganze Reihe von schön angelegten befestigten [P] Parkplätzen beste Stellmöglichkeiten. Dazu passiert man hier die malerische Kirche **San Gavino al mare** sowie die **„Grotta dell Inferno"**, ein schmaler, ständig abzustürzen drohender Felssteg hoch über dem Meer, den früher Mutige überschritten. Dieser ist aber nun gesperrt und den Schlund überspannt ein sicherer Holzsteg.

Um Porto Torres zu besichtigen, parkt man am besten auf den großen [P] Flächen am ganz neu und einladend gestalteten Hafen. Hier

Essen

L'Ostrica, Lungomare Balai 72, Tel. 079 5043126. Osteria/Pizzeria/Ristorante bei Grotta del Inferno und Kirche San Gavino al Mare mit Panoramablick von der Terrasse auf den Stadtstrand und das Meer. Gute Parkmöglichkeit auch für Womo.

› Routenatlas Seite 282

031sa Abb.: ph

▲ *Sakrales Juwel – die romanische Basilika San Gavino ist eines der bedeutendsten Baudenkmäler der Insel*

▼ *Rätsel mit Rampe – die Pyramide Monte d'Accoddi ist der Wissenschaft noch immer rätselhaft*

032sa Abb.: ph

beginnt auch die Schlagader der Stadt, der schnurgerade **Corso V. Emanuele.** Ein Spaziergang führt zum kleinen Parco San Gavino, bei dem mit der **Basilika San Gavino** die herausragendste Sehenswürdigkeit der Stadt liegt. Das bereits im 11. Jh. errichtete Gotteshaus ist die größte und eine der schönsten der an romanischen Kirchen reich gesegneten Insel. Noch dazu gilt sie als eines der bedeutendsten romanischen Baudenkmäler ganz Italiens!

Vielfältige Spuren der Römer wie Reste einer herrschaftlichen Villa samt großer Therme finden sich im **„Parco Archeologico"** beim Antiquarium Turritano, das die auf dem Gelände gemachten reichen Bodenfunde zeigt.

Information

Tourist-Information Porto Torres, Piazza Garibaldi, Tel. 079 5008711

Sehenswertes

Antiquarium Turritano, Via Ponte Romano 92, Tel. 079 514433, Di.-So. 9-20 Uhr, im Sommer Sa. bis 23 Uhr

Anschluss an Route 2

Fährt man am Museum vorbei die Straße weiter (sie führt durch Industriehafengelände!), ist man bereits auf dem Weg nach Stintino und damit am Beginn der Tour 2.

SASSARI (22 km - km 269)

Bei Porto Torres verlässt die Tour die Küste und das Meer und führt durch das Landesinnere zurück zum Ausgangspunkt Olbia.

Die Fahrt in Sardiniens zweitgrößte Stadt Sassari dauert nur wenige Minuten, denn die Strecke verläuft auf der schnurgeraden vierspurigen SS 131. Etwa auf halber Strecke (bei km 222,3) weist ein Schild auf den **„Monte d'Accoddi"** hin, ein für die Insel ebenso einzigartiges wie für die Wissenschaft bislang rätselhaftes Bauwerk. Der prähistorische Altarberg ist eine 9 Meter hohe Stufenpyramide (Coop Thelus, Mobil-Tel. 328 4839982, tägl. Okt.-März 8-17 Uhr, April-Sept. 9-18 Uhr), das einzige Bauwerk dieser Art im gesamten Mittelmeerraum, und wurde deshalb von Pyramidenforschern wie *Thor Heyerdal* mit Ägypten und den Inkas in Verbindung gebracht.

Über 100.000 Einwohner zählt Sassari, die Metropole Nordsardiniens. Das Geschäfts- und Verwaltungszentrum brummt vor Betriebsamkeit und schreckt durch seinen Verkehr vielleicht so manchen ab, die Stadt zu besuchen. Wer keine Lust auf urbane Hektik hat, kann sie auf der vierspurigen SS 131 einfach umfahren. Den Anschluss an die Tour findet er wieder, wenn er nach den beiden zu durchfahrenden Tunneln südlich der Stadt unten im Tal von der S 133 abfährt, um in kurvenreicher Fahrt sich wieder hinauf auf das Plateau zu winden, auf dem Sassari liegt. Hier trifft man dann auf die Straße nach Osilo.

033sa Abb.: ph

▲ *Piazza del Popolo – Sassaris „Gute Stube" wird vom monumentalen Palazzo della Provincia dominiert*

Wer mir ins Zentrum Sassaris folgt, der braucht nur stur der von Alghero her kommenden „strada statale" Nr. 291 zu folgen. Diese führt direkt zum Bahnhof *(stazione FS)* und dort unter den Gleisen durch eine kurze Unterführung. Nur wenige 100 m weiter geradeaus kommt man zur Piazza Maria und erblickt dort rechter Hand die Kirche **Santa Maria di Betlem,** an der sich gute [P] Parkmöglichkeiten bieten. Hier sollte man auch am besten parken.

Auf keinen Fall sollte man mit dem Auto oder gar mit dem Womo in das historische **Altstadtzentrum** *(centro storico)* hineingeraten, denn im Zentrum ist der Verkehr dicht und im Herzen der Stadt sind die Gassen teils extrem schmal. Wer an der Kirche parkt, hat keine Probleme und kann die Sehenswürdigkeiten Sassaris in einem kleinen Stadtbummel erkunden.

Erstes bemerkenswertes Bauwerk ist die **Chiesa Santa Maria di Betlem,** ein im 12. Jh. als Kirche eines Benediktinerklosters errichtetes Gotteshaus. Mehrfach umgebaut, prunkt es jetzt innen in üppig barocker Pracht. Hier werden auch die „candelieri" aufbewahrt, jene neun bis zu 300 kg schweren riesigen Holzkerzen, die bei dem großen Fest „I Candelieri" am 14. August im prachtvollen Festzug durch die Straßen getragen werden.

Nur ein Steinwurf von der Bethlehem-Kirche entfernt steht der **Dom San. oder S. Nicola,** dessen prachtvolle weiße Schmuckfassade im spanischen Barockstil gehalten ist. Durch die Gassen geht es zur nahen Piazza Matteotti, die auf einer Seite der Corso Vittorio Emanuele begrenzt. Diese Einkaufs- und Geschäftsmeile führt direkt durch das historische Zentrum zur Piazza Azuni und weiter zur Piazza Castello, (wo ein Museum an die legendäre *Brigata Sassari* erinnert), bis sie schließlich auf der ausgedehnten **Piazza Italia** endet. Die vom imposanten Palazzo della Provincia beherrschte Piazza ist die gute Stube der Stadt, auf der man flaniert und spaziert, Tauben und Enkel füttert oder einfach in der Sonne bzw. im Schatten sitzt.

Am anderen Ende der Piazza Italia beginnt die breite Via Roma, die vorbei am Büro der Tourist-Information AAST direkt zum bedeutendsten Museum der Stadt, dem **Archäologischen Nationalmuseum,** führt.

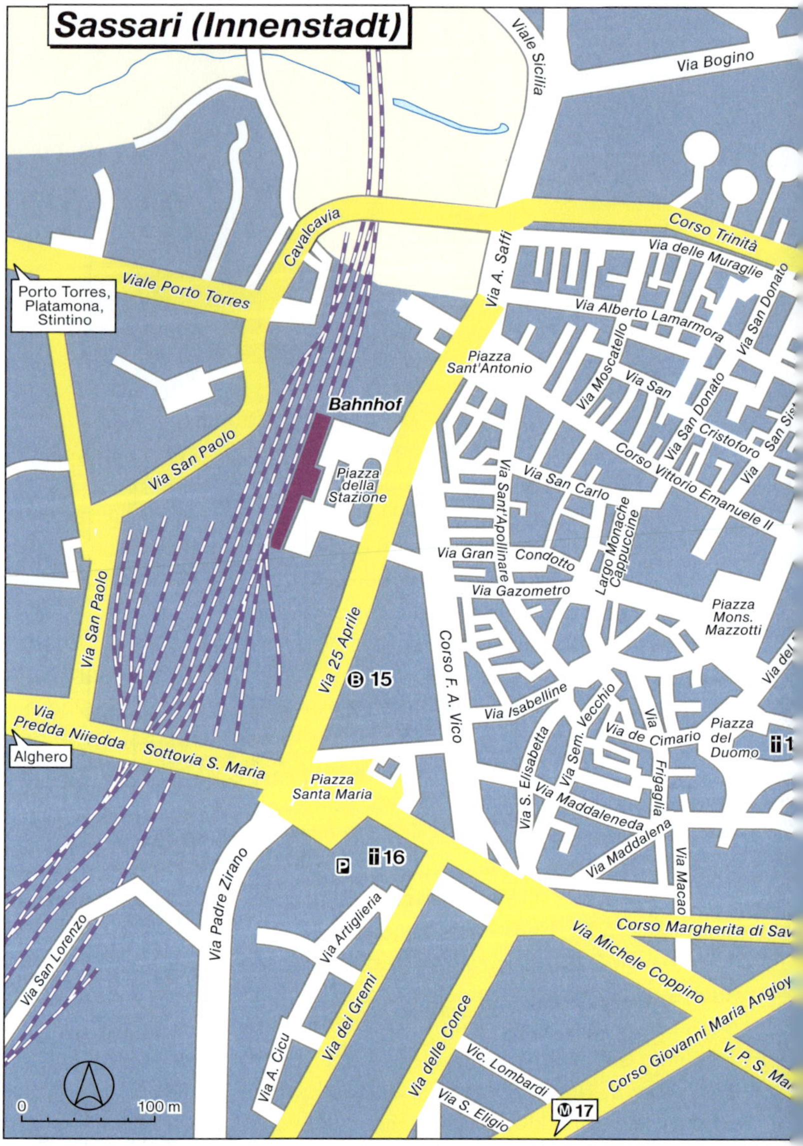

Information

Ufficio Turismo, Via Roma 62, Tel. 079 231777

UPT (Ufficio Provinciale del Turismo), Piazza Italia 31, Tel. 079 2069000

Sehenswertes

Museo archeologico Nazionale „G. A. Sanna“, Via Roma 64, Tel. 079 272203, Di.-So. 9-20 Uhr

Museo Brigata Sassari, Piazza Castello 9, Tel. 079 233303, Mo.-Fr. 8-16.30 Uhr, Sa. 8-13 Uhr, Eintriftt frei

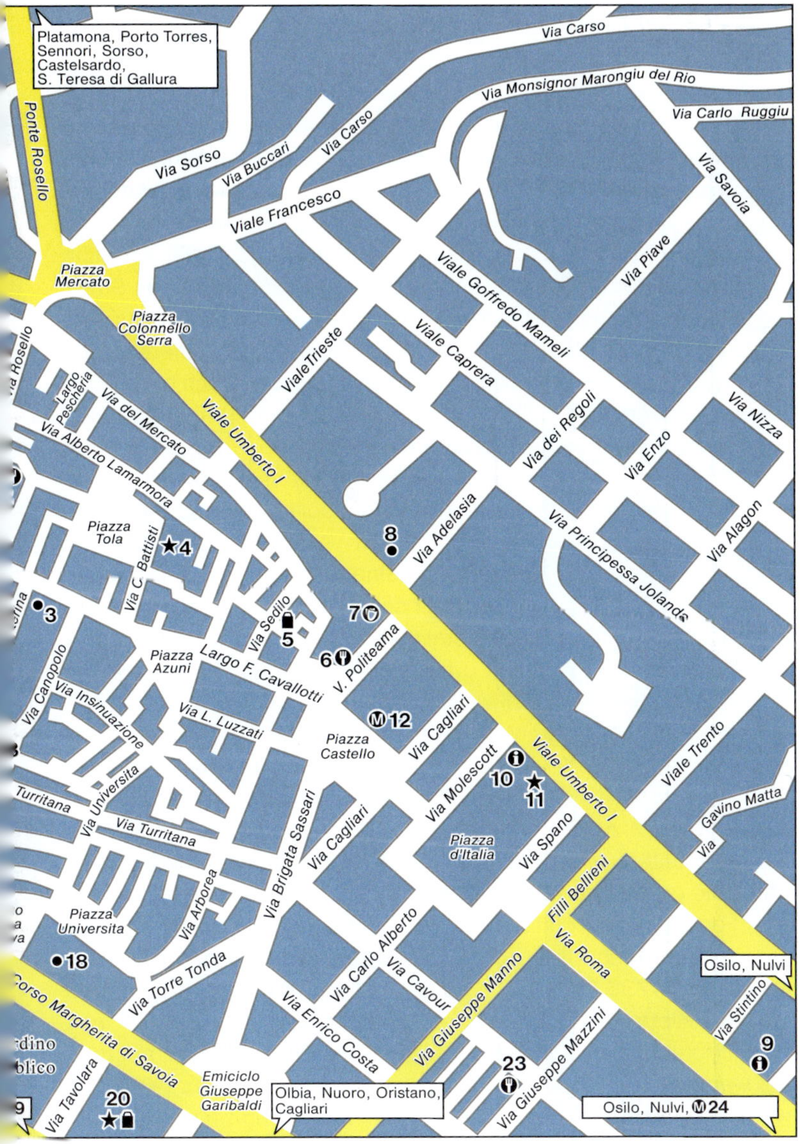

- 2 L'Assassino
- 3 Kino Quattro Colonne
- 4 Palazzo d'Usini
- 5 Bäckerei Sassu
- 6 Il Castello
- 7 Teatro Verdi
- 8 Kino Moderno
- 9 Ufficio Turismo
- 10 UPT (Ufficio Provinciale del Turismo)
- 11 Palazzo della Provincia
- 12 Museo Storico della Brigata Sassari
- 13 Palazzo Ducale
- 14 Duomo San Nicola
- 15 Busse ARST, FdS, PANI
- 16 Santa Maria di Betlem
- 17 Museo F. Bande
- 18 Universität
- 19 Da Gesuino
- 20 ISOLA-Ausstellung und Einkaufen
- 23 L'Antica Hostaria
- 24 Museo Nazionale Sanna

Abstecher zum Kirchendreieck (15 km einfach)

Etwa 15 km südöstlich von Sassari liegt am Abzweig der SS 597 von der vierspurigen SS 131 nahe dem Ort Codrongianus das berühmte Kirchendreieck. Dort liegen gleich drei kulturhistorisch herausragende pisanische Landkirchen nahe beieinander: Die ehem. Klosterkirche San Michele di Salverno wurde 1110–30 errichtet, Sant'Antonio di Salverno erbaute man 1220–25, die großartigste und eindrucksvollste der drei ist aber wohl die zebraartig schwarzweiß gestreifte Santissima Trinita di Saccargia. Neu angelegter Parkplatz (GPS: 32 T 473772 UTM 4502195, N40,67022 E8,68968) mit Bar, Kiosk und WC direkt hinter der Kirche, Besichtigung tägl. 9–20 Uhr.

OSILO (18 km - km 287)

Um von Sassari nach Osilo zu gelangen, hat man die Wahl: Entweder quer durch die Stadt, was zu den Geschäftszeiten morgens und abends wegen des immensen Verkehrs seine Zeit in Anspruch nimmt, oder zurück auf die SS 131 und auf ihr, wie beschrieben, Sassari umfahren.

Hat man die Stadt hinter sich gelassen und die N 127 erreicht, liegt alles hektische Stadtgetümmel längst hinter einem. Das Sträßlein schlängelt sich in vielen Kurven langsam, aber sicher hinauf zum Bergstädtchen Osilo, das in fast 700 m Höhe wie ein Adlernest auf dem Gipfel eines Berges hockt. Hier oben ist die Luft auch bei größter Sommerhitze noch erträglich und die Aussicht wunderbar. Das intakte Bergstädtchen mit seinen Granithäusern und verwinkelten Gassen hat viel Charme. Ein Bummel hinauf zum **Castello di Malaspina** sollte man mit einer kleinen Einkaufstour verbinden, denn Osilo ist bekannt für seine traditionellen Webarbeiten wie auch für seinen köstlichen Pecorinokäse. Dazu bietet dieser Ort – man glaubt es kaum – einen offiziellen Stellplatz für Womos mit Trinkwasserhahn und Entsorgungsschacht.

Stellplatz

(28) *Stellplatz*

GPS: 32 T 0472654 UTM 4510198
N40,74227 E8,67610

Kostenfreier, großer, ebener Teerplatz beim Sportplatz. Im vorderen Bereich Wasserhahn und Schacht zur Entsorgung. Anfahrt: an der zentralen Kreuzung Richtung Nulvi, dann gleich links.

Vor allem aber besitzt Osilo einen großartigen Aussichtspunkt. Folgt man dem Schild **„Punti panoramici“** (Achtung, es ist klein und leicht zu übersehen!) in die Seitenstraße, die von Sassari her kommend kurz vor der zentralen Kreuzung rechts abzweigt, so führt eine einspurige Straße zu einer kleinen Landkirche mit bereits toller Fernsicht. Fährt man an ihr vorbei und weiter auf schmaler und kurviger Spur hinauf bis zum Parkplatz am Ende der Straße (GPS: N40,74230 E8,67630), so glaubt man sich bereits „über den Wolken“. Klettert man dann vom Parkplatz, der beste Gelegenheit für ein Höhenpicknick bietet, hinauf auf des Berges Spitze, auf dem das wettergegerbte Wallfahrtskirchlein **N. S. di Bonaria** thront, so wähnt man sich wahrlich „dem Himmel nah“. Denn die 360-Grad-Panoramaaussicht, die sich bei gutem Wetter von diesem Punkt aus über ganz Nordsardinien bietet, ist einfach sensationell!

MARTIS (30 km - km 317)

So endlos, wie sich die Straße von Sassari nach Osilo hinaufgewunden hat, so endlos schlängelt sie sich auf der anderen Seite wieder hinab durch die nun völlig menschenleere Landschaft der Anglona. Der erste Ort, den man auf dieser immens kurvenreichen Strecke erreicht, ist **Nulvi,** das mit seinen gut 3000 Bewohnern fast schon städtisch wirkt. 10 km und 1000 Kurven später ist der Ort Martis

San Pietro di Simbranos

Zwischen Martis und Perfugas zweigt eine Straße Richtung Sedini ab. Nach etwa 3 km erblickt man unter sich im Wiesengrund inmitten der absoluten Einsamkeit die bilderbuchschöne pisanische Landkirche San Pietro di Simbranos. Zum Kirchlein führt eine kurzer Feldweg hinab, der auch mit dem Womo problemlos befahrbar ist. Die architektonische Perle im Zebrastreifenmuster aus rotbraunem Trachyt und weißem Kalk wurde im 11. Jh. errichtet und Anfang des 13. Jh. von Benediktinermönchen aus Montecassino erweitert. Die idyllisch und still gelegene Kirche ist auch ein ganz entzückender Ort für ein romantisches Landpicknick im Schatten alter Bäume. Malerischer Steintisch, Bank und ein Trinkwasserhahn sind vorhanden!

▲ *San Pietro di Simbranos – ein Ort der Stille und Magie*

erreicht, den man schon von zahlreichen, in ganz Nordsardinien aufgestellten Schildern mit dem Hinweis **„Foresta Pietrificata“** kennt. Der Hinweis bedeutet „Versteinerter Wald“ und die Wegweiser führen zu einem angelegten Gelände, auf dem zahlreiche, Riesenamphoren gleichende Gebilde liegen. Es sind die zu Stein gewordenen Baumstämme eines urzeitlichen Waldes, der hier einst im Wasser versank. Auch wenn der Versteinerte Wald von Martis ausgeschildert ist, als zeige er den Weg nach Rom, so sollte man sich nicht allzu viel von dem Besuch versprechen. Denn etwas despektierlich gesagt, sehen die Stämme in etwa so aus, als habe jemand alte Betonröhren in die Wiese gekippt. Anziehend dagegen ist der auf dem Gelände angelegte Picknickplatz.

PERFUGAS (20 km - km 337)

Weiter geht es in endloser Kurvenfahrt nach **Laerru.** Am Ortseingang aufgepasst: Hier weist das Schild „Belvedere Fontana Concula“ links in ein Sträßlein, das zwar einspurig ist, aber durch wunderschöne Natur bergauf auf eine einsame Hochfläche des **„Altopiano di Tanca Manna“** führt. Nach knapp 4 km kommt man zu einem angelegten Picknickplatz mit Tischen und Bänken und gefasster Quelle, die jedoch häufig ohne Wasser ist.

Der nächste Ort heißt **Perfugas.** Parkt man an der zentralen Piazza und geht bei der Pfarrkirche einige Meter weiter, kommt man zum **„Pozzo Sacro pedrio Canapoi“,** einem hervorragend erhaltenen, nuraghischen Brunnenheiligtum aus dem 13.–17. Jh. v. Chr. Das unterirdische Heiligtum ist jedoch mit einem gewaltigen, an einen Hochsicherheitstrakt erinnernden Gitter umgeben, das den Blick auf die Anlage doch erheblich stört.

Am Ortsausgang Richtung Tempio weist ein Schild nach links zum **Archäologischen Museum** von Perfugas, das neben den Bodenfunden am Brunnenheiligtum auch die 1980 entdeckten steinzeitlichen Werkzeuge zeigt, die als sensationell eingestuft werden, weil sie die 150.000-jährige Besiedlung der Insel Sardinien eindeutig beweisen.

Sehenswertes

Museo Archeologico e Palenotologico, Via Nazario Sauro, Tel. 079 564241, Juni-Sept. Di.-So. 9-13 und 16-20 Uhr, sonst 9-13 und 15-19 Uhr

TEMPIO PAUSANIA (25 km - km 362)

Nach Perfugas folgt bis zum reizvollen Gallura-Bergstädtchen Tempio Pausania außer stiller Natur mit ausgedehnten Wäldern nichts. Hat man das Granitstädtchen erreicht, heißt es aufpassen. Denn plötzlich ist der Verkehr erheblich und die Parkplätze sind rar. Auf keinen Fall sollte man sich auf der Suche nach einem solchen dazu verleiten lassen, mit dem Womo in die Altstadt hineinzufahren. Das verursacht akuten Stress und viel Schweiß, glauben Sie mir.

Am besten parkt man auf dem großen Platz zwischen den beiden Fahrspuren am Ortseingang, auf dem man auch gleich noch entsorgen und Frischwasser betanken kann. Denn hier ist tatsächlich eine offizielle Ver- und Entsorgungsstelle für Womos!

Information

Ufficio Turistiche, Piazza Mercato 3, Tel. 079 6390080, Fax 6390080, Sommer tägl. 9-13 und 16-20 Uhr, sonst 10.30-13 und 16-18 Uhr

Pro Loco, Piazza Gallura 2, Tel./Fax 079 631273, Mo.-Sa. 10.30-13 und 16.30-19.30 Uhr

Wenige Meter weiter hat man die **Altstadt** und ihre malerischen Gassen erreicht. Für den Bummel durch die bei den Sarden sehr beliebte Sommerfrische sollte man sich Zeit lassen, denn das Granitstädtchen ist charmant und bietet viele Einkaufs- und Einkehrmöglichkeiten. Gleich zwei Tourist-Büros halten Informationen bereit, auch zum nahen Bergmassiv des Monte Limbara.

Herz der Altstadt ist die einladende **Piazza Gallura,** an der sich zu Füßen des Rathauses und der anschließenden Kathedrale einige angenehme Straßencafés finden. Von hier führt eine Fußgängerzone quer durch das Städtchen bis zur Piazza Italia.

In der alten Markthalle auf der **Piazza Mercato** hat die neue, sehr freundliche Tourist-Information ihr Büro. Vom Marktplatz führt die Via Vittorio hinab zur Piazza Don Minzoni und weiter zum großen, herrlich schattigen „parco della Rimembranza“, an dessen Rand das **Museum Bernardo De Muro** liegt. Noch weiter bergab erreicht man über den großen Platz Largo XXV Aprile den kleinen Bahnhof von Tempio *(stazione FS),* von dem in der Saison eine kleine historische Schmalspurbahn nach Sassari und nach Palau an der Ostküste verkehrt.

Die üppigen **Quellen,** die bestes Quellwasser liefern und Tempios Ruf als Kurort und Sommerfrische begründen, liegen sämtlich etwas außerhalb der Altstadt oder Stadt. Zur Fonte Nuova (auch Funtana Noa genannt) führt vom Largo de Gasperi Tempios Flaniermeile, die von Granitbänken und jahrhundertealten Schatten spendenden Steineichen gesäumte Viale delle Fonte Nuova. An der großen, im Park eingebetteten Fonte Rinaggiu, die außerhalb liegt, herrscht im Sommer meist ordentlicher Trubel – Picknick auf Sardisch. Jeder schleppt Kanister mit sich und wer nicht, der kauft sich einen vor Ort, um an der Quelle das mineralhaltige Wasser zu zapfen. Da man an die Quelle jedoch nur zu Fuß kommt, sollte der, der den Tank seinen Womos füllen möchte, dies am besten beim Camper-Service oder später an einer der Quellen im Limbara-Massiv machen.

Quelle

Sorgente Rinaggiu
GPS: 32T 0507886
UTM 4527207
N40,89592 E9,09362

Sehenswertes

Museo Bernardo De Muro, Parco della Rimembranza, Tel. 079 671580, 15.9.–15.6. Mo.–Fr. 8–14 und 15.30–19.30 Uhr, 16.6.–14.9. ab 16.30 Uhr. Hier wird der berühmte, 1881 in Tempio geborene Tenor De Muro geehrt.

Essen

Giardino, Via Cavour 1, Tel.079 671463. Traditionsreiches Lokal, in dem im rustikalen Gastraum oder im malerischen Innenhof sehr gute Gallura-Küche serviert wird.

Einkaufen

Cantina Gallura, Via Val di Cossu 9, (Straße Richtung Calangianus) Tel. 079 631241, www.cantinagallura.it, Mo.–Fr. 8–12 und 14–18 Uhr, Sa. 9–13 Uhr. Hier gibt es den einzigen DOCG-Wein Sardiniens, den weißen Vermentino di Gallura, direkt beim Erzeuger. Besonders zu empfehlen sind der „Piras“ und der „Canayli“.

Service

(29) *Camper-Service*

GPS: 32 T 0508206 UTM 4528212
N40,90497 E9,09743

Auf der S 127 von Sassari kommend am Ortseingang. Schräger Teerplatz mit Entsorgungsschacht und Trinkwasserhahn. Die Anfahrt ist ausgeschildert, aber etwas kompliziert, da die Einfahrt zum Platz nur stadtauswärts möglich ist. Dort, wo sich die Straße einspurig aufteilt, erst stadteinwärts weiter, dann wenden und stadtauswärts zurück. Dann gleich links in die schmale Einfahrt.

ABSTECHER NACH AGGIUS (12 km einfach)

Man kann nicht Tempio besuchen, ohne auch wenigstens einen kurzen Abstecher nach Aggius zu machen, denn das kaum acht Kilometer, aber unendlich viele Kurven von Tempio entfernt, zu Füßen der absolut grandiosen Granitzackenkette der **Monte Croce** und **Monte Sozza,** am steilen Hang klebende Dörfchen ist einfach zu schön, um es zu verpassen.

Eine große sprudelnde Quelle am Abzweig der Straße nach Aggius von der S133 (Bassacutena nach Tempio), bietet den Auftakt (GPS: N40,94747 E9,08932). Kurz vor dem Ort weist dann ein handgemaltes Schild zum Agriturismo „Muto di Gallura“, wo man nicht nur wunderbar essen kann, sondern auch danach mit seinem Wohnmobil auf dem P Parkplatz des „Stummen der Gallura“ stehen bleiben kann. Aggius selbst besitzt mehrere **Webereien,** darunter auch ein

ISOLA-Pilotzentrum, die seit 22 Jahren stattfindende große Teppichausstellung „Mostra del Tappeto Aggese“ sowie das außergewöhnlich sehenswerte **Museo della montagna sarda o del Gennargentu.** Das Tollste an Aggius ist jedoch die kurze und teilweise steile, aber höchst eindrucksvolle „strada panoramica“, die um den Ort herum und dabei durch die grandiose Granitwildnis der fast 800 Meter aufragenden schroffen Gebirgszacken führt. Gleich an ihrem Beginn lädt das reizvoll angelegte Gelände **„Laghetto Santa Degna“** die Besucher zu einem kleinen Picknick ein. Höhepunkt ist jedoch das **„Valle di Luna“,** ein weites, von Granitgebirgen umgebenes Hochtal, das sicher nicht umsonst auch „Piano dei Grandi Sassi“, also „Ebene der großen Steine“, genannt wird. Sehen Sie einfach selbst. Am besten von dem kleinen [P] Parkplatz an der Straße nach Viddalba.

Stellplatz

(30) *Stellplatz Vallicciola*

GPS: 32 T 0512833 4522304
N40,85168 E9,15225

In Vallicciola gibt es etwas, was man so auf ganz Sardinien kein zweites Mal findet – einen modern und tipptopp ausgestatteten Stellplatz mit Strom, Wasser und Entsorgung. Dazu kommt noch, dass mit dem Vallicciola eine lange geschlossenes kleine Herberge in schönster Alleinlage wieder eröffnete, dessen Küche im italienischen Slowfood-Führer Erwähnung fand. Ein wahrlich himmlisches Plätzchen, um nach der Wanderung gut zu speisen und sich dann den Sternen nahe in totaler Stille zur Ruhe zu betten. Strom, Ver-/Entsorgung via Automat, also Kleingeld bereit halten! Strom 2 € (12 Std.), Abwasser/WC 2 €, Trinkwasser 2 €. Hotel/Ristorante Vallicciola , Tel.079 631736, www.vallicciola.it, ganzjährig geöffnet!

Picknickplatz

GPS: 32 T 0501867 UTM 4535086, N40,96693 E9,02219

Kleiner ebener Platz an der Straße von Aggius nach Viddalba, prachtvoller Blick über das Valle di Luna.

Sehenswertes

Museo della montagna sarda o del Gennargentu, Via Monti di Lizu 6, Tel. 079 621029, 16.5.–14.10. tägl. 10–13 und 15–20 Uhr, 15.10.–15.5. Di.–So. 10–13 und 15.30–19 Uhr

Essen/Übernachten

GPS: 32T 0505760 UTM 4530148, N40,92243 E9,06841

Agriturismo „Il Muto de Gallura“, Loc. Fraggia, Tel. 079 620559. Achtung, die Anfahrt ist am Anfang sehr steil! Der „Stumme der Gallura“ nannte der Schriftsteller Enrico Costa den blutigen Rächer in seinem gleichnamigen Roman, der auf der furchtbaren Vendetta zwischen den Familien Vasa und Mamia aus Aggius beruht. Der Agriturismo bietet ausgezeichnete Küche.

MONTE LIMBARA (15 km – km 377)

Südlich von Tempio ragt das mächtige Limbara-Massiv auf, das in der 1362 m hohen Punta Balistreri gipfelt. Der Weg hinauf ist lang und steil, aber landschaftlich überaus schön und ein Erlebnis. Erst geht die Fahrt auf der SS 392 durch dichten Korkeichen- und Nadelwald in Richtung Oschiri. Nach gut 8 km biegt links die Straße ab, die sich über 6 km auf engen Serpentinen und Steigungen von bis zu 10 % hinaufwindet. Die Straße bis zu der kleinen Siedlung **Vallicciola** ist zweispurig und exzellent.

Bei der Siedlung laden ausgedehnte Picknickareale zum Pausieren ein. Wasser findet man an Hähnen hinter den Häusern, die man auch direkt mit den Womo anfahren kann. Von hier aus kann man durch schönste Gebirgsnatur weiter bergauf wandern.

135sa Abb.: ph

▲ *Der Aufstieg zum Gipfelkreuz des Monte Limbara wird mit einer großartigen Fernsicht belohnt*

Alternativ kann man noch weitere 3 km nun auf schmaler und zunehmend schlechter werdender Teerstraße bis kurz unter den Gipfel fahren. Achtung Elektrosmog-sensible Naturen: Auf dem Balistreri-Gipfel ragt ein derart kolossaler Wald aus Funk- und Sendemasten von Militär, Radio, TV und Sonstigen auf, dass sich selbst die Offiziellen veranlasst sehen, mittels Warnschild darauf hinzuweisen, sich hier besser nicht allzu lange aufzuhalten. Schaut man aber stur und nur nach rechts, erblickt man hinter der **„Madonna della Neve"** eine unberührte Gebirgslandschaft.

Vom Aussichtspunkt beim Marienstandbild mit fantastischer Fernsicht führt ein Weg zur nahen Kapelle **„Santa Maria della Neve"**, bei der eine Quelle sprudelt und Tische und Bänke zur Pause einladen.

Wieder zurück auf der SS 392 nach Oschiri, trifft man nur wenige Kilometer später auf die **„Fonte di Monti"**, eine der wasserreichsten Quellen Nordsardiniens, bei der das köstliche Nass gleich aus sieben Rohren in armdickem Strahl in große Becken sprudelt. Hier ist der Tank in Minutenschnelle gefüllt.

Quelle

Fonte di Monti. Sehr ergiebige Quelle mit großem Parkplatz. Auch von den Einheimischen viel genutzt, deshalb die Zapfstellen nicht unnötig lange zuparken!

GPS: 32 T 0509881
UTM 4533715
N40,95452 E9,11741

LAGO DEL COGHINAS (25 km - km 402)

Danach geht es unendlich kurvenreich weiter durch die grünen Ausläufer des Limbara-Massivs stetig bergab und hinab zum weitverzweigten Lago del Coghinas. Um den See bieten sich mehrere schöne Uferstellen (u.a. an der Brücke gleich links am Ufer), die zum Rasten und Bleiben einladen. Die schönsten findet man am Westufer nördlich von Tula. Um dorthin zu gelangen, muss man ein kurzes Stück auf der viel befahrenen S 97, die von Olbia nach Sassi führt, fahren. Doch schon nach wenigen Kilometern weist das Schild **„N. S. di Castro"** die Abfahrt von der hektischen Hauptstraße. Durch stille Natur ohne Dorf und Menschenseele führt die schmale Teerstraße zu dem bildschönen, ganz aus rotem Stein errichteten Landkirchlein.

Unterhalb des umfriedeten Geländes dehnt sich ein großer, geteerter Parkplatz aus, neben dem ein Trinkwasserhahn, Tische und Bänke auf der Wiese zur Rast mit Ausblick auf den nahen Stausee und die dahinter aufsteigenden Berge des Monte Limbara einladen.

Quelle

Am Parkplatz links vor der Brücke 500 in Richtung Agriturismo La Villa de Lago de Coghinas

Picknickplatz

Chiesa N. S. di Castro
GPS: 32 T 0504018
UTM 4506882
N40,71285 E9,04757

Picknickplatz

Ebener Platz in stiller Natur, darunter am Seeufer einladende Tisch- und Bankgruppen. Am See ein Steg, von dem man prima ins Wasser springen kann. An der Zufahrt ein Ristorante/Pizzeria (nur in der Saison geöffnet)

GPS: 32 T 0501108
UTM 4511993
N40,75890 E9,01313

Das Sträßlein führt an der Pilgerkirche vorbei weiter bis zum See. Dort überspannt eine vielleicht 150 m lange Brücke einen schmalen Seitenarm, die einen hinüber an das Westufer und nach **Tula** bringt – oder bringen könnte. Denn sie ist nur 2,20 m breit, also nur Zentimeter breiter als manches Womo und dazu auf beiden Seiten von hohen Leitplanken gesichert. Wer es riskiert hinüberzufahren, erspart sich einen weiten Umweg. Ich habe es nicht gewagt.

Ansonsten führt der Weg zurück zur SS 97 bis zum südlichsten Ausläufer des Sees und dann wieder nach Norden bis Tula. Wenige Kilometer hinter Tula führt rechts ein Weg hinab zu einem unmittelbar über dem Ufer angelegten ebenen Parkplatz. Hier lässt sich prima stehen und Siesta halten.

BERCHIDDA (30 km – km 432)

Picknickplatz mit Restaurant

Folgt man dem Schild „Camping/Belvedere“, landet man nach kurzer Fahrt hoch über Berchidda auf einem idyllisch still gelegenen, ebenen Platz, auf dem man auch die Nacht verbringen kann. Wenige Schritte weiter liegt das Ristorante I Belvedere (Tel. 079 684547), das seinem Namen alle Ehre macht und dazu exzellente Gallura-Küche bietet. Der Einfachst-Camping beim Ristorante ist geschlossen!

GPS: 32 T 0514228
UTM 4515573
N40,79108 E9,16865

Fährt man von Tula zurück und auf der SS 597 Richtung Olbia, erreicht man nach wenigen Kilometern die „strada del vermentino“. Sie ist kurz, aber oho. Führt sie doch zu den beiden berühmten Vermentinodörfern Berchidda und Monti, deren Kellereien mit die besten DOCG-Weißweine Sardiniens keltern. Das freundliche **Weindorf** Berchidda klebt oberhalb der Straße am Hang.

Übernachtungsgelegenheit bietet ein kommunaler Campingplatz, Einkaufsmöglichkeit für den köstlichen Vermentino natürlich die Cantina Giogantinu. Wenige Schritte entfernt offeriert das auf ganz Sardinien bekannte Familienunternehmen RAU delikate Dolic Sardi. Der Gipfel der Genüsse ist jedoch das **Museo del Vino,** das über dem Dorf liegt. Der Besuch des Museums sei jedem Weinliebhaber wärmstens angeraten. Denn hier kann man sich nicht nur über

037sa Abb.: ph

▶ *Köstlicher Rebensaft und göttliche Tropfen – im „Museo del Vino“ kann man alle Weine Sardiniens kosten und kaufen*

die Weine Sardiniens informieren, sondern in der im Museum integrierten Enoteca alle Weine der Insel - das sind ca. 150 - kosten und vor allem auch kaufen.

Stellplatz

(31) Camping Tancare **

GPS: 32 T 0514801 UTM 4514265
N40,77923 E9,17540

Tel. 079 703065, Fax 703576, 1.3.-31.10. Unterhalb des Dorfes angelegter, freundlicher Terrassenplatz in Hanglage mit gepflegtem Sanitärhaus, Strom, Ver-/Entsorgungsmöglichkeit, kleinem Markt mit Produkten der Region, Bar und Swimmingpool. Womo 5-8 €, Erw.6-8 €.

Sehenswertes

Museo del Vino, Tel. 079 704587, 18 Uhr, Sa./So. 9-13 und 15-19 Uhr, Sommer Di.-So. 10-14 und 16-20 Uhr

Einkaufen

Wein: Cantina del Giogantinu, Via Milano 30, Tel. 079 704163, www.giogantinu.it, Mo.-Fr. 8.30-12 und 15.30-18.45 Uhr, Sa. 8.30-12.15 Uhr
Dolci: RAU, Via Alghero 11/13, Tel. 079 704153
Käse: Nuova Casearia, Viale Umberto 37, Tel. 079 74101
Kunsthandwerk: Artigianato Shugero (Kunsthandwerk aus Kork), Via Museo del Vino, Tel 079 705048

Anschlüsse ab Monti (20 km – km 452)

- In Monti hat man Anschluss an die Route 7 (nähere Informationen zu Monti siehe Seite 259).
- Von Monti ist man in kurzer, schneller Fahrt auf der SS 597 in Olbia (25 km) und im Fährhafen.

Durch die Nurra ins spanische Alghero, zu den Geiern von Bosa und zum Königsnuraghen

„Per aspera ad astra", „durch den Staub zu den Sternen" könnte man die Fahrt von der Hafenstadt Porto Torres durch die staubige Ödnis der flachen Region Nurra hinaus zum Torre Falcone bei Stintino nennen. Hier liegt „La Pelosa", einer der berühmtesten Strände Sardiniens. Gegenüber befindet sich Italiens Alcatraz, die ehemalige Gefängnis- und jetzige Nationalparkinsel Asinara mit ihren weißen Eseln. Berühmteste der zahlreichen Höhlen Sardiniens ist die Grotta di Nettuna am gewaltigen Capo Cacchia, von wo man die schöne „Spanierin" Alghero erblickt. Ihre romantisch pittoreske Altstadt gehört zu den schönsten Orten auf ganz Sardinien. Wilde, unberührte Küste erlebt man auf der Weiterfahrt nach Bosa. In den Küstenklippen nisten noch gewaltige Gänsegeier.

„Bella Bosa" am Temo ist eine noch wenig berührte Postkartenidylle, die zu Füßen eines alten Kastells liegt.

Im Landesinneren warten Attraktionen wie die grandiosen Felsengräber von S. Andrea Priu oder das Tal der Nuraghen mit dem imposanten Königsnuraghen „Su Antine".

038sa Abb.: ph

ROUTE 2

DER NORDWESTEN

SPANISCHE KLÄNGE UND GÄNSEGEIER

STRECKENVERLAUF

◀ *Vorseite:* *Majolika-Kuppel der Kirche San Michele in Alghero*

Strecke:
Porto Torres - Pozzo San Nicola (15 km) - Stintino (20 km) - Argentiera (40 km) - Capo Caccia (35 km) - Alghero (22 km) - Bosa (50 km) - Macomer (30 km) - Valle die Nuraghi/Torralba (35 km) - Borutta (10 km) - Ardara (20 km) - S. Antioco di Bisarcio (8 km) - Porto Torres (50 km)

Streckenlänge:
ohne Abstecher ca. 350 km
mit Abstechern ca. 440 km

POZZO SAN NICOLA (15 km - km 15)

Auch wenn Sie es nicht glauben wollen angesichts des ziemlich verschlungenen Straßenverlaufs, der streckenweise durch die Hafenanlagen führt: Wenn Sie stur dem Wegweiser „Stintino“ folgen, dann sind Sie richtig. Kaum hat man die hässlichen Raffinerieanlagen hinter sich gelassen, befindet man sich in einer anderen Welt. Weit und leer dehnt sich rings um einen nun die monotone Region Nurra. Das Land ist leicht hügelig und von Ackerbau und Brachland geprägt und fast ohne jede höhere Vegetation, sodass der Wind ungehindert über die Kuppen dieser spröden Einsamkeit hinwegblasen kann.

Mitten in diesem Nirgendwo, dort wo die beiden einzigen Straßen der Region sich kreuzen, liegt der Weiler Pozzo San Nicola, eine Hand voll zusammengewürfelter, planlos in die Landschaft gestellter Häuser. Ein ödes Nest in der Leere. Wie eine Fata Morgana erscheint dann aber der von Palmen umgebene, plätschernde Springbrunnen in der Mitte des Weilers. Hier gibt es tatsächlich einen Stellplatz mit guten Einrichtungen, wie man es ansonsten auf der ganzen Halbinsel Stintino nicht mehr finden wird. Und da Stintino im Juli und August sehr stark von Italienern besucht ist, sollte man in dieser Zeit am besten hier Quartier beziehen und/oder seine Ver- und Entsorgungstanks füllen und leeren.

Stellplatz

① *Area La Pineta*
GPS: 32 T 0435645 UTM 4524491
N40,86896 E8,23631
Pozzo San Nicola, SP 34, km 22, Mobil-Tel. 347 0881433. Großer, ebener Schotter-/Rasenplatz direkt hinter dem Restaurant „Perla del Golfo“, mit Strom, Ver-/Entsorgung und Duschen. Anfahrt: am Kreisverkehr Richtung Stintino, dann ca. 4 km nach Ortsausgang rechts. Falls das Einfahrtstor geschlossen ist, an der Klingel rechts daneben klingeln! Womo/Nacht inkl. Strom 15 €.

039sa Abb.: ph

STINTINO UND CAPO FALCONE (20 km – km 35)

Gleich nach dem Weiler umfängt einen wieder die Leere und Einsamkeit der Nurra, allerdings auch nur in der Vor- und Nachsaison. Im Sommer und an Wochenenden schiebt sich hier eine lange Blechschlange auf der fast schnurgerade verlaufenden Straße hinaus Richtung Stintino. Stintino ist dank seiner einzigartig schönen **„Spiaggia La Pelosa"** ein Lieblingsferienort der Italiener und praktisch der gesamte schmale Landzipfel am Capo Falcone ist mit ausufernden Feriendörfern, Hotelressorts und Appartement-Anlagen zugebaut.

Bereits vor Stintino zweigen nach links und rechts von der Straße viele Wege hinaus zur Küste und den dortigen Badestränden ab. Hier findet man durchaus auch mit dem Womo noch ein Plätzchen am Wasser. Direkt an der berühmten „La Pelosa" wird es in der Hochsaison jedoch für große Womos schwer, einen geeigneten Parkplatz zu finden. Der Strand ist tatsächlich fantastisch, 300 m lang und weiß und feinsandig und von kristallklarem, in allen Blau- und Grüntönen schillerndem Wasser umspült und dazu extrem fotogen von dem von Wind und Wetter angefressenen **Torre Pelosa** überragt. Darauf nicht weniger fotogen spärlichst bekleidete Strandschönheiten und tolle Muskelmämnner mit großen Jachten und dahiner Dünen mit bizarr geformten Wacholderbüschen und Strandbars mit Erste-Reihe-Superblick auf diesen „Strand der Eitelkeiten". Und gegenüber in Sichtweite und nur durch den allerdings von gefährlichen Strömungen beherrschten Kanal liegt die **Isola Asinara,** das einstige Alcatraz Italiens. Heute ist die Gefängnisinsel, in der einst Obermafiosi und die Topterroristen der Roten Brigaden einsaßen, jedoch geräumt und zum Nationalpark erklärt. Der kleine Fischerort Stintino selbst ist recht reizvoll. Es gibt zwei malerische Fischer- und Sportboothäfen, dazu angenehme Restaurants, Cafés und Bars und außerdem gute (und in der Ecke die einzige!) Einkaufsmöglichkeit und Tankstellen.

P Parkplatz Autocaravan

In der Hochsaison bietet ein kostenpflichtiger Parkplatz ca. 500 m von La Pelosa entfernt Abstellmöglichkeit. Anfahrt: erste Straße nach dem Hotel Roccaruja reinfahren. Gebühr 13 €/Womo, 8–20 Uhr.

GPS: 32 T 433659
UTM 4531682
N40,96060 E8,21165

▲ *Das Fischerdorf Stintino*

▲ *Blick auf den Kanal mit dem Torre. Im Hintergrund die Isola Asinara*

Ausflugstipp: Insel Asinara

Nach mehr als 115 Jahren Totalsperrung darf die zauberhafte Insel mit den wilden weißen Eseln und düsteren Gefängnis-Hinterlassenschaften nun wieder von jedem frei besucht werden. Schiffe fahren jedoch nur von Porto Torres und Stintino. Zu den „Orten" und Sehenswürdigkeiten auf der Insel verkehrt ein kleiner Elektrozug. An den Stationen Fornelli, La Reale und Cala d'Oliva können Fahrräder geliehen werden. Erlaubte Badestrände sind die Cala dei Detenuti und die Cala Sabina. Die größte Attraktion auf der Isola Asinara sind aber die wilden weißen Esel, die es nur hier auf diesem Eiland gibt!

***Numero Verde:** Tel. 800 561166 (kostenlose Informationen zur Insel, in diversen Sprachen)*

***Nationalpark-Infos:** Ente Parco Nazionale dell'Asinara, Via Iosto 7, Porto Torres, Tel. 079 503388, Fax 501415, www.parcoasinara.org*

***Anbieter ab Stintino:** mare e natura, Via Sassari 77, Tel. 079 520097, www.marenatura.it, diverse Tagesausflüge, Abfahrt ca. 9 bis 10 Uhr, Rückkehr 17 bis 18 Uhr.*

ARGENTIERA (40 km – km 75)

Die gesamte Außenküste zwischen dem Capo Falcone und dem Capo Caccia ist wild, weitgehend unzugänglich und menschenleer. Nur an wenigen Stellen führen befahrbare Straßen hinaus bis ans Meer. Eine dieser Stellen ist das Capo dell'Argentiera, das **„Silberkap".** Hier fand man einst Silber, liegt hier heute die Geistersiedlung Argentiera.

Der Weg hinaus nach Argentiera führt zuerst in eine Bucht hinab, in der man rechts am Hang rumpelige Wohnwagen erblickt. Das ist jedoch weder ein öffentlicher Campingplatz noch ein Ver-/Entsorgungspunkt, sondern eine Art Wochenendhaus-Siedlung von Einheimischen aus Sassari und Porto Torres.

In der schönen Bucht von **Porto Palmas** findet man jedoch neben einem schönen Sandstrand einen angenehm von Büschen umwachsenen [P] Naturparkplatz (GPS: N40,74835 E8,15882) und wenige Schritte von ihm entfernt eine einfache, aber einladende Strandbar mit Bootsverleih sowie die nette Trattoria/Pizzeria „Il Grifo".

Die Ruinen der einstigen Silbermine, in der schon die Römer nach dem edlen Metall schürften, findet man eine Bucht weiter am Ende der Straße. Hat man den dazwischenliegenden Berg überwunden, so liegt vor einem eine wahre Wildwestkulisse. Morsche Gerippe und fensterlose Gemäuer der aufgelassenen Minenanlage, dazu ein winziges Dorf, in dem einst die Minieros wohnten. Ein riesiger Teerplatz bietet reichlich [P] Parkmöglichkeit. Aber da der Strand in der Bucht von Porto Palmas schöner ist und dazu eine Strandbar besitzt, gibt es trotz aufkeimendem neuen Leben (darunter eine Bar) eigentlich keinen wirklichen Grund, zwischen dieser doch düsteren Kulisse länger zu verweilen.

Trinkwasser

Zwei kräftig sprudende Hähne gibt es links neben der Post in Palmadula.
GPS: 32 T 431608 UTM 4511043 N40,74750 E8,18988

CAPO CACCIA (35 km – km 110)

Eine Tankstelle findet man, wenn man von Argentiera in Richtung Alghero weiterfährt, im kleinen Weiler **Palmadula.** Auf der Weiterfahrt einige Kilometer weiter führt die Straße nahe am **Lago di Baratz** vorbei, Sardiniens einzigem natürlichen See. Durch das Naturschutzgebiet führen reizvoll angelegte Spazierwege.

Wem es nach einsamem Strandspaziergang ist, der fährt die Stichstraße Richtung **Porto Ferro** hinaus. Die Straße endet nach 3 km auf einem [P] Parkplatz über der einsamen, von zwei Sarazenentürmen malerisch markierten Strandbucht, zu der ein Trampelpfad hinunterführt.

Eine nicht minder malerische Strandbucht mit nur einem Sarazenenturm, dafür jedoch mit schönem Campingplatz, gibt es nur 3 km weiter Richtung Capo Caccia. Auch hier in der Bucht am **Torre del Porticciolo** endet die Straße auf einem Parkplatz unmittelbar an der Abbruchkante der Steilküste. Der Ausblick ist einfach wunderbar, der Sonnenuntergang sensationell! Der Strand wird durch die vorspringende Landzunge mit dem morschen Wachturm gut vor den hier häufig wehenden Westwinden geschützt.

Vom Torre del Porticciolo reicht der Blick bis zum gewaltigen Fels des **Capo Caccia,** der sich gut 10 km weiter schmal und lang ins Meer hinausschiebt. Das Capo Caccia mit der dortigen **Grotta di Nettuno** ist eines der spektakulärsten Naturschauspiele im Norden Sardiniens und dementsprechend viel besucht. Auf dem Weg hinaus passiert man kurz vor dem Ende der Straße einen Abzweig zum **„Belvedere La Foradada“.** Von der senkrecht ins schäumende Meer abfallenden Abbruchkante (Vorsicht Lebensgefahr, Kinder sichern!) eröffnet sich ein Schwindel erre-

▼ *Der Torre di Porticcolo*

041sa Abb.: ph

Camping

② *Torre del Porticciolo* ***

GPS: 32 T 0431532 UTM 4499377 N40,64241 E8,19025

Loc. Torre del Porticciolo, Tel. 079 919007, Fax 919212, www.torredelporticciolo.it, 1.5.–10.10. Weitläufiges Gelände in stiller Einzellage inmitten der macchiabestandenen Hügel abseits aller Ortschaften. Sehr gute Ausstattung! Besonders erwähnenswert der tolle Pool, der manch gutem Hotel zur Ehre gereichen würde. Spezieller Womo-Bereich. Ver-/Entsorgungspunkt außerhalb des Platzes. Womo 3–14 €, Strom 3,50–5 €, Erw. 7–14 €.

042sa Abb.: ph

▲ *Schwindel erregend: die Escala di Cabirol*

gender Blick auf die **„Cala d'Inferno",** die kolossale Steilküste und die vorgelagerten, von der heranrollenden Brandung umschäumten Felseilande.

Die Zufahrtsstraße endet auf einem kleinen [P] Park- und Wendeplatz mit Bar. Nicht selten ist es hier jedoch so voll, dass man mit dem Wohnmobil nicht nur keinen Platz findet, sondern auch Schwierigkeiten beim Wenden haben kann. Bei größerem Andrang deshalb besser schon vorher am Straßenrand parken!

Vom Parkplatz in 110 Meter Höhe führen die 654 Stufen der **„Escala di Cabirol",** der „Rehleiter" durch die senkrechten Felswände nach unten bis auf Meereshöhe und dem Eingang zur **Grotta di Nettuno.** Schweißtreibend ist der Aufstieg zurück, besonders ab Nachmittag, wenn die Sonne gnadenlos auf die Felswand brennt.

Sehenswertes

Grotta di Nettuno, tägl. stündl. Führungen Jan.-März und Nov./Dez. 9-13 Uhr, April-Sept. 9-19 Uhr, Okt. 10-16 Uhr

ALGHERO (22 km - km 132)

ANFAHRT

Gegenüber vom Capo Caccia ragt die Sarazenenturm bewehrte **Punta Giglio** hinaus ins Meer. Beide umfassen die bilderbuchschöne Bucht von **Porto Conte,** an deren Ende sich ein zwar schmaler, aber sehr schöner, von einer Pineta beschatteter Sandstrand im perfekten Zirkelkreis ausbreitet.

Will man Badefreuden genießen, verlässt man die Straße nach Alghero beim Schild „Spiaggia Mugoni". Die einspurige Teerstraße endet nach kaum 1 km. Links öffnet sich eine schöne [P] Parkplatz-Wiese mit Einfachstdusche und WC, auf der man sein Womo gegen Gebühr abstellen (nur in der Saison), jedoch nicht übernachten kann. Vorn am Strand lädt eine einfache Bar zum eisgekühlten Getränk.

Sehenswertes

Nuraghe Palmavera,
Tel. 079 980040, April-Okt. tägl. 9-19 Uhr, Nov.-März tägl. 9.30-16 Uhr, stündl. geführte Besichtigungen (Dauer 45 Min.) von 9.15-12.15 und 16-18 Uhr

Weiter Alghero entgegen, führt die Straße direkt am **„Complesso Nuragico Palmavera"** vorbei. Die sehenswerte steinzeitliche Anlage zwischen aufsteigenden Weingärten und blühendem Oleander besteht aus Haupt- und Nebentürmen und einem „Dorf" von rund 50 Hütten.

Nur wenig weiter biegt eine schmale Teerstraße hinaus zur Küste ab, die zu mehreren bildschönen Stränden wie der **Spiaggia Bombarde** oder der **Spiaggia Lazaretto** und namenlosen, aber idyllischen und versteckten Badebuchten führt. Die schlechte Nachricht: Das landschaftlich sehr reizvolle, aber schmale Sträßlein sollte man mit größeren Wohnmobilen in der Hochsaison besser nicht befahren, da dann hier ein gewaltiger Verkehr herrscht.

Der nächste Ort, den man auf dem Weg nach Alghero passiert, heißt **Fertilia,** was soviel bedeutet wie „fruchtbar". Dass er nicht „natürlich" gewachsen ist, sieht man seiner regelmäßigen rechtwinkligen Anlage und seinen gar nicht bäuerlich wirkenden Gebäuden sofort an. Tatsächlich wurde Fertilia in der Mussolini-Ära aus dem Boden gestampft, um das damalige Sumpfland ringsherum zu entwässern und so „fruchtbar" zu machen. Heute bietet der kleine, an sich unspektakuläre Ort im Gegensatz zum nahen Alghero noch ein vergleichsweise ruhiges Ambiente. Hier hat man auch in der Saison eine Chance, einen Parkplatz zu finden und die von Schatten spendenden Arkaden gesäumte „Aufmarschallee" bis zur Freitreppe am Ufer entlang zu flanieren. Am unteren Ende liegt das Ristorante „Acquario", das von außen wenig Eindruck macht, umso mehr jedoch mit seiner Küche!

Am Ortsende von Fertilia zweigt die SS 291 in Richtung Flughafen ab. Fährt man dieses schnurgerade Asphaltband gut 6 km hinaus, so findet der Womo-Reisende hier bei einem einzelstehenden Gehöft einen großen und prima ausgestatteten Stellplatz!

Kurz hinter dem Abzweig überquert die Straße nach Alghero den **Rio Barca,** der einen großen Lagunensee bildet. Im Flussbett erblickt man die Bögen einer alten Römerbrücke und kurz danach linker Hand die Einfahrt zum großen Camping Calik.

Stellplatz

③ *Stellplatz Paradise Park*

GPS: 32 T 0437016 UTM 4493599
N40,59079 E8,25568

Loc. Le Bombarde, Tel. 079 936033, www.paradisepark.it, Juni-Sept. Großer, parzellierter Naturplatz im schönen Olivenhain ca. 500 m vom Strand für ca. 100 Fahrzeuge. Sehr gute Ausstattung mit Strom, Wasser, Entsorgung, Pizzeria, Busanbindung nach Alghero, Grillplatz u.a. Womo 18 € inkl. Strom, Ver-/Entsorgung.

Essen

Acquario, Via Pola 34, Fertilia, Tel. 079 930239. Sehr gute Küche zu zivilen Preisen, besonders zu empfehlen ist Fisch!

Stellplatz/Camping

④ *Camper-Service I Plantani*

GPS: 32 T 0438643 UTM 4495370
N40,60687 E8,27474

Loc. Arenosu, an der SS 291 bei km 32,5, Tel. 079 930335, www.iplatani.it, Mai-Ende Sept. Sehr großer, neu angelegter, eingezäunter und topfebener Platz für ca. 200 Mobile mit festem Wiesen-/Schotterboden und lichtem Baumbestand. Sehr gute Ausstattung mit Strom, Wasser, Duschen, Grillplatz, kleinem Pool u. a., zum ca. 2 km entfernten Strand platzeigener, kostenloser Bus. Anfahrt: bei km 32,5 beim Hotel „Light blue" links abzweigen. Womo 17 € inkl. Strom.

⑤ *Camping Calik* ***

GPS: 32 T 044009 UTM 4494016
N40,59478 E8,29197

An der SS 127 bei km 33,2, Tel./Fax 079 930111, www.campeggiocalik.it, 15.5.-30.9. Großer, ebener Platz im Eukalyptuswald zwischen Meer und dem Strandsee Stagno di Calik. Viel Platz auch für große Womos. Womo frei, Strom 3 €, Erw. 7-16 €.

› Routenatlas Seite 286, Stadtplan S. 113

Camping

⑥ Camping Mariposa ★★★

GPS: 32 T 0441791 UTM 4492280
N40,57926 E8,31222

Via Lido 22, Tel. 079 950480, Fax 984489, www.lamariposa.it, 1.4.-30.10. Auf schmalem Streifen zwischen Strand und Straße gelegen, vorne sehr schöne Plätzchen mit Meer- und Altstadtblick, zur Straße hin zunehmender Verkehrslärm. Ideal, weil nur 1,5 km Spazierweg zur Altstadt und sehr nette Betreiberfamilie. Leider deshalb oft voll und für große Womos nur wenig wirklich gute Stellplätze. Womo 4-15 €, Erw. 9-12 €, Strom 3 €, Warmdusche 0,50 €

Hier beginnt auch der herrlich breite, puderfeine und teilweise von einer schattigen Pineta gesäumte Sandstrand, der sich über fünf Kilometer bis fast an die Tore der Altstadt von Alghero hinzieht. Je näher man der Stadt kommt, desto dichter werden auch der Verkehr und das Getümmel der vielen Badegäste, die sich am Lido di Alghero amüsieren. Gleich am Ortseingang liegt der Camping Mariposa (s. o.).

ORTSBESCHREIBUNG

Parkplatz

GPS: 32 T 442390
UTM 4492198
N40,57857 E8,31932

Offizieller Parkplatz für Womos in der Via Fleming. Die Lage ist aber nicht unbedingt attraktiv und der Umstand, dass dort auch regelmäßig Märkte stattfinden, macht den Platz nicht unbedingt empfehlenswerter.

GPS: 32 T 442304
UTM 4492167
N40,34697 E8,19098

Gut ausgeschilderter, kostenfreier Asphaltplatz im Stadtteil San Giovanni ohne weitere Einrichtungen zwischen Wohnhäusern. Zu Fuß ca. 5 Min. zum Strand, in die Altstadt 20 Min.

Weiter immer die ständig viel befahrene Straße am Lido langsam und aufmerksam entlang gebummelt (Vorsicht, denn es überqueren hier viele die Straße vom Strand rechts der Straße zu den Bars und Cafés links davon!), kommt man schließlich zur großen Marina von Alghero, in der Hunderte von Sportbooten aller Klassen dümpeln. Entlang der Mole ziehen sich große Parkflächen, die jedoch während der Saison für Womos gesperrt sind.

Rundgang durch die Altstadt

Über 400 Jahre lang unterlag die Stadt spanischen Einflüssen. Ein seltenes, einzigartiges Schmuckstück entstand, in dem man noch heute mit Stolz eine Art von katalanischem Dialekt pflegt und die Straßenschilder zweisprachig sind.

Die pittoreske und praktisch autofreie Altstadt mit ihren verwinkelten, oft nur handtuchbreiten, von zahlreichen einladenden Läden und Cafés gesäumten Gassen ist wie geschaffen für einen ausgiebiger Bummel.

Zu ihren besonderen Sehenswürdigkeiten zählen vor allem Sakralbauten, deren Türme und Kuppeln der Altstadt-Silhouette ihr unverwechselbares Gepräge verleihen. Die auffälligste ist dank ihrer farbenfroh im Sonnenlicht glänzenden Majolikakuppel die 1765 von den Jesuiten erbauten **Chiesa San Michele,** die bedeutendste die **Kathedrale Santa Maria,** deren Bau von 1552 bis 1739, also fast 200 Jahre dauerte. In ihrem Inneren birgt sie einen imposanten barocken Marmoraltar. Älter als diese beiden Kirchen ist die ziemlich im Zentrum der Altstadt gelegene **Chiesa San Francesco,** die bereits in der zweiten Hälfte des 14. Jahrhunderts als Teil einer Klosteranlage entstand.

Den Bummel sollte man auch zum ausgiebigen Shoppen nutzen. Die vielen Geschäfte bieten alles, was das Herz begehrt. Die Finger sollte man jedoch von dem in zahlreichen Läden angebotenen Korallenschmuck lassen. Die einzigen Korallenbänke Sardiniens bei Alghero und Bosa sind bereits schwerst geschädigt und die Einfuhr von Korallen nach Deutschland ist durch das Artenschutzabkommen sowieso verboten!

Information

Ufficio Informazioni Turistiche, Piazza Porta Terra 9, 07041 Alghero, Tel. 079 9979054, Fax 974881, www.infoalghero.it

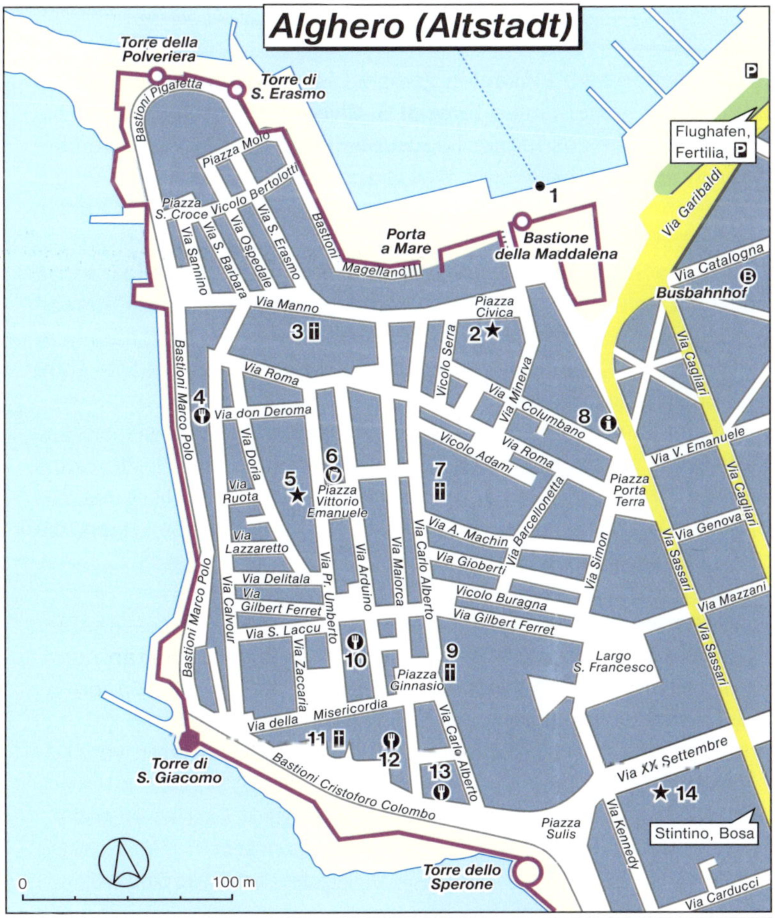

- ● 1 Boote zur Grotta di Nettuno
- ★ 2 Palazzo d'Albis
- 3 Cattedrale Santa Maria
- 4 Il Machiavello
- ★ 5 Palazzo Machin
- 6 Theater
- 7 Chiesa San Francesco
- 8 Touristinformation
- 9 Chiesa San Michele
- 10 La Singular
- 11 Chiesa della Misericordia
- 12 Al Tuguri
- 13 La Lepanto
- ★ 14 Aquarium

043sa Abb.: ph

▶ *Die Altstadtkulisse Algheros, vom Schiff aus gesehen*

Sehr schön zum Einkaufen geeignet ist die Markthalle, die man nicht weit des markanten **Torre di S. Givanni** an der Via Mazzini findet. In der Nähe des Turmes liegt außerdem in der Via XX. Septembre das **Aquarium,** das auch den Wasserscheuen und den Nichttauchern unter den Besuchern die (Unter-)Wasserwelt vor Sardiniens Küsten eröffnet.

Die gute Stube Algheros ist die große, sehr charmante **Piazza Civica.** Hier nimmt man ein kühles Getränk oder einen kleinen Schwarzen, um dann durch eines der Tore hinaus vor die Stadtmauer zu treten und entlang der Mole durch den Hafen hinaus bis zum Torre San Erasmo zu spazieren.

Alghero ist nicht nur eine besonders malerische Stadt, sie ist auch kulinarisch gesehen von besonderem Interesse. Denn in den zahlreichen Trattorien, Ristoranti und Osterien wird eine Mischung aus spanisch-katalanischer und italienisch-sardischer Küche kreiert, die es zu kosten lohnt.

Sehenswertes

Aquarium, Via XX Septembre 1, Tel. 079 978333, tägl. April/Mai 10–13 und 15–19 Uhr, Juni/Okt. 10–13 und 16–21 Uhr, Juli/Sept. 10–13 und 17–23 Uhr, Aug. 10–13.30 und 17–0.30 Uhr, Nov.–März nur Sa./So. 15–20 Uhr

Essen

Al Tuguri, Via Maiorca 113, Tel. 079 976772, www.altuguri.it. Einer der Gourmettempel Sardiniens, klein und sehr fein. Entsprechende Garderobe und Vorbestellung sind angeraten. Dafür wird vom aus Nuoro stammenden Chef Benito Carbonella exquisite Küche geboten.

Il Machiavello, Via Cavour 7 bzw. Bastioni Marco Polo 57, Tel. 079 980628. In der beliebten Osteria mit den zwei Eingängen inmitten der Altstadt wird gekonnt und schnörkelfrei gekocht. Zu feinem Fisch wie gegarter Goldbrasse oder Schwertfisch vom Grill oder Deftigem wie ragu d'asino (Eselsragout), gibt's viel gute Laune vom freundlichen Personal.

140sa Abb.: ph

◀ *Molto romantico – die Gassen von Algheros Altstadt*

Einkaufen

Olivenöl der Accademia Olearia. Der „Feinschmecker" hat 1000 Öle getestet und darunter die 35 weltbesten ermittelt. Darunter sind alle drei Öle der Accademia Olearia der Familie Fois. Diese Köstlichkeiten bekommt man zu einem für die Qualität sehr erschwinglichen Preis im Spezialitätengeschäft „Enodolciaria" an der Piazza Civica oder in der Via Simon 24.

ABSTECHER ZUM WEINGUT SELLA & MOSCA (ca. 10 km einfach)

Nördlich von Alghero dehnen sich auf fruchtbarem Boden bis zum Horizont die Weingärten der Tenute Sella & Mosca. Das Weingut ist im Besitz von Campari und mit einer Anbaufläche von über 650 ha das größte Sardiniens. Die große weitläufige Anlage inmitten der Weinfelder, zu der eine oleandergesäumte Stichstraße führt, ist wie ein kleines Dorf mit eigenem Kirchlein, hauseigenem **Weinmuseum** und natürlich einer **Enoteca,** wo man die leckeren Tröpfchen des Hauses kosten und kaufen kann. Besonders zu empfehlen sind die Weißweine des Hauses wie z. B. der „La Cala" oder der „Terre Bianche". Der berühmteste Rote des Hauses ist der aus der Cannonau-Traube gewonnene, ebenso sanfte wie schwere „Anghelu Ruju".

Benannt wurde das Spitzenprodukt nach der nahe des Weinguts, zwischen den Reben liegenden **steinzeitlichen Gräberstätte** aus der Zeit um 3000 v. Chr. mit insgesamt 38 labyrinthisch verzweigten Felsgräbern.

Einkaufen

Tenuta Sella & Mosca, Loc. I Piani, ca. 9 km nördlich von Alghero an der SS 291 Richtung Porto Torres/Sassari, Tel. 079 997700, www.sellaemosca.com
Enoteca, Mo.-Sa. 8.30-18.30 Uhr, in der Saison bis 20 Uhr (auch So.)

Sehenswertes

Museum (nur im Rahmen einer Führung), Juni-Sept. Mo.-Sa. 17.30 Uhr, Treff an der Enoteca um 17.20 Uhr
Nekropole Anghelu Ruju, Nov.-Febr. tägl. 10-14 Uhr, März 9.30-16 Uhr, April-Okt. 9-19 Uhr

BOSA (50 km – km 182)

ANFAHRT

Hat man die reichlich verwirrend kreuz und quer durch Alghero führende, aber gut ausgeschilderte Straße Richtung Bosa gefunden und das mediterrane Getümmel der schönen Spanierin Alghero hinter sich gelassen, umfängt einen sofort wieder die Leere und Einsamkeit. Das wird so bleiben, denn auf den 50 Kilometern bis Bosa ist kein Ort und kein Haus anzutreffen. Hier gibt es nur abwechslungsreichste Küstennatur, die diese Stecke zu einer der schönsten Küstenstrecken der Insel macht. Strände oder Badestellen findet man hier jedoch fast keine. Und wenn, dann sind sie meist nur durch Fußmärsche von der Straße hinab zum tief unten liegenden Ufer zu erreichen. Letzte bequeme Bademöglichkeit bietet die malerische **Cala Speranza** etwa 9 km südlich der Stadt. Gleich mehrere schön mit Picknickstellen unter Bäumen und mit Wasserhahn, WC und Dusche angelegte Parklätze laden ein, hier eine Rast einzulegen (GPS: N40,49432 E8,37128).

▼ *Küstenpanorama mit Blick zum Torre Argentina*

044sa Abb.: ph

Dazu das einfache aber einladende Ristorante „La Speranza" direkt über dem Strand und ein schöner Badestrand – fertig ist das letzte Badeidyll vor Bosa.

Danach schlängelt sich die kurvenreiche Panoramastraße immer höher in die Küstenklippen hinauf und über sie hinweg. Immer wieder laden kleine Parkbuchten ein, anzuhalten und die Aussicht auf das Meer und die hoch aufragenden Felslandschaften zu genießen. Je näher man Bosa kommt, desto spekta-

Unter Geiern

Wer mit offenen Augen die Strecke von Alghero nach Bosa fährt, wird sie unweigerlich über sich kreisen sehen – die mächtigen „Entulzus", wie die Sarden die Gänsegeier nennen. Rund 100 Exemplare dieser Giganten der Lüfte nisten in den unzugänglichen Steilwänden des „Capo Marargiu" direkt über dem Meer. Hier finden die seltenen Vögel noch ideale Lebensbedingungen. Wer diese riesigen Flugtiere in freier Wildbahn, aber auch aus nächster Nähe erleben will, der sollte sich in Bosa an Antonio Cossu wenden. Er führt sie in einer spannenden Exkursion an die Horste der Gänsegeier heran. Ein einzigartiges Erlebnis! Gutes Fernglas nicht vergessen!
Callis/Antonio Cossu, 09013 Bosa, Via Malaspina 73,
Mobil-Tel. 347 5482718, www.callis.it

Stellplatz

7 Costa Blu

GPS: 32 T 0452498 UTM 4464169
N40,32670 E8,44084

SP 49, bei km 7, Tel. 0785 376059, März–Nov. Zauberhaftes naturbelassenes Gelände unterhalb der Straße direkt an der wildromantischen Küste. Von der Straße führt eine Geländepiste 500 m bergab. Einfache/s Bar/Ristorante und Duschen, Strom 3 € und Trinkwasser 3 €, Womo 10 €, Entsorgung 3 €, Dusche 2 €.

8 S'Abba Druche

GPS: 32 T 0454547 UTM 4462852
N40,31495 E8,46505

SP 49, bei km 3,5, Mobil-Tel. 328 1053185, 1.6.-30.9. Weitläufiges Naturgelände direkt am kleinen Sandstrand. Mit Bar/Pizzeria, Waschmaschine, Strom, Wasser, WC und Duschen. Anfahrt von der Straße über etwa 600 m einspurige Geländepiste. Womo 15 € inkl. Strom, Ver-/Entsorgung 15-20 €, Dusche 1 €, Ver-/Entsorgung für Durchreisende 10 €.

kulärer wird die Küstennatur. Höhepunkt dieser großartigen Spazierstrecke ist das vorspringende **Capo Marargiu** und der unschwer am markanten **Torre Argentina** zu erkennende Landvorsprung **S'Abba Druche.** Hier ist nicht nur die wilde Küste mit ihren weißen ausgewaschenen Felsen fantastisch, hier lebt auch eine der letzten Kolonien der einst auf ganz Sardinien heimischen Gänsegeier.

Kurz nach dem einsam in den Klippen liegenden Ristorante „Casa de Vento“ mit tollem Ausblick hält inmitten der einsamen Natur am Torre Argentina der Womo-Stellplatz „Costa Blu“ reizende Plätzchen für Sie bereit. Doch damit nicht genug. Nur wenig weiter bietet ein weiterer Stellplatz namens S'Abba Druche ebenfalls wunderbare Naturplätze an, diesmal sogar mit Sandstrand!

Noch einmal krabbelt die Straße die zerklüfteten Klippenfelsen hinauf. Oben angekommen, öffnet sich plötzlich das breite Tal des Fiume Temo, der hier im breiten Strom ins Meer mündet. Unten im Tal angekommen, überspannt eine neue Brücke den Fluss. Fährt man direkt vor ihr links Richtung „Centro“, kommt man nach Bosa, fährt man über sie hinweg, nach Bosa Marina.

TIPP

Ist die Schranke vorn an der Straße zu, einfach öffnen und reinfahren. Die Aufsicht kommt dann am Abend oder nächsten Morgen vorbei.

ORTSBESCHREIBUNG

Generell gilt: Mit dem Womo nicht in die Altstadt von Bosa fahren! Dort ist es viel zu eng für derart große Fahrzeuge. Doch die **Uferstraße Via Lungo Temo** ist auch für Womos zu befahren. Sie führt zu größeren Geschäften und Läden mit großen Parkplätzen. Und zu einer Tankstelle, neben der das Hotel Mannu steht. In dessen Restaurant bieten *Giancarlo Mannu* und seine Schwester *Rita* das beste Essen in Bosa und das zu für die Top-Qualität sehr zivilen Preisen. Damit nicht genug: Herr *Mannu* lässt Womo-Reisende gerne auf dem Parkplatz hinter seinem Hotel übernachten. (Zufahrt etwas eng!) Als Dankeschön kann man dann ja beim Bruder, der die Tankstelle betreibt, etwas Diesel zapfen. Dort zu tanken ist aber auch aus einem weiteren Grund nützlich. Denn an der Bar trifft man oft *Antonio Ur-*

Essen

Mannu Hotel, Viale Alghero 14, Tel. 0785 375306, www.mannuhotel.it

Fragen und Hilfe

Antonio Urgu, Tel. 0785 374952, Mobil-Tel. 388 0444164

gu. Herr *Urgu* ist ein sehr freundlicher älterer Herr mit Brille und Zigarette, der in Bosa geboren ist, sehr gut Deutsch spricht und bei allen Fragen und Problemen ausdrücklich und gerne hilft.

Viel weiter als bis zum Hotel Mannu sollte man jedoch nicht fahren. Denn die palmengesäumte Uferstraße ist zwar breit genug für Womos. An ihrem Ende muss man jedoch über die alte Römerbrücke wieder auf das andere Flussufer zurück. Und diese Brücke ist eigentlich für große Fahrzeuge gesperrt.

▲ *In der Hauptstraße und Flaniermeile von Bosa*

Besser ist es also, die neue Brücke unterhalb der Stadt zu überfahren und dann nach links flussaufwärts. So kommt man ebenfalls an die Römerbrücke, nun aber auf der richtigen Seite. Vor der Brücke liegt stromabwärts ein Supermarkt. Dahinter beginnen die lang gezogenen und leer stehenden Gebäude der alten Gerberei „Sas Concas", hinter denen ein Parkplatz für Womos liegt.

Vor der alten Brücke stromaufwärts führt eine kleine Straße bis zur schön gelegenen Kirche **San Pietro Extramuros,** an der man prima [P] parken und [Picknick] picknicken kann. Das 1073 aus rotem Trachytstein erbaute Landkirchlein ist eine der ältesten romanischen Kirchen Sardiniens.

Zur Altstadtbesichtigung geht es zu Fuß über die alte Brücke und hinein in die engen Straßen. Gleich am Eingang zur Altstadt erhebt sich die **Cattedrale dell'Immacolata,** deren mächtige Kuppel die Dächer der Altstadt überragt. Besonders ihre Deckengemälde und das mit Schnitzereien geschmückte Chorgestühl sind sehenswert.

Von der Kathedrale führt die vergleichsweise breite Corso Vittorio Emanuelle zu Füßen des Burgberges quer durch das historische Zentrum bis zur Piazza Constituzione. Im Wortsinne der Höhepunkt eines Bosa-Bummels ist das Besteigen des Berges hinauf zum **Castello Malaspina.** Von oben schweift der Blick über die Dächer hinweg und folgt dem Fluss bis an die Stelle, wo er ins Meer mündet und mit Bosa Marina das Strandbad der Stadt liegt.

[P] Womo-Parkplatz

Extra für Womos angelegt wurde dieser ebene geteerte Parkplatz an der neuen Fußgängerbrücke über den Temo. Nur Müllcontainer, aber ideal für Besuche der genau gegenüberliegenden Altstadt. Anfahrt: an der Römerbrücke zum Supermarkt und weiter bis zum Ende der Straße hinter den den leer stehenden Gebäuden.

GPS: 32 T 457446
UTM 4460600
N40,29482 E8,49932

Malvasia di Bosa und Fileta di Bosa

Für zwei Dinge ist das Städtchen Bosa über die Grenzen der Insel hinaus bekannt. Für den berühmten „Malvasia di Bosa", einen Wein der besonders delikaten Art, und für die begehrten „Fileta di Bosa", überaus filigrane Filetstickereien. Letztere kauft man am besten direkt bei einer der Herstellerinnen, die sie in den Gassen der Altstadt fertigen und anbieten und Sie bei Interesse gerne mit in ihr Haus nehmen, um Ihnen dort mehr Auswahl zu zeigen. Den Malvasia-Wein kann man an diversen Stellen gut und günstig kaufen. Den besten gibt es im wenige Kilometer entfernten Flussio: Cantina Soc. della Planargia, in Flussio, via Nuova, 8, Tel. 0785 34 886, www.csplanargia.com.

BOSA MARINA

Zur Küste und zum Strand von Bosa Marina führen zwei Wege. Der eine, der direkt am Fluss entlang nach Bosa Marina und durch dieses wegen der engen Straßen teils einbahnig hindurch führt, ist für Womos gesperrt. (In der Saison wird das Durchfahrtsverbot beachtet, sonst nicht.) Der andere führt im Bogen landeinwärts um Bosa Marina herum und nähert sich dann aus Richtung Süden Ort und Strand. Am Ortseingang liegt direkt neben der Straße und gegenüber dem Strand ein großer, staubiger Parkplatz [P], auf dem große Fahrzeuge beste Abstellmöglichkeit finden. Hier sammeln sich auch am Abend viele Womos, um die Nacht zu verbringen. Bis auf den langen, braunen Sandstrand und eine Hand voll einladender Strandcafés mit Postkartenblick auf den malerischen Sarazenenturm hat Bosa Marina wenig zu bieten.

Camping

⑨ *Camping Turas* *

GPS: 32 T 0456486 UTM 4458336
N40,27437 E8,48818

Loc. Turas, Tel. 0785 359270, Fax 377310, 1.6.-30.9. Einfacher, einladender Wiesenplatz mit Büschen und Bäumen. Wer Ruhe in der Natur sucht, ist hier bestens aufgehoben (ausgenommen Juli/Aug. mit Disco in der Nachbarschaft). Sehr freundliche Betreiber, köstlicher Cappuccino! Anfahrt: von Bosa Marina weiter Richtung Turas, dann nach ca. 1,5 km schmale Teerstraße ca. 400 m landeinwärts. Womo inkl 2 Erw., Strom, Ver-/Entsorgung 25-40 €.

[P] *Parkplatz*

GPS: 32 T 0456080 UTM 4459477, N40,28463 E8,48332

Große staubige, teils holperige Fläche am südlich Ortseingang von Bosa Marina gegenüber vom Strand, auf der viele trotz offiziellem Verbot auch übernachten.

Picknickplatz mit Aussicht

Folgt man in Magomadas dem Schild „Porto Alabe“, kommt man nach kurzer Fahrt zur reizvoll gelegenen Kirche Santa Maria di Mare, um die weitläufige Park- und Picknickplätze unter alten Bäumen und mit Aussicht hinab aufs Meer angelegt sind.

32 T 455828
UTM 4456828
N40,26075 E8,48053

MACOMER (30 km – km 212)

Mit Bosa Marina ist der südlichste Küstenpunkt dieser Route erreicht. Nun verlassen wir die Küste und fahren landeinwärts hinauf auf die **Hochflächen der Planargia** und hinein in die Welt der kargen, endlosen, nur spärlich von windschiefen Korkeichen bestandenen Weideflächen, die nur von Hirten und ihren Herden durchstreift werden. Nur wenige Dörfer sind in diese Weite eingestreut. Das größte und wichtigste ist Macomer.

Erst führt der Weg dorthin aus dem **Tal des Temo** in steilen Serpentinen hinauf (toller Blick zurück auf Bosa!) nach **Suni** und **Tinnura.** Danach geht es über die Hochfläche nach **Sindia.** Nahe dem 9000-Seelen-Städtchen Macomer weist ein Schild zu einigen herausragenden archäologischen Stätten, die hier im freien Feld verstreut liegen. Dazu zählt der **Nuraghe Ruiu** und die **Nekropole Filigosa** mit ihren Felsgräbern aus der Bronzezeit.

Besonders interessant und fotogen sind dabei die so genannten **„Menhire von Tamuli“,** sechs eigentümliche zuckerhutartige Steingebilde im freien Feld. Drei dieser ungewöhnlichen Plastiken weisen busenartige Knubbel auf, drei sind ohne. Welche Bedeutung sie einst hatten, ist bislang ungeklärt.

Zona archeologica di Tamuli

Tel. 0785 46034, Jun-Sept. tägl. 10-13 u. 15-19 Uhr Okt.-Mai Fr.-So. 10-13. Anfahrt: von der Straße Santu Lussurgiu-Macomer ca. 3 km vor Macomer direkt nach einem Landgut links ab und der einspurigen Straße ca. 3 km folgen. An der Gabelung rechts!

GPS: 32 T 476142
UTM 4456746
N40,26083 E8,71943

046sa Abb.: ph

ABSTECHER NACH SANTA SABINA (ca. 10 km einfach)

Gut 10 km östlich von Macomer liegt, weithin sichtbar im freien Feld, das oft fotografierte Santa Sabina (Abzweig gut ausgeschildert). Das Besondere an diesem Ort ist, dass sich hier Prähistorie und Christentum unmittelbar begegnen. Denn hier ragt der sehr gut erhaltene **steinzeitliche Nuraghe S. Sabina** direkt neben dem frühchristlichen Kirchlein Santa Sabina auf. Dafür empfängliche Menschen sagen, dass hier ein besonderes, stark geladenes Kraftfeld herrscht, an dem man sich „positiv aufladen“ kann. (Der Autor vermag dies jedoch nicht aus eigener Erfahrung zu bestätigen.)

VALLE DEI NURAGHI UND TORRALBA (35 km – km 247, via SS 131)

In Macomer kann man sich entscheiden: entweder auf der vierspurigen SS 131 schnell und fast kurvenfrei im großen Sprung ins Tal der Nuraghen und nach Torralba oder auf einsamer, kurvenreicher Bahn durch das Altopiano di Campeda nach **Pozzomaggiore** und weiter etwas kreuz und quer nach Bonorva.

Nimmt man die Rennstrecke, so erblickt man gleich bei Macomer den gut erhaltenen **Nuraghen S. Barbara.** Vom neu angelegten Ⓟ Parkplatz direkt neben der Straße führt ein kurzer Spazierweg hinauf zum fotogenen Steinturm aus der Steinzeit.

Egal welche Strecke man fährt: Bei **Bonorva** sollte man unbedingt runter und durch das adrette Örtchen hindurch ein Stück weiter Richtung Bono fahren. Einige Kilometer nach dem Ort zweigt rechts ein ausgeschildertes Sträßlein ab, das zum Ⓟ Parkplatz bei der **Nekropole Sant'Andrea Priu** führt. Die Felsengräber dieser Nekropole sind außerordentlich interessant und sehenswert!

Wenn Sie mich fragen, ist der Besuch von Sant'Andrea Priu sogar lohnender als der des weit berühmteren Königsnuraghen **Santu Antine.** Den findet man im **„Valle dei Nuraghi“**, im „Tal der Nuraghen“, wenige Kilometer südlich von Torralba. Hier stehen auf engstem Raum gleich 32 dieser aus gewaltigen Felsbrocken erbauten steinzeitlichen Türme. Die

Camping

⑩ Agriturismo biologica Nuraghe Elighe

GPS: 32 T 0474151 UTM 4464043
N40,32652 E8,69572

SP44 bei km 5, Mobil-Tel. 340 3227918, www.agriturismonuragheliqhe.com. Völlig einsam im Nirgendwo zwischen Macomer und Pozzomaggiore liegt der biologisch geführte agriturismo, der neben preisgekröntem Bio-Pecorino und anderen Produkten auch Stellplätze für 10 Womos hat. Womo inkl. Strom, Ver-/Entsorgung 5 €

▲ *Der Königsnuraghe Santu Antine*

Sarden nennen das Gebiet **„Campu di Cabu Abbas“**, was soviel bedeutet wie „Feld des Anfangs der Wasser“, was eventuell die besondere Nuraghendichte dieses Gebietes erklärt. Berühmtester von allen ist der Königsnuraghe „Santu Antine“, der frei im Feld liegt. Vom [P] Parkplatz mit Bar und Kassenhaus führt ein kurzer Weg durchs Feld zu dem mächtigen Bauwerk aus dem 12. Jh. v. Chr. Seine gewaltigen Dimensionen erschließen sich erst richtig, wenn man in den dunklen Gängen und Räumen herumstreift und den zentralen Turm erklettert.

Was man hier am Königsnurgahen und an anderen der zahlreichen archäologischen Stätten im Tal der Nuraghen gefunden hat, das zeigt das interessante und ansprechend gestaltete Museum im nahen Ort Torralba.

Sehenswertes

Nekropole Sant'Andrea Priu, Mobil-Tel. 348 5642611, tägl. 10-13 und 15-19 Uhr, im Winterhalbjahr nur bis 18 Uhr
Nuraghe Santu Antine, Tel. 079 847145, www.nuraghesantuantine.it, Mai-Sept. tägl. 8.30 Uhr bis Sonnenuntergang, Okt.-Apr. 9-18 Uhr
Museo della Valle dei Nuraghi, Via Carlo Felice 143, Tel. 079 847298, Mai-Sept. tägl. 10- 20 Uhr, Okt.-April 9.30-12.30 und 15-18 Uhr

Quelle

Eine Quelle mit Wasserhahn und Parkplatz findet man, wenn man einen Kilometer an Sant'Andrea Priu vorbeifährt.
GPS: 32 T 487487
UTM 4474143
N40,41782 E8,85250

BORUTTA (10 km - km 257)

Die Strecke von Torralba nach Borutta ist kurz, aber sie hat es in sich. Vor allem landschaftlich. In Bonnanaro schlängelt sich ein kleines Sträßlein durch die eindrucksvolle Landschaft des Meilogu hinauf zum Dorf Borutta, das malerisch am Hang des **Monte Pelao** klebt. Gegenüber erhebt sich in exponierter Lage auf einer Kuppe weithin sichtbar die **Basilika San Pietro di Sorres.**

Die schwarzweiß gestreifte Kirche ist ein Juwel unter den so überaus zahlreichen Sakralbauten Sardiniens. Die um 1170 vollendete Kirche gehört zu einem Klosterkomplex des Benediktinerordens, der als einer der ganz wenigen Sardiniens noch mit klösterlichem Leben erfüllt ist. Vor dem Komplex findet man einen sehr großen, leicht abschüssigen [P] Parkplatz, auf dem sich mit wunderbarer Fernsicht exzellent pausieren und auch mal übernachten lässt.

Sehenswertes

Basilika San Pietro di Sorres, Mobil-Tel. 334 1273973, Mo.-Sa. 9.30-12 und 15.30-18.15 Uhr, So. 12-12.30 und 15.30-19.30 Uhr

ABSTECHER NACH ITTIRI (ALGHERO)

(Hinfahrt Ittiri 25 km, Alghero 55 km)

Von Borutta kann man über eine landschaftlich grandiose Strecke über **Thiesi** nach Ittiri fahren und weiter vorbei am Lago di Cuga hinab zur Küste nach Alghero. Die insgesamt gut 50 km lange Fahrt führt über weite Strecken durch praktisch vollständig leeres, atemberaubend schönes Land mit Tafelbergen, tief eingefrästen Schluchten und nackten, zerrissenen Kalkfelsen. Ittiri ist bekannt für seine besonders schönen Webarbeiten und für seinen köstlichen Pecorino, den man bei der lokalen Coop günstig einkaufen kann.

Wer weiter bis Alghero fährt, auf den wartet zwischen dem Lago di Cuga und Alghero die **Nekropole Santu Pedru.** Zu der unterirdischen Anlage mit dem zentralen und sehr sehenswerten Palastgrab führt ein 15 m langer Felstunnel. Man sollte also seine Taschenlampe nicht vergessen!

Picknickplatz

Quelle mit Picknickplatz ca. 1,5 km nach Ortsausgang von Thiesi an der Straße nach Ittiri

Picknickplatz

Große Quelle mit Picknickplatz unter Schatten spendenden Eukalyptusbäumen 5,5 km nach Thiesi an der Straße nach Romana

ARDARA (20 km – km 277)

Von Thiesi kommt man über das keine Dorf **Siligo** (Geburtsort und Heimat des sardischen Schriftstellers *Gavino Ledda,* der mit seinem auch verfilmten Roman „Padre Padrone" weltberühmt wurde) zurück zur SS 131, auf der man schnell nach Sassari oder weiter zurück bis zur Küste und den Stränden von **Sorso** und **Platamona** gefahren ist. Freunde sakraler Baukunst sollten jedoch weiter Richtung Ardara fahren. Dass Ardara einmal die Hauptstadt des Logudoro war, sieht man dem 800-Seelen-Dorf heute nicht mehr an. Nur der berühmte Schwarze Dom von Ardara erinnert noch daran. Die 1107 im pisanischen Stil aus schwarzem Basalt errichtete **Basilica di Nostra Signora del Regno** birgt mit ihrem prunkvollen, 1515 vom Künstler *Giovanni Murru* geschaffenen Altar einen der wohl schönsten und bedeutendsten Hochaltäre ganz Sardiniens. In der Kirche ehelichte 1238 *Enzio,* der Sohn des Staufers *Friedrich II., Adelaise,* die Erbin der Judikate *Torres* und *Gallura* und verlieh sich selbst den großspurigen Titel „König von Sardinien". Gegenüber der Kirche (mit wirklich toller Aussicht) lädt ein schön und sehr lauschig unter alten Akazien angelegter Platz mit Wasserhahn zum ausgiebigen Picknick ein.

049sa Abb.: ph

Der berühmte Altar im Dom von Ardara

S. ANTIOCO DI BISARCIO (8 km – km 285)

Wer es bis Ardara geschafft hat, der sollte die wenigen Fahrminuten nicht scheuen und auf der SS 597 Richtung Olbia bis zur S. Antioco di Bisarcio fahren. Die malerische Ruine der pisanischen Landkirche aus dem 11./12. Jh. liegt auf einer kleinen Anhöhe und ist ein besonders schöner und beschaulicher Platz, um eine ausgiebige Pause einzulegen. Besonders zum Sonnenuntergang, wenn der Feuerball glutrot über der weiten Ebene des Logudoro untergeht und die aus rotem Trachyt erbaute Kirche glutrot entzündet.

Weiterfahrt nach Porto Torres (50 km – km 335)

Von hier aus kann man entweder direkt nach Olbia (ca. 70 km) oder aber auf der Schnellstraße nach Sassari (ca. 25 km, s. Tour 1) und weiter zurück zum Ausgangspunkt dieser Tour nach Porto Torres fahren.

Dolmen Sa Coveccada

Nahe der Straße von Mores in Richtung Bono liegt im freien Feld Sa Coveccada, der größte Dolmen im ganzen Mittelmerraum. Das eindrucksvolle Gigantengrab ist frei zugänglich. Anfahrt von Mores: Ca. 2,5 km nach der Brücke über die Bahngleise weist ein Schild rechts ab in eine geteerte einspurige Straße. Nach ca. 2 km geht es an Gabelung rechts hinunter bis zum Bauernhof. Kurz hinter dem Gehöft versperrt eine Schranke den Weg zum nur noch wenige Fußminuten entfernten Grab.
GPS: 32 T 488712 UTM 4484175
N40,50822 E8,86677

136sa Abb.: ph

Durch den Monte Ferru zu den Reiskornstränden von Sinis und den heißen Quellen von Fordongianus

Im Massiv des Monte Ferru findet man nicht nur viele wasserreiche Quellen und besonders vielfältiges sardisches Kunsthandwerk wie die Messerschmiede Mura in Santu Lussúrgiu, sondern auch das beste Olivenöl der Insel.

Rings um die Provinzhauptstadt Oristano dehnt sich die fruchtbare Ebene der Tirsomündung aus, die die Region zum landwirtschaftlichen Zentrum macht – einer der Gründe warum die alten Römer auf der vorgelagerten Halbinsel Sinis ihre Hafenstadt Tharros errichteten. Sinis selbst ist berühmt für seine außergewöhnlichen „Reiskornstrände", der Fischerort Cabras für seine ausgezeichnete Fischküche.

Durch die fruchtbare Arborea geht es in die Berge des Monte Arci und weiter durch afrikanischen offenen Savannen ähnelnde Steppenlandschaft zu den heißen Quellen von Fordongianus und dem einmaligen Musikinstrumentenmuseum, das der Dorfpfarrer von Tadasuni zusammengetragen hat.

053sa Abb.: ph

ROUTE 3

DER WESTEN

OLIVENÖL UND MESSERSCHMIEDE

› Routenübersicht vorderer Umschlag innen

STRECKENVERLAUF

◀ *Vorseite: So wertvoll wie schön – handgeschmiedetes Hirtenmesser aus der Messerschmiede Mura in Santu Lussúrgiu* *(s. S. 130)*

Strecke:

Bosa - Punta de Foghe (20 km) - Cuglieri (21 km) - Santu Lussúrgiu (22 km) - Seneghe (14 km) - Is Arenas (15 km) - Halbinsel Sinis (45 km) - Cabras (15 km) - Marina di Torre Grande (3 km) - Oristano (6 km) - Arborea (14 km) - Marceddi (10 km) - Ales/Monte Arci (40 km) - Fordongianus (56 km) - Tadasuni (22 km) - Ghilarza (6 km) - Sedilo (10 km) - Bosa (70 km)

Streckenlänge:

ohne Abstecher ca. 390 km
mit Abstecher ca. 480 km

PUNTA DE FOGHE (20 km - km 20)

Von Bosa führt der Weg nach Süden erst einmal wie so oft sehr kurvenreich bergauf. Wer nicht grade ein 10-Meter-Monstermobil fährt, der sollte mir folgen und die kleine, extrem kurvige Straße hinauf nach **Modolo** nehmen. Dort erwartet Sie nicht nur ein berauschend schöner Rückblick auf Bosa und die Mündung des Temo, sondern nach dem Urteil von Kennern auch der beste Malvasia-Wein.

Einkaufen

Malvasia, Azienda vinicola Fratelli Porcu, Loc. Su e Giagu, Tel. 0785 35420, www.fratelliporcu.it. Der Malvasia der Brüder Pocru wird von den Einheimischen als der beste von allen gerühmt. Deshalb: wenn kaufen, dann hier!

Hat man sich bei den Brüdern Porcu (sie keltern nämlich den besten vom Besten) ein paar Fläschchen erstanden, so kann man getrost hinaus zur Küste zu fahren. Der Weg dorthin führt über **Magomadas** nach Tresnuraghes und dort am Ortsausgang Richtung Cuglieri direkt an der kleinen Kuppelkirche rechts in Richtung „Punta de Foghe". Dann geht es auf schmaler, aber gut geteerter Spur durch von endlosen Steinmauern durchzogenes und zerteiltes Weideland. Nach 10 km ist die Teerbahn zu Ende. Die letzten Kilometer bis zum bereits sichtbaren Sarazenenturm geht es nun auf holpriger, aber ohne Probleme zu befahrender Geländepiste. Der Turm selbst ist durch große Felsen abgesperrt, was weiter kein Schaden ist, weil sich auch vor ihm die schönsten Park- und Picknickmöglichkeiten ergeben. Die Einsamkeit dieses Ortes ist total, der Fernblick über die Kulisse der steilen Küstenklippen und das tief unten glänzende Meer ist einfach umwerfend! Das tiefe Gefühl der „grenzenlosen Freiheit" wird hier jeder bekommen. Doch Achtung: So grenzenlos ist es nicht. Die wilden, senkrecht abfallenden Klippen sind wunderschön, aber auch lebensgefährlich. Deshalb hier auf Kinder besonders aufpassen! Ein frisch gesetzter Gedenkstein erinnert an ein junges Leben, das hier mit 20 Jahren sein Ende fand.

Wer gutes Schuhwerk im Reisegepäck hat und wen die Wanderlust packt, der kann vom Torre de Foghe entlang der Abbruchkante Richtung Norden aufbrechen. Nach Süden versperrt dagegen das tief eingeschnittene Tal des Rio Mannu den Weg. Wer den steilen Hang hinabklettert, den erwartet an der Mündung ein kleiner Badestrand.

Punta de Foghe
GPS: 32 T 0453915 UTM 4447625
N40,17774 E8,45870

▲ *Großartige Küstenklippen und totale Einsamkeit – der Torre auf der Punta di Foghe*

CUGLIERI (21 km – km 41)

Der Weg in den Monte Ferru und ins Bergstädtchen Cuglieri führt zurück über **Tresnuraghes.** Erst geht es flach und ohne viel Kurverei bis nach **Sennariolo.** In Sennariolo beginnt sich die Straße immer kurviger und immer höher zu winden, um nach einigen Kilometern schließlich im sehr reizvollen Bergstädtchen Cuglieri anzukommen. Die Durchfahrt ist lang und schmal, aber am Scheitelpunkt, wo die Straße zur Küste nach S. Caterina di Pittinuri abzweigt, bietet ein Parkplatz auch den größeren Wohnmobilen Platz und man kann von dort dann in Ruhe etwas durch das recht beschauliche Granitstädtchen spazieren.

Der erste Weg führt durch die schmalen Gassen bergauf zur imposanten **Kathedrale S. Maria della Neve,** die in einzigartiger Lage hoch über dem Städtchen thront und einen fantastischen Fernblick bietet.

Nach einer Pause auf den Treppen des doppeltürmigen Gotteshauses geht es wieder bergab, hinab zum Gassenbummel mit Einkauf. Zumindest Olivenöl sollte man sich von Cuglieri mitnehmen, denn hier gibt es besonders feines. Eine sehr ansprechend gestaltete Verkaufsstelle der Azienda biol. Giorgio Zampa, deren Öl „Pirastu Pinu" mehrfach preisgekrönt wurde, findet man in der Hauptstraße.

In Cuglieri kann man sich entscheiden: hinab an die Küste nach Pittinuri oder hinauf in die **Berge des Monte Ferru,** durch sie hindurch und dann über Narbolia zurück zur Küste.

P Parkplatz Cuglieri
GPS: 32 T 0463275
UTM 4448596,
N40,18695 E8,56858
Kurz nach Abzweig Richtung S. Lussúrgiu liegt rechts große Parkfläche mit Olivenbäumen.

Camping

① Stellplatz Agriturismo Pittinuri
32 T 456912 UTM 4440205
N40,11105 E8,49440
Allen, die bei dort essen, bietet der Agriturismo Pittinuri in S. C. di Pittinuri einen Stellplatz für die Nacht an (Tel. 0785 38314). Es gibt keinen Strom, aber Trinkwasser und Entsorgung.

Einkaufen

Olivenöl: Azienda Agraria Dr. Giorgio Zampa, Via Vescovo Canu 18, Tel. 0785 39820

Essen

Desogos, Via Cugia 6, Tel. 0785 39660. Hier essen die Einheimischen. Hervorragende lokale Küche zu mittleren Preisen im Gastraum mit offenem Kamin. Leider keine Terrasse o. Ä.

La Meridiana, Via Littorio 1, Tel. 0785 39400. Exzellente Küche, besonders Fisch und Meeresfrüchte, die zu Recht Einzug in den Guide Michelin gefunden hat. Köstlich, aber auch recht teuer.

Abstecher zur Sorgente Sant Antioco

GPS: 32 T0467419 UTM 4454075, N40,23650 E8,61699

Ob Sie nun frisches Trinkwasser bunkern müssen, einen lauschigen Picknickplatz suchen, ein ruhiges Plätzchen für die Siesta oder eine Möglichkeit sich etwas die Beine zu vertreten – fahren Sie zur Chiesa und Sorgente Sant Antioco. Zu ihr führen sowohl von Cuglieri als auch von Sennariolo ausgeschilderte Nebenstraßen. Kurz bevor die Stichstraße nach Sant Antioco abzweigt, bietet bereits eine für die Feuerwehr angelegte Wasserzapfstelle Womos die allerbeste Gelegenheit, den Tank zu füllen. Nach etwa 10 Kilometern Fahrt ist Sant Antioco erreicht. Ein stilles, immergrünes Idyll mit malerischer Pilgerkirche und Picknickplätzen. Dazu eine starke Quelle (bis 200 l/s), die kaskadenartig durch einen kleinen schattigen Park mit Tischen und Bänken über Stufen glucksend hinabplätschert und frisches kühles Trinkwasser bester Qualität liefert. Unterhalb der Kaskaden kann man an Wasserhähnen das köstliche Nass zapfen (Pflasterstraße bergab folgen).
Von dieser kleinen paradiesischen Oase führt ein angelegter und ausgeschilderter „Mühlenweg" bergab zu gleich mehreren alten romantischen Wassermühlen (Länge ca. 3,2 km, Dauer ca. 2 Std.).

SANTU LUSSÚRGIU (22 km - km 63)

ANFAHRT

Nach Cuglieri wird die Landschaft immer schöner und gebirgiger. Vorbei an den malerischen Ruinen des **Castello di Monteferru** schlängelt man sich durch schattige, von Moos überzogenen Felsbrocken übersäte Wälder aus Stein- und Korkeichen, aus denen immer wieder nackte Felspartien ragen, immer weiter bergauf. Durch ein Tal getrennt, begrenzt in Richtung Süden der 1050 m hohe Monte Urtigu den Blick. An besonders schönen Stellen bieten kleine [P] Parkbuchten Gelegenheit zum Stopp.

Dann wechselt die Vegetation und in den Höhenlagen bedecken Nadelgehölze die wildromantische Natur des mächtigen Vulkanmassivs. Wer gut zu Fuß ist, kann hier parken und zu Wanderungen hinauf zum **Monte Urtigu** aufbrechen. Kurz nach dem Abzweig einer einspurigen schlechten Teerstraße, die zu einer Funkstation führt, ist

Picknick mit Quelle

GPS: 32 T 0466501 UTM 4446886, N40,17168 E8,60657

Schattiger Platz mit kräftiger Quelle und Picknickterrassen am Hang unter Steineichen.

052sa Abb.: ph

◀ *Oase in der Wüste – auch im heißesten Sommer ist S. L. di Siete Fuentes frisch, grün und wasserreich*

die Passhöhe Punta Arancola (878 Meter) überschritten. Nun geht es beschwingt bergab. Kurz darauf ist die Kreuzung erreicht. Nach links geht es Richtung Macomer und zur wasserreichen Oase **San Leonardo di Siete Fuentes,** nach rechts zum Bergdorf Santu Lussúrgiu.

Der kurze Abstecher nach San Leonardo di Siete Fuentes lohnt besonders dann, wenn es sehr heiß ist und das Wasser knapp. Denn hier findet man in einem alten, schattigen, parkartigen Gelände sieben ergiebige Quellen mit kristallklarem Wasser, die dem Weiler seinen Namen gaben. Die Bezeichnung „San Leonardo" im Namen brachten die Mönchsritter des Johanniterordens mit, die im 13. Jh. an dieser Stelle ein Kloster und ein Hospital errichteten. Grund dafür war das Quellwasser, dem man wundertätige Wirkung zusprach. Vom ehemaligen Kloster übriggeblieben ist nur die kleine, fast fensterlose romanische Kirche. Dass das **Quellwasser,** wie die Sarden fest glauben und es deshalb kanisterweise mit nach Hause schleppen, Heilkraft besitzt, versucht man mit einer wissenschaftlichen Untersuchung zu untermauern, die besagt, dass das milde, salzarme „Siete Fuentes" exakt dieselbe mineralogische Zusammensetzung habe wie das der berühmten Pilgerorte Lourdes und Fatima.

[P] Parken und picknicken kann man mit dem Womo am besten auf einem weitläufigen, von großen alten Bäumen beschatteten Gelände mit Wasserhähnen, in dem sich im Sommer zahlreiche sardische Familien mit Sack und Pack und Kind und Kegel einfinden.

Etwa sechs Kilometer schwingt sich die Straße durch Wiesen und Olivenhaine hoch oben am Hang entlang bis Santu Lussúrgiu. Auf halber Strecke spendet eine allerdings direkt in einer scharfen Kurve gelegene Quelle frisches Wasser.

Picknickplatz
GPS: 32 T 0471556
UTM 4447760
N40,17974 E8,66590

Quelle
Die beste Stelle, um den Womotank mit Siete-Fuentes-Wasser zu füllen, liegt genau gegenüber dem Ristorante/Pizzeria „Le Sorgenti". Dort kann man direkt am Hahn parken, aus dem es kräftig sprudelt.

ORTSBESCHREIBUNG

Dann ist Santu Lussúrgiu erreicht. Santu Lussúrgiu ist nicht nur ein beschaulicher Bergort abseits der Touristenströme, sondern hat allerhand Außergewöhnliches zu bieten. Bekannt ist der Ort als das Pferdezentrum Sardiniens. Traditionell widmet man sich hier nicht nur der Zucht der Tiere, sondern auch der Herstellung von hochwertigem Zubehör wie Sätteln, Zaumzeug und anderen Lederarbeiten. Überhaupt widmet man sich in Santu Lussúrgiu besonders intensiv der Pflege alter Traditionen und Kunsthandwerke. Das Angebot ist vielfältig und reicht von Webarbeiten über Schmiedekunst bis zu Holzschnitzerei. Auch die **„canti sardi"**, die eigenartigen A-cappella-Gesänge, bei denen sich die verschiedenen Stimmen so überlagern, dass eine mitreißende, mystisch vibrierende Klangwolke entsteht, werden hier noch intensiv gepflegt.

Einer der Bewahrer dieser schwer zu erlernenden Sangeskunst ist die Familie *Mura*, die auch eine der letzten wie besten Schmieden betreibt, die das legendäre sardische Hirtenmesser nach wie vor in aufwendiger Handarbeit herstellen. Die **Mura-Schmiede**, an der jeder Liebhaber guter Messer anhalten sollte, liegt direkt an der Durchgangsstraße am Ortsausgang Richtung Seneghe in einer Kurve (Parkmöglichkeit direkt gegenüber die steile Straße runter).

Einkaufen

Messerschmiede: F. illi Mura di Vittorio, Viale Azuni 29, Tel. 0789 550726, Mo.-Fr. 10-13 und 16-19 Uhr

Feuerwasser: Distillerie Lussurgiu, Via delle Sorgenti 8, Tel. 0783 552037

Essen

La Bocca del Vulcano, Via Alagon 7, Tel. 0789 550974, www.laboccadelvulcano.it. „Enogastronomia e Natura in Simbiosi" - das Motto von Battista Congiu und Umberto Guerra, deren Kochkunst der Accademia Italiana della Cucina ein Extralob wert war! Herrliche Bergküche aus regionalen und saisonalen Zutaten aus dem Monte Ferru.

SENEGHE (14 km - km 77)

Nach Santu Lussúrgiu geht es überaus kurvenreich weiter am Hang des Monte Ferru entlang. Dort, wo der kleine Rio Sos Molinos die Straße besonders weit in seinen Taleinschnitt hineinzwingt, heißt es aufgepasst. Denn nur etwa 500 m nach der scharfen Kehre bietet auf der Talseite ein kleiner Parkplatz (GPS: N40,12985 E8,64628) Haltemöglichkeit. Die Aussicht hinab in das Tal des Mühlenbachs ist herrlich. Doch das ist nur die Ouvertüre. Denn hier beginnt auch der Pfad (vorne am Eck hinter der Leitplanke neben dem großen Hinweisfels), der vom Parkplatz über Stock und Stein und dicke Wurzeln steil bergab zu einem der paradiesischsten Fleckchen auf ganz Sardinien führt. Je weiter man absteigt, desto hörbarer kündigt zunehmendes Rauschen das Idyll an. Nach gut 10 Minuten Abstieg steht man unvermittelt vor der **„Cascata Sos Molinos"**, einem im Sommer ganz und gar entzückenden Wasserfall, der sich aus 12 Metern Höhe in ein großes, von üppigem Grün und gewaltigen Felsblöcken umrahmtes Naturbecken ergießt. Ist man hier alleine, so kann man sich auch im Adam- oder Evakostüm unter die herrlich erfrischende Naturbrause stellen. Deshalb Handtuch nicht vergessen!

Der Erfrischungseffekt ist jedoch leider wieder verflogen, bis man zurück zum Parkplatz aufgestiegen ist.

Im Weiteren führt die Straße durch ausgedehnte Olivenhaine. Hier gedeiht das **„Gold des Monte Ferru", die Oliven,** aus denen das beste Öl der Insel gepresst wird. Doch bevor man in die unspektakuläre, aber einladende „Citta del Olio" Seneghe hineinfährt, um sich dort mit dieser Köstlichkeit zu versorgen, folge man am Ortseingang dem Schild „S'Iscala". Dieses weist einem den Weg über 11 km bergauf in ein wunderbares, wasserreiches Waldgebiet, in dem sich zauberhafte Picknickplätze mit Grillstellen und Quellen verstecken.

Picknickplatz mit Quelle

Area Turistica Fonte Birdamblis
GPS: 32 T 0463844 UTM 4440610
N40,11502 E8,57572

Einkaufen

Olivenöl: Azienda Olivicola Fratelli Cosseddu, Via Josto 13, Tel. 0783 54247

Zurück in Seneghe: Wer **Olivenöl aus Seneghe einkaufen** will, der hat dazu mehrere Möglichkeiten. Bei der örtlichen Coop oder direkt beim Bauer. Ich kaufe seit Jahren direkt bei der Familie *Cosseddu.* Denn die *Cosseddus* sind nicht nur eine selbst für sardische Verhältnisse außergewöhnlich gastfreundliche und sympathische Familie, sondern ihr Olivenöl hat in einigen Wettbewerben, darunter dem bedeutenden gesamtitalienischen „Concorso Nazionale Premio Ercole Olivario" (das ist so etwas wie der Oscar der Olivenöle) bereits mehrfach Silber- und Goldmedaillen gewonnen – für das Öl 2005 gab es die Silbermedaille. Wenn auch Sie das „Sartos fruttato" der Brüder *Bruno und Gianni Cosseddu* kaufen wollen: Nehmen Sie die Straße Richtung Milis. Nach wenigen hundert Metern erblickt man auf der rechten Seite die Carabinieri-Station. Hier am besten parken und in die (für Womos zu enge) Gasse nach der Kaserne hineingehen. Nach 20 m beim ersten Haus rechts an der Ecke klingeln (bitte auf die Siestazeit Rücksicht nehmen!). Die gleichermaßen herzliche wie kleine Mamma *Cosseddu* wird mit Ihnen dann hinüber gehen in das Gebäude, in dem das Öl gelagert und in Flaschen oder auch Kanister gefüllt wird.

▼ *Bei der Familie Cosseddu kann man bestes Olivenöl frisch abgefüllt erwerben*

054sa Abb.: ph

ABSTECHER NACH SANTA CRISTINA

(15 km einfach)

Südlich von Seneghe beginnt die weite Ebene des Tirso. Mitten in der monotonen, von der Schnellstraße SS 131 zerschnittenen Ebene, liegt mit dem **Santuario Santa Cristina** eine der spektakulärsten archäologischen Stätten Sardiniens. Mit großen Hinweistafeln unübersehbar ist bei km 115 die Abfahrt zu dem Gelände ausgeschildert. Auf dem still-romantischen Areal betritt man zuerst einen weiten, von niedrigen Pilgerhäuschen gesäumten Platz, an dem die kleine Wallfahrtskirche Santa Cristina aus dem 12. Jh. steht. Rechts von dem Platz führt ein Weg in einen lichten Wald aus uralten, knorrigen Olivenbäumen, in denen sich ein nuraghisches Dorf versteckt.

Die spektakulärste Attraktion ist aber das nuraghische Brunnenheiligtum, das links des zentralen Platzes in einer von Korkeichen bestandenen Wiese liegt. Der 3000 Jahre alte **„pozzo sacro"** („heilige Brunnen") ist in seiner komplizierten Konstruktion derart perfekt ausgeführt, dass man sich nicht vorzustellen vermag, wie dies ein steinzeitliches Volk leisten konnte. Beim Eingang und auf der gegenüberliegenden Seite der SS 131 (durch Unterführung zu erreichen) stehen schön angelegte P Parkplätze zur Verfügung.

Sehenswertes

GPS: 32 T 0476921 UTM 4416419, N39,89753 E8,73003

Santuario Santa Cristina, Tel. 0785 55438, Mai-Sept. tägl. 9-13 u. 15-19.30 Uhr, Okt.-April 9.30-13 und 15-18 Uhr. Der Eintritt für Santa Cristina gilt auch für das kleine archäologische Museum in Paulilatino, Via Nazionale 129, Sommer Di.-So. 9-13 und 16.30-19.30 Uhr, Winter Di.-So. 9-13 und 15-17.30 Uhr.

Stellplatz

2 Agriturismo Angolo Azurro

GPS: 32 T 474061 UTM 4432047 N40,03825 E8,69595

Loc. Putzu Idu, www.agriturismoangoloazzurro.com, Tel. 0783 53505. Nachdem man im Ristorante gegessen hat, kann man auf einem der etwa 5 kostenfreien, mit Strom und Entsorgung ausgestatteten Stellplätzen in ruhiger Lage übernachten.

IS ARENAS (15 km - km 92)

Vollgeladen mit Leckereien aller Art saust man nach dem Aufenthalt in Seneghe der Küste entgegen. „Saust" kann man hier tatsächlich wörtlich nehmen, denn nach der endlosen Kurverei durch den Monte Ferru ist es für Fahrer und Fahrzeug richtig befreiend, es auf der nach **Narbolia** teils schnurgeraden Straße mal wieder richtig sausen zu lassen. Achtung: Direkt am Ortsende von Narbolia führt eine in vielen Karten nicht eingezeichnete Straße schnurgerade und direkt zu den Stränden von Is Arenas, die einem den erheblichen Umweg über Riola Sardo erspart. Bei Is Arenas handelt es sich nicht um einen Ort, sondern um einen 12 ha großen schönen Küstenwald hinter einem ausgedehnten Dünengürtel, vor dem sich ein super Sandstrand über mehr als 6 km von Horizont zu Horizont erstreckt. In dem Wald liegen gleich drei Campingplätze nebeneinander. Der Strand von Is Arenas ist ein Naturstrand im besten Sinne, d. h., auf seiner gesamten Länge von 11 km ist er sich weitestgehend selbst überlassen. Das bedeutet allerdings auch, dass hier manchmal Seegras angeschwemmt wird, das dann aber beim nächsten Wind- und Strömungswechsel aber wieder verschwindet. Da der Strand zum offenen Meer liegt, gibt es hier öfter mal Wind, was die Surfer sehr zu schätzen wissen, und öfter mal auch große Wellen, was wiederum die Wellenreiter hierher lockt. Weniger sportive Zeitgenossen dagegen können hier Strandspaziergänge ohne Ende unternehmen. Denn Ende ist erst beim fernen **Torre Scala e Sale** am Beginn der Halbinsel Sinis.

HALBINSEL SINIS

(Putzu Idu 23 km, Tharros 45 km – km 137)

PUTZU IDU

Um mit dem Womo auf die Halbinsel Sinis zu gelangen, muss man zunächst fast bis **Riola Sardo** fahren. Erst kurz vor dem Ort biegt eine Straße hinaus zur Küste ab. Fast so gerade wie eine Landebahn zieht sich die Straße hinaus bis zu dem kleinen Badeort **Putzu Idu** ganz am Nordende der Halbinsel. Das meist verlassen wirkende Örtchen bietet sich besonders an, um ausgedehnte Spaziergänge entlang der Küste und ihren Klippen hinaus zum **Capo Mannu** zu machen. Ende der Welt ist dann im Weiler **Su Pallosu,** an dem sich zwischen den malerischen Felspartien schöne kleine Sandstrände und intime Badebuchten finden.

Der Hauptstrand und damit die touristische Zone von Putzu Idu liegt südlich des Ortes auf einer schmalen Landbrücke zwischen einem im Sommer allerdings fast immer ausgetrockneten Lagunensees und dem Meer. Der Parkstreifen [P] ist so lang wie der breite weiße Strand und dieser so lang wie der Damm. Neben einfachen Bars und saisonalen Verleihstationen von Wassersportgeräten findet man hier auf der lagunenseitigen Straßenseite am Beginn des Damms hinter einer Buschreihe eine Ver-/Entsorgungsstation für Womos.

Wer nach einem Badetag ein ruhiges Plätzchen für die Nacht sucht und dazu noch ein opulentes sardisches Abendessen serviert bekommen möchte, der rollt weiter aus Putzu

Stellplatz/Camping

(3) *Camping Nurapolis* ***

GPS: 32 T 0456070 UTM 4435660
N40,07006 E8,48483

Tel. 0783 52283, Fax 52255, www.nurapolis.it, ganzjährig. Großer, landschaftlich sehr schön direkt hinter und teils im Dünengürtel gelegener Platz. Für Womo nur wenige geeignete Stellplätze mehr im hinteren Bereich im hohen Pinienwald. Der Platz wird im Hochsommer stark von jungen Leuten besucht und dann ist es durch Animation, Disco und Co. nicht eben leise. Wer Ruhe sucht, besser weiter weg von der zentralen Bar und dem Ristorante Platz suchen oder gleich auf einen der ruhigeren Nachbarcamping ausweichen. Womo 5,50-10 €, Erw. 4,50-15 €, Strom 3 €.

(4) *Camping Europa* ***

GPS: 32 T 0456906 UTM 4435798
N40,07134 E8,49462

Tel. 0738 38058, www.sardiniamare.com, 1.5.-30.9. Schönes, teils leicht hügeliges Gelände in lichter Pineta direkt hinter dem Strand mit teils sehr schönen Stellmöglichkeiten für Womos. Womo 5-14 € inkl. Strom, Erw. 5-15 €.

(5) *Camping Is Arenas* ***

GPS: 32 T 0456326 UTM 4436307
N40,07590 E8,48779

Tel./Fax 0783 52284, www.campingisarenas.it, 1.4.-30.11. Zwischen den beiden anderen Plätzen gelegen. Ansprechendes Gelände teils mit großen Eukalyptusbäumen, teils offen und deshalb für Womos besser geeignet als Nurapolis. Achtung: Auf sandigen Untergund achten! Womo 6-14 €, Erw. 4-6 €, Strom 3 €, Ver-/Entsorgung für Durchreisende 20 €

(6) *Parking Camper*

GPS: 32 T 0448618 UTM 4432759
N40,04350 E8,39767

Gut ausgeschilderter, weitläufiger, ebener, aber unbefestigter Platz ohne Schatten. In der Saison kostenpflichtig (ca. 6 €) und mit Bar. Nur wenige Schritte bis zu kleinem Sandstrand. Anfahrt über ca. 800 m Staubpiste.

Stellplatz

(7) **Stellplatz mit Ver-/Entsorgungsstation**

GPS: 32 T 0448949, UTM 4431588 N40,03297 E8,40164

Neben der Bar Lollo, Parkgebühr 8–20 Uhr 6,50 €, nachts frei, mit WC/Dusche, kein Strom. Ver-/Entsorgung 5 €, Dusche 1,50 €, WC 0,50 € (Anfahrt an den Entsorgungsschacht für große Womos etwas „frickelig").

(8) **Stellplatz Agriturismo Il Ginepro**

GPS: 32 T 0450043 UTM 4430439 N40,02268 E8,41456

Tel. 0783 53298, www.agriturismoilginepro.it. Schöne ruhige, neu angelegte Stellplätze mit Strom, Ver-/Entsorgung sowie Duschen und WC, mit Ristorante, 200 m zum Strand. Womo 13–15 € inkl. Strom und Ver-/Entsorgung, Erw. 7–8 €, Camperstop 20–9 Uhr

Idu hinaus Richtung Mari Ermi. Am Ortsausgang weisen Schilder den Weg zum außerhalb gelegenen Agriturismo Il Ginepro, der beides bietet: Stellplätze in ruhiger Lage und dazu noch gute Küche.

IS ARUTAS

Auch der nächste Ort **Mari Ermi** ist eigentlich nicht weiter bemerkenswert. Eine Hand voll Häuser im Nirgendwo, dazu ringsum nur baumlose, in Sommer verbrannte Felder. So recht gäbe es keinen Grund, die Stichstraße zu ihm hinauszufahren, wäre da nicht der prächtige, schneeweiße Strand mit kristallklarem Wasser, der kinderfreundlich flach abfällt. Dazu ist er nicht einfach so aus Sand, sondern aus glänzenden reiskorngroßen Quarzsteinchen. Das sieht zum einen sehr besonders aus und ist zum anderen sehr praktisch, weil hier nicht alles und jedes völlig und rettungslos versandet.

Andererseits ist der Reiskornstrand einige Kilometer weiter bei Is Arutas mit den pittoresken Kalkklippen, die ihn begrenzen, noch schöner als der von Mari Ermi. Dazu gibt es hier zwei neu angelegte Strandbars und einen Campingplatz. Die riesigen wilden Parkflächen und die zwei rumpeligen Bretterbuden-Strandbars, die Is Arutas einst zum Mekka der Freisteher und

Einst Freistehermekka, jetzt unter Naturschutz – die legendären Reiskornstrände bei Is Arutas

055sa Abb.: ph

Wildcamper machten, gibt es leider nicht mehr. Die Parkflächen sind abgesperrt und das Übernachten ist verboten. Auch die Entnahme von „Reiskörnen" am Strand ist strikt untersagt! Wer erwischt wird, zahlt eine sehr hohe Geldbuße (immerhin 170 €)!

Denn heute ist ein Großteil der wilden, vom Mensch bislang noch wenig berührten Außenküste sowie die vielen wertvollen Feuchtzonen, Lagunen und Strandseen um die Halbinsel Sinis als „area marina protetta" geschützt und in den 700 km² großen **Naturpark Sinis-Montiferru** eingegliedert.

Aber das Baden ist erlaubt und etwas weiter weg vom Strand sind nun große, neu geteerte Parkplätze [P] entstanden. Im Sommer ist hier mächtig was los, davor und danach jedoch ist es meist völlig einsam.

Etwas landeinwärts auf einer leichten Anhöhe liegt der Camping Is Arutas. Dort, wo die Zufahrt zu ihm abzweigt, liegt in einem lauschigen Wäldchen eine einfache, aber einladende Bretterbudenbar mit Picknickstellen.

Stellplatz/Camping

(9) *Stellplatz Agricampeggio Muras*
32 S 0449072 UTM 4423797
N39,96278 E8,40370
Tel. 0783 410043. Sehr großes, leicht abfallendes Naturgelände direkt am Strand, ohne jeden Schatten, mit einfachen Duschen/WC, kein Strom oder Trinkwasser. Womo 10–15 €, Entsorgung 5 €. Anfahrt: von Mari Ermi ca. 1 km über eine Geländepiste

(10) *Camping Is Aruttas* ***
GPS: 32 T 0449483 UTM 4422286
N39,94920 E8,40863
Tel. 0783 391108, www.campingisaruttas.it, 14.5.–14.9. Flaches Wiesengelände im freien Feld mit jungem Busch- und Baumbestand. Von Jahr zu Jahr wird der Bewuchs schöner, der Schatten mehr und der Platz einladender. Seit man unten am 500 m entfernten Strand nicht mehr frei stehen darf, treffen sich viele Womos hier. Womo 3–4 €, Erw. 7–16 €, Strom 3–4 €.

SAN GIOVANNI DI SINIS, THARROS

Die Straße hinaus zum südlichsten Zipfel der Halbinsel und zur dortigen antiken Römerstadt Tharros führt vorbei am kleinen Wallfahrtsort **San Salvatore.** Einsam und verlassen liegt das von einer hohen Mauer umgebene Gelände im Feld. Das winzige Geisterdorf mit seinen puppenstubengroßen Pilgerhütten, das manchem Italowestern als Kulisse diente, erwacht nur einmal im Jahr anlässlich der spektakulären Prozession „La Corsa degli Scalzi" zum Leben.

Sagra di San Salvatore/La Corsa degli Scalzi

Eindrucksvolle Prozession am 1. Sonntag im September, bei der etwa 500 junge, ganz in weiß gekleidete Männer barfuß und im Laufschritt die Holzstatue des Heiligen San Salvatore von der Kapelle San Salvatore auf Sinis über 12 km nach Cabras tragen. Das traditionelle Rennen erinnert an die Begebenheit, als die Einwohner von Cabras einst vor herannahenden Sarazenen ihren Heiligen in höchster Eile in Sicherheit bringen mussten. Am darauf folgenden Sonntag wird die Statue wieder zurücktransportiert. Im Anschluss an die kräftezehrende Zeremonie gibt es die ganze Woche über Musik und Tanz, dazu überaus opulentes Essen mit viel Fisch und Vernaccia-Wein.

Sehenswertes

Chiesa San Giovanni di Sinis und Tharros,
Tel. 0783 370019,
www.penisoladelsinis.it,
Sommer tägl. 9–19 Uhr,
Winter 9–17 Uhr

Höhepunkt von Sinis ist die antike Römerstadt **Tharros,** die den gesamten schmalen Landzipfel am **Capo San Marco** einnimmt. Womos können jedoch nicht mehr bis zum Eingang des Geländes fahren. In dem winzigen Weiler San Giovanni di Sinis muss man sein Fahrzeug auf den großen neuen P Parkflächen abstellen und entweder zu Fuß oder mit der kleinen Elektrobahn bis zum Eingang in die Ruinenstadt. Vorher sollte man sich jedoch etwas in dem kleinen einstigen Fischerdörfchen die Beine vertreten und sich dabei die winzige, aber bildschöne frühchristliche Kirche San Giovanni di Sinis ansehen. Dieses erdfarbene schlichte Bauwerk aus dem 5. Jh. ist nicht nur einfach zauberhaft, sondern einer der ältesten Sakralbauten Sardiniens.

056sa Abb.: ph

▲ *Sakrales Kleinod – die frühchristliche Kirche San Giovanni di Sinis*

Neben malerischen Schilfhütten der Fischer, einigen Bars und Restaurants und einem schönen Badestand bietet der kleine Ort auch das neue, allerdings häufig geschlossene **Besucherzentrum „Centro Visite dell'Area Marina Protetta",** das über den Naturpark Sinis informiert.

Die alte Römerstadt Tharros war einst die größte und bedeutendste phönizisch-römische Hafenstadt Sardiniens. Gegründet wurde sie von den Phöniziern zwischen dem 11. und 8. Jh. v. Chr. Jahrhundertelang war Tharros unter dem Schutt der Zeit und der wuchernden Macchia vergraben. Die **Ausgrabungen,** die seit 1956 stattfanden, haben erst Teile der Stadt wieder freigelegt. Noch immer liegen drei Fünftel von ihr vergraben oder sind, wie die gesamte imposante Hafenanlage, durch den Anstieg des Wasserspiegels im Meer versunken. Dennoch ist der bislang freigelegte Teil weitläufig und teils auch sehr eindrucksvoll.

Um die Struktur der gesamten Anlage und der einzelnen Bauten und Bauwerke verstehen und plastisch nachvollziehen zu können, empfiehlt es sich, den am Eingang angebrachten Lageplan genau zu studieren oder gleich die Broschüre „Tharros" zu erstehen, die einen exakten Stadtplan mit der Beschreibung der einzelnen Ortsteile und Bauwerke enthält.

CABRAS (15 km – km 152)

Sozusagen das südliche Tor zur Halbinsel Sinis ist das kleine, erstaunlich vitale Fischerdorf Cabras. Eigentlich ist es ziemlich unspektakulär. Doch es gibt einen ganz entscheidenden Grund, diesem **Fischerort** seine Aufwartung zu machen – nämlich um Fisch zu essen. Seine Lage an dem überaus fischreichen und großen **„Stagno di**

Cabras" – immerhin eines der fischreichsten Gewässer ganz Italiens! – hat seinen Einwohnern nicht nur gutes und regelmäßiges Einkommen beschert, sondern eine maritime Küche entstehen lassen, die ohne Frage zum Besten gehört, was Sardinien in dieser Beziehung zu bieten hat.

Eine der Fischarten, die die Strandseen bevölkern, ist **Meeräsche** oder „Muggine", wie die Sarden sagen. Ihr Rogen, der „Bottarga di Muggine", ist für Sardinien, was Kaspischer Kaviar für Russland ist – eine exklusive und dementsprechend teure Spezialität. Wer ihn frisch und in bester Qualität kosten will, der ist in Cabras richtig. Denn hier kann man ihn, entweder getrocknet und in Pulverform oder gesalzen und gepresst direkt beim Produzenten kaufen. Erstere nimmt man z. B. für „Spaghetti alla Bottarga" (was man auch prima in der Bordküche zubereiten kann). Aus der gepressten Version werden hauchdünne Scheiben geschnitten, die entweder pur oder z. B. zu Blattsalaten gegessen werden.

Fassonis und Launeddas

Wer sich in die eigentümlichen Schilfboote verliebt hat oder ein ganz besonderes Mitbringsel sucht, der kann sich im ca 15 km südöstlich von Oristano am Stagno Mare Foghe gelegenen Weiler Baratili San Pietro bei Efisio Canu ein solches in Originalgröße holen. Dort findet auch jährlich im August die feuchtfröhliche „Regata de is Fassonis" statt.

Essen

Il Caminetto, Via C. Battisti 8, Tel. 0783 391139. Slow food at its best! „Einfache" Küche aus Kochkünstlerhand. Die „cucina tradizionale" des Hauses, Gerichte aus stets fangfrischem Fisch und Meeresfrüchten, veranlassten die Accademia Italiana della Cucina, das Restaurant auszuzeichnen.

Zia Beledda, Via Amiscora 71, Tel. 0783 290801. Relativ preiswertes, aber sehr gutes Fischrestaurant, in dem im familiär-gemütlichen Gastraum von Mama herself gezauberte und vom „Gambero Rosso" gelobte Gerichte serviert werden.

Einkaufen

Bottarga di Muggine, Tradizioni Nostrane di Spanu, Via Carducci 20, Tel. 0783 391161, www.spanubottarga.com

MARINA DI TORRE GRANDE (3 km – km 155)

Von Cabras geht es schnurgerade zur Küste und dem kleinen, aber freundlichen Badeort Marina di Torre Grande. Seinen Namen hat er vom „Torre Grande", einem wuchtig gedrungenen Sarazenenturm. Oristanos Hausstrand, zu dem in der Saison regelmäßig Badebusse pendeln, ist eigentlich nicht mehr als eine lange, parallel zum Strand verlaufende Straße, gesäumt von 2 Hausreihen und davor ein langer breiter feiner Sandstrand mit Flaniermeile, Bars, Cafés und Restaurants. Das Besondere an ihm ist, dass ihn auf seiner ganzen Länge eine Reihe von großen, Schatten spendenden Palmen ziert, was man auf Sardinien eher selten antrifft und dass hier noch kaum Touristen, sondern überwiegend Einheimische anzutreffen sind.

Camping

⑪ Camping Spinnaker ****

GPS: 32 S 0459720 UTM 4417028

N39,90237 E8,52879

Am Ortseingang links 1 km, Tel. 0783 22074, www.campingspinnaker.com, 1.4.-30.10. Schön direkt am Strand gelegener Platz in der schattigen Pineta. Mit großem Pool und gutem Restaurant. Jedoch mehr „Villaggio“ als Camping. Für Womos nur am Eingangsbereich einige halbwegs passable Stellmöglichkeiten, teils jedoch locker sandiger Untergrund mit Profil wie Kartoffelacker! Umgeben von hohem Zaun (auch zum Strand hin), der nachts verschlossen wird. Womo 4-6 €, Erw. 8-20 €, Strom 3 €, Warmdusche 0,50 €.

Wohnmobile fanden bisher auf zwei ⛺ verschiedenen Campingplätzen Unterkunft, doch der erste, mit dem Namen „Torre Grande“, war insgesamt doch stark vernachlässigt und heruntergekommen und ist derzeit auch geschlossen. Ob er wieder öffnet, ist bisher noch ungewiss. Der andere Platz namens „Spinnaker“ ist zwar vierstернig und schick, hat einen Pool, ein gutes Restaurant und liegt direkt am Strand im stillen, schönen Pinienhain - aber die wirklich brauchbaren Plätze für Wohnmobile sind rar. Der Untergrund ist sandig und uneben und die Bäume stehen meist äußerst ungünstig. Und dort, wo die großen und schweren Fahrzeuge eigentlich ganz gut stehen könnten, ist für Zelte reserviert. Dazu gibt sich die Rezeption je nach Tagesform manchmal recht unhöflich.

ORISTANO (6 km - km 161)

Die Straße von Marina di Torre Grande ins nahe Oristano ist etwa so wie die Startbahn für Jumbojets: bolzengerade, überbreit und in beide Richtungen mehrspurig. Es dauert also nur kurze Zeit, bis man vom beschaulichen Badeort in der kleinen Provinzhauptstadt angekommen ist.

Mit nur 32.000 Einwohnern ist Oristano die Hauptstadt der gleichnamigen Provinz, die erst 1974 aus der Taufe gehoben wurde. Sie ist von den fruchtbaren Feldern der wasserreichen Tirsomündung umgeben, die die ertragreichsten der gesamten Insel sind und zusammen mit der angrenzenden Ebene des Campidano Oristano zum landwirtschaftlichen Zentrum Sardiniens machen.

Für die Sarden ist Oristano insbesondere deshalb von herausragender Bedeutung, weil hier die als **Nationalheldin** fast wie eine Heilige verehrte *Eleonora von Arborea* lebte und wirkte. Die mutige Frau erließ mit der „Carta de Logu“ das erste verbindliche Zivil- und Strafgesetzbuch für Sardinien. Berühmt ist Oristano auch für seine großartigen, ebenso farbenprächtigen wie teils riskanten und halsbrecherischen **Reiterfeste,** die in der „Sartiglia di Oristano“ gipfeln.

Für den Besucher ist Oristano auch von Reiz. Doch es sind weniger die prächtigen Bauwerke, die es attraktiv machen, sondern sein anziehendes, weil bislang fast unverfälschtes Flair eines geschäftigen sardischen Städtchens.

Da die Altstadt teils Fußgängerzone ist und teils nur von Anwohnern befahren werden darf und Parkraum so ziemlich das knappste Gut, ist es ratsam, sein Womo außerhalb abzustellen. Ideal dafür ist die große, gut ausgeschilderte [P] Parkfläche „Sa Rodia“, von der man zu Fuss in wenigen Minuten in der Altstadt ist.

Herausragende bauliche Attraktion der Stadt ist ihr imposanter **Dom,** ein 1288 errichteter Kuppelbau. Wie alle kulturhistorisch interessanten Gebäude der Stadt, stammt auch das gewaltige Gotteshaus aus der Zeit des unabhängigen Judikats Arborea. Dem Dom schräg gegenüber erblickt man die Kuppel der Chiesa San Francesco aus dem 14. Jh. Im schmucklosen Inneren der Kirche ist das von den Sarden verehrte Nikodemus-Kruzifix aus dem 14. Jh. zu bestaunen, das als Sardiniens bedeutendstes Werk der gotischen Plastik gilt.

Sartiglia di Oristano

Seit 1600 immer am Faschingssonntag und -dienstag begangenes, farbenprächtiges, stark ritualisiertes Turnier, bei dem in historische Kostüme gekleidete und faszinierend maskierte Reiter versuchen, im Galopp einen vor dem Dom aufgehängten fünfzackigen Stern mit einer Lanze zu durchbohren. Vom Gelingen oder Misslingen hängt, so will es der Volksglaube, das Wohl und Wehe der Stadt und ihrer Bewohner ab. Es wird vermutet, dass sich sartiglia vom lateinischen „sors“ („Glück“) herleitet und mit dem Wettkampf das kommende Ernteglück vorhergesagt wird. Das Fest wird neuerdings im Urlaubsmonat August in einer etwas kleineren Variante für die Touristen wiederholt.

Stellplatz

⑫ *Camper-Service „Sa Rodia“*

GPS: 32 S 0464890 UTM 4416417
N39,89710 E8,58930

Viale Cimitero/Ecke Viale Severino Ibba. Großer Teerplatz mit Entsorgungsschacht und Trinkwasserhahn nur wenige Gehminuten von der Altstadt. Anfahrt (gut ausgeschildert): von Piazza Mannu in die Viale del Cimitero und am Friedhof vorbei. Nach ca. 800 m links der Platz. Zwischen Straßen gelegen, deshalb zum Übernachten besser auf den „Campo Sportivo Tharros“.

⑬ *Camper-Service „Campo Sportivo Tharros“*

GPS: 32 S 0464056 UTM 4417412
N39,90603 E8,57949

Viale Repubblica. Großer ebener, langgezogener Teerparkplatz am Stadtrand vor dem Schwimmbad mit Entsorgungsschacht, Wasserhahn und Müllcontainer. Auch am Tag nur im vorderen Bereich am Schwimmbad-Eingang etwas Besucherverkehr, sonst ruhig. Anfahrt: Von der Via Cagliari in die Viale Repubblica, Orientierung am weithin sichtbaren pilzförmigen Wasserturm.

Im Pannenfall

Centro Assistenza Camper, Gianmauro Perra, Via Sardegna 85, Tel. 0783 70692

› Routenatlas Seite 294, Stadtplan S. 140

- 2 Coco + Dessi
- 3 Da Gino
- 4 La Torre
- 5 Pro Loco Touristinformation
- 7 Lola Mundo
- 8 UPT-Information
- 9 Craf
- 11 Forchetta d'Oro
- 13 Il Faro

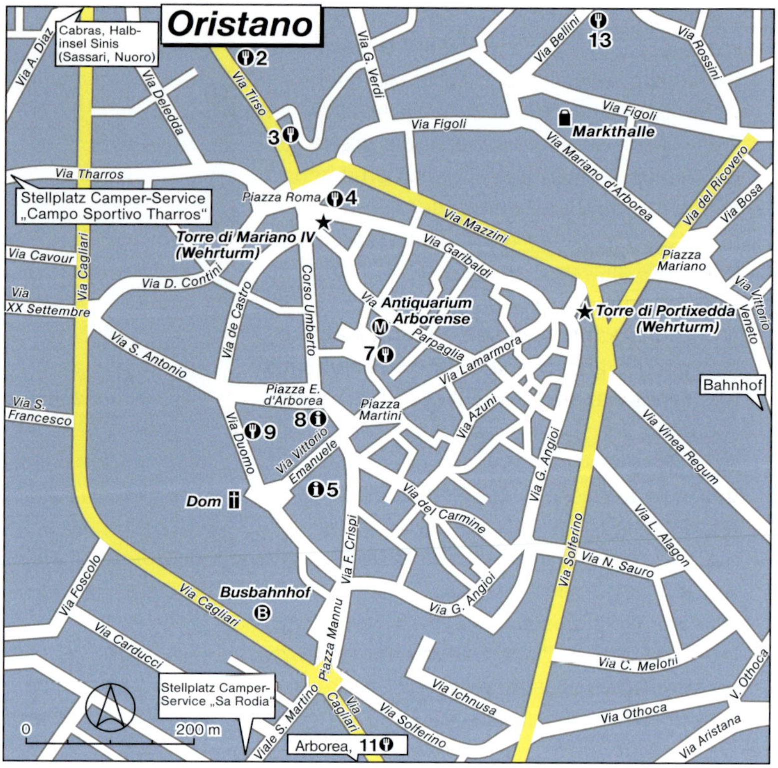

An San Francesco vorbei führt der Weg zur **Pinacoteca,** die wenige Schritte weiter in der Via San Antonio liegt. Die in einem schön sanierten, ehemaligen Mädchenheim untergebrachte Gemäldesammlung stellt sehr sehenswerte Werke sardischer Künstler aus. Der stille, von Galerien umrahmte Innenhof ist eine einladend kühle Oase der Ruhe.

Einziges Museum der Stadt ist das **Antiquarium Arborense,** in dem u. a. auch zahlreiche Funde aus der Römerstadt Tharros auf Sinis ausgestellt sind.

Information

Pro Loco, Via Ciutadella de Menorca 8, Tel. 0783 70621, www.inforistano.it

Ufficio Provinciale del Turismo, Piazza Eleonora 19, Tel. 0783 368219, Fax 3683206, www.provincia.or.it

Sehenswertes

Antiquarium Arborense, Piazza Coras, Tel. 0783 791262, tägl. 9–12 und 15–20 Uhr, im Sommer auch Di./Do. bis 23 Uhr

Oristanos Herz und Seele ist jedoch die **Piazza Eleonora d'Arborea,** auf der sich das Denkmal der Volksheldin erhebt. Umgeben von repräsentativen Bauten wie Rathaus oder Justizpalast und ausgestattet mit einladenden Straßencafés, animiert die Piazza zum Verweilen. Auf der Piazza herrscht geschäftiges Treiben von Menschen, die in die breite Fußgängerzone und Einkaufsmeile Corso Umberto hinein- und aus ihr herausströmen.

Oristano ist mit seinen fruchtbaren Feldern und fischreichen Lagunenseen immer und bestens mit den frischesten Produkten versorgt. Hier kann man seine Vorratskammern also gut und günstig füllen. Und hier kann man auch sehr vielfältig und gut essen gehen.

▲ *Sardiniens Nationalheldin – das Denkmal für Eleonora d'Arborea auf dem gleichnamigen Platz*

Essen

Il Faro, Via Bellini 25, Tel. 0783 70002. Eines der besten Lokale der Stadt und der Region mit elegantem Jugendstilinterieur. Fantasievolle sardische Küche mit viel Fisch, gehobene Preisklasse.

Da Gino, Via Tirso 13, Tel. 0783 71428. Stets gut besuchte, bei den Einheimischen sehr beliebte Trattoria mit einfachen, aber sehr guten Gerichten. Egal ob Pasta, Fisch oder Fleisch, alles ist immer frisch und delikat! Lukullischer Höhepunkt: „Languste alla Gino".

ARBOREA (14 km – km 175)

Nach Süden führt aus Oristano eine verkehrsreiche Straße hinaus zur Rennpiste SS 131. Erst passiert man dabei das Ufer des großen **Stagno di S. Giusta,** an dem sich zwischen Ufer und Straße in einem Eukalyptuswäldchen ein einladendes Picknickgelände mit Tischen und Bänken erstreckt.

Kurz darauf kommt man nach **Santa Giusta,** durch das sich der Verkehr einspurig windet. Kirchenliebhaber aufgepasst, denn hier liegt am Ortseingang gut sichtbar auf einer kleinen Anhöhe die wunderschöne **Kathedrale Santa Giusta.** Der in seiner äußeren Schlichtheit und seinen klaren Formen überaus eindrucksvolle Sakralbau ist eine der größten und auch schönsten pisanischen Landkirchen Sardiniens.

Gleich nach Santa Giusta wird der Verkehr merklich weniger. Die meisten sind auf die SS 131 nach Cagliari oder Sassari abgebogen, während uns der Weg erst am Ufer des Stagno di S. Giusta durch sumpfiges, vogelreiches Land und dann weiter durch flunderflaches, fettes, grünes Land direkt in die kleine Stadt Arborea führt. Ein Blick auf die Karte zeigt: Hier ist alles schachbrettartig angelegt, die Straßen, die Entwässerungsgräben und die Stadt selbst auch.

Camping/Stellplatz

⑭ Camping S'Ena Arrubia ***

GPS: 32 S 0462058 UTM 4407455
N39,81623 E8,55669

Tel./Fax 0783 809011, www.senarrubia.it, 9.5.-30.9. Die Alternative zum „Spinnaker". Im schönsten Teil der Strandpineta gelegener, neu renovierter Platz. Ein wirklich einladendes Plätzchen in schönster Natur direkt am Strand mit Restaurant und Pool. Die Anfahrt auf schmaler Teerstraße ist gut ausgeschildert. Womo 3-5 €, Erw. 7-16 €, Strom 3 €

⑮ Area Camper Marina di Arborea

GPS: 32 S 0461433 UTM 4405902
N39,80221 E8,54948

An der Zufahrt zur Colonia Marina in der Pineta gelegener, neu angelegter Kiesplatz mit kleinem Entsorgungsschacht. Bedauerlich: Der eigentlich vorhandene Strom ist verschlossen, der Wasserhahn abgedreht.

Vom großen Zubringer nach Arborea führen im perfekten rechten Winkel wiederum schnurgerade Straßen hinaus zur Küste. Dort erstreckt sich von Horizont bis Horizont als endlos gelbes Band die **Spiaggia di Arborea.** Hinter dem noch kaum erschlossenen Sandstrand zieht sich, ebenso endlos wie schön, die **„Pineta di Arborea"** hin, ein lichter, Schatten spendender Pinienwald, der in seiner Gesamtheit großartige Picknickgelegenheiten bietet. Für Sardinien einzigartig: In der Pineta wurde – der EU sei gedankt! – ein Netz von fast 100 km sehr guter, ausgeschilderter Radwege angelegt auf denen man auch bis Arborea zum Einkaufen kommt. Einzige nennenswerte Siedlung an diesem Strand ist die **„Colonia Marina",** bei der viele angelegte Ⓟ Parkplätze beste Stellmöglichkeit direkt hinter den Stranddünen geben. Nur im Hochsommer ist hier Betrieb, in der Vor- und Nachsaison ist man praktisch alleine.

Das Landwirtschaftsstädtchen Arborea mitten in dieser sichtlich wohlhabenden Region hat gerade einmal 3000 Einwohner. Wie das Land ringsum ist auch dieses streng geometrisch aufgeteilt, denn es wurde 1928 unter Mussolini systematisch angelegt, zum Andenken an den Duce „Mussolina" getauft und mit Kolonisten aus Venetien besiedelt. Sardisches wird man in Arborea deshalb kaum finden. Doch der Ort eignet sich sehr gut, um frisches Obst, Gemüse und frische Produkte aus der guten „Latte di Aborea" einzukaufen.

MARCEDDI (10 km – km 185)

Der letzte Vorposten der Zivilisation ist der kleine unscheinbare Weiler Marceddi, der sich ganz im südlichsten Zipfel der Arborea am Eingang des vom Meer aus tief ins Land eindringenden Stagno di Marceddi und dem mit ihm zusammenhängenden Stagno di S. Giovanni befindet. Sie nötigen jeden, der weiter die Küste entlang nach Süden will, einen großen Umweg über San Nicolao Arcidano zu machen. Seine Existenz verdankt Marceddi den fischreichen Gewässern, weshalb sich hier eine Fischer-Coop niedergelassen hat.

Viele verirren sich nicht hierher, doch es gibt zumindest einen triftigen Grund, die kurze Fahrt nach Marceddi zu machen. Denn hier gibt es nicht nur ausgedehnte Ⓟ Parkflächen am Ufer der Lagune, sondern auch eine lange, allerdings nur einspurige Notbrücke über den Stagno hinweg. Das Befahren ist verboten und bei schlechtem Wetter bzw. unruhiger See ist sie verschlossen. Für große Womos ist sie auch nicht geeignet, denn hier darf Ihnen aus Platzgründen allerhöchstens ein Radfahrer begegnen. Doch man kann bis zu ihrem anderen Ende sehen und erkennen, ob der Weg frei ist oder nicht. Befahren auf eigenes Risiko: Ich habe Sie bereits mehrfach befahren, auch mit großen Womos über 3,5 t. Der zweite triftige Grund, den kleinen Fischerweiler Marceddi zu besuchen, ist das äußerlich unscheinbare Restaurant „Da Lucio", innen jedoch – was hier als „in den Töpfen und Tellern" zu verstehen ist – eine wahre kulinarische Perle.

Park-/ Picknickplatz
GPS: 32 S 0457336 UTM 4395997 N39,71277 E8,50227
Große ausgedehnte Flächen teils geteert, teils Naturboden am Hafen und am Ufer des Stagno.

Essen

Ristorante Da Lucio, Marceddi, Tel. 0783 867130. Ein Geheimtipp! Frischer Fisch, Muscheln und andere Meeresfrüchte superlecker! In der Saison Mittag- und Abendessen, sonst nur abends. Do. Ruhetag, Anmeldung erbeten.

Hier ist der südlichste Küstenpunkt der Route 3 erreicht. Jenseits der Brücke beginnen sowohl die wildromantische Küste der Costa Verde als auch die Berge des Iglesiente.

Anschluss
In Marceddi hat man Anschluss an die Route 4.

ALES, MONTE ARCI (40 km – km 225)

Die Tour verlässt nun die Küste und führt durch die üppig immergrüne Arborea Richtung Osten ins Innere der Insel hinein. Bei **Uras** quert sie die SS 131. Östlich der Schnellstraße beginnt eine Region, die einerseits von den Tafel- und Busenbergen der Marmilla im Süden und dem solitär sich erhebenden Vulkanmassiv des Monte Arci geprägt ist. Die Straße schlängelt sich aus der Ebene des Campidano langsam aber stetig bergauf und erreicht bei **Morgongiori** bereits 351 m über Meereshöhe. In dem abgelegenen 900-Seelen-Dorf biegt eine kleine Straße ab und führt hinauf in das herrliche Trekking- und Wandergebiet des Bergmassivs.

Schmuck aus Obsidian
Sarda Progetti, Via Cesare Battisti 13, Ales, Tel/ Fax: 0783 998029, www.obsidian.it teils modern, teils Reproduktionen archäologischer Funde

Der erloschene **Vulkan Monte Arci,** der in der 812 m hohen **Punta Trébina Longa** gipfelt, war bereits in der Steinzeit ein bedeutender Ort, denn hier fanden die Nuraghier Obsidian, das „schwarze Gold" der Steinzeit. Das glasharte und scharf splitternde Gestein, das durch die schnelle Abkühlung von Lava entsteht, war Grundlage für die Herstellung von Waffen und Werkzeugen. Das nur von ein paar Forstwegen durchzogene Massiv des Monte Arci wurde wegen seiner unberührten Flora und Fauna zum Naturpark erklärt.

Der beste Ausgangspunkt für Wanderungen ist der Camping „Sennisceddu", der in 700 m Höhe in dichtem Stein- und Korkeichenwald liegt. Die Lage und die frische Bergluft sind herrlich, doch die einzel-

Camping

16 Camping Sennisceddu **
GPS: 32 S 0480304 UTM 4406083 N39,80449 E8,76991
Loc. Sennisceddu, Tel./Fax 0783 939307, www.sennisceddu-camping.it, ganzjährig. Sehr schön in der intakten Bergnatur gelegener, terrassierter Platz in steiler Hanglage mit gutem, ganzjährig geöffnetem Restaurant. Schon die Anfahrt ist herrlich! Womo 8-9 €, Erw. 4-7 €, Strom 2,50 €.

nen Stellplätze sind wegen der Hanglage für größere Reisemobile teils nur schwer oder auch gar nicht erreichbar, weshalb für Womos ein extra Platz mit Stromanschluss auf ebener Wiese geschaffen wurde. Zum Bergcamping kommt man, wenn man von Ales Richtung **Pau** fährt und dann den Schildern auf schmaler, aber guter Teerstraße 3,5 km bergauf folgt. Im alten Bischofssitz **Ales** zieht die monumentale auf einer leichten Anhöhe thronende zweitürmige Kathedrale die Blicke auf sich.

FORDONGIANUS (56 km - km 281)

Sehenswertes

Museo Regionale dell'Arte Tessile Sarda, Via Bologna, Samugheo, Tel. 0783 631052, www.museoartetessile.com, Mi.-So. 10-13 u. 16-20 Uhr, Winter bis 19 Uhr

Die nächsten fast 60 km dieser Route kann man bei entsprechender Veranlagung durchaus auch als eine Art Reise zu sich selbst begreifen. Denn sie führt durch eine von irgendwelchen spektakulären Attraktionen und Höhepunkten völlig verschonte Landschaft. Das Ablenkungspotenzial ist also gering, das suggestive Moment dagegen stark und auf manchen Strecken kam ich mir hier immer wieder vor, als würde ich auf einer Piste ohne Anfang und ohne Ende die unermesslichen Weiten afrikanischer Savannen durchfahren. Fast meditativ wirkt diese Hügellandschaft in sämtlichen Braun-, Gelb- und Ockertönen, nur unterbrochen von einzelnen, vom Wind zerzausten Eichen. Hier und da sieht man einen aufragenden Nuraghenturm oder eine wandernde Schafherde. So geht es über **Asuni** nach **Samugheo.** Unterwegs sieht man links auf steilem Fels malerisch die grauen Reste einer Burgruine aufragen – die Mauern des **Castello Medusa.** Dann geht es wieder weiter durch namenlose Land und namenlose Weiler bis nach **Samugheo,** der für seine „tappeti samughesi", seine Webarbeiten, berühmt ist.

058sa Abb.: ph

Wo die alten Römer badeten – die römischen Thermen aus dem 1. Jh. n. Chr.

Schließlich erreicht man **Fordongianus** und damit das Tal des Flusses Tirso. Hier quillt heißes heilendes Wasser aus der Tiefe, was schon die alten Römer veranlasste, sich hier niederzulassen und sich eine Therme zu bauen. Tun wir es Ihnen nach und fahren unmittelbar vor der Brücke rechts hinab zum grünen Ufer des Tirso und an ihm entlang unter der Brücke hindurch zu der antiken Therme. Der breite, ebene Uferbereich mit einzelnen Schatten spendenden Bäumen und Steintischen bietet beste Möglichkeit für eine ausgiebige Pause am Ufer des Flusses. Eine nette Holzbar und ein kleiner Skulpturengarten lockern den freundlichen Ort zusätzlich angenehm auf.

Schon beim Aussteigen bemerkt man die Hitze und den stechenden Geruch der 60 Grad heißen, schwefelhaltigen Quellen. Das antike Thermengelände, in dem man sich vor wenigen Jahren noch wie die alten Römer im großen Becken aalen konnte, ist jetzt abgesperrt und nur gegen Eintritt zu betreten. Ein heißes Bad, das tägl. mehrmals für 2 € angeboten wird, kann man dagegen in den Termali Comunali, dem kommunalen Badehaus von ca. 1800 nehmen. Also Badehose und Handtuch nicht vergessen!

Sehenswertes

Terme Romana, Tel. 0783 60157, www.forumtraiani.it, Apr.–Juni tägl. 9.30–13 u. 15–18 Uhr, Jul./Aug. 9.30–13 u. 15.30–20 Uhr, Sept. bis 19 Uhr, Okt. bis 18 Uhr, Nov.–März bis 17 Uhr

Essen

Su Montigu, Via Carlo Alberto della Chiesa, Tel. 0783 60018. Mario Murgia zaubert aus regionalen und saisonalen Zutaten köstliche Meeres- und Wildgerichte. Von der „Accademia Italiana della Cucina“ als beispielhafter Hort für die Pflege traditioneller Küche ausgezeichnet!

TADASUNI (22 km – km 303)

Was für die Strecke bis nach Fordongianus gilt, gilt für den folgenden Abschnitt erst recht. Verlässt man nach einer erholsamen Siesta das Tal des Tirso und folgt der Straße Richtung Busachi, so fühlt man sich sofort wieder außerhalb von Raum und Zeit. Der Unterschied ist, dass es nun, ständig die **Gipfel des Gennargentu-Massivs** vor Augen, wieder steiler bergauf geht.

Wenn Ihr Trinkwassertank zur Neige geht, so hat die Durststrecke nun ein Ende. Denn auf der Strecke nach Busachi sprudelt eine kräftige Quelle aus dem Berg, neben der eine Bar mit Spielplatz und WC zum Halt animiert. Eine weitere, ebenfalls sehr ergiebige Quelle findet man kurz nach Busachi am Abzweig nach **Ula Tirso.**

Das abgelegene Dorf **Busachi** ist schön anzusehen, denn es ist weitgehend aus rotem Trachytstein erbaut. Und in den engen Gassen sieht man auch heute noch manche ältere Einwohner in der prächtigen Dorftracht. Das für seine Webkünste berühmte Dorf hat ein sehenswertes, in einer ehemaligen Kirche untergebrachtes Museum, in dem man die *costume,* die Trachten, genauer studieren kann.

Quellen

GPS: 32 T 0507979
UTM 4429741
N40,01784 E9,09350
Bei km 24 an der Straße von Fordongianus nach Busachi

GPS: 32 T 490625
UTM 4432841
N40.04575 E8.89010
Üppig sprudelnde Quelle mit 4 Becken und Parkplatz

Sehenswertes

Museo del Costume tradizionale, Piazza Italia, Busachi, Tel. 0783 62456, Do. 10–13 Uhr, Fr. 16–19Uhr, Sa./So. 10–13 u. 16–19 Uhr

Kurz nach Busachi erreicht die Straße den großen Stausee **Lago Omodeo,** über dessen Westufer sich die Straße leider ohne wirklich gute Stellen zum Anhalten entlangschlängelt. Doch die Aussicht über

› Routenatlas Seiten 295, 291

059sa Abb.: ph

▲ *Launedda-Spieler – die archaische Hirtenflöte ist Sardiniens Nationalinstrument*

den großen See und hinauf in die Berge der nahen Barbagia ist wunderschön. Wo der See an einer schmalen Stelle von einer Brücke überspannt wird, geht es nun in einigen steilen Kehren hinauf zum Dorf **Tadasuni.**

17 Ⓟ *Parkplatz Tadasuni*

GPS: 32 T 0489211 UTM 4433529
N40,05193 E8,87351

Fährt man über die Brücke, liegt gleich auf der Uferseite links etwas abseits der Straße ein großer ebener Parkplatz in stillster Natur, auf dem es sich wunderbar stehen und auch eine Nacht verbringen lässt.

An diesem unscheinbaren Flecken verbirgt sich eines der interessantesten Museen Sardiniens. Zu verdanken hat es dies seinem Pfarrer Giovanni Dore, der im Lauf seines Lebens eine einzigartige Sammlung von über 400 traditionellen, überwiegend sardischen Musikinstrumenten zusammengetragen hat. Durch die ethnologisch überaus bedeutende Instrumentensammlung führt der sympathische Don Giovanni höchstpersönlich.

Sehenswertes

Museo degli Strumenti Musicali, Via Adua 7, Tel. 0785 50113, Besichtigung nur nach Voranmeldung möglich, Eintritt frei.

GHILARZA (6 km – km 309)

Nicht weniger interessant ist das Dorf **Zuri.** Denn es lag einst dort, wo sich nun die silbern spiegelnde Oberfläche des Lago Omodeo ausbreitet. Ganz Zuri versank 1922 beim Bau der Stausees im Wasser und wurde oberhalb gänzlich neu wieder aufgebaut. Nur die Dorfkirche nahm man im Original mit. Das war eine prima Idee, denn **San Pietro di Zuri** ist ein ausgesprochen fotogenes, 1291 ganz aus rot leuchtendem Trachyt erbautes Kirchlein, das nun beschaulich still am Dorfrand steht. Der Abstecher lohnt, denn beim Kirchlein laden ebene Ⓟ Parkplätze mit herrlichem Blick über den Stausee und darunter ein schön angelegtes Picknickgelände zum längeren Bleiben ein.

Bis nach **Ghilarza** ist es nun nur noch ein Katzensprung. In dem beschaulichen Ort hat einst der Gründer der Italienischen Kommunistischen Partei *Antonio Gramsci* seine Jugend verbracht. Heute erinnert das „Casa Gramsci" an den 1926 von den Mussolini-Faschisten zu 20 Jahren Haft verurteilten und 1937 im Alter von 47 Jahren in Rom verstorbenen Revolutionär.

Sehenswertes

Casa Museo A. Gramsci, Corso Umberto 36, Tel. 0785 54164, www.casagramscighilarza.org, Mi.–Mo. 10–13 und 15.30–18.30 Uhr

Was man so nicht vermutet: Der Ort hat einen offiziellen, nett angelegten Stellplatz mit Ver- und Entsorgungseinrichtungen. Das allein rechtfertigt den Abstecher.

18 Stellplatz

GPS: 32 T 0486366 UTM 4441789; N40,12631 E8,83998

Leider ist der Platz am Ortsrand nahe dem Friedhof vernachlässigt und die Ausschilderung verschwunden, doch der Wasserhahn ist noch aktiv und der Entsorgungsschacht auch.

Vor den Toren der Stadt, genau an der Verzweigung der autobahnartigen SS 131, liegt einer der gewaltigsten und berühmtesten Nuraghen der Insel – der **Nurgahe Losa.** Der imposante Komplex zählt zu den am besten erhaltenen der steinzeitlichen Nuraghierkultur. Sein etwa 13 Meter hoher, zweigeschossiger Mittelturm, der einen tollen Überblick über die Anlage und das Land eröffnet, wurde bereits um 1000 v. Chr. aus gewaltigen Basaltblöcken aufgestapelt. Die Anlage war bis ins 7. Jh. n. Chr. bewohnt.

Sehenswertes

Nuraghe Losa, Tel. 0785 52302, www.nuraghelosa.net, tägl. 9 Uhr bis 1 Std. vor Sonnenuntergang, mit Parkflächen und Bar/Souvenirshop im neuen Kassenhaus

137sa Abb.: ph

Dem Untergang entrissen: Kirche San Pietro di Zuri

› Routenatlas Seite 291

Der hl. Sankt Konstantin zu Pferd – Schutzheiliger bei Unfällen

060sa Abb.: ph

L'Ardia – Sardiniens wildestes Reiterfest

Die historischen Wurzeln des gefährlichen Spektakels, das seit Jahrhunderten zu Ehren des römischen Kaisers Konstantin stattfindet, liegen im Jahr 312. Vor der Schlacht gegen seinen Konkurrenten Maxentius erschien dem Heerführer Konstantin ein Engel, der seine Reiter unter dem Christenkreuz versammelte und den berühmten Satz sprach: „In hoc signo vinces" („Unter diesem Zeichen wirst Du siegen."). Und Konstantin siegte. Dass der heilige Konstantin, seines Zeichens Schutzpatron bei Unfällen, bei der L'Ardia nicht immer ganz bei der Sache zu sein scheint, zeigen die schweren und manchmal sogar tödlichen Zwischenfälle, die es bei der wagemutigen Hetzjagd immer wieder gibt.

SEDILO (10 km – km 319)

Um nach Sedilo zu kommen, nimmt man am besten die SS 131 und verlässt diese gleich wieder entweder bei der Ausfahrt nach Sedilo vor dem Tunnel oder unmittelbar nach dem Tunnel. Während Sedilo selbst weniger bemerkenswert ist, ist es das Santuario di San Constadino mit der **Wallfahrtskirche Sant'Antine** umso mehr. Die einfache, von Pilgerhäuschen *(cumbessias)* umgebene Kirche liegt außerhalb des Dorfes in exponierter Hanglage über dem Lago Omodeo. Sie ist eine der bedeutendsten Wallfahrtskirchen Sardiniens, die jährlich zum Mekka der pferdeversessenen Sarden wird. Hier findet am 6. und 7. Juli mit der spektakulären „L'Ardia" das wohl wildeste der zahlreichen **Reiterfeste** Sardiniens statt.

Das restliche Jahr liegt das Gelände still und einsam über dem See. Nicht vergessen, einen Blick ins Innere der Kirche zu werfen! Der gesamte Innenraum ist mit teils ulkigen, teils bizarren oder auch bewegenden Dankesgaben ausgeschmückt, die bildhaft zeigen, welches schreckliche Unglück der Spender dank Konstantins Hilfe gerade noch mal so überlebt hat.

Weiterfahrt nach Bosa (auf SS 131 ca. 66 km, über Monte Ferru ca. 70 km)

Von Sedilo ist man auf der SS 131 via Nuoro (Anschluss Route 6) ebenso schnell an die Ostküste (Anschluss Route 7) gefahren wie nach Süden, um dort die Reise mit der Route 4 fortzusetzen.

Zurück zum Ausgangspunkt dieser Tour, zurück nach Bosa, gibt es zwei Möglichkeiten, die sich rein streckenmäßig gleich bleiben. Mit genügend Zeit im Gepäck empfiehlt sich die extrem kurvenreiche und Zeit raubende, aber landschaftlich wunderschöne Route durch die wasserreichen Berge des Monte Ferru über Santu Lussúrgiu und Cuglieri. Wer zügig zurück ans Meer will, nimmt besser die Schnellstraße bis Macomer und fährt von dort ziemlich flott, weil ziemlich kurvenfrei über Sindia und Suni.

Von der Costa Verde zur Costa del Sud und über Cagliari zu den Wildpferden der Marmilla

Vom Schlaraffenland Arborea führt die Route nach Süden in die Einsamkeit der Costa Verde, die mit ihren bis zu 30 m hohen Dünen auch die „Sahara Sardiniens“ genannt wird. Wie auf einem Wüstenplanet erscheint die Weiterfahrt durch das Gebirge des menschenleeren Iglesiente, in dem man überall auf Hinterlassenschaften von über 2000 Jahren Bergbaugeschichte trifft. Einst wirtschaftliches Zentrum, sind der abgelegene Iglesiente und das benachbarte Sulcis-Gebirge heute das Armenhaus der Insel.

Ligurisch leicht geht es auf der Insel San Pietro zu, wo es die beste Thunfischküche Italiens gibt. Der „Hot spot“ Sardiniens ist die „Costa del Sud“, an der man schon sehr deutlich den Atem des nahen Afrika spürt.

Von der quirligen Inselmetropole Cagliari geht es in die einzigartige Welt der Tafelberge der Marmilla, wo sich das steinzeitliche Volk der Nuraghier mit „Su Nuraxi“ ihre mächtigste Festung errichtete und auf der Giara di Serri ihr steinzeitliches Olympia. Hinterlassenschaften der Phönizier sind die kleinen Wildpferde auf der Giara di Gesturi.

062sa Abb.: ph

ROUTE 4

DER SÜDWESTEN

› Routenübersicht vorderer Umschlag innen

STRECKENVERLAUF

◀ *__Vorseite:__ Womos in der Wüste – Strandparkplatz im Tal des Riu Piscinas*

Strecke:
Marceddi - Porto Palma (10 km) - Marina di Arbus/Costa Verde (15 km) - Piscinas (11 km) - Montevecchio (28 km) - Arbus (8 km) - Fluminimaggiore (20 km) - Buggerru (12 km) - Nebida (18 km) - Fontanamare (4 km) - Gonnesa (8 km) - Portoscuso/Porto Vesme (25 km) - Isola di Sant'Antioco (33 km) - Teulada (53 km) - Chia (26 km) - Pula (22 km) - Cagliari (30 km) - Sanluri (60 km) - Barumini (22 km) - Giara di Siddi (25 km) - Villanovaforru (10 km) - Oristano (40 km) bzw. Marceddi

Streckenlänge:
ohne Abstecher ca. 500 km
mit Abstechern ca. 660 km

PORTO PALMA (10 km - km 10)

Wer's wagt, gewinnt. Wenigstens gut und gerne 40 Kilometer Umweg erspart man sich, wenn man den eigentlich verbotenen Weg über die Brücke bei Marceddi (siehe Route 3, „Marceddi" S. 142) fährt.

Am anderen Ufer angekommen, könnte die Veränderung drastischer nicht sein. Eben noch vor Fruchtbarkeit strotzende Ebenen, nun karge, sonnendurchglühte Welt, bedeckt von struppiger Macchia und endloser Leere.

Der Weg über **San Antonio di Santadi** weiter bis nach Porto Palma ist so eine Art Ouvertüre zu dem, was im weiteren Verlauf noch kommen wird. San Antonio di Santadi ist nicht mehr als ein paar Häuser an einer Straßenkreuzung mit Laden, Bar und Tankstelle. Hier trifft man sich, denn es gibt weit und breit nichts anderes. Das starke Gefühl, hier irgendwie am Ende der Welt gelandet zu sein, verstärkt sich manchmal durch das Gebrüll von NATO-Kampfjets, die aus heiterem Himmel urplötzlich über dem Ort auftauchen, um draußen am **Capo di Frasca** ihre Bomben ins Meer zu schmeißen. Die gesamte Landzunge am Capo di Frasca ist leider **militärisches Sperrgebiet,** wo auch deutsche Piloten das Zielwerfen üben.

Parkplatz [P]

① *Parkplatz am Torre dei Corsari*
GPS: 32 S 0452830 UTM 4392540
N39,68139 E8,44995
Am Torre dei Corsari vorbei geht es steil hinab zum Strand. Dort findet man einen befestigten, weitgehend ebenen und von Büschen und Bäumen umgegebenen Parkplatz, der während der Saison gebührenpflichtig ist und von Womos nur von 8 bis 20 Uhr für 8 € genutzt werden darf. In der Vor- und Nachsaison jedoch lässt es sich hier herrlich für einen Badetag und eine Strandnacht stehen. Das wenige Meter entfernt liegende „centro balneare" bietet in der Saison Bar, WC und Duschen.

Wird hier nicht geübt, so liegt unendliche Stille über dem kuppigen Land, durch das sich die Straße kurvenreich entlang der Küste Richtung Süden windet.

Einzige Gelegenheit mit dem Auto die Küste zu erreichen, ist die Stichstraße, die zum

063sa Abb.: ph

Torre dei Corsari und dem kleinen, abgeschiedenen Badeörtchen **Porto Palma** hinausführt. Der Abstecher muss gemacht sein, denn hier versteckt sich ein kilometerlanger Superstrand, der teils mehr als 30 Meter breit ist und sich landeinwärts in einer grandiosen ansteigenden Dünenlandschaft fortsetzt. Es gibt hier kaum Grün und keinen Schatten, sondern nur goldgelben Sand, in dem während der Saison eine einfache idyllische Standbar Eisgekühltes für den durstigen Wüstenwanderer bereit hält.

▲ *Einsam wacht der Torre dei Corsari über Porto Palma*

MARINA DI ARBUS, COSTA VERDE

(15 km - km 25)

Die nächste Möglichkeit, über eine kurze Stichstraße die Küste zu erreichen, liegt 10 Kilometer südlich in einer Bucht mit dem Geisterort **Funtanazza.** Das Ganze ist das „Casa al Mare Francesco Sartori", eine ausgedehnte Erholungsanlage mit kolossalem Bettenhaus, riesigem Swimmingpool, allerhand Nebengebäuden und Galerien von betonierten Umkleidekabinen, die 1956 die Minengesellschaft von Montevecchio eröffnete. Die Minen stellten 1991 ihren Betrieb endgültig ein und die Colonia von Funtanazza ist seither sich selbst überlassen und teils schon halb zugewachsen oder vom Meer unterspült und eingestürzt. Erhalten sind die ausgedehnten P Parkflächen auf verschiedenen Ebenen, die beste Möglichkeit bieten, mit Strandblick zu picknicken. Der kleine Sandstrand ist von malerischen roten Felspartien umrahmt.

P ***Parkplatz***

Funtanazza, GPS: 32 S 454362 UTM 4385014; N39,6136667 E8,4683333

Kurz nach dem Abzweig hinab nach Funtanazza biegt eine weitere Straße nach Westen zur Küste ab. Sie führt zur kleinen Ferienkolonie **Marina di Arbus,** der letzten Siedlung an diesem menschenleeren Küstenabschnitt zwischen dem Capo della Frasca und dem Capo

Pecora. Fast 50 Kilometer Küste sich weitgehend selbst überlassen und bislang verkehrstechnisch und zivilisatorisch fast unerschlossen – das ist auch für die Insel Sardinien einzigartig. Bei Marina di Arbus beginnt ihr schönstes und ökologisch wertvollstes Stück – die Costa Verde. Die „Grüne Küste" ist unbesiedelt, von der Zivilisation unberührt und bislang weitgehend wegelos. Marina di Arbus ist auch der letzte Ort, wo man sich versorgen kann.

Essen

Il Corsaro Nero, Tel. 070 977236. Etwas südlich von Marina di Arbus völlig allein über den Küstenfelsen und dem Strand gelegenes Ristorante/Bar/Pizzeria, das allein schon durch die Lage und die herrliche Aussicht (Sonnenuntergang!) besucht werden sollte. Dazu sind vor dem „Schwarzen Korsaren" große Parkflächen, auf denen oft Womos die Nacht verbringen.

Die Costa Verde

Die Natur der Costa Verde ist einzigartig und einmalig, besonders die bis zu 50 Meter hohen Wanderdünen, die sich im Tal des Riu Piscinas landeinwärts aufgehäuft haben und der „Grünen Küste" den Beinamen „Sahara Sardiniens" eingetragen haben. In dieser goldgelb glänzenden, sonnendurchglühten Welt aus Sand können sich nur einige wenige, anspruchslose Pflanzen halten. Neben malerischen Binsenbüscheln oder Stranddisteln sind es vom Wind skurril verformte Mastixbüsche und Zedernwacholder, die sich mit ihren Wurzeln im Sand festkrallen. Dort, wo Bäche etwas Wasser spenden, blühen Tamarisken und Oleander oder es rauschen Schilfbündel mitten in der Wüste.

Die vielen seltenen Pflanzen und Tiere machen die Costa Verde zu einem einzigartigen, aber auch extrem verletzlichen Naturreservat, das als das bedeutendste ganz Italiens gilt. Zu den akut bedrohten Tierarten, die die Costa Verde noch bevölkern, zählt neben dem „Cervo Sardo", dem Sardischen Hirsch, insbesondere die Meeresschildkröte „Caretta caretta", die an dem endlos langen wie breiten Sandstrand der Costa Verde einen der letzten unberührten Plätze in Europa findet, um ihre Eier ungestört ablegen zu können.

Obwohl es sich von selbst verstehen sollte, dass in diesem Reservat die zu seiner Erhaltung unerlässlichen Ge- und Verbote strikt beachtet werden, soll hier dennoch noch einmal eindringlich darauf hingewiesen werden.

- *Jegliches wildes Campen ist verboten.*
- *Strikt verboten ist auch das Befahren der Strände und Dünen abseits der markierten Wege mit Fahrzeugen jeglicher Art.*
- *Während der Eiablagezeit der Meeresschildkröten werden Teile des Strandes abgesperrt. Betreten verboten!*
- *Zum Schutz der überaus empfindlichen Dünenvegetation sollte man darauf verzichten, quer durch die Dünen zu wandern.*

PISCINAS (11 km – km 36)

Wenige Kilometer südlich von Marina di Arbus endet die befestigte Straße oberhalb einer steilen Abfahrt hinab in ein Bachtal. Hier beginnt eine gut acht Kilometer lange Geländepiste, die schließlich im breiten Tal des Riu Piscinas endet. Dort liegt inmitten der Sandwüstenei wie eine Fata Morgana das **Hotel Le Dune,** das einzige Gebäude an dem grandiosen Stück Natur mit goldgelbem, superbreitem Paradiesstrand und den riesigen Dünen, die sich kilometerweit in das Tal des Baches hineinziehen. Der Ort ist sagenhaft schön, doch er ist schwer zu erreichen. Denn die Geländepiste, die zu ihm führt, ist immer schlecht und für große Womos nicht gerade ideal. Bei Trockenheit ist sie mit entsprechend vorsichtiger Fahrweise machbar, doch im Frühjahr oder Herbst, wenn Regen einsetzt, sind die beiden Bachfurten, die es aus Richtung Marina di Arbus kommend zu durchqueren gilt, oft auch für Geländefahrzeuge nicht mehr passierbar.

Es gibt noch eine zweite Zufahrt nach Piscinas und zum Hotel Le Dune, die von **Ingurtosu** aus den Bergen hinab zur Küste führt. Diese Strecke ist bis ins Bachtal hinab teilweise geteert und es müssen keine Furten passiert werden, weshalb diese Strecke bei schlechtem Wetter eher zu empfehlen ist (genaue Beschreibung s. Kap. „Fluminimaggiore" S. 157). Doch auch sie ist auf den letzten Kilometern eine auf deutsch gesagt wirklich hundsmiserable schmale Geländepiste mit riesigen Schlaglöchern, die sich in etwa so wie Eisenbahnschwellen, also mit dem Womo nur maximal im Schritttempo befahren lässt und dennoch alles gnadenlos durchrüttelt und -schüttelt. Wenn Sie es also angehen, egal auf welcher Route: Binden Sie vorher auf jeden Fall alles fest und verschließen Sie alle Türen und Klappen bomben-

064sa Abb.: ph

◄ *Wie eine Fata Morgana liegt das Hotel Le Dune in der Sandwüste der Costa Verde*

Camping

2 Camping Sciopadroxiu ***

GPS: 32 S 0454770 UTM 4375150
N39,52481 E8,47376

Loc. Piscinas, Mobil-Tel. 340 5724310, www.campingsciopadroxiu.com, Dez.-Okt. Für Naturfreunde ein Traum! Einzigartig schön inmitten der Costa-Verde-Natur gelegener Platz. Anfahrt ist etwas steil, aber gepflastert. Oben warten dann von Eukalyptus beschattete Terrassen und freies Rasengelände mit Stromanschluss. Entsorgungsstation vorhanden. Wirklich unvergesslich: Hier in der Bar oder im Restaurant zu sitzen und mit Blick auf das sich öffnende Tal und die weißen Dünen die Sonne im Meer versinken zu sehen. Stellplatz 6,50 - 7,50 €, Erw. 9,50 €, Strom 1,50 €.

sicher, sonst haben Sie nachher das große Chaos hinten im „Haus“.

Die Situation für Womos direkt am Hotel Le Dune ist leider sehr unübersichtlich und unklar. War es früher gar kein Problem, auf einem der großen Parkflächen die Nacht zu verbringen, ist das nun verboten. Bei meinem letzten Besuch war an der Stelle, wo die Piste von Marina di Arbus auf die von Ingurtosu trifft, für Womos Schluss. Ein Durchfahrtsverbotsschild stellt das unmissverständlich klar. Andererseits entnehme ich meinen Unterlagen, dass auf einem Teil der Stellflächen vorne am Strand Womos gegen Gebühr stehen dürfen, was sich mit dem Verbotsschild nicht in Einklang bringen lässt. Man muss also sehen, wie die Situation ist und am besten mit allem rechnen.

Der von der Wegegabelung einige Hundert Meter taleinwärts Richtung Ingurtosu sehr schön gelegene neue Campingplatz hat nur eine beschränkte Anzahl an Plätzen, die groß und eben genug sind, um mit dem Womo zu stehen. Von ihm sind es 1,5 km bis zum Strand.

Achtung

Am Strand von Piscinas gibt es kein Trinkwasser!

War es bis vor kurzem nur das Hotel Le Dune, das an diesem abgeschiedenen Ort Essen und Getränke anbot, hat die Gemeinde Arbus nun in der Saison ein kleines Bretterbudendorf mit Umkleidekabinen, Toiletten und Duschen und einer mitten im Sand gelegenen Bar eingerichtet.

MONTEVECCHIO (28 km - km 64)

Wer sich nicht über die Geländepisten und durch die Bachfurten bis ins Tal des Riu Piscinas kämpfen will, um dann von dort der Straße hinauf nach Ingurtosu zurück zur SS 126 zu folgen, dem bleibt nichts anderes, als zurück bis zum Abzweig nach Marina di Arbus zu fahren. Von dort geht es dann landschaftlich einmalig schön auf allerdings unglaublich kurviger Straße, vorbei am markanten **Gipfel des Monte Arcuentu,** durch vollständig einsames Land Richtung Guspini.

Picknickplatz

GPS: 32 S 0462802 UTM 4378778, N39,55788 E8,56700

Schöner schattiger Wald-Picknickplatz kurz vor Montevecchio beim Agriturismo „Sa Tanca Montevecchio“ mit Restaurant.

Nach gut 15 km hat man die alten Bergwerksanlagen von **Montevecchio** erreicht. Einst förderte hier eine der größten Minen Europas

Silber, Zink und Blei. Heute versucht man, den ausgedehnten halbverfallenen Anlagen, aufgelassenen Schächten und Stollen und verrosteten Förderanlagen wieder etwas Leben einzuhauchen und damit Arbeitsplätze zu schaffen. Mit viel Fördergeldern der EU soll hier die Bergbaugeschichte wieder auferstehen und Teile für Touristen zugänglich werden.

▲ *Bergbaurelikte bei Piscinas: Hier ging es früher heiß her*

Quelle

GPS: 32 S 0462802 UTM 4378778
N39,55788 E8,56700

Die Quelle befindet sich in Montevecchio beim Carabinierischild. Ein gefasster Brunnen aus weißem Stein mit Wasserhahn und Schlauch. In dem ehemaligen Bergbaugebiet sollte man wegen der teilweise giftigen Abraumhalden und anderer Rückstände beim Trinkwasserfassen an Quellen etwas Vorsicht walten lassen; bei Bedarf hier den Tank füllen!

ARBUS (8 km – km 72)

Kurz hinter Montevecchio biegt eine Nebenstraße in Richtung Arbus ab. Die Strecke verläuft hoch oben an der Flanke der die Ebene begrenzenden Berge und eröffnet wie von einem Balkon wunderbare Ausblicke über die Campidano-Ebene bis hinüber zu den Tafelbergen der Marmilla.

Die kleine Stadt Arbus hat für große und kleine Jungs, die einen Hang zu Messern, besonders Taschenmessern haben, ein besonderes Kleinod zu bieten – das **Museo Coltello Sardo,** das die traditionsreiche **sardische Messerschmiedekunst** in Ehren hält und jedem Liebhaber von schönen Klingen das Herz höher schlagen lässt. Sein Gründer ist der in Arbus geborene Messermacher, Bildhauer, Maler und Schauspieler *Paolo Pusceddu,* dessen Bruder nebenan die Coltelleria Arburesa betreibt.

In einer historischen Schmiede präsentiert das Museum zahlreiche wertvolle Stücke, darunter auch das im Guinnes-Buch der Rekorde verzeichnete 295 kg schwere, 4,85 m lange und damit größte Messer der Welt.

Sehenswertes

Museo Coltello Sardo, Via Roma 15, Tel. 070 9759220, www.museodelcoltello.it, tägl. 9–12.30 und 15.30–19 Uhr, Eintritt frei

Einkaufen

Coltelleria Arburesa, Via Roma 15, Tel./Fax 070 9759220, www.arburesa.it, Via Repubblica 227, Tel. 070 9756228

FLUMINIMAGGIORE (20 km – km 92)

Nach Arbus geht es dann so richtig in die **Berge des Iglesiente** hinein und dann auf einer kuppigen Hochfläche nach Süden weiter Richtung Fluminimaggiore.

Etwa 8 km nach Arbus biegt bei km 77,2 nach Westen eine Straße ab, die über die verfallene Bergwerkssiedlung **Ingurtosu** das Tal des Riu Piscinas hinab bis an die Küste der Costa Verde und zum Hotel Le Dune führt. Die Höhenbeschränkung brauchen Sie nicht zu be-

Camping

③ *Camping Le Palme* ***

GPS: 32 S 0452694 UTM 4371170
N39,48883 E8,44988

Tel. 070 9758283, www.campinglepalme.com, Ende Mai-Anf. Okt. Weitläufiges, leicht abfallendes und von lockerem Buschwerk und niedrigen Bäumchen bestandenes, naturbelassenes Gelände mit Bar/Pizzeria/Ristorante und Ver-/Entsorgung. Keine Versorgungsmöglichkeit im weiten Umfeld. Womo 10-12 € , Erw. 5-6 €, Strom 2 €, Dusche 1,50 €.

achten. Auch große Womos kommen durch die 3 m breite und 2,60 m hohe Engstelle in Ingurtosu – die Durchfahrt unter der frisch restaurierten Villa Idina des Ortsgründers – problemlos durch.

Die 8 km lange Fahrt hinab bietet ständig neue, einfach unglaubliche Sichten auf die ferne Küste und die dort am Horizont blendend weiß über dem tiefblauen Meer schimmernden Sandberge. Früher war in Ingurtosu Schluss mit guter Straße. Heute geht es auf breiter Teerstraße weiter bis auf den Talboden hinab bis zu den dortigen verfallenen Minenanlagen. Nach diesen aber wird der Weg zur schmalen und wahrlich höllischen Rüttelpiste, was zum Schutz der Costa Verde so beabsichtigt ist und auch sicherlich so bleiben wird.

Eine weitere und die letzte Zufahrt zur Costa Verde findet man bei km 72,2. Dort biegt eine einspurige Teerstraße nach **Scivu** ab (Schild „Is Arenas/Scivu"), die 16 endlose Kilometer durch die totale Einsamkeit und Leere bis hinab an die Küste führt. Achtung: An der Gabelung (bei ca. km 10) links Richtung „Scivu" fahren. Geradeaus landen Sie vor dem Schlagbaum eines Hochsicherheitsgefängnisses. 3 km vor Erreichen der Küste lädt nun der Camping „Le Palme" zum Bleiben ein. Wer sich hier installiert, der sollte jedoch genug Vorräte haben und ein Freund von totaler Ruhe und Einsamkeit sein.

Schließlich ist dann der [P] Strandparkplatz erreicht, von dem Pfade zum Sandstrand unterhalb der malerischen roten Küstenklippen führen. Hier in dieser Abgeschiedenheit können Freunde der nahtlosen Bräune auch den blanken Hintern und Busen zeigen, sofern sie sich nicht unbedingt gleich am Abgang zum Strand ausbreiten.

Ziemlich exakt 20 km nach Arbus führt von der SS 126 die Straße ab, die hinab an die Küste führt und erst wieder südlich von Iglesias auf die Hauptstraße trifft. Da dieses Küstenstück sensationell schön ist, empfehle ich, auf jeden Fall die Küstenstraße zu nehmen.

Aber den Abstecher in das freundliche Bergarbeiterstädtchen **Fluminimaggiore** und die in seinem Grund liegenden Attraktionen **„Grotta de Su Mannau"** und der antike **„Tempio di Antas"** sollte man nicht versäumen. Das von schönen Wandmalereien geschmückte Bergstädtchen Fluminimaggiore bietet gute Einkaufs- und Tankmöglichkeit und eine reizvoll am plätschernden Bach gelegene museale Wassermühle, bei der angelegte Parkplätze auch großen Mobilen beste Haltemöglichkeit bieten.

[P] *Parkplatz*

Strandparkplatz Scivu, ebene Fläche in der totalen Einsamkeit. Nur im Hochsommer etwas Betrieb, dann von 8-20 Uhr, 8 € Gebühr/Womo. Im der Saison mit Bar, Kaltdusche (1 €), und Entsorgungsmöglichkeit, Übernachten möglich.

GPS: 32 S 449606
UTM 4371799
N39,49433 E8,41393

Historische Wassermühle

Museo Antico Mulino, Piazza Gramsci, Tel. 0781 580990, Sommer Di.-So. 10-13 u. 17-30 Uhr, Winter 10-13 u. 16-19 Uhr

ABSTECHER ZUR GROTTA DE SU MANNAU UND ZUM TEMPIO DI ANTAS

(Grotta Su Mannau 5 km/Tempio di Antas 10 km)

Nach Fluminimaggiore führt die Straße durch das üppig grüne Tal des Riu Antas. Etwa 4 km nach der Ortschaft biegt rechts die Straße zur Grotta de Su Mannau ab, die links der Straße in einem Seitental liegt. Die Straße zur **Höhle** führt durch eine Unterführung. Danach geht es einspurig auf einer guten Teerstraße mit Ausweichstellen durch ein schönes romantisches Bachtal sanft bergauf und endet nach gut 1 km auf einem leicht schrägen [P] Parkplatz inmitten der milden, vom Plätschern des Baches und Vogelgesang erfüllten Natur. Am Parkplatz ist eine Bar mit Kiosk, an der man auch die Tickets zu Höhle kauft.

Sehenswertes

Grotta de Su Mannau, Tel. 0781 580189, Frühling/Herbst 9.30 bis 17.30 Uhr, Sommer 9.30 bis 18 Uhr, Führungsdauer ca. 45 Min

GPS: 32 S 0456404 UTM 4362190
N39,40812 E8,49361

Wandertipp

Vom Parkplatz führen – was für Sardinien eine echte Seltenheit ist – angelegte und markierte Wanderwege in die Umgebung. Eine Übersichtstafel informiert darüber. Einer davon führt durch stille Natur und, vorbei an mehreren angelegten Rastplätzchen sowie alten Römergräbern, zum Tempel von Antas, der gut 90 Fußminuten südlich der Grotte allein auf weiter Flur im Gelände liegt. Ideal ist es, wenn ein Teil der Womo-Besatzung wandert, während ein Fahrer mit dem Fahrzeug zum Tempel fährt. Wasser nicht vergessen!

Die Anfahrt zum Tempio di Antas ist weniger problematisch als zur Höhle, denn die Stichstraße, die zu ihm führt, ist neu und zweispurig. Vor einigen Jahren noch frei zugänglich, ist auch der Tempel nun eingezäunt und mit Kassenhaus inklusive Bar und Öffnungszeiten versehen.

Der **römische Tempel,** der malerisch auf einer leichten Anhöhe thront, wurde im 3. Jh. v. Chr. auf einem punischen Tempel aus dem 6. Jh. v. Chr. errichtet. Es wird vermutet, dass das Heiligtum zu der bedeutenden Römerstadt Metallica gehörte, die bisher noch nicht entdeckt wurde.

Sehenswertes

Tempio di Antas, Mobil-Tel. 347 8174989, Nov.-März Di.-So. 9.30-16.30 Uhr, Apr.-Juni u. Okt. tägl. 9.30-17 Uhr, Juli-Sept. tägl. 9.30-19.30 Uhr

GPS: 32 S 0456936 UTM 4360357
N39,39163 E8,49991

› Routenatlas Seite 298

BUGGERRU (12 km - km 104)

▲ *Endstation Sehnsucht – Wohnmobilträume am Capo Pecora*

Die Straße, die aus den Bergen des Iglesiente hinab an die Küste zur Bucht von Portixeddu führt, ist eine echte Bergstrecke. Teils in den nackten Fels gesprengt und mit teils engen Serpentinen windet sie sich hinab bis ins fruchtbare Tal des Riu Mannu. Eben noch von karger Macchia-Steppe umgeben, blickt man nun plötzlich auf wogende Schilfgürtel, in denen Frösche um die Wette quaken und Vögel aus voller Kehle singen. Kurz darauf weist ein Schild zum rechts neben der Straße gelegenen ⛺ Camping Ortus de Mari.

Dann steht man an der weiten **Bucht von Portixeddu,** die ein superbreiter und kilometerlanger Sandstrand ziert. Direkt an der Stelle, wo die Straße auf die Küste trifft, laden in der Saison ein paar Bars und Pizzerien zum Verweilen ein. Der 🅿 Parkstreifen, der sich entlang des gesamten kilometerlangen Strandes hinzieht, ist für Womos nicht die beste Wahl. Schöner sind die 🅿 Parkterrassen am Südende der Bucht beim Ristorante San Nicolo.

Camping/Stellplatz

④ Camping Ortus de Mari **

GPS: 32 S 0450294 UTM 4365773
N39,44007 E8,42238

Tel./Fax 0781 54964, 20.5.-30.9. Kleiner und ruhiger, naturbelassener Platz im lichten Eukalyptushain und auf schöner Wiese. Ca. 500 m zum Strand. Der Betreiber, Herr Mura, spricht Deutsch. Nachteil: Die Lage am Riu Mannu und seinen Schilfzonen gefällt zu bestimmten Zeiten auch den Moskitos gut!

⑤ Stellplatz

GPS: 32 S 0449330 UTM 4363311
N39,41783 E8,41136

Extra für Womos angelegte Terrassen mit toller Aussicht auf Bucht und Strand oberhalb des Restaurants San Nicolo. Unten an der Wendeplatte hinterm Ristorante spendet in der Betonwand die Quelle S. Salvatore mit Wasserhähnen Trinkwasser! Mit Müllcontainer und Strand-Pizzeria, sonst keine Einrichtungen. Womo in der Saison 10 €, mit Strom 15 €.

Capo Pecora (3 km einfach)

Am Strand geht es nach Süden weiter Richtung Buggerru: Nach Norden biegt ebenfalls eine breite zweispurige Straße ab, die über die Klippen am Nordrand der weiten Bucht von Portixeddu hinaus zum weit vorspringenden Capo Pecora führt und dort endet. Die Sicht von hier zurück auf die Bucht ist zauberhaft, besonders im milden Abendlicht. In den Wiesen oberhalb der Küste bieten sich unter dem weiten Himmel wunderbare Plätzchen, die sich auch für eine Nacht bestens eignen. Manch Kollege Wohnmobilist macht das so.

Nach der Strandbucht führt die Straße bergauf und durch die wildromantischen Küstenklippen nach **Buggerru.** Das kleine, ehemalige Bergarbeiterdorf liegt eingeklemmt in einer tief eingeschnittenen, fast klaustrophobisch engen Schlucht, an deren Ausgang sich ein schöner Sandstrand findet. Fährt man von der Hauptstraße, die hoch über dem Dorf verläuft, hinab und durch den Ort hindurch weiter Richtung Hafen, dann weist ein Schild nach rechts zum dortigen Womo-Stellplatz, hinter dem sich die düsteren Ruinen alter Bergwerksanlagen den Hang hinaufziehen.

Stellplatz

6 *Stellplatz Buggerru*

GPS: 32 S 0448556 UTM 4361688
N39,4031667 E8,4025000

Große, unbefestigte Terrassen mit Bäumchen, die jedoch noch Jahre brauchen, um Schatten zu spenden. Mit Strom, Trinkwasser, Ver-/Entsorgung, Duschen (alles einfachster Art). Bei Ankunft einfach installieren und einstecken. Am späteren Abend oder frühen Morgen kommt jemand zum Kassieren. Womo 10 € inkl. Strom u. Trinkwasser. Entsorgung Wasser u. WC 10 €, nur WC 5 €, Entsorgung nur 10-12.30 u. 15.30-18.30 möglich.

NEBIDA (18 km - km 122)

ANFAHRT

Schon vor Buggerru hebt sich aus dem Meer eine imposante Steilküste empor, die immer höher und steiler und wilder wird, je näher man dem Ort kommt. Hinter Buggeru aber wird diese Strecke immer großartiger und gipfelt schließlich in der für Sardinien einzigartigen Steilküste um den Pan di Zucchero bei Nebida.

Doch erst führt die Straße aus der Schlucht von Buggerru hinauf auf eine Art menschenleere Hochebene. Nach wenigen Kilometern biegt eine breite Teerstraße zur **Cala Domestica** ab. Sie endet auf einem großen geteerten Parkplatz, an dem ein einziger (dafür sehr malerischer) Feigenbaum Schatten spendet. Diese Bucht ist echt die Wucht! Vom Parkplatz geht es durch die Dünen zum tollen Sandstrand, der sich zwischen Felsenklippen aufspannt. Etwas erhoht zeugen Mauerreste und Ruinen von der einstigen Nutzung der Bucht durch Bergwerksgesellschaften und einer alten Thunfischfangstation. Der Clou der Cala Domestica ist jedoch das Loch, das man rechter Hand im Fels erblickt. Ein begehbarer, aber teils schon sehr ausgewaschener, in den Fels geschlagener Weg führt zu ihm hin. Geht man durch den kleinen Tunnelstollen hindurch, so macht es „Simsalabim" und man reibt sich die Augen: Denn vor Ihnen liegt eine kleine Märchenbucht mit kristall-

Stellplatz

7 *Stellplatz*

GPS: 32 S 0446775 UTM 4358292
N39,37246 E8,38208

Sehr große, schattenlose, ebene Wiese mit einzelnen Buschgruppen, Platz für mind. 80 Womos, Tel. 0781 45855, 1.4.-15.10. Anfahrt: breite geteerte Stichstraße ca. 1,5 km das Bachtal abwärts. Keine Entsorgung, aber Trinkwasser, mit Bar u. Kiosk, kein Handy-Empfang! Womo 10 €.

▲ *Durch den Felstunnel zum Strand: die kleine Nebenbucht der Cala Domestica ist ein verstecktes Badeparadies*

klarem, in allen Blautönen schimmerndem Wasser und dahinter ein ganz entzückender kleiner gelber Sandstrand. Einmalig!

Nach der Cala Domestica fährt man weiter durch die einsamste Einsamkeit und dann die wohl steilste Straße der Insel hinab. Die extreme Steigung schafft man bergauf im schweren Womo meist nur im ersten Gang. Wir jedoch fahren bergab. Doch auch da sollte man Vorsicht walten lassen und nicht mehr als den zweiten Gang inklusive Fuß- und Motorbremse nehmen, denn das letzte und mit 13 % steilste Stück führt schnurgerade bergab und durch eine von hohen Felsen gesäumte Klamm hindurch. Achtung: Fotoapparat bereithalten, genau hier in der Klamm öffnet sich plötzlich für einen kurzen Augenblick der Blick hinab auf das tiefblaue Meer, aus dem majestätisch der gigantische schneeweiße **Pan di Zucchero** seine ganzen 132 Meter stolz und senkrecht in die Höhe reckt. Ein bildschönes Motiv!

Damit ist **Masua** erreicht. Masua, das sind eine Hand voll an den steilen Hang geklebte Häuser eines alten Kalksteinbruchs und Zementwerkes und der alten Blei- und Zinnmine Porto Flavia. Ihre Überreste erblickt man tief unten in der Bucht von Porto Flavia. Dort führt in vielen Kurven eine steile, aber gut zu befahrende Straße hinab. Unten erwarten den Neugierigen mehrere ebene P Parkflächen sowie ein 50 m langer brauner Sandstrand und allerlei verrostete und verrottete Überbleibsel aus der Bergbauzeit.

Sehenswertes

Miniera Porto Flavia, Tel. 0781 491300, www.igeaminiere.it, Führungen durch die ehem. Minenanlagen: Mo.–Fr. 8.30–17 Uhr, Sa./So. 8.30–13 Uhr

ORTSBESCHREIBUNG

Der nächste Ort an dieser gewaltigen Felsküste ist Nebida, der – ich will es gern zugestehen – einer meiner Lieblingsplätze auf Sardinien ist. Und dies einzig und allein wegen seinem „Belvedere" und der Bar „Al '906 Operaio" mit Ristorante und Pizzeria. Doch der Reihe nach. Bei der Durchfahrt durch das freundliche Bergarbeiterdorf erblickt man rechts der Straße einen angelegten Platz mit P Parkflächen, die durch Aufschüttungen noch erweitert wurden. Hier parken und dem Schild **„Belvedere"** folgen. Es führt Sie ein Spazierweg im Kreise um einen mächtigen Fels in der Steilküste herum, der Ihnen auf der Meerseite einfach sensationelle Ausblicke auf die Steilküste der Bucht von Porto Flavia und den vorgelagerten Pan di Zucchero gewährt. Das ist nicht alles. Denn an der schönsten Stelle hat sich die **Bar „Al '906 Ope-**

raio“ im ehemaligen, in den Fels getriebenen Sprengstofflager einer alten Mine eingerichtet. (Das Klo war übrigens früher das Lager für die Zündkapseln.) Vor der Felsenbar laden Tische unterm Bretterdach ein, sich an diesem einzigartigen Plätzchen niederzulassen und beim eisgekühlten Getränk die sagenhafte Kulisse zu genießen. Am allerschönsten ist es gegen Abend, wenn man beim Wein die Sonne hier im Meer versinken sieht.

070sa Abb.: ph

Essen

Al '906 Operaio, Belvedere di Nebida, Mobil-Tel. 339 3436597

FONTANAMARE (4 km – km 126)

Nach Nebida führt die Straße hoch oben und direkt in die fast senkrecht abfallenden Felswände gesprengt weiter. Die Ausblicke sind einzigartig, doch der Fahrer sollte sich hier auf die Straße und den Verkehr konzentrieren und sich nicht ablenken lassen.

Nach kurzer Fahrt ist dann das aus kaum einem halben Dutzend rumpeliger Häuser bestehende Fontanamare erreicht. Das Besondere an diesem „Nichtort“ ist der große Parkplatz über dem endlos langen Sandstrand, auf dem allabendlich dasselbe Schauspiel stattfindet. Zum späten Nachmittag füllt er sich schlagartig mit zahllosen Besuchern aus dem nahen Iglesias, die dann hier etwas hin- und herflanieren, auf dem Mäuerchen sitzen und poussieren oder die Enkel herumschieben. Abends ist der freundliche Spuk wieder vorbei, um dann am Wochenende mit den obligatorischen Liebespärchen vor und nach der Disco noch einmal zu beginnen.

Bizarrer Lindwurm: ein alter Abluftschacht bei Fontanamare

071sa Abb.: ph

Parkplatz

Sehr großer, leicht abfallender Teerparkplatz direkt über dem Strand mit tollem Blick auf denselben und auch auf den Pan di Zucchero. Im Hochsommer tagsüber gegen Gebühr, sonst frei. Wenige Schritte entfernt eine einfache, aber beliebte Pizzeria/Ristorante mit zivilen Preisen.

GPS: 32 S 0451531 UTM 4349020
N39,28919 E8,43797

ABSTECHER NACH IGLESIAS UND ZUR GROTTA DI SAN GIOVANNI

(Iglesias 15 km einfach/Domusnovas 12 km einfach)

Von Fontanamare sind es nur 15 km bis zur Bergarbeiterstadt **Iglesias.** Der 30.000-Einwohner-Ort liegt inmitten einer waldreichen Hügellandschaft am Fuße des Colle di Buon Cammino. Das lebendige, vom Tourismus noch gänzlich unberührte Städtchen besitzt ein gewachsenes historisches Zentrum mit viel Flair, eine sehr charmante Altstadt mit einigen Sehenswürdigkeiten, vor allem aber mit schönen, von kleinen Geschäften gesäumten Gassen sowie kleinen Plätzen mit Bars und Cafés. Prächtige Palazzi, zahlreiche Sakralbauten, Reste einer imposanten Stadtmauer mit Wehrtürmen und ein über der Altstadt thronendes Castello zeugen vom einstigen Reichtum der Stadt, den ihr der prosperierende Bergbau in der Umgebung gebracht hat.

Parkplatz

GPS: 32 S 0459925 UTM 4351471
N39,31171 E8,53515

Ideal zum altstadtnahen Parken ist die grüne Piazza Mercato an der Viale S. Veneto. Von dort sind es nur wenige Schritte in das historische Zentrum.
Etwas weiter ist der Fußweg in die Altstadt von den kostenlosen Parkplätzen am Stadion (Campo Sportivo) nahe dem Bahnhof.

RUND UM DIE PIAZZA G. SELLA

▼ Sonntagsruhe auf der Piazza Municipio mit dem Dom Santa Chiara

072sa Abb.: ph

Von den Plätzen G. Sella und Oberdan führt der breite **Corso Matteotti** direkt hinein in die verwinkelte, mittelalterliche Altstadt. Der von Läden, Bars und Geschäften gesäumte Corso ist die Einkaufs- und Flaniermeile der Stadt. Er führt, wie auch die parallel verlaufende, von schönen Bürgerhäusern gesäumte **Via Cagliari,** schnurgerade auf die zentrale Piazza Lamarmora im Herzen der Altstadt mit dem **Brunnendenkmal Su Maimone,** das dem mythologischen Wassergottwesen Maimone gewidmet ist. Kulturhistorisch am bedeutendsten ist die **Piazza Municipio,** mit dem Palazzo Comunale, dem Bischofspalast und insbesondere der romanisch-gotischen Kathedrale Santa Chiara aus dem 13. Jh.

Sehenswertes

Duomo Santa Chiara, tägl. 7–13 und 16–20.30 Uhr

Wie kann es anders sein: Das wichtigste Museum dieser Stadt ist ganz dem Bergbau gewidmet. Das Museo dell Arte Mineraria zeigt Mineralien und Fossilien aus den Bergwerken des Iglesiente sowie Werkzeuge, Bergwerksmaschinen, Karten, alte Urkunden und mehr zum Thema Bergbau.

Sehenswertes

Museo dell Arte Mineraria, Via Roma 47, www.museoartemineraria.it, Tel. 0781 350037, Apr.-Juni Sa./So. 18-20 Uhr, Juli-Sept. Fr.-So. 19-21 Uhr

DOMUSNOVAS, GROTTA DI S. GIOVANNI

Auf schnurgerader Straße hat man in wenigen Minuten das gut 10 km östlich von Iglesias gelegene **Domusnovas** erreicht. Die große Sensation dieses Orts war lange die einzige natürliche **Tropfsteinhöhle** Europas, die man mit dem Auto durchfahren konnte. Zwar ist die Grotta di San Giovanni nun für Fahrzeuge gesperrt, aber der Ausflug dorthin lohnt noch immer. Denn nun kann man die beleuchtete Höhle zu Fuß durchwandern, was sehr eindrucksvoll ist. Am Höhleneingang bietet das Ristorante „Perd e Cerbu" Gelegenheit zur Rast. Wer sich einen Picknickkorb schnürt und mit auf die ca. 15-minütige Wanderung durch die Höhle nimmt, der kann sich am anderen Ende des Naturtunnels in den idyllischen Picknickarealen unter knorrigen Eichen am schattigen Ufer des plätschernden Baches niederlassen, der die Höhle ausgewaschen hat und noch immer durch sie hindurchfließt.

▲ *Die Durchfahrt durch die Naturhöhle ist heute verboten*

Wer mit dem Womo zum hinteren Eingang der Höhle möchte, der muss einen erheblichen Umweg fahren. Dieser führt erst von Domusnovas weiter Richtung **Vallermosa,** dann ca. 200 m nach Ortsausgang im Kreisverkehr weiter Richtung **Marganai.** Dann geht eine völlig neue zweispurige Straße gute 6 km hinauf in die menschenleeren Berge des Monte Marganai. An ihrem Ende weist ein kleines Schild „Grotta" nach links in ein schmales Teersträßlein, das zum hinteren Höhleneingang führt. Achtung: Wenden direkt an der Schranke ist für große Womos schwierig!

Picknickplatz

GPS: 32 S 0467199 UTM 4356528, N39,35758 E8,61928

Herrliche Picknickplätze mit Parkplatz am Bach am nördlichen Höhleneingang.

Park-/ Picknickplatz
GPS: 32 S 0451205
UTM 4347956
N39,27959 E8,43426
Riesige ebene Teerflächen ohne Schatten direkt hinter dem Strand mit zwei einfachen Bars und Blick auf die Steilküste von Nebida und den Pan di Zucchero.

Parkplatz
GPS: 32 S 476764
UTM 4316678
N38,99880 E8,73167
Ca. 1 km vor dem großen Strandparkplatz dem Schild „Sa Punta S'Arena" bergauf folgen. Nach ca 1,5 km großer geteerter Platz am Strand.

GONNESA (8 km - km 134)

Der endlos lange Sandstrand der bei Fontanamare beginnt, endet einige Kilometer weiter südlich im **„Plage e Mesu"**, zu dem eine neu und breit ausgebaute Stichstraße hinausführt (Schild „al mare" folgen). Hinter dem herrlichen, meist völlig einsamen Strand dehnen sich riesige, ebenfalls ganz neu angelegte Parkflächen aus, die zeigen, dass die Gemeinde Gonnesa Größeres vor hat mit ihrem Hausstrand. Bislang ist man dort jedoch noch weitgehend mit einigen Einheimischen alleine.

PORTOSCUSO, PORTO VESME (25 km - km 159)

Nach Gonnesa wird die Küste für Touristen weniger interessant. Wer wenig Zeit hat, kann hier den großen Sprung machen und bis zur Bucht Porto Teulada in einem Rutsch auf der fast durchweg geraden und gut ausgebauten SS 126 via Carbonia durchsausen.

Die Stadt **Carbonia** selbst ist weniger interessant. Die wurde, der Name „Kohle" lässt es schon erahnen, planmäßig angelegt. Es war *Mussolini*, der Carbonia 1936–38 aus dem Boden stampfen ließ, um hier die Bergarbeiter anzusiedeln, die für sein „tausendjähriges Reich" Braunkohle abbauen sollten. Der Plan ging gründlich schief, weil die Qualität der Braunkohle viel zu schlecht war. 1950 wurde die letzte Kohlemine geschlossen.

Mit genügend Zeit im Reisegepäck verlässt man die SS 126 jedoch gleich nach Gonnesa wieder, um nun durch völlig einsames Küstenland nach **Portoscuso** zu rollen.

Aera Archeologica di Monte Sirai

4 km nordwestlich von Carbonia ragt nahe der SS 126 beim Dorf Sirai der 190 Meter hohe Tafelberg Monte Sirai auf. Auf der Hochfläche liegt ein ausgedehntes archäologisches Gelände einer antiken Römerstadt, mit rings um das Plateau verlaufender Festungsmauer, Nekropole, phönizischer Brandopferstätte sowie Straßenzügen und Häuserfundamenten. Wichtigster Bau ist die 60 mal 300 Meter große Akropolis, deren Fundamente man beim Parkplatz der Anlage findet. Von oben hat man eine wunderbare Aussicht! Tel. 0781 64044, Juni–Sept. Di.–So. 9–13 und 16–20 Uhr, Okt.–Mai Di.–So. 9–17 Uhr

Picknickplatz
GPS: 32 S 0448165 UTM 4344526
N39,24851 E8,39928
Angelegter, ebener Parkplatz direkt über dem Steilufer mit tollem Blick auf das Meer und die Steilküste.

Portoscuso besitzt einen schönen Fischer- und Sportboothafen, an dem man Parkplätze für große Womos findet und sich in einer der Bars einen kleinen Schwarzen gönnen kann. Zum längeren Verweilen lädt es jedoch nicht unbedingt ein. Dafür sind insbesondere die Schlote des Aluminiumwerkes vom nahen Porto Vesme verantwortlich, die hier den strahlend blauen Himmel verdüstern. Nach **Porto Vesme** muss man allerdings, will man die kleine Insel **Isola di San Pietro** besuchen. Denn von Porto Vesme fahren die Fähren los. Die Überfahrt ist zu empfehlen, aber eher ohne Fahrzeug, denn außer dem Hauptort Carloforte sowie einigen sehr wenigen Stichstraßen gibt es nicht viele befahrbare Wege. Und der einzige Campingplatz der Insel wurde 2007 geschlossen. Wer den Ausflug plant, kann sich vor Ort einen Roller oder ein Rad leihen.

Fähre Porto Vesme – Carloforte

Saremar, Info am Counter im Hafen, Tel. 0781 509065, www.saremar.it, tägl. 12–18x zwischen 6 und 22 Uhr, von Juni–Sept. auch Nachtfahrten. Bei starkem Andrang (nur Hochsaison) werden erst Platzkarten ausgegeben, die dann zum Kauf des eigentlichen Tickets berechtigen.

Information

Ufficio Provinciale del Turismo, Via Fertilia 40, 09013 Carbonia, Tel. 0781 6695238, Fax 670821, www.provincia.carboniaiglesias.it

Provinz Medio Campidano, Via Carlo Felice 267, 09025 Sanluri, Fax 9356799, www.provincia.mediocampidano.it, Tel. 070 9356400

ABSTECHER ZUR ISOLA DI SAN PIETRO

(Tagesausflug, Überfahrt ca. 30–40 Min.)

Lange war die kleine Insel San Pietro nur von ein paar wilden Ziegen besiedelt. Erst 1798 ließen sich auf ihr Fischer aus Ligurien nieder, die im 15. Jh. auf die tunesische Insel Tabarca ausgewandert sind. Dort waren sie jedoch ständig Piratenüberfällen ausgesetzt. Als sie 1798 erneut überfallen wurden und über 800 von ihnen in die Sklaverei verschleppt wurden, wandten sie sich an ihren König, den Savoyer *Carlo Emanuelle III.* Er erteilte ihnen die Erlaubnis, sich auf der Insel San Pietro niederzulassen. Als Dank benannten sie ihre neue Heimat nach ihrem Gönner Carloforte.

Da durch den Kanal zwischen den beiden Inseln San Pietro und Sant'Antioco seit Urzeiten große Thunfischschwärme wandern, ist **Carloforte** die Insel des *tonno.* Hier wird er gefangen und hier wird er in frischester und fantasiereichster Form zubereitet. Deshalb heißt „nach Carloforte gehen" auch „Thunfisch essen gehen". In dem malerischen Fischerstädtchen, das mit seinem sympathisch-romantischen Ortsbild so gar nichts mit dem struppigen Bild sardischer Dörfer gemein hat, bieten gleich mehrere Kochkünstler den *tonno* in delikatester Form dar.

Information

Pro Loco, Corso Tagliafico 3 (an der Hafenpromenade), Tel. 0781 854009, www.prolococarloforte.it

Verleih

Peloso Viaggi, Via XX Septembre 100, Tel. 0781 855824, www.pelosoviaggi.it, Auto-, Roller-, Fahrrad-, Minibus-Verleih und Taxi

Essen

Da Nicolo, Via Dante 46, Tel. 0781 854048. Im Winter in einer Gasse hinter der Hafenpromenade verstecktes, intimes Restaurant im alten Gewölbe mit preisgekrönter Küche, im Sommer auch auf Freiterrasse am Hafen. „Nicolo" heißt eigentlich Luigi Pomata und ist in Italien als Starkoch berühmt. Er gewann gleich achtmal die italienische Fernsehkochshow „Alla Prova del Cuore" und nahm die Auszeichnung „bester Koch Sardiniens" mit nach Hause, was sich allerdings auch in den Preisen niederschlägt.

Dau Bobba, Loc. Segni, Straße zur Saline, Tel. 0781 854037. Das rustikale Haus mit Blick auf Saline und pinkfarbene Flamingos serviert um den Thunfisch herum insulare Meeresküche, die wegen ihrer herausragenden Qualität oft ausgezeichnet wurde.

ISOLA DI SANT'ANTIOCO

(33 km – km 192, bis Capo Sperone 49 km)

Die Fahrt von Portoscuso bis zur Insel Sant'Antioco verläuft weitgehend ereignislos. Der flache Küstenabschnitt ist von zahlreichen verschilften Strandseen geprägt und vom Fremdenverkehr vollständig unberührt. Ab und an liegen in der Wüstenei eine Hand voll Fischer- und Bauernhäuser, dann trifft die Nebenstraße wieder auf die große SS 126, die über einen aufgeschütteten Damm hinüber zur Isola di Sant'Antioco führt.

Stellplatz

⑧ *Stellplatz Coaquaddus*
GPS: 32 S 0451657 UTM 4315028
N38,98291 E8,44185
Mobil-Tel. 334 8551383, www.costabluhotel.com, ganzjährig. Beim Strand Coaquaddus südlich von Maladroxia. Zum Costa Blu Hotel gehörend, ruhig, von jungen Oliven bestandener Platz mit Strom, Ver-/Entsorgung, Bar, Dusche und WC. Womo inkl. Ver-/Entsorgung 10 €, Strom 3 €.

Schnell ist man hinübergebraust über den 3 km langen Damm durch die brackigen und im Sommer nicht selten muffeligen Lagunenseen, in denen sich seit Jahren immer mehr Flamingos niederlassen. Aufgeschüttet haben den Damm schon die Phönizier, um das in den Minen des Sulcis und Iglesiente geschürfte Silber und Blei in den Hafen von **Sant'Antioco** zu bringen und von dort zu verschiffen. Danach in der Bedeutungslosigkeit versunken und praktisch unbewohnt, sollte San'Antioco noch einmal unter Mussolini aufblühen. Um die Bodenschätze des Sulcis und Iglesiente verschiffen zu können, wurde der Hafen massiv ausgebaut.

Information
Pro Loco, Piazza Repubblica 31/a, Tel. 0781 82031

So hat der heute viel zu große Hafen ein Gutes: Er bietet entlang seinem kilometerlangen Kai sehr viele und gute Ⓟ Parkmöglichkeiten. Vom Kai sind es nur wenige Schritte bis zur Altstadt.

Sant'Antiocos schönster Ort ist die fast auf dem höchsten Punkt der Altstadt gelegene **Piazza di Gasperi,** zu der vom Umberto-Platz meh-

074sa Abb.: ph

▶ *Im Hafen von Sant'Antioco findet man auch mit dem größten Wohnmobil Platz*

rere Straßen und Gassen hinaufführen. An dem sehr reizvollen Platz erhebt sich auf dem Fundament eines frühchristlichen Baus aus dem 6. Jh. die **Kirche Sant'Antioco.** Der aus grauem Granit errichtete Kuppelbau erhielt seinen Namen von dem Märtyrer Antiocos, dessen Gebeine in dem Sarkophag gleich am Eingang ruhen sollen. Unter der Kirche liegt ein labyrinthisches System unterirdischer Grabkammern und Gänge. Sie können ebenso besichtigt werden wie die ausgedehnten unterirdischen Gräber und Katakomben der von den Puniern angelegten und den Phöniziern und Römern genutzten Nekropole am Stadtrand (Richtung Calasetta).

075sa Abb.: ph

▲ *Wie filigrane Blumengebilde sind die Felsen an der Cala Saboni verwittert*

Sehenswertes

Archäologische Führungen. Die Nekropole, die phöniz. Brandopferstätte und das Archäolog. Museum können nur im Rahmen einer Führung besichtigt werden. Führungen Coop Archeotur, Via Foscolo 4, Tel. 0781 82105, tägl. 9–19 Uhr, Winter nur bis 18 Uhr

Von Antioco Richtung Süden führt eine Straße vorbei am langen Sandstrand Canisoni hinaus bis zum **Capo Sperone** und von dort aus weiter bis zur **Cala de Saboni** mit 100 m Strand und ⛺ Campingplatz. Außerhalb der Hochsaison ist man hier ziemlich alleine mit sich und der teilweise großartigen Steilküste, an der Wind und Wellen einzigartige Figuren und Formen aus dem vulkanischen Gestein geformt haben.

Zweiter Ort der Insel ist das kleine, schachbrettartig angelegte **Calasetta** ganz im Norden der Insel. Zu sehen gibt es hier nichts, aber eine Fähre hinüber zur Isola di San Pietro und einen ⛺ Campingplatz. Um zu diesem zu gelangen, muss man jedoch quer durch den Ort, was wenigstens während der Hochsaison mit dem großen Womo nicht immer ganz einfach ist.

Fähre zur Isola di Sant'Antioco

Calasetta – Carloforte und Carloforte – Porto Vesme
Saremar, Tel. 0781 854005, www.saremar.it
Delcomar, Tel.0781 857123, ww.delcomar.it

Camping

9 Camping Tonnara ***

GPS: 32 S 0446983 UTM 4317717
N39,00687 E8,38768

Loc. Sant Antioco, www.campingtonnara.it, Tel. 0781 809058, 20.4.-30.9. Abgelegener Platz oberhalb einer kleinen Sandbucht – für Naturliebhaber und Leute, die viel Ruhe suchen. Womo 6–24 €, Erw. 9–12 €, Strom Juli/Aug. 3 €, sonst frei, Ver-/Entsorgung für Durchreisende 10–15 €

10 Camping Le Saline **

GPS: 32 S 0444790 UTM 4329035
N39,10871 E8,36143

Tel./Fax 0781 88615, www.campinglesaline.com, Mai–Anfang Okt. Nett angelegter, besonders im Eingangsbereich fast parkartig mit viel Grün und üppiger Blumenpracht, terrassierter Hangplatz über kleinem Sandstrand. Womo 13–20 € inkl. Entsorgung, Erw. 9–13 €, Strom 3 €, Warmdusche 1 €

› Routenatlas Seite 302

TEULADA (53 km - km 245)

Die Küstenstrecke hinter Sant'Antioco ist so ähnlich wie die davor – kaum besiedelt, von flachen Gewässern und Strandseen umspült und ohne touristischen Reiz. Einziger Ort ist **Porto Botte,** der jedoch keiner ist, sondern aus der Disco Kalypso besteht.

Der nächste erwähnenswerte Ort ist das kleine Küstendörfchen **Porto Pino,** das ganz am Südzipfel eines halbinselartigen Landzipfels liegt. Seine Trümpfe stechen sofort ins Auge – blendend weißer, endlos langer und bis zu 60 m (!) breiter Sandstrand mit teils nehrungsartigen Sandbrücken und hohen Dünen. Ein herrliches Badeparadies mit Camping direkt im Sand, das sich um die ganze weit geschwungene Bucht von Porto Pino zieht.

Leider ist nicht der gesamte Strand zugänglich. Das, was man auf der Südseite der Bucht erblickt, ist bereits militärisches Sperrgebiet. Die gesamte Halbinsel zwischen Porto Pino und der Bucht von Teulada gehört zu dieser Sperrzone, auf dem die NATO-Armeen u. a. Landemanöver und Wüstenkampf üben. Freundlicherweise wird im Sommer ein Teil dieses Strandes geöffnet, sodass man jetzt auch die grandiose Wüstenwelt auf der anderen Seite der Bucht wenigstens zeit- und stückweise betreten kann. Für die Weiterfahrt ist man gezwungen, die gesamte Halbinsel am Capo Teulada weit landeinwärts über **Sant'Anna Arresi** und weiter entlang des stacheldrahtgesicherten Sperrzaunes zu umfahren.

Camping

11 *Camping Sardegna* *
GPS: 32 S 0465258 UTM 4312813
N38,96359 E8,59899
Tel./Fax 0781 967013, www.campingsardegna.com, 15.5.-30.9. Landschaftlich sehr reizvoll gelegener Platz direkt am Strand, teils mit herrlichen Stellplätzen zwischen malerischen Pinien und Wacholderbüschen. Für Womos leider nur bedingt geeignet, da der Untergrund teils lockerer Sand ist! Anfahrt: Erst über die riesigen Parkflächen und weiter über die Brücke mit dem gelben Geländer fahren. Womo 7,70-10,70 € inkl. Strom, Erw. 4,90-6,70 €, Warmdusche 0,60 €.

12 *Camping Portu Tramatzu* **
GPS: 32 S 0474981 UTM 4308668
N38,92657 E8,71137
Loc. Tramatzu, Tel. 070 9283027, Fax 9283028, www.portu-tramatzu.com, 15.3.-31.10. Landschaftlich sehr reizvoll und still gelegener Platz in leichter, terrassierter Hanglage. Stellplatz 9-12 € inkl. Strom, Erw. 5-8,50 €.

Kurz vor Teulada biegt nach Süden eine Straße zur Küste und der Bucht namens **Porto di Teulada** ab. Bevor man hinausfährt, kann man sich in den Geschäften von Teulada noch einmal gut und günstig mit neuem Proviant versorgen. Dort, wo die Straße auf das Meer trifft, dümpeln eine Hand voll kleiner Fischerboote, viel mehr ist hier nicht.

ABSTECHER NACH SANTADI UND MONTESSU (Santadi 21 km einfach, Montessu 28 km)

Der Ausflug lohnt sich aus mehreren Gründen. Als Erstes passiert man die Tropfsteinhöhle **„Grotta Is Zuddas"**, die gut 6 km nach Teulada idyllisch ruhig alleine in der Natur am Fuße des Monte Meana liegt. Anbei ein Parkplatz P, Picknickeinrichtungen und ein Restaurant.

Die Besonderheiten der Höhle selbst sind zum einen der „Prolargus Sardus“, ein seit 400 Jahren ausgestorbenes Nagetier, dessen Skelett man in ihr fand, sowie die „Salla delle Eccentriche“, der Exzentriker-Saal, in der die Sintergebilde, offensichtlich jeder Schwerkraft Hohn spottend, vollständig bizarre und skurrile Formen und Gewächse bilden.

Zu den Sehenswürdigkeiten von **Santadi** zählen ein kleines Archäologisches Museum und das volkskundliche „Museo Sa Domu Antiga“. Für viele der Hauptgrund, nach Santadi zu kommen, ist aber die „Cantina di Santadi“. Denn in ihren Kellern reift ein Rotwein, der bei Weinenthusiasten Kultstatus erreicht hat – der „Terre Brune“. Von dem begehrten Roten wird weniger produziert als verkauft werden könnte. Das treibt den Preis und eine Flasche ist, wenn überhaupt, unter 30–40 Euro kaum zu bekommen. Aber das Weingut macht noch manch andere hervorragende Weine.

Wer die Kellerei besuchen will, fährt ganz durch Santadi durch und weiter Richtung **Villaperuccio.** Die Cantina liegt kurz vor der Kreuzung mit der SS 293 rechts neben der Latteria Soc., in der man sich mit Schafs- und Ziegenkäse versorgen kann.

Sehenswertes

GPS: 32 S 0474491 UTM 4321896, N39,04576 E8,70522

Grotta Is Zuddas, Tel. 070 955741, www.grotteiszuddas.it, April–Sept. tägl. 9.30–12 und 14.30–18 Uhr, Okt.–März Mo.–Sa. Führungen 12 und 16 Uhr, So. 9.30–12 und 14.30–18 Uhr

Einkaufen

Cantina Santadi, Via Cagliari 78, Tel. 0781 950127, www.cantinadisantadi.it. Neben dem Kultwein „Terre Brune“ auch andere sehr gute DOC-Weine wie die roten „Rocca Rubia“ oder der weiße Nuraghus „Villa Solaris“.

Kurz nach Ortseingang von Santadi markiert der braune Wegweiser **„Bosco di San Pantaleo“** den Weg zu einem erquicklichen Ausflugsziel und Naturidyll – dem Wald von San Pantaleo. 8 km fährt man auf guter Straße bergauf, dann hat man die alte Forstkaserne mitten im Wald erreicht. Gegenüber liegt eine alte ehemalige Wassermühle am rauschenden Bach, die nun das **Ristorante Su Cuccumeu** (Loc. Bosco Pantaleo, Tel. 0781 955983) beherbergt, das sich ganz der Philosophie der „enogastronomia“ verschrieben hat. Vor der Mühle stehen große Stell-/Parkplätze unter Bäumen zur Verfügung. Hier lässt es sich herrlich Picknick machen und Siesta halten. Von hier aus führen verschiedene angelegte und markierte Wanderwege durch den herrlichen Bergwald, u.a. auch hinauf auf die umliegenden Bergspitzen wie die 979 m hohe Punta Sebera. Kurz nach der Forststation wird die Straße zur Geländepiste, die weiter in die einsamen Berge bis zur 4 km entfernten Passhöhe hinaufführt und dann weiter auf allerdings immer schlechter werdendem Weg bis zum WWF-Reservat „Monte Arcosu“.

Parkplatz

GPS: 32 S 476764 UTM 4316678 N38,99880 E8,73167

Punta Panoramica. Ebener geteerter Parkplatz mit Blick auf die Küste und das Meer.

Sehenswertes

Museo Archeologico, Via Umberto 1 und **Museo „Sa Domu Antiga“,** Via Mazzini 37, beide erreichbar unter Tel. 0781 955955 und mit denselben Öffnungszeiten, Sommer 9–13, 16–19 Uhr

› Routenatlas Seite 303

076sa Abb.: ph

NEKROPOLE VON MONTESSU

Die Nekropole von Montessu ist eine der eindrucksvollsten steinzeitlichen Felsengräberanlagen, die ich auf Sardinien kenne. Um zu ihr zu gelangen, muss man erst durch Villaperuccio hindurchfahren und dann kurz hinter dem Ortsende rechts ab Richtung Narcao. Dann führt eine ausgeschilderte Stichstraße hinein ins leere Land und endet am Fuße des Hügels, in dessen Fels sich die mehr als 40 teils **gewaltigen Felsengräber** befinden, auf einem schön angelegten, von alten Olivenbäumen beschatteten Gelände mit Bar, Picknickstellen, Brunnen und Kiosk. Durch das weitläufige Gelände ziehen sich verschiedene Pfade, die zu den einzelnen Gräberfeldern führen. Es lohnt sich, viel Zeit mitzubringen und die Anlage mit Muße zu durchstreifen! Das Gelände mitsamt Parkplatz ist außerhalb der Besuchszeiten verschlossen.

▲ *Die Großartigkeit der Felsengräber von Montessu erschließt sich erst richtig, wenn man in sie hineingeht*

Sehenswertes

Necropole di Montessu, Mobil-Tel. 338 3818283, Sommer 9–13 und 15–20 Uhr, Winter 9–13 und 14–17 Uhr

CHIA (26 km – km 271)

ANFAHRT

Bei Porto Teulada beginnt die **Costa del Sud,** eine zwar geographisch recht kleine, so doch in ihrer Vielgestaltigkeit und Schönheit ganz besonders reizvolle Küste. Bis vor wenigen Jahren war sie fast noch unberührt und unverbaut und in den vielen kleinen Strandbuchten standen immer und überall Womos im freien Feld. Diese Zeiten sind vorbei. Dafür haben sich an diesem Küstenabschnitt gleich mehrere Stellplätze etabliert, die teilweise sehr einladend liegen. Den ersten findet man gleich in **Porto Teulada** selbst.

Die Küstenstraße schwingt sich in ihrem weiteren Verlauf meist steil und kurvenreich bergauf, um dann auf der anderen Seite ebenso wieder hinab zur nächsten kleinen oder großen Bucht mit oder ohne Strand zu führen. Für den Fahrer ist das alles etwas

Stellplatz

⑬ Stellplatz Porto Budello

GPS: 32 S 0476228 UTM 4309785
N38,93667 E8,72571

Mobil-Tel. 338 8797065. Schmaler Landstreifen zwischen Straße und Meer für max. 10 Womos direkt bei der Fischer-Coop und den Fischerbooten. Mit Strom, Trinkwasser, Entsorgung, Bootsverleih und Bar/Ristorante (nur Fisch). Womo 8 €, Entsorgung WC 3,50 €, Grauwasser 2 €, Trinkwasser 4,50 €, Strom 4 €.

mühevoll, für die, die während der Fahrt spazierenschauen können, wundervoll!

Eine der größeren Strandbuchten, die man durchfährt, ist die **Cala di Tuaredda** mit ihrem 600 m langen Sandstrand, an dem man außerhalb der Saison nicht selten Kuhherden sonnenbaden sieht. Auch hier hat sich ein recht teuerer Stellplatz eingerichtet, der jedoch mal Womos nimmt, mal nicht und mal geöffnet ist und mal nicht (Nennung daher nur unter Vorbehalt).

Stellplatz

(14) *Stellplatz Tuaredda*

GPS: 32 S 0483906 UTM 4305254

N38,89602 E8,81441

Ein kostenpflichtiger Strandparkplatz mit Ver-/Entsorgungsmöglichkeiten, der allerdings von 20.30 bis 9 Uhr verschlossen ist. 25 € für 24 Std. Entsorgung von Grauwasser 5 €, WC 5 €, Trinkwasser 5 €.

BAIA CHIA

Ganz anders sieht es da einige Kilometer weiter an der Baia Chia aus. Hier ist man im Herzen der Südküste angekommen. Der Strand oder vielmehr die Strände sind schlicht fantastisch und der große Stellplatz, der unmittelbar dahinter liegt, ist definitiv da und hat geregelte Öffnungszeiten.

Hinter dem Strand haben die Winde den Sand zu einer wüstenartigen Landschaft mit bis zu 30 Meter hohen Dünen aufgehäuft. Ergänzt wird dieses Naturparadies durch den **Stagno di Chia,** eine große Lagune, die nur durch den nehrungsartigen Sandstrand vom Meer abgetrennt ist. Vor diesem Traumstrand funkelt kristallklares Wasser, das kinderfreundlich flach abfällt. Die Baia Chia ist ein zauberhaftes Badeparadies, das aber auch Gefahren birgt: Hier ist der heißeste Punkt Sardiniens! Der oft glühend heiße und dann nur mit Strandschlappen begehbare weiße Sand intensiviert und reflektiert

077sa Abb.: ph

Wie aus dem Bilderbuch – im perfekten Halbkreis öffnet sich die herrliche Badebucht zu Füßen des Torre di Chia

› Routenatlas Seite 303

Stellplatz/Camping

15 Camper-Service „Al Oasi di Chia“

GPS: 32 S 0487509 UTM 4303661

N38,88172 E8,85598

Tel. 070 9236066, Mobil-Tel. 329 4338613. Großer, überwiegend schattenloser Parkplatz der Familie Granella bei den beliebten Stränden Acqua Durci und Cala Cipolla. Mit Duschen und kleiner Bar, Ver-/Entsorgung. Anfahrt: ausgeschilderte Straße am Capo Spartivento bis zum Ende fahren, die letzten 600 m sind Piste. Gebühr 6 €/Tag, 6 €/Nacht, kein Strom, Dusche 0,50 €.

16 Area Camper „Su Giudeu“

GPS: 32 S 0488233 UTM 4304498

N38,88927 E8,86432

Tel. 079 9230043, Mobil-Tel. 339 2307096, www.chia.it/areacamper.htm, Ostern–Mitte Nov. Große, ebene, von Eukalyptusbaumreihen unterteilte Wiese mit Strom, Ver-/Entsorgung, einfachen Duschen und kleiner Bar mit Kiosk nur wenige Meter vom Lagunensee. Anfahrt: erst Schild „Hotel Su Giudeu“ folgen, dann direkt gegenüber dem Hotel Feldweg bis zum Platz. Vom Platz sind es ca. 400 m bis zum Strand. Der Besitzer ist eine netter und freundlicher Mann, der jedoch „hirtenschlau“ die Preise auch mal „nach Gefühl“ macht. Offiziell kostet es: Womo 13–18 € inkl. Strom u. Ver-/Entsorgung.

17 Camping Torre Chia ***

GPS: 32 S 0489974 UTM 4305495

N38,89828 E8,88438

Loc. Chia, Tel. 070 9230054, Fax 9230055, www.campeggiotorrechia.it, 1.6.–30.9. Schöner, topfebener Platz mit umfangreicher Ausstattung im schattigen Pinienhain direkt hinter der wie mit dem Zirkel gezogenen Traumstrandbucht zu Füßen des Torre di Chia. Ein echtes Postkartenidyll! Womo 7,50–9,50 €, Strom 2 €, Erw. 7–8 €.

die starke Sonneneinstrahlung. Es besteht also die allerhöchste Sonnenbrandgefahrenstufe.

Von der Straße führen an mehreren Stellen Stichstraßen oder Geländepisten zur Küste hinaus, die sämtlich auf kostenpflichtigen P Strandparkplätzen enden, auf denen freies Übernachten nicht gestattet ist.

PULA (22 km – km 293)

ANFAHRT

Nach dem Strand- und Badeparadies Chia wird die Küste wie die Straße im weiteren Verlauf bolzengerade. Beide ziehen sich parallel zueinander über viele Kilometer hin. Ebenso der in den Landkarten eingezeichnete Ort **S. Margherita di Pula,** der kein wirklicher Ort ist, sondern eine lange Aneinanderreihung von Feriendörfern, Villensiedlungen, Hotelresorts und anderlei artverwandten, überwiegend hochkarätigen Einrichtungen. Man sollte meinen, für Reisende im Womo sei dieses Stück Küste wenig interessant. Doch das ist falsch. Denn zwischen diesen Oasen des Luxus gibt es auch durchaus noch Abschnitte, die nicht von vielsternigen Herbergen belegt sind. Wir verlassen beim Hotel Is Morus, dort, wo ein Schild schlicht „Al mare“ vermeldet, die Küstenstraße und fahren nun auf schmaler, aber guter Teerstraße vorbei an der Hotelanlage „Is Morus“ zur Küste hinaus.

Das Sträßlein führt weiter entlang der Küste vorbei am malerischen Torre Cala d'Ostia, von dem man wiederum einen sehr schönen Blick auf das **Capo di Pula** mit seinem Sarazenenturm hat. Nur einen Steinwurf vom Torre entfernt liegt die Einfahrt in das weitläufige Gelände des gleichnamigen ⛺ Campingplatzes. Dort wo die kleine Küstenstraße endet und zurück zur großen Küstenstraße nach Pula führt, liegt ein weiterer, ebenfalls eher einfach ausgestatteter, aber für Womo-Reisende ohne größeren „Neben-“bedarf an Ausstattung einladender ⛺ Campingplatz.

Camping

⑱ *Camping Cala d'Ostia* ★★

GPS: 32 S 0497365 UTM 4312070

N38,95758 E8,96959

SS 195, km 35,7, Tel. 070 921470, Fax 921471, www.campingcaladostia.com, 1.4.-30.10. Sehr weitläufiger, direkt an der Küste in schönem Pinien-, Eukalyptuswald gelegenes Gelände. Viele Dauercamper aus Cagliari, aber dennoch reichlich Stellplatz für Reisende. An der Küste kleines, steiniges Steilufer ohne Strand. Womo 7-11 €, Erw. 6-11 €, Strom 3 €, Warmdusche 0,60 €. Anfahrt: Am Camping Flumendosa vorbei immer auf der schmalen Teerstraße weiter die Küste entlang.

⑲ *Camping Flumendosa* ★★

GPS: 32 S 0498087 UTM 4313164

N38,96744 E8,97792

SS 195, km 33,8, Tel./Fax 070 9208364, www.campingflumendosa.it, ganzjährig. Kleinerer, aber besonders im hinteren Teil sehr netter Wiesenplatz im Pinien-, Eukalyptus-, Palmen- und Zypressenhain nur wenige Schritte vom Strand. Am Ufer schmaler, langgezogener Sandstrand. Gastfreundlicher Betreiber, der auch Deutsch versteht und spricht. Abends trifft man sich an der netten sympathisch rumpeligen Bar. Womo 6-8,50 €, Erw. 4,50-7,50 €, Strom 2 €, Warmdusche 0,50 €.

ORTSBESCHREIBUNG

Mit dem umtriebigen Urlaubsort **Pula** ist die letzte Station an der Küste erreicht, die touristisch interessant ist. Im weiteren Verlauf ist die Küste von Industrieanlagen, besonders den großen Petrochemiewerken von Sarroch geprägt.

Pula aber ist eine Reise wert. Der kleine, etwa drei Kilometer von der Küste entfernt liegende und rund 6000 Einwohner zählende Ort besitzt selbst zwar keine Sehenswürdigkeiten, aber in Pula ist immer etwas los, auch außerhalb der Saison. Dazu bietet der Ort gute Einkaufsmöglichkeiten. Zentrum und Treffpunkt ist die Piazza del Popolo, in deren Bars und Cafés sich das Publikum aus einer Mischung von Cagliaritanern und den Touristen aus den zahlreichen Hotelanlagen in der Umgebung trifft. Die große Attraktion von Pula ist die **antike Römerstadt Nora,** die 4 km entfernt am Meer auf dem Capo di Nora liegt.

078sa Abb.: ph

▲ *Filigranes Kunstwerk – Bodenmosaik in der antiken Römerstadt Nora*

Die Fahrt an die Küste führt über eine wunderbare Oleanderallee. Diese endet auf weitläufigen Parkplätzen am Beginn des Kaps, das Hunderte von angepflanzten Palmen zu einer nicht minder schönen Oase verwandeln. Hinter den Parkflächen erhebt sich eine kleine, unauffällige Kirche, die mit ihrer sandbraunen Farbe fast mit der Umgebung verschmilzt. Es ist die im 11. Jh. errichtete **Kirche Sant'Efisio,** die jährlich im Mai Anlass und Ziel von Sardiniens größter und bedeutendster Prozession ist. Bei der **„Sagra di Sant'Efisio"** wird unter Teilnahme zehntausender Sarden aus allen Winkeln der Insel die Statue des Heiligen von Cagliari hierher an die Stelle getragen, an der der christliche Märtyrer einst von den Römern hingerichtet worden sein soll.

Womos und andere größere Fahrzeuge müssen auf den P Palmenparkplätzen Station beziehen, da die weiter bis zum Eingang in das archäologische Gelände von Nora führende kleine Straße nur für Pkw befahrbar ist. Während zu Nebenzeiten niemand sich daran stört, wenn man in dem Palmenhain einmal eine Nacht verbringt, ist dies in der Hauptsaison nicht möglich.

Gegenüber dem Palmenparkplatz liegt das viel und gerne von Schulklassen besuchte **Aquarium** mit kleinem Naturpark, das nicht nur die Flora und Fauna des Meeres vor Sardinien, sondern auch viele heimische Pflanzen und Tiere aus der artenreichen Laguna di Nora zeigt.

Sehenswertes

Aquarium Laguna di Nora, Tel. 070 9209544, www.lagunadinora.it, Juni–Sept. tägl. 10–11.30 und 17–18.30 Uhr, Sept. 10–11.30 und 16–17.30 Uhr

Die **antike Römerstadt** wurde 1889 durch eine schwere Sturmflut teilweise freigelegt und so entdeckt. Die Stadt auf dem weit vorspringenden Capo di Nora ist die älteste und **bedeutendste antike Stätte auf Sardinien.** Gegründet wurde sie um 1000 v. Chr. von den Phöniziern. Aus der phönizischen Epoche ist heute kaum noch etwas übrig, da die Römer, die die blühende Hafenstadt 240 v. Chr. übernahmen und zum Sitz ihres Statthalters machten, sie fast vollständig überbauten. Das römische Nora wurde zu einer der wichtigsten Handels- und Hafenstädte. Nach dem Einfall der Vandalen in Sardinien verlor es ständig an Bedeutung und wurde wahrscheinlich Ende des 4. Jh. n. Chr. ganz aufgegeben.

Beim Rundgang durch die weitläufige Anlage entsteht die Stadt mit etwas Fantasie neu, denn ihr Grundriss ist praktisch vollständig erhalten und auch für den Laien gut nachvollziehbar.

Sehenswertes

Aera Archeologica di Nora, Tel. 070 9209138, www.nora.it, Sommer tägl. 9–20 Uhr, Winter tägl. 9–17.30 Uhr

CAGLIARI (30 km – km 323)

Da die Küste zwischen Pula und Cagliari nichts weiter bietet, kann man diese Strecke beruhigt und zügig auf der zwischenzeitlich fast durchgehend vierspurigen Schnellstraße zurücklegen.

Wer nach Cagliari will, der fährt einfach und stur immer dem Schild „Centro" nach. Auch wenn das Gewirr an Brücken, Über- und Unterführungen teils unverständlich erscheint, so landet man überraschend unproblematisch und schnell direkt am Hafen auf der Via Roma und damit auf der Schlagader der Stadt.

▲ *Auf der Piazza Yenne zu Füßen des Castello laden Straßencafés zum Verweilen ein*

P Parkplatz

Fährhafen (stazione marittima). Der Passagierhafen von Cagliari ist ideal, um mit dem Womo zu parken. Denn er bietet nicht nur genügend Stellplatz, sondern von hier ist es nur ein Sprung bis zur Altstadt. Ich habe wiederholt beim Gebäude der guardia finanzia geparkt und dort auch übernachtet, ohne jemals Probleme bekommen zu haben. Nur wenn eine Fähre ankommt oder abfährt, füllen sich die Flächen schnell mit teils chaotisch parkenden Autos. Dann ist evtl. das Ausfahren kurzfristig nicht mehr möglich. Die Autos sind jedoch nach dem Auslaufen der Fähre ebenso schnell alle wieder verschwunden, wie sie gekommen sind.

Stellplatz

20 Camper Cagliari Park

GPS: 32 S 510965 UTM 4340118
N39,21026 E9,12701

Via Caboni 13, www.campercagliaripark.it, Tel. 070 303147, ganzjährig. Wer sicher stehen und auch übernachten will, der fährt am besten auf den Camper Park Cagliari bei der Basilica di N. S. Bonaria. Von hier sind es ca. 5 Fußminuten bis zum Hafen und zur Altstadt. Dazu wird ein umfangreicher Service geboten. So können Sie hier Ihr Womo innen und außen reinigen und sogar kleinere Schäden reparieren lassen, während Sie Ihren Stadtbummel unternehmen. Sehr großer, ebener, beleuchteter Platz für ca. 150 Fahrzeuge mit Ver-/ Entsorgung, Strom, Fahrzeugpflege und Wartung. Im unmittelbaren Umfeld Post, Bank, Supermarkt, Bar, Restaurant u. a. Womo 12 €, mit Ver-/Entsorgung und Strom 17 €.

Cagliari ist der Schmelztiegel der Rassen und Kulturen, die sich im Laufe der Geschichte auf Sardinien niederließen. Sardische Tradition und überliefertes Brauchtum finden sich hier ebenso wieder wie polyglotte Modernität und internationale Konformität. Cagliari ist

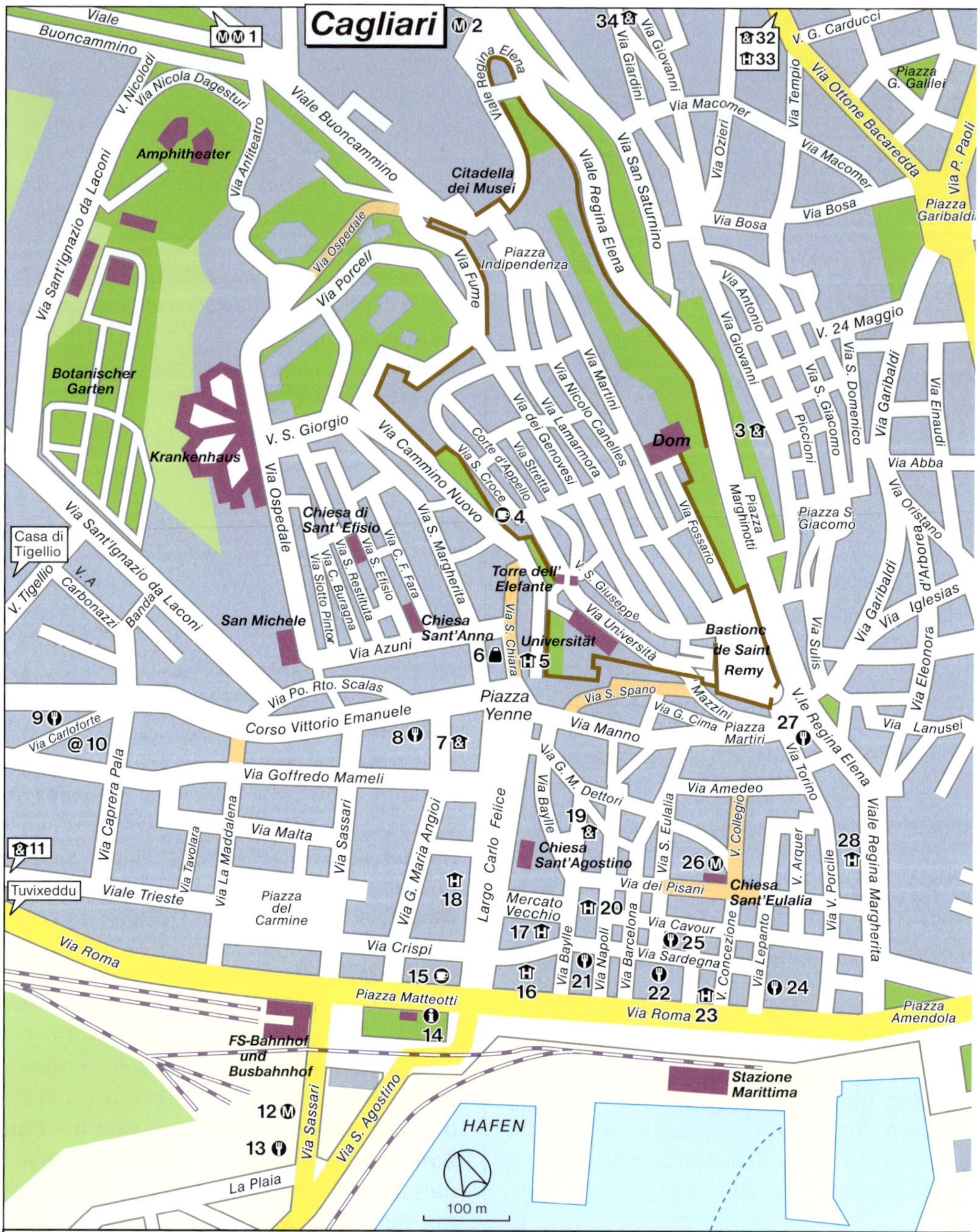

- 1 Anthrop. Museum, Geolog. Museum
- 2 Städt. Kunstgalerie
- 3 B&B Elisabeth
- 4 Caffè Libarium Nostrum
- 5 Hotel La Terrazza
- 6 Markthalle
- 7 B&B Quattro Mori
- 8 San Crispino
- 9 Trattoria Crackers
- 10 Matrix Internet-Café
- 11 B&B Donna Pomptilla
- 12 FS-Eisenbahnmus.
- 13 Flora
- 14 AAST (Stadt-Info)
- 15 Caffè Svizzero
- 16 Hotel Italia
- 17 Albergo Palmas
- 18 Hotel Sardinia Domus
- 19 B&B Rosso e Nero
- 20 La Perla
- 21 Trattoria Ci Pensa Cannas
- 22 Trattoria Gennargentu
- 23 Bundes Jack
- 24 Trattoria Da Serafino
- 25 Antica Hostaria

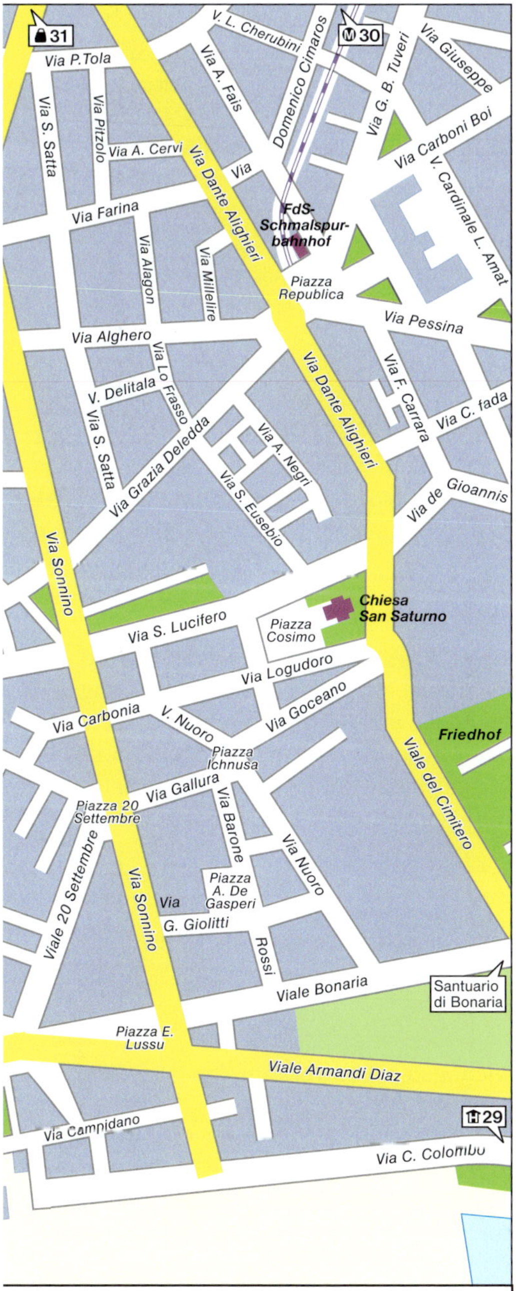

26	Museum Siam. Kunst	31	Fischmarkt
27	Saint Remy	32	B&B Villa Cao
28	Regina Margherita	33	T-Hotel
29	Mediterraneo	34	B&B Il Giardino
30	FdS-Eisenbahn-museum		

eine ebenso schöne wie eigenartige und spannende Mischung aus maurischem, iberischem und römischem Erbe, aus Genua und Algier, Barcelona und Palermo. Eine uralte, quicklebendige Stadt am Schnittpunkt zweier Welten. Ein Ort, an dem sich Europa und Afrika begegnen.

Information

Ufficio Provinialde del Turismo, Piazza Deffenu 9, 09125 Cagliari, Tel. 070 604241, Fax 663207, www.provincia.cagliari.it

Tourist-Info, Piazza Matteotti 9 (Pavillon in der Grünanlage vor dem Bahnhof/Busbahnhof), Tel. 070 669255, numero verde Tel. 800 203541 (kostenlos)

EIN STADTRUNDGANG

Die Altstadt von Cagliari ist nicht groß und kann gut zu Fuß erkundet und durchwandert werden.

Marina

Gleich hinter der Prachtfassade der **Via Roma,** unter deren schattigen Arkaden man flaniert, sich trifft und in einer der Bars den obligatorischen „caffè" nimmt, beginnt das alte Hafenviertel. Die Gassen sind eng und dämmerig, die Häuser ohne Farbe und der Putz bröckelig. Heute ist das alte **Fischer- und Matrosenviertel** der Bauch Cagliaris. *„Andai a Casteddu pro pappai"*, „zum Essen nach Cagliari gehen", ist ein geflügeltes Wort auf der ganzen Insel. Nirgendwo anders finden sich so viele Trattorien, Osterien, Locanden und Restaurants wie hier. Die Fressmeile ist die schmale Via Sardegna, die das Viertel auf seiner ganzen Breite durchzieht. Einzige bauliche Sehenswürdigkeiten sind die **Chiesa Sant'Agostino** (1580), Sardiniens einzige Renaissancekirche, und die **Chiesa Sant'Eulalia** mit dem „Museo del Tesoro di Sant'Eulalia".

Sehenswertes

Museo del Tesoro di Sant'Eulalia, Vico del Collegio 2, Tel. 070 663724, Juni–Sept. tägl. 10–13 u. 16–21 Uhr, Okt.–Mai Di.–So. 10–13 u. 17–20 Uhr

Essen im Marinaviertel

Antica Hostaria, Via Cavour 60, Tel. 070 665870. Elegantes, prächtiges, mit sardischen Kunstwerken und Möbeln ausgestattetes Restaurant. Das Antica im Namen weist schon darauf hin, dass hier nach alten sardischen Rezepten bereitete, hervorragende Gerichte serviert werden.

Da Lillicu, Via Sardegna 78, Tel. 070 652970. Eine Institution im Marinaviertel. Im oft rappelvollen Gewölbe der Trattoria treffen sich bei lauter, herzlicher Atmosphäre Einheimische und Besucher. Gute Fischgerichte. Spezialität des familiär geführten Hauses: Steak vom Pferd.

Gennargentu, Via Sardegna 60, Tel. 070 658247. Freundliche Trattoria mit sympathisch schlichtem, hellem Ambiente, in der bei angenehmer Atmosphäre gute Küche zu günstigem Preis serviert wird.

Im Westen wird das Marinaviertel vom breiten Boulevard **Largo Carlo Felice** begrenzt, der von der Via Roma sanft, aber stetig bis zur Piazza Yenne ansteigt. Die im Schnittpunkt zwischen den Vierteln Marina, Castello und Stampace gelegene **Piazza Yenne** ist von Palmen beschattet und lockt den Besucher mit einigen einladenden Straßencafés.

Castello-Viertel

Direkt hinter der Piazza Yenne erhebt sich der **Torre dell'Elefante.** Der wuchtige Wehrturm ist Teil des wehrhaften Kastells, das trutzig und herrisch das gesamte alte Adels- und Regierungsviertel umschließt. Der winzig kleine weiße Elefant an seiner spiegelglatten Außenmauer ist das heimliche Wahrzeichen von Cagliari. Seine Bedeutung ist unklar.

Cagliaris schönstes Bauensemble – Dom und Domvorplatz mit dem Standbild des hl. Franziskus

080sa Abb.: ph

Sehenswertes

Torre dell'Elefante, Via Università, Tel. 070 340820, Saison Di.-So. 9-13 u. 15.30-19.30 Uhr, sonst 9-16.30 Uhr

Wichtigstes Bauwerk im Castelloviertel ist der Dom. Der zwischen dem 12. und 13. Jh. im pisanischen Stil errichtete **„Duomo Santa Maria",** den eine überaus prachtvolle und üppig verzierte Marmorfassade schmückt. Zur prunkvollen Innenausstattung gehören ein Tryptichon des Flamen *Gérad David* sowie die Krypta, unter deren Barockgewölbe 300 Grabkammern ruhen.

Sehenswertes

Duomo Santa Maria, Di.-So. 10-12.30 u. 16.30-19 Uhr. Keine Besichtigung während Gottesdiensten.

Das herausragende weltliche Gebäude ist die **„Citadella dei Musei“**, ein moderner Museumskomplex, der mit viel Stilgefühl in die alten Mauern der Zitadelle integriert wurde. In dem Komplex versammeln sich die bedeutendsten Kulturschätze Sardiniens. Herausragend ist dabei das **„Museo Archeologico Nazionale“**, das bei keinem Cagliari-Aufenthalt versäumt werden sollte. Sein wertvollster und auch eindrucksvollster Schatz ist die einzigartige „Bronzetti“-Sammlung, atemberaubend schöne, nur 15–30 Zentimeter große, steinzeitliche Bronzefiguren aus den Gräbern und Brunnenheiligtümern der Nuraghier.

Sehenswertes

Citadella dei Musei: Archäologisches Nationalmuseum, Tel. 070 655911, Di.-So. 9-19 Uhr; National-Pinakothek, Tel. 070 662496, Di.-So. 9-20 Uhr, Eintritt frei; Museum Siamesischer Kunst, Tel. 070 651888, Di.-So. 9-13 und 15-19 Uhr, Sommer 16-20 Uhr; Wachsfigurenkabinett, Tel. 070 6757627, Di.-So. 9-13 und 16-19 Uhr

Den Rundgang im Castello-Viertel schließt man am besten auf der **Bastione de Saint Remy** ab. Die Terrasse ist ein weiter, ausgesprochen schöner Platz mit Palmen, schmiedeeisernen Kandelabern und Bänken, auf dem sich Jung und Alt gerne trifft. Der verkehrsfreie Platz ist eine angenehme Oase inmitten des hektischen Großstadtgewühls. Von hier eröffnet sich ein herrlicher Blick über die gesamte Altstadt hinaus auf den weiten Golfo degli Angeli, die riesigen Lagunenseen rings um Cagliari sowie die Neubauviertel im Osten und Westen. Besonders am Abend, wenn eine leichte Meeresbrise die drückende Sommerhitze etwas mildert, versammelt sich die halbe Stadt, um Atem zu schöpfen.

Stampace-Viertel

Von der Citadella dei Musei führt die **Porta Regina Maria Christina** hinaus ins Quartier Stampace, in dem sich die ältesten und meisten antiken Spuren der Stadt finden.

Die bedeutendste Hinterlassenschaft der Römer ist das imposante **Amphitheater,** das am Westhang des Castello-Hügels aus dem Fels herausgemeißelt wurde. Bis zu 20.000 Zuschauer, was der damaligen Gesamtbevölkerung Cagliaris entsprach, fanden und finden in ihm Platz. Im Sommer treten in der bezaubernden Kulisse sardische Künstler und internationale Stars auf.

Sehenswertes

Amphitheater, Via Fra Ignazio, Tel. 070 652956, www.anfiteatroromano.it, Di.-Sa. 9.30-13.30 Uhr, So. 10-13 Uhr, Apr.-Okt. Di.-Sa. 9.30-13.30 Uhr, So. 9.30-13.30 u. 15.30-17.30 Uhr

Botanischer Garten, Viale S. Ignazio 11, Tel. 070 6753522, www.ccb-sardegna.it, Mo.-Sa. 8.30-19.30 Uhr, So. 8.30-13.30Uhr

Unterhalb des Amphitheaters liegt der 1866 angelegte **„Orto Botanico“**, der kleine Botanische Garten der Stadt, mit Botanischem Museum, zahlreichen Gewächsen, Büschen und Bäumen aus fernen Ländern wie Japan, China, Mexiko oder Australien.

Die beiden wichtigsten Kirchen des Viertels sind die **Chiesa San Michele** (17. Jh.), die zu den schönsten Beispielen barocker Architektur auf Sardinien zählt, sowie die **Chiesa Sant'Anna,** freistehender Kirchenbau aus dem 18. Jh., der sich reizvoll mit zwei Türmen und mehreren Kuppeln schmückt. Äußerlich sehr unscheinbar dagegen ist die **Chiesa di Sant'Efisio.** Für die Sarden ist sie jedoch von großer Bedeutung, denn in ihr wird die Statue des Heiligen Efisio aufbewahrt, die zu Sardiniens größtem Fest, der seit 1656 regelmäßig begangenen „Sagra di Sant'Efisio“ aus der Kirche geholt und in einer prachtvollen Prozession nach Pula und wieder zurück getragen wird.

Sehenswertes

Chiesa di S. Efisio, Via S. Efisio, Tel. 070 340820, Di.-So. 9-13 u. 15.30-19.30 Uhr

Anschluss

In Cagliari hat man Anschluss an die Route 5 (s. S. 192).

SANLURI (60 km - km 383)

Das **Campidano,** die weite und fruchtbare, aber landschaftlich monotone Tiefebene, die sich von Cagliari bis nach Oristano hinzieht und Sardiniens Kornkammer bildet, hat für Touristen wenig Attraktives. Deshalb kann man sie auch schnell auf der SS 131 durcheilen. Oder man kann sie ein Stück weit benutzen und dann bei Sanluri verlassen und einen Abstecher in die **einzigartige Tafelberglandschaft der Marmilla** unternehmen und dabei Sardiniens größte und bedeutendste Nuraghierfestung besuchen.

Man verlässt Cagliari auf einem vierspurigen Ring, auf dem man auch zum Flughafen **Elmas** gelangt. Wer hier unterwegs ist und dringend einen Ort zum Entsorgen sucht, der kann dies bei der Firma Autocaravan Rent tun.

Das Städtchen **Sanluri** liegt kaum 4 km weiter direkt an der SS 131. Sehenswert sind das im 13. Jh. erbaute Castello di Sanluri, die am besten erhaltene Burg Sardiniens, sowie das Museum des Kapuzinerklosters.

Stellplatz

21 *Ver-/Entsorgung*

GPS: 32 S 504310 UTM 4347168
N39,27385 E9,04997

Autocaravan Rent, Tel. 070 2135122, Ver-/Entsorgung, Caravan-Reparaturwerkstatt am Verkaufsbüro vorbei weiter auf der SS 130 Richtung Iglesias, dann bei km 6,2 rechts in die Via Corbino.

Information

Provinz Medio Campidano, Ufficio Provinciale del Turismo, Via Carlo Felice 267, 09025 Sanluri, Tel. 070 9356700, www.provincia.mediocampidano.it

Sehenswertes

Museo Risorgimentale E. F. Duca d'Aosta, Via Generale Nino Villa Santa 1 (im Kastell), Tel. 070 9307105, nur für Gruppen ab 20 Pers. nach Anmeldung Mo.–Sa. 9.30–13 und 15–19 Uhr

Museo Etnografico dei Frati Cappuccini, Via S. Rocco 6 (im Kapuzinerkloster), Tel. 070 9307107, www.cappuccinisanluri.it, Mo., Mi., Do. 9–12 und 16–18 Uhr, auf Anmeldung

BARUMINI (22 km – km 405)

Einer der meistbesuchtesten Orte ganz Sardiniens ist das kleine und unscheinbare Straßendorf Barumini, zu dem von Villamar durch das Tal des Riu Mannu eine fast schnurgerade Straße führt. Der Grund für die vielen Besucher liegt etwas westlich der Ortschaft an der Straße nach Tuili, denn hier erhebt sich direkt neben der Straße die **steinzeitliche Festungsanlage „Su Nuraxi“,** die imposanteste und bedeutendste des Volkes der Nuraghier. Schon die großen [P] Parkplätze mit einem gesondert für Busse und Womos reservierten Bereich zeigen den fast alltäglichen Besucheransturm auf Su Nuraxi an. Leider kann die Anlage nach einigen schweren Unfällen nur noch im Rahmen einer Führung besichtigt und nicht auf eigene Faust durchstreift werden.

Su Nuraxi

Entdeckt wurde die gewaltige Anlage von Su Nuraxi erst 1956 von dem in Barumini geborenen Archäologieprofessor Lilliu. Die Anlage ist Sardiniens einziges Monument, das von der UNESCO zum Weltkulturerbe der Menschheit erklärt wurde.

Der älteste Teil ist der aus gigantischen Basaltfelsen aufgeschichtete Mittelturm mit einem Durchmesser von zehn Metern, der etwa Mitte des 2. Jh. v. Chr. errichtet wurde. Seine oberste Plattform befand sich in rund 19 Metern Höhe. Heute sind noch fast 15 Meter von ihm erhalten. Zu den verschiedenen Stockwerken des Turmes und auf seine Aussichtsplattform führen enge Treppen hinauf.

Um 1000 v. Chr. wurde der zentrale Nuraghe um einen Mauerring mit vier Ecktürmen erweitert, sodass eine fünftürmige, wehrhafte Zitadelle entstand. Im 9. Jh. v. Chr. wurde die Festung ein zweites Mal mit einem weiteren Mauerring und darin integrierten Rundtürmen verstärkt. Nach Vollendung zeigte sich Su Nuraxi als ein Bollwerk auf drei übereinanderliegenden Ebenen: 10 Meter hoch der Außenring, 14 Meter hoch die Terrasse mit der Zitadelle und noch einmal 5 Meter darüber die oberste Plattform des Mittelturms.

Bis zu sechs Meter dicke Mauern beschützten das etwa 150 Häuser zählende, labyrinthisch verschachtelte Rundhüttendorf, das sich vor der Festung erstreckte. In manchen Hütten erkennt man noch heute Sitzbänke, Herde oder Backöfen, in einem der Häuschen sind sogar die Reste einer Pistazienölmühle zu sehen.

Über Jahrhunderte war der Komplex uneinnehmbar. Erst den Puniern gelang es schließlich, um 600 v. Chr. nach langer Belagerung, Su Nuraxi zu erobern.

Su Nuraxi, Tel. 070 9368128, tägl. 9 Uhr bis 1 Std. vor Sonnenuntergang

Stellplatz

22 Sardische Spezialitäten mit Stellplatz

GPS: 32 S 0498935 UTM 4395293
N39,70750 E8,98758

Fährt man an Su Nuraxi vorbei, kommt man nach wenigen Hundert Metern zum Ristorante „Su Nuraxi". Das äußerlich eher unscheinbare Haus bietet jedoch Besonderes. Das ist zuallererst die ganz hervorragende, stets aus frischen Zutaten bereitete Küche von Signora Tonina Locci und außerdem das kleine, private Mineralienmuseum des Hauses. Und ganz besonders willkommen ist bei Womo-Reisenden die freundliche Offerte, nach dem Essen einfach auf den großen Parkflächen des Restaurants über Nacht stehen bleiben zu können.

Ristorante Su Nuraxi, Tel. 070 9368305

Südlich von Su Nuraxi ragt mit dem 274 m hohen **Las Plassas** einer der formvollendetsten jener Kegelberge auf, die die Marmilla mitprägen und ihr ihren Namen gaben. Denn „Marmilla" leitet sich von *mamelle* ab, was „Brust" bedeutet. Die Ruine der Festung auf dem Gipfel von Las Plassas sieht denn auch tatsächlich so aus wie die Brustwarze und Las Plassas damit wie die nährende Brust der großen Erdgöttin. Zu Füßen dieses „Riesenbusens" liegt im freien Feld das 30.000 m² große Gelände von **„Sardegna in miniatura"**, das zahlreiche Attraktionen ganz Sardiniens im Maßstab 1 : 20 oder 1 : 25 darstellt.

Sehenswertes

Sardegna in miniatura, Tel. 070 9361004, www.sardegnainminiatura.it, 1.4.-30.9. tägl. 9 Uhr bis Sonnenuntergang

Noch viel eindrucksvoller ist jedoch der gewaltige Tafelberg, der sich nördlich von Su Nuraxi erhebt. Hier erstreckt sich die **Giara di Gesturi,** die mit einer Fläche von mehr als 50 km² die größte Hochtafel der Region ist. Die Giara von Gesturi, auf deren wildromantischer und völlig unbesiedelter Hochfläche zahlreiche Tiere, darunter eine der letzten Wildpferdherden Europas frei umherstreifen, ist streng geschützt und darf zwar nicht befahren werden, es führen jedoch mehrere schmale, aber geteerte und auch mit dem Wohnmobil gut zu befahrende Straßen hinauf bis zu P Parkplätzen, von denen aus man dann zu Fuß, mit dem Fahrrad oder auf dem Rücken eines Pferdes durch diese einmalige Landschaft streifen kann.

Die Hauptauffahrt auf die 500 m hoch gelegene Fläche führt vom kleinen Dorf **Gesturi** hinauf. Auf halbem Wege informiert ein neuer Pavillon über die Besonderheiten dieser abgeschiedenen Welt und die Wildpferde und ein Wächter darüber, dass die Weiterfahrt hinauf bis zum P Parkplatz kostenpflichtig ist. Dafür darf man oben dann aber offiziell mit dem Womo stehen und übernachten.

Woher die kleinen, zähen Pferdchen kommen, ist übrigens unklar. Es wird jedoch vermutet, dass es Nachfahren jener Rösser sind, die einst die Phönizier auf die Insel brachten.

▼ *Die Vorfahren der kleinen Pferdchen auf der Giara di Gesturi haben die Phönizier einst auf die Insel gebracht*

081sa Abb.: ph

082sa Abb.: ph

▲ *Wildromantisches Idyll – der Blick von der Giara di Tuili hinab auf die Ebene der Marmilla ist großartig*

Weitere Auffahrten auf die Hochfläche gibt es auch von den Orten **Tuili** und **Setzu** aus. Diese sind jedoch beide länger und teils sehr viel steiler als die über Gesturi.

Während man bei Tuili oben auch einen kleinen, aber grandios schön wie ein Balkon gelegenen Parkplatz findet und im direkt dahinter beginnenden Steineichenwald eine Picknickgelegenheit, ist bei Setzu kein vernünftiger Parkplatz für Womos vorhanden.

An den Eingängen Gesturi, Tuili und Setzu wachen Park-Ranger, bei denen man sich über alles informieren und in der Saison auch Fahrräder ausleihen kann.

Eine vierte Auffahrt gibt es auf der nördlichen Seite der Giara. Kurz nach dem Dorf **Genoni** führt nach links eine einspurige Teerstraße ab, die vorbei an einer gefassten, üppig sprudelnden Quelle und einem einsam in der Landschaft liegenden Ristorante ebenfalls bis zu einem befestigten, ebenen Parkplatz führt, auf dem man herrlich eine stille Nacht verbringen kann.

Information

Coop Sa Jara Manna, SS 197, km 44 (am Ortseingang von Barumini aus Richtung Sanluri kommend), Tel. 070 9368170, www.sajaramanna.it. Die Coop stellt auch die Ranger an den Eingängen und bietet geführte Exkursionen zu Fuß, Fahrrad oder auch Pferd über die Giara an.

Stellplatz

㉓ Stellplatz Tuili

GPS: 32 S 0496287 UTM 4395889
N39,71286 E8,95668

Camper Service Jara, Via Roma, nahe der Busstation, Tel. 070 9364277 oder Mobil-Tel. 348 2924983. Ebener gepflasteter Platz mit Beleuchtung, Strom, Trinkwasser, Entsorgung. Übernachten im Womo ist frei, Ver-/Entsorgung 6 €. Möglichst vorher anmelden. Die Coop Jara bietet auch Exkursionen auf der Giara und unterhält nahe des Stellplatzes in der Via G. B. Tuveri 16 einen empfehlenswerten Shop mit Spezialitäten der Region.

Quelle

Fontanile Francischina, üppig sprudelnde Quelle mit angelegtem Parkplatz
GPS: 32 S 0498685 UTM 4403987, N39,78583 E8,98464

Parkplatz

Gesturi, 4 km Teerstraße bis Parkplatz, unterwegs Infostelle, in der Saison 3 € Eintritt. Oben Rangerhütte mit Fahrradverleih.
GPS: 32 S 0499912 UTM 4398436, N39,73582 E8,99897

Tuili, 5,5 km lange, teils sehr steil und in Serpentinen verlaufende Teerstraße. Von oben einfach umwerfende Aussicht! Mit Rangerhütte und Fahrradverleih.
GPS: 32 S 0497849 UTM 4397987, N39,73177 E8,97490

Genoni, 4,5 km lange Teerstraße bis zum mit Natursteinen gepflasterten Parkplatz mit herrlicher Aussicht. Vom Platz 200 m bis zum Eingang.
GPS: 32 S 0496074 UTM 4403314, N39,77976 E8,95415

ABSTECHER ZUR GIARA DI SERRI (16 km einfach)

▼ *Das unterirdische Brunnenheiligtum von Serri – die Giara di Serri war einst das Olympia der steinzeitlichen Nuraghier*

083sa Abb.: ph

Westlich der Giara di Gesturi liegt die von der Fläche sehr viel kleinere, von der kulturhistorischen Bedeutung jedoch sehr viel größere Giara di Serri. Auf der langgezogenen und teils fast nur „handtuchbreiten“ Hochfläche, zu der nur vom Dorf **Serri** eine Zugangsstraße hinaufführt, findet sich nämlich die ausgedehnte **nuraghische Anlage „Santa Vittoria“** mit Rundhütten, Tempeln, Brunnenheiligtum und mehr, die von der Wissenschaft als eine Art steinzeitliches Olympia gedeutet wird. Auf dieser Hochfläche sollen sich einst die nuraghischen Stämme ohne Waffen zum friedlichen Palaver und Opfer versammelt haben.

Die Stichstraße zum „Santuario di Santa Vittoria“ endet auf einem großen, ebenen Teerparkplatz mit kleiner Bar mit Kassenhaus, auf dem sich auch mal in aller Ruhe und in Frieden übernachten lässt. Die Attraktion der weitläufigen Anlage ist das **„pozzo sacro“**, das sehr gut erhaltene unterirdische Brunnenheiligtum. Neben den prähistorischen Bauten ist es jedoch auch die wunderbare Stille und Stimmung, die auf diesem Götterthron herrscht, die Santa Vittoria so besonders anziehend macht.

Sehenswertes

Santa Vittoria, Coop Is Janas, Mobil-Tel. 388 0492451, Apr.-Okt. tägl. 9.30-20 Uhr, Nov.-März tägl. 9.30-13 u. 14-18 Uhr
GPS: 32 S 0509173 UTM 4396123 N39,71493 E9,10702

GIARA DI SIDDI (25 km – km 430)

Rings um die Giara di Siddi haben sich 18 Gemeinden zusammengetan, ganz offensichtlich einen klugen Plan gemacht und ihre eigentlich für den Tourismus nicht unbedingt bevorzugte Ecke so intelligent entwickelt, dass sie nun ein echtes Highlight geworden ist. Als Erstes fällt auf: Die ganze Region rings um die Hochfläche ist ebenso neu wie sehr gut ausgeschildert.

Die Schilder weisen auf für so kleine, untouristische Örtchen auffällig viele Ziele. In den kleinen Orten wurden alte Gemäuer liebevoll restauriert und zu bildschönen Minihotels umfunktioniert. Kleine, aber schön gemachte Museen wie das „Casa Steri" in **Siddi,** das anschaulich zeigt wie z. B. aus Oliven Öl wird oder das „Casa de Dolce" in **Villanovaforru,** das sich ganz den traditionellen sardischen Süßigkeiten verschrieben hat und sie in denkbar bester und frischester Form verkauft, gehören ebenso zu lohnenden Zielen wie herausragende prähistorische Fundstätten, die Berühmtheiten wie „Su Nuraxi" nicht nachstehen.

Herz und Zentrum der Region ist jedoch der vor wenigen Jahren inmitten der Natur zu Füßen der Giara di Siddi neu erbaute **Museumskomplex „Sa Corona Arrubia".** Architektonisch eher nicht so gelungen – der auf einem Hügel gelegene massive Betonbau erinnert irgendwie an einen Wasserspeicher – sind die Ausstellungen darin

084sa Abb.: ph

Mit der Seilbahn geht es auf die Hochfläche der Giara

▲ *Sa Domu s'Orcu, das „Haus des Riesen" auf der Giara di Siddi*

um so spektakulärer. Schon die Eröffnung mit Dalì, Miro und Picasso hier mitten im sardischen Nirgendwo war ein Paukenschlag.

Sehenswertes

Museo del Territorio Sa Corona Arrubia, www.sacoronarrubia.it, www.museosacoronarrubia.it, Tel. 070 9341009, Mo.–Fr. 9–13 und 15–19 Uhr, Sa./So. 9–20 Uhr

Etwas oberhalb des Museums, bei dem zur Zeit ein geobotanischer Park entsteht, ist die Talstation eines **Sessellifts,** der einen (nur in der Saison) höchst bequem hinauf auf die **Hochfläche der Giara di Siddi** bringt. Dort bieten sich zahlreiche Spazier- und Wanderwege, die u. a. zum steinzeitlichen Gigantengrab „Sa Domu s'Orcu" führen. Und das Beste an Sa Corona Arrubia: Man hat sogar an Wohnmobil-Reisende gedacht und ihnen etwas abseits in schöner ruhiger Lage einen Stellplatz eingerichtet!

Wer mit dem Womo hinauf auf die Hochfläche will, der muss nach Siddi die Straße Richtung Gonnostramatza nehmen, die quer über das unbesiedelte „altopiano" führt. Bei Siddi liegt der „Parco Sa Fogaia", ein inmitten stillster, intensiv duftender Natur am steilen Hang der Giara gelegenes Gelände mit markiertem Naturlehrpfad, einladenden Picknickstellen und dem imposanten Protonuraghen „Sa Fogaia".

Stellplatz

24 Stellplatz Sa Corona Arrubia

GPS: 32 S 0488455 UTM 4389746
N39,65744 E8,86542

Kleinerer, ebener Platz für ca. 10 Fahrzeuge nahe Museum, mit Strom, Wasserhahn, Entsorgung oben am Museumskomplex, die Benutzung ist kostenlos! Nachts einzigartig ruhig! Nach Möglichkeit vorher anmelden (Tel. 070 9341009)!

Parkplatz

Parco Sa Fogaia. Ebener, unbefestigter Platz am Eingang zum Park. Anfahrt: kurze, sehr steile Stichstraße.
GPS: 32 S 0489605 UTM 4390351,
N39,66290 E8,87881

VILLANOVAFORRU (10 km – km 440)

Die südlichste der acht Gemeinden ist Villanovaforru, das ebenfalls etwas Außergewöhnliches zu bieten hat. Dies ist die erst 1969 entdeckte, auf dem vor der kleinen Stadt gelegenen Hügel Genna Maria befindliche **Nuraghenkomplex** aus dem 2. Jahrtausend v. Chr., der sich in seiner Bedeutung mit dem berühmten Su Nuraxi messen kann, aber weit weniger bekannt und besucht ist. Die ebenso schön gelegene wie schön angelegte Anlage ist außerordentlich interessant, weil sie von ihren Bewohnern um 800 v. Chr. offensichtlich fluchtartig verlassen wurde. Dabei haben die Bewohner zur größten Freude der

Archäologen einfach alles stehen und liegen lassen. Bei den fast 20 Jahre dauernden Ausgrabungsarbeiten konnte man über 250.000 Bodenfunde bergen, darunter zahlreiche einzigartige Gerätschaften und Spuren des Alltags, wie man sie sonst nirgends fand. Die Funde zeigt das interessant gestaltete und didaktisch gut aufbereitete Museo Archeologica in Villanovaforru.

Parkplatz

Sehr großer, ebener, aber gänzlich schattenloser Teerplatz in stiller Lage am Ende der Straße zu „Genna Maria" mit schönem Ausblick in die Ebene des Campidano.
GPS: 32 S 0487536 UTM 4386972, N39,63243 E8,85476

Sehenswertes

Parco e Museo Genna Maria, Piazza Costituzione 1, Tel. 070 9300048, April-Sept. Di.-So. 9-13 und 15.30-18 Uhr, Okt.-März 9.30-13 und 15.30-19 Uhr

Einkaufen

La Casa de Dolce S'Amarettu, Via delle Grotte 4, Villanovaforru, Tel. 070 9331010, www.lacasadeldolcesamarettu.com
Il Mandorle - Centro di Apicoltura (Imkerei), Via Roma 22, Collinas, Tel. 070 9304148

Anschlüsse und Rückfahrt

- Von Villanovaforru kann man auf der SS 131 zurück nach Marceddi bzw. nach Oristano (40 km) fahren.
- In Oristano und auch in Marceddi hat man Anschluss an die Route 3 (s. S. 138).

Von Cagliari zum Strandparadies Costa Rei, in die Bergwelt der Ogliastra und in die Weinstadt Jerzu

Cagliaris Stadtstrand Poetto ist endlos lang und superbreit. Vorbei an den Flamingos in den Salinen von Cagliari führt der Weg nach Villasimius, das sich dank seiner bildschönen Strände zu einem der meistbesuchten Badeorte der Insel entwickelt hat.
Noch länger und breiter als Cagliaris Hausstrand ist das Sandband der „Costa Rei“, die deshalb zu Recht „Königsküste“ genannt wird.
Durch die hitzeflirrende Leere der Salto di Quirra wird bei Jerzu die Heimat des Cannonau, des berühmtesten aller Inselweine, erreicht.
Mit gut gefüllter Vorratskammer geht es zum Sonnen, Baden und Entspannen an die Küste der Ogliastra.
Unberührter Bergwelt begegnet man auf der Weiterfahrt „über den Wolken“ von Jerzu über Escalaplano zu den prähistorischen Gräberfeldern von Goni.

086sa Abb.: ph

ROUTE 5

DER SÜDOSTEN

KÖNIGSKÜSTE UND CANNONAU-WEIN

› Routenübersicht vorderer Umschlag innen

STRECKENVERLAUF

◀ *Vorseite: „Dir Inselwein, weihe ich meinen Körper und meine Seele“ – so besang schon Gabriele D'Annunzio den Wein Sardiniens*

Strecke:
Cagliari - Poetto/Quartu S. Elena (6 km) - Villasimius (40 km) - Costa Rei (15 km) - Muravera (30 km) - Porto Corallo (10 km) - Tertenia (40 km) - Marina di Tertenia (16 km) - Cardedu/Marina di Gairo (30 km) - Jerzu (25 km) - Escalaplano (50 km) - Ballao (13 km) - Dolianova (45 km) - Cagliari (20 km)
Streckenlänge:
ohne Abstecher ca. 350 km
mit Abstechern ca. 450 km

POETTO, QUARTU S. ELENA (6 km - km 6)

Der Weg hinaus aus Cagliari der aufgehenden Sonne entgegen ist Richtung Osten ab der Via Roma in beide Fahrtrichtungen zweispurig und gut ausgeschildert. Vorbei an der Bonaria und dem Stadion, in dem der italienische Erstligist „US Cagliari“ seine Heimspiele absolviert, führt er auf der Viale Poetto hinaus zum Hausstrand der Stadt. „Poetto“ ist nicht nur einfach ein Strand. **Poetto,** das ist eine gut 10 km lange Nehrung zwischen dem Meer und den riesigen, von Flamingos pink betupften Salinen und Lagunenseen. Die dem Meer zugewandte Seite ist ein feinsandiger, weit über 100 Meter breiter Superbadestrand, an dem sich in der Saison ganz Cagliari und Quartu S. Elena trifft.

Entlang des Poetto reihen sich zahlreiche touristische und gastronomische Einrichtungen und weitläufige [P] Parkplätze. Je weiter man jedoch hinausfährt Richtung Villasimius, desto ruhiger und leerer wird es.

Jenseits der flachen „Stagni“ erblickt man die gesichtslosen Häuser von **Quartu S. Elena,** Sardiniens zweitgrößter Stadt. Der Moloch, der 1950 noch ein beschauliches Bauerndorf war und nun bereits über 70.000 Einwohner zählt, wächst in rasendem Tempo immer weiter.

VILLASIMIUS (40 km - km 46)

Durchfahrt gesperrt
Das Ortszentrum ist mit dem Womo nur außerhalb der Saison zu durchfahren. Im Sommer ist die Hauptstraße wegen der Besuchermassen zwischen 20 und 1 Uhr komplett gesperrt.

Kaum hat man den Poetto-Strand und die letzten Villensiedlungen hinter sich gelassen, umfängt einen sofort wieder sardische Küste pur. Teils fantastisch schön schlängelt sich die Küstenstraße in ungezählten Kurven bergauf und bergab entlang der Küstenlinie über die Klippen bis zum beliebten Badeort Villasimius ganz im Südostzipfel der Insel. Entlang des gesamten Küstenabschnittes bestimmen große Hotelanlagen und Villensiedlungen das Bild rings um die Strände. Besonders am Wochenende, wenn halb Cagliari auf dieser Straße

087sa Abb.: ph

▲ *Unter dem Palmenschirm – die Spiaggia Giunca bei Villasimius ist ein Traumstrand von karibischer Schönheit*

unterwegs ist, auf der es praktisch keine Überholmöglichkeit gibt, ist der Verkehr gewaltig und der endlose Blechwurm nervenzehrend. Eine merkliche Entlastung hat jedoch durch die Eröffnung eines Teilstücks der neuen, etwas landeinwärts verlaufenden Schnellstraße stattgefunden, die nach Fertigstellung von Muravera bis nach Cagliari führen wird. Mit dem Womo schaukelt man auf der Küstenstraße nur sehr gemächlich voran.

Erste schöne Haltemöglichkeit ist die [P] Cala Regina unterhalb des **Torre Regina,** zu der eine Stichstraße hinabführt.

[P] Parkplatz

Cala Regina. Befestigte, leicht bis erheblich abfallende Parkplätze unterhalb der Küstenstraße. Kleiner Kiesstrand mit Felsen. Gut für eine kleine Rast mit Picknick.

GPS: 32 S 0530601 UTM 4336698
N39,17898 E9,35429

Der einzige Platz zwischen Cagliari und Villasimius, an dem man auch mit dem Womo gut stehen und übernachten kann, liegt einige Kilometer weiter. In der kleinen Bucht, die der Riu Geremeas ausgewaschen hat, liegt zwischen Straße und Meer ein kleines und lichtes, sehr einladendes **Eukalyptuswäldchen.** Die Einfahrt ist mit einer ziemlich ramponierten, fast immer geöffneten Schranke versehen. Das Wäldchen gehört einem Privatmann. Wenn er da ist, kostet es 10 €. Dafür kann man in dem sehr reizvollen Gelände mit Kiesstrand wunderbar picknicken und auch übernachten.

Camping/Stellplatz

① Camping Pini e Mare **

GPS: 32 S 0527521 UTM 4339653
N39,20571 E9,31875

Loc. Is Mortorius (Straße nach Villasimius bei km 12,3), Tel./Fax 070 803103, www.piniemare.com, 15.4.-20.10. Weitläufiges Gelände im lichten Pinienwald, teils leicht terrassiert. Durch die meist verkehrsreiche Straße nach Villasimius vom Strand und Meer getrennt. Busverbindung nach Cagliari. Erw. 9-19 € € inkl. Platz und Strom, Warmdusche, Ver-/Entsorgung für Durchreisende 12-19 €.

② Stellplatz Eukalyptuswäldchen

GPS: 32 S 0531523 UTM 4336719
N39,17913 E9,36496

Die Aussichten auf die Küstenlinie sind herrlich, ja oft umwerfend schön und so muss man einfach immer wieder anhalten, um dieses Panorama zu genießen. Eine der schönsten Aussichten gewährt der „Bellevue" mit großem Teerparkplatz auf dem **Capo Boi:** Hier erblickt man tief unter sich die langgezogene Sandstrandbucht und gegenüber das weit ins Meer vorspringende **Capo Carbonara** mit Leuchtturm.

Bereits vor Villasimius biegt nach links die Stichstraße ab, die, vorbei an der neuen Marina und dem malerisch auf einem Felskap über dem Hafen gelegenen **Forte Vecchio,** hinaus zum **Capo Carbonara** führt und auf einem großen, ebenen Parkplatz unterhalb des Leuchtturms endet. Jeder fährt hier heraus, um anzuhalten und den wunderbaren Ausblick zu genießen. Zu dem kleinen Strand unterhalb des Parkplatzes führt eine Geländepiste hinab, die auch mit dem Womo befahrbar ist.

Kurz darauf hat man den Ortsrand von Villasimius erreicht, an dem man gleich neben der Straße einen angelegten Stellplatz findet.

Der Ort **Villasimius** liegt nicht direkt am Meer, sondern etwas landeinwärts auf einem Hügel. Rings um den quirligen und viel besuchten Badeort, an dem die Hauptstädter gerne auch das Wochenende verbringen, liegen zahlreiche große und kleine Strände und Strandbuchten von einmaliger Schönheit. Die gesamte Küstenregion zwischen dem Capo Boi westlich von Villasimius und der Cala Pira südlich der Costa Rei inklusive Meer und vorgelagerter Inselchen wurde wegen ihrer herausragenden Schönheit zum Merres-Naturpark erklärt.

Bekannt ist Villasimius in Deutschland durch *Ernst Jünger* geworden, der hier 1954 weilte und davon in seinem Buch „Unter dem Sarazenenturm" erzählte. Wer auf den Spuren des umstrittenen Denkers wandeln will, der kann das Ristorante „Stella d'Oro" besuchen, in dem *Jünger* einst abstieg und das sich seither praktisch nicht verändert hat.

Sehenswürdigkeiten gibt es in Villasimius keine, dafür die besten Einkaufsmöglichkeiten zwischen Cagliari und Muravera.

Camping/Stellplatz

③ *Camping Spiaggia del Riso* ***

GPS: 32 S 0544118 UTM 4330381
N39,12148 E9,51037

Loc. Campulongu, Tel./Fax 070 791052, www.villaggiospiaggiadelriso.it, 1.5.-31.10. Sehr großes, beidseitig der Stichstraße zum Strand schön im lichten Pinienwald gelegenes Gelände. Der Teil rechts der Straße ist ruhiger als der linke, auf dem sich auch die Rezeption befindet. Womo inkl. Strom 2 €, Erw. 8-16 €, Womo in der Hochsaison 4-6 €, Strom 3 €, Dusche 0,50 €, Ver-/Entsorgung für Durchreisende 10-25 €.

④ *Stellplatz Dumping System*

GPS: 32 S 0453106 UTM 4332944
N39,14462 E9,49882

Loc. Campus, Mobil-Tel. 349 6169104, Anfang Mai-Anfang Okt. Ebener Wiesenplatz direkt an der Straße mit vereinzelten jungen Bäumchen, die jedoch noch wachsen müssen, um wirklichen Schatten zu spenden. Ver-/Entsorgung, Strom, Waschmaschine, Sanitäranlagen mit Duschen/WC. Womo 24 Std. 14 €, 12 Std. 8 €, Strom 3 €, Trinkwasser 3 €, Entsorgung 6,50 €.

⑤ *Stellplatz Area Camper gli Aranci*

GPS: 32 S 0543894 UTM 4334580
N39,15932 E9,50805

Loc. Pranu Zinnigas, Mobil-Tel. 348 8700916, 1.5.-30.9. Großes, schön und ruhig gelegenes, idyllisch von Oleanderbüschen, Olivenbäumen und Orangenbäumchen unterteiltes Wiesengelände am Rande der Stadt. Anfahrt: Ortsausgang Richtung Costa Rei erst Schild „Zona Industriale" und „Foresta Minniminni" folgen, dann die Viale de Carrubi bis Platz. Ver-/Entsorgung, Strom, Duschen, Grillplatz, kleine Bar. 200 m entfernt das schön und allein gelegene Ristorante „La Pergola" mit wunderschöner Terrasse. Womo 15 € inkl. Strom, Warmdusche, Ver-/Entsorgung.

COSTA REI (15 km - km 61)

Von Villasimius führen verschiedene Wege zur Costa Rei. Ich empfehle dringend die kurvenreiche **Küstenstraße** zur vielgerühmten „Königsküste“, die zwar mehr Zeit in Anspruch nimmt als die durchs Landesinnere führende neue Straße, aber wirklich unendlich schön ist. Zur Küstenstraße fährt man zuerst die gerade **Via del Mare** hinab Richtung „Spiaggia di Simius“ und biegt dann auf halber Strecke links ab. Auch dieses ist eine herrliche Panoramastrecke durch gänzlich unbesiedeltes Land und seit der Eröffnung der neuen, schnelleren Variante nur noch wenig benutzt. So kann man hier in aller Ruhe und Muße vor sich hinbummeln und dabei die großartigen Panoramen des Meeres und der kleinen Strandbuchten zwischen den Küstenklippen genießen. Zu einer dieser Sandbuchten führt eine schlechte Geländepiste hinab, die direkt am Strand mit saisonaler Strandbar endet. Hier stehen außerhalb der Saison immer auch Womos in den Büschen. In Regenzeiten verwandelt sich die Piste im unteren Teil jedoch in einen dann unpassierbaren Bachlauf.

Nach der **Cala Pira** öffnet sich plötzlich der Horizont und der Blick fällt hinab auf die kleine Küstenebene bei **Cala Sinzias**, die landeinwärts von tief gestaffelten Bergketten und Gipfeln höchst fotogen eingefasst wird. Ein zauberhafter Anblick und auch ein zauberhafter Ort. Leider wurden die beiden Campingplätze Liomone Beach und Cala Sinzias nun in schicke Villages umgewandelt, sodass das einstige Camperparadies keines mehr ist.

Nach der Cala Sinzias führt eine ausgeschilderte Stichstraße hinaus zur **„Casa del Marina“.** Dahinter verbergen sich einige Ruinen direkt am herrlich langen, bislang auch herrlich stillen, völlig unerschlossenen Sandstrand. Die rege Bautätigkeit im Hinterland, wo ein Feriendorf aus dem Boden wächst, zeigt an, dass das die längste Zeit wohl so war. Doch auch mit Feriendorf ist der tolle Sandstrand bei der Casa Marina mit kleiner Bar ein bezauberndes [P] Plätzchen für eine längere Badepause.

[P] *Parken*

Casa del Marina. Kleinerer, ebener Teerplatz in stiller Lage bei den Ruinen direkt am tollen Strand.

GPS: 32 S 0458550 UTM 4339240, N39,20107 E9,56227

Wenige Kilometer weiter biegt nach rechts die Straße zur **Costa Rei** ab. Die Costa Rei ist ein Strand, der den Namen **„Königsküste“** verdient. Denn am **Monte Nai** beginnt ein Sandstrand der Superlative, der sich endlos lang und endlos breit über gut 10 Kilometer bis zum Capo Ferrato erstreckt.

So schön dieser Bilderbuchstrand ist, so gegensätzlich sind die Meinungen und Ansichten über ihn. Ist er für viele der Traumstrand schlechthin, empfinden andere den reinen Touristenort als seelen-

088sa Abb.: ph

▲ *Strand, Sand, Ruhe – an der Costa Rei im Überfluss zu finden*

los und die Ferienhaussiedlungen als abschreckend. Die Emotionen entzünden sich an dem **Urlaubszentrum Costa Rei,** das sich am Südende der Bucht am Hang des Monte Nai ausbreitet. In diesem Ort ist nichts gewachsen, sondern alles neu und nur für Urlauber gebaut. Hier drängeln sich in der Saison die Badetouristen, während der Ort im Winterhalbjahr zur Geisterstadt wird – von den Campingplätzen mal abgesehen.

Doch der nördliche Teil der Bucht ist praktisch unbesiedelt und unberührt. Hier kann man selbst im Sommer noch mitten in wunderschöner Natur und am endlos langen Strand Ruhe und Erholung finden.

Camping

⑥ *Camping Capo Ferrato* ***

GPS: 32 S 0549124 UTM 4343860, N39,24266 E9,56925

Loc. Monte Nai, Tel./Fax 070 991012, www.campingcapoferrato.it, Ostern bis 31.10. Kleineres, ebenes Gelände in zauberhafter Lage am Südende der Bucht bei den malerischen Klippen Scoglio di Peppino direkt hinter dem Strand mit lichtem Eukalyptus- und Mimosenbestand. Das Tollste an diesem Platz ist jedoch die gastfreundliche und engagierte Betreiberfamilie *Fanni,* deren Tochter *Patrizia* „Wirbelwind" alles managt und organisiert und sich für ihre Gäste immer wieder was Neues wie die Sardischen Wochen in der Vor- und Nachsaison mit Kochkursen, Kunsthandwerk, Weinseminar, botanischen Führungen u. a. einfallen lässt. Achtung: Der Platz ist sehr beliebt und deshalb schnell belegt. In der Vor- und Nachsaison für Womos besonders attraktive Sonderpreise! Womo 6,70–15,90 €, Strom 2,10 € (2 A), 3,40 € (6 A), Erw. 5,30–12,40 €.

Camping

⑦ *Camping Le Dune* ***

GPS: 32 S 0550216 UTM 4347655
N39,27679 E9,58219

Loc. Costa Rei, Tel. 070 9919057, Fax 991110, www.campingledune.it, Ostern bis 30. Sept. Regelmäßig angelegter, dadurch etwas steril wirkender Platz in ruhiger Alleinlage im jungen Eukalyptuswäldchen mit großen Sportanlagen ca. in der Mitte der Costa Rei. Womo 2-6 €, Erw. 6-18 €, Strom 2,50 €, Camperstop 15-35 €.

⑧ *Camping Porto Pirastu* ****

GPS: 32 S 0551633 UTM 4349322
N39,29173 E9,59875

Loc. Capo Ferrato, Tel. 070 991437, Fax 991438, www.boschettoholiday.it/portopirastu, 4.4.-30.9. Großer, schön angelegter Platz mit sehr guter Ausstattung und umfangreichem Sport- und Unterhaltungsangebot in Alleinlage am Nordende des Strandes zu Füßen des Capo Ferrato. Sehr viele Dauercamper. Womo 7,40-13,90 €, Erw. 4,20-13,50 €, Strom 3 €, Ver-/Entsorgung für Durchreisende 10-20 €.

Die kleine Nebenstraße, die etwas entfernt vom Strand entlang der gesamten Costa Rei bis zum **Capo Ferrato** führt, endet kurz hinter der Zufahrt zum Camping und wird zur Geländepiste. Etwa auf halber Strecke dorthin führt eine ganz neu angelegte Teerstraße hinaus Richtung Strand, die auf Ⓟ Parkplätzen inmitten der Stranddünen endet. Wer nach Muravera weiterfahren will, darf nicht bis zum Ende der Bucht fahren, sondern muss bereits vorher landeinwärts Richtung Olia Speciosa abbiegen.

MURAVERA (30 km - km 91)

Nachdem die Straße die Costa Rei verlassen hat, führt sie fern der Küste durch die fruchtbare Ebene vor den aufragenden Bergen des Sarrabus. Immer wieder quert dabei die kurvenreiche Straße die neue vierspurige Schnellstraße, deren schnurgerade Schneise wie ein Schwerthieb die Landschaft zerschneidet.

Die erste Möglichkeit, auf befestigter Straße wieder das Meer zu erreichen, ist nördlich des Capo Ferrato. Dort führt eine lange, am Anfang gute Teerstraße hinaus nach **„Feraxi Mare“.** Die Piste wird jedoch zunehmend schlechter und schließlich zu einer extrem üblen Waschbrettpiste, dass man sich das mit dem Womo besser nicht antun sollte.

Einfach zu erreichen und sehr schön sind die Strände beim **Torre Salinas,** zu dem man auf einer guten Teerstraße gelangt. Torre

Die „Goldene Wabe“ – das Mekka für Mirto

„Bresca Dorada“, „Goldene Wabe“, tauften Enrico Diana und Paolo Melis ihre 1985 am Fuße des Monte Liuru gegründete Imkerei mit über 800 fleißigen Völkern. 1988 begannen die beiden, für zahlende Gäste Essen anzubieten, das stets durch ein Gläschen nach dem geheimen Rezept von Großmutter selbst gemachten Myrtenlikör abgerundet wurde. Der Erfolg bei den Gästen war so groß, dass die beiden 1990 begannen, die ersten Flaschen mit ihrem Mirto zu füllen. In kaum zwei Monaten waren die 1600 Flaschen ausverkauft. Die Nachfrage wuchs Jahr für Jahr. Gleich geblieben ist die Qualität. Der Mirto und die anderen zwischenzeitlich hergestellten Liköre und Schnäpse werden immer noch wie vom ersten Tag an ohne jede Farbstoffe und Aromen hergestellt. Der Honig, der anstatt Zucker verwendet wird, verleiht den Likören ihre samtene Süße und macht den entscheidenden „kleinen Unterschied“. „Bresca Dorada“ ist Gründungsmitglied der „Assoziazione Produttori Liquore Mirto di Sardegna Tradizionale“, die die Qualität kontrolliert und das Qualitätssiegel vergibt.

***Anfahrt:** SS 125 in Richtung Muravera bis San Priamo. Hier verlässt man die SS 125 und zweigt rechts Richtung Castiadas ab. Nach wenigen Kilometern gelbes Schild „Bresca Dorada“.*
***Bresca Dorada,** Loc. Canne Frau, Tel. 070 9949163, Fax 9949219, www.brescadorada.it*
***GPS:** 32 S 0547120 UTM 4352395, N39,31968 E9,54663*

Salinas ist nichts mehr als der ausgedehnte, besonders fischreiche Strandsee **„Stagno di Colostrai“,** der namensgebende „Torre“ auf einem markanten Hügel und ein Campingplatz zu seinen Füßen. Dazu Strand soweit das Auge reicht. Das Ganze ist wegen der zahllosen Vögel, die hier nisten und leben, unter Naturschutz gestellt und darf deshalb nicht weiter bebaut werden.

Einige Kilometer nach Torre Salinas führt erneut eine Stichstraße zur Küste hinaus. Diesmal führt sie, vorbei am Restaurant „Esagono“,

Camping

⑨ Camping Torre Salinas ***

GPS: 32 S 0551145 UTM 4357655, N39, 36707 E9,59374

Loc. Torre Salinas, Tel. 070 999032, Fax 999001, www.camping-torre-salinas.de, 1.4.-15.10. Malerisch am Fuße des Monte Pepe gelegener Platz mit viel Grün und gemütlicher familiärer Atmosphäre. Gegründet und geleitet vom deutschen Ehepaar Giersberger. Womo 7-13,50 €, Erw. 4,80-11,50 €, Strom 2,50 €.

⑩ Camping Quattro Mori ***

GPS: 32 S 0551605 UTM 4358662, N39,37589 E9,59914

Loc. Is Perdigonis, SS 125, km 58, Tel. 070 999110, Fax 999126, www.camping4mori.it, 10.4.-4.10. Großer, parzellierter Platz in Alleinlage am Strand ca. 5 km vor Muravera. Im Sommer viel Animation. Anfahrt: ab Abzweig 1 km staubige Piste. Womo 6-14 €, Erw. 4-12 €, Strom 2,50 €, Warmdusche 0,25 €.

auf einer wunderbaren Palmenallee parallel zum Strand „Spiaggia San Giovanni", an deren Ende sogar ein Hahn Wasser spendet.

Der Strand setzt sich nach Norden bis zur Mündung des großen Flusses Flumendosa fort. Im Mündungsgebiet hat der auch im Sommer wasserführende Fluss eine breite fruchtbare Ebene geschaffen, die die Einwohner des ebenso umtriebigen wie unspektakulären Städtchens Muravera und des auf der anderen Flussseite gelegenen Villaputzu in einen einzigen großen Garten verwandelt haben.

Von Muravera, das sich kilometerlang an der Straße entlangzieht, eine Tourist-Information, einen sehr einladenden Stellplatz und viele Einkaufsmöglichkeiten bietet, führt eine Stichstraße hinaus um Strand, an dem sich neben angelegten Parkplätzen nur noch zwei einfache Strandbars finden.

Stellplatz

(11) *Camper-Service Luna e Limoni*

GPS: 32 S 0549622 UTM 4363845
N39,42271 E9,57650

Via Giardini s.n., Tel./Fax 070 9930703, www.camperservice-muravera.it, ganzjährig. Großer, ebener, neu angelegter und sehr gut ausgestatteter Wiesenplatz unter der freundlichen Leitung von Sign. Pio, der gut Englisch spricht, sehr gastfreundlich und hilfsbereit ist und schräg gegenüber wohnt. Der Platz liegt am Rande von Muravera in ruhiger Lage. Mit Ver-/Entsorgung, Dusche, Waschmaschine.
Übernachten 7 €, Strom 2,50 €, Trinkwasser 4–5 €, Entsorgung 4,50–5,50 €, Warmdusche 1 €, Camperstop inkl. Ver-/Entsorgung und Dusche 13–15 €

Information

Consorzio Turistico Costa Rei, Piazza Sardegna 19, 09043 Muravera, Tel. 070 991451

PORTO CORALLO (10 km – km 101)

Nach Muravera überspannt eine lange Eisenbrücke den Flumendosa. Die Brücke ist jedoch nicht so breit, als dass einem Womo dort ein anderes ebenso großes bzw. breites Fahrzeug entgegenkommen sollte. Deshalb besser warten, falls sich ein solches darauf befindet. Jenseits der Brücke liegt **Villaputzu,** ein unscheinbares Straßendorf. Seine touristische Schokoladenseite heißt Porto Corallo und liegt etwas nördlich von Villaputzu am Meer.

Essen

Trattoria Su Taleri, Tel. 070 997574. Direkt am Abzweig nach Porto Corallo liegt etwas versteckt dieses äußerlich völlig unscheinbare Ristorante. Wie so oft in Italien und auf Sardinien zeigt sich auch hier: Ist das Ambiente schlicht und einfach, ist die Küche umso besser. Hier jedenfalls gibt es die beste Meeresküche der Gegend, weshalb hier viele Einheimische zum Essen hingehen. In der Saison besser vorbestellen!

Porto Corallo ist nichts weiter als ein sehr großer neuer Hafen mit ausgedehnten Parkflächen, an dem eine Restaurant/Pizzeria mit Womo-Entsorgungsstation im Garten auf Gäste wartet. Über allem thront ein malerischer Sarazenenturm. Richtung Norden versteckt

▶ *Womo-Treff am Sarazenenturm bei Porto Corallo*

089sa Abb.: ph

sich ein Camping und etwas landeinwärts ist ein Feriendorf zwischen der Macchia aus dem Boden gewachsen. An der Zufahrt liegt ein weitläufiger Stellplatz direkt am Strand.

Stellplatz/Camping

(12) Wohnmobil-Service Turimar

GPS: 32 S 0554417 UTM 4365554
N39,43782 E9,63234

Mobil-Tel. 328 1151605, www.turimar.it, ganzjährig. Großes, schönes Naturgelände zwischen Straße und Strand mit vielen Stellmöglichkeiten, teils überdacht und mit Stromanschluss. Die Betreiber, eine einfache, freundliche, kinderreiche Familie, scheinen in der Saison stellenweise etwas überfordert. Im Sommer mit Bar. Ver-/Entsorgung, Sanitärhaus mit Duschen/WC, teilw. Strom. Stellplatz inkl. Ver-/Entsorgung, Dusche 8–16 €, nur Trinkwasser 3 €, nur Entsorgung 3,50 €, ab 1 Woche Emäßigung 10–25% (bei 3 Wochen).

(13) Ver-/Entsorgung

GPS: 32 S 0554822 UTM 4365870
N39,44064 E9,63708

Ver-/Entsorgungsstation im Garten neben dem Restaurant „Top Sound" am Hafen, ganzjährig, 5 €.

(14) Camping Porto Corallo ***

GPS: 32 S 0554716 UTM 4366132
N39,44300 E9,63587

Tel. 070 997017, Fax 996347, www.portocorallocamping.it, Ostern–31.10. Großer Platz im lichten Eukalyptuswäldchen wenige Schritte hinter dem Hafengelände. Beim Platz nur kleiner, wenig attraktiver Sandstand. Womo 4,20–7,80 €, Erw. 3,70–8 €, Strom 2–2,50 €, Warmdusche 0,50 €, Ver-/ Entsorgung für Durchreisende 8,50–11 €.

TERTENIA (40 km - km 141)

In Porto Corallo hat man die letzte Gelegenheit, das Meer und den Strand zu genießen, denn die nächsten 40 km verläuft die Straße dann fern der Küste durch leeres und verbranntes Land - die mehr oder weniger menschenleere Welt der **Salto di Quirra.** Das mit Gipfelhöhen zwischen 400 und 600 Metern eher nur mäßig bergige Gebiet ist weitgehend ohne Wege und wird lediglich von der SS 125 durchschnitten.

Doch das Gefühl der Weite und Leere täuscht den Besucher. Zeichen, dass die Salto di Quirra weniger leblos ist, als sie scheint, sind die großen Lauschinstrumente auf den Gipfeln und die überraschend breiten und guten Teerstraßen, die immer wieder von der SS 125 abzweigen. Weit kommt man auf ihnen allerdings nicht, denn diese erstaunlich guten Straßen enden praktisch sämtlich am unter Bewaffnung gesicherten Schlagbaum - die gesamte Gegend ist von Militär durchsetzt und die Schlagbäume markieren militärische Sperrgebiete.

Der einzige bewohnte Fleck zwischen Villaputzu und Tertenia ist der Weiler **Quirra.** Kurz nach dem Ort steht dort die kleine romanische Chiesa San Niccolo an der Straße, Sardiniens einzige Backsteinkirche, in deren beschaulichem Garten angelegte Picknickplätze mit Wasserhahn zur Rast einladen.

Beim Weiler führen einspurige Straßen durch flaches Land hinaus zur Küste und zur dortigen **Cala di Murtas.** Doch der Weg ist lang, die Sträßlein sind schmal und die Cala di Murtas ist zwar völlig einsam und schön, aber auch nicht selten gesperrt, wenn hier die Militärs üben. Wer sich dennoch auf den Weg macht: Achtung, die einspurige, teilweise auf einem Damm verlaufende Teerstraße wird immer wieder von heimtückischen, weil optisch kaum und auf jeden Fall zu spät sichtbaren, extrem tiefen Senken unterbrochen. Diese sind zwar mit gelben Strichen auf der Straße markiert und dienen wohl zu bestimmten Jahreszeiten der Be- oder Entwässerung, erwischt man sie mit dem Womo aber zu schnell oder gar ungebremst, kann das wirklich üble Folgen für das Fahrzeug und den Fahrzeuginhalt haben.

090sa Abb.: ph

▲ *Einzigartig auf Sardinien: die aus Backsteinen errichtete Chiesa San Niccolo*

Nach einer langen Fahrt durch die totale Einsamkeit erreicht man schließlich **Tertenia,** einen kleinen Straßenort ohne weitere Attraktionen.

› Routenatlas Seite 297

MARINA DI TERTENIA (16 km - km 157)

Viel aufregender ist der Abstecher von Tertenia hinaus zur Küste nach Marina di Tertenia. Der Weg ist weit und es muss dabei erst ein kleiner Bergzug überwunden werden, aber er lohnt sich unbedingt. Die gute zweispurige Straße führt vorbei an einer Quelle mit schönen Picknickplätzchen steil hinauf bis zur Passhöhe **„Arcu de Sarala de Susu“.**

091sa Abb.: ph

▲ *Hier lässt es sich gut „Siesta“ halten – Parkplatz mit Quelle und Picknicktischen am Wegesrand nach Foxi Manna*

Picknick mit Quelle

Kleiner, angelegter Parkplatz mit Picknickeinrichtungen und starker Quelle mit zwei Wasserhähnen in stiller Lage mit schönem Bergpanoramablick

GPS: 32 S 0552855 UTM 4395273
N39,70568 E9,61656

Kaum hat man den tief eingeschnittenen Hohlweg durchfahren, so öffnet sich mit einem Schlag der Horizont und der Blick fällt auf eine weite fruchtbare Küstenebene. Der plötzliche Ausblick und das, was man dabei sieht, ist so überraschend, dass man unwillkürlich an ein verstecktes Paradies hinter den Bergen bei den Zwergen glaubt, dessen einzigen und versteckten Zugang man soeben zufällig entdeckt hat. Nach dem Pass schwingt sich die Straße kurvenreich hinab ins kleine Örtchen **Foxi Manna.** Leider existiert der so schön und still gelegene kommunale Campingplatz nicht mehr. Er wurde, wie leider immer mehr Campings auf Sardinien, in ein Villagio Turistico mit Ferienbungalows umgewandelt.

Von Foxi Manna führt die Straße noch gut 10 Kilometer entlang der Küste nach Süden, wo sie dann hinter dem Weiler **Melisenda** zur Piste wird.

Camping

(15) *Camping Il Cavallino* ***

GPS: 32 S 0557128 UTM 4394978
N39,70275 E9,66638

Mobil-Tel. 335 5256706, 1.5.-26.9. Wie auf ganz Sardinien leider immer mehr zu beobachten, hat sich der ehemalige, ebenso schöne wie auch ruhige und preiswerte Camping Sferracavallo inzwischen in ein schickes „Villagio“ verwandelt, in dem neben den neuen komfortablen Mietbungalows das Camping eher nur noch eine Nebenrolle spielt. Womo 7-18 € inkl. Strom, Erw. 5-9 €.

CARDEDU, MARINA DI GAIRO (30 km – km 187)

Mit Tertenia ist die **Region Ogliastra** erreicht, eine der schönsten, weil landschaftlich vielfältigsten Regionen der Insel. Und man hat das **Kernland des Cannonau** erreicht, jenes köstlichen schweren roten Inselweins, den schon *Gabriele d'Annunzio* mit den Versen „Dir, Inselwein, weihe ich meinen Körper und meine Seele“ besang. Wer immer einen Hang zum Rebensaft hat, der sollte hier ein Staufach freiräumen um davon einen Vorrat zu bunkern. Denn auf den folgenden Kilometern bieten sich dazu gleich mehrere besonders gute Gelegenheiten.

Doch erst einmal lassen wir das Berg- und Weindorf Jerzu links liegen und fahren auf der brandneuen Schnellstraße durch den langen Tunnel unten im Tal an dem berühmten Weinort vorbei. Am anderen Ende des Tunnels hat man die Ebene von Cardedu erreicht. Hier bietet das direkt an der Hauptstraße gelegene renommierte Weingut Alberto Loi schon die erste gute Gelegenheit, Cannonau einzukaufen.

Einkaufen

Vitivinicola Alberto Loi, SS 125, km 124,1 (bei Cardedu), Tel. 0782 75807. Besonders zu empfehlen: „Sa Mola“ (Cannonau di Sardegna DOC), „Cardedo“ (Cannonau di Sardegna DOC Riserva), „Alberto Loi Riserva“ (Cannonau di Sardegna DOC Riserva). Es wird um eine Anmeldung 10 Tage im Voraus gebeten.

Mit gutem Wein an Bord und sonst auch gut versorgt, kann man beruhigt hinaus an die Küste zu dem wohl abgelegensten Campingplatz an der Küste Sardiniens fahren – und mit „Coccorrocci“ wohl auch dem mit dem wohlklingendsten Namen. Von Gairo Cardedu führt eine Nebenstraße hinaus an die Küste. Kurz bevor sie auf dieselbe trifft, biegt die Straße zu „Coccorrocci“ nach Süden ab. Geradeaus kommt man nach kurzer Fahrt zum herrlich langen Sandstrand **„Sa Pedera Pera“** bei **Museddu.** Hier kann man direkt über dem Strand parken und beim Blick auf Strand und Meer picknicken oder in eine der fast nur von Einheimischen frequentierten Bars einkehren.

Die kleine Teerstraße zum Camping führt entlang der besonders malerischen, weil durch rote Porphyrfelsen und kleine eingelagerte Sandstrände geprägten Küste, vorbei an der Feriensiedlung von **Marina di Gairo** bis zum Eingang des Campingplatzes, der völlig einsam in einem fast paradiesisch anmutenden Taleinschnitt an der Mündung eines Baches liegt. Die Natur, die duftenden Kräuter und die Ruhe (in der Vor- und Nachsaison) sind wunderbar, der Strand jedoch ist nur aus grobem Kies.

> **Camping**
>
> ⑯ ***Camping Coccorrocci*** ★★★
>
> **GPS: 32 S 0557724 UTM 4397669**
> **N39,72695 E9,67357**
>
> Marina di Gairo, Tel. 0782 24147, www.campingcoccorrocci.it, ganzjährig. Wunderbar ruhig und schön in einer üppig und abwechslungsreich bewachsenen, weitestgehend naturbelassenen Bachmündung gelegener Platz mit guter Ausstattung. Womo 7,30–14 €, Erw. 5–10,70 €, Strom 4 €, Camperstop 10–17 €.

JERZU (25 km - km 212)

Nach dem „Coccorrocci“-Idyll verlässt diese Route die Küste und führt hinauf in die Berge der Ogliasta und damit zu einer der schönsten und eindrucksvollsten Berglandschaften, die die Insel Sardinien zu bieten hat. Der Weg hinauf führt erst noch durch das Tal des Riu Pelau, wo sich die **„Cantina Perda Rubia“** versteckt. Rotweintrinker müssen hier einfach anhalten, denn Signore *Mereu,* ein Rechtsanwalt aus Nuoro und Cannonau-Enthusiast, produziert hier mit dem „Perda Rubia“ (Roter Stein) „L'ultima Cannonau“, den seiner Überzeugung nach „letzten wahren Cannonau“. Apropos: Das Wort *Canonau,* so ist eigentlich die richtige Schreibweise des „Cannonau“, stammt vom griechischen *kanonìzo,* was soviel wie „Währung“ bedeutet.

092sa Abb.: ph

▲ *Tankstopp - Der köstliche Cannonau von Jerzu wird auch offen verkauft*

Einkaufen

GPS: 32 S 0551461 UTM 4405981
N39,80224 E9,60114

Cantina Perda Rubia, SS 125, km 121,6, Tel. 0782 615367, www.perdarubia.it, Mo.-Fr. 8-12 und 13.30-17 Uhr. „Perda Rubia Rosso Classico“ (Cannonau di Sardegna VQPRD), „Perda Rubia Ambrato“ (Cannonau di Sardegna DOC), „Mirei" (Cannonau di Sardegna VQPRD)

Kurz danach verlässt die Straße das Tal und windet sich in vielen Kurven hinauf zum Bergdorf Jerzu. Endlos ziehen sich diese 8 km, die großartige Panoramablicke hinab auf die weiter Küstenebene der Ogliastra eröffnen.

Die **„Cantina Sociale“** von Jerzu, die den „Cannonau di Jerzu“ produziert, liegt vor dem Ortseingang oberhalb der Straße und ist auch für große Mobile gut anfahrbar.

Einkaufen

Antichi Poderi di Jerzu, Via Umberto 1, Tel. 0782 70028, www.jerzuantichipoderi.it, Mai-Sept. tägl. 8.30-20.30 Uhr, Okt.-Apr. 8.30-13 u. 15-18.30 Uhr. „Josto Miglior“ (Cannonau di Sardegna DOC Riserva), „Chuerra“ (Cannonau di Sardegna DOC Riserva), „Marghia“ (Cannonau di Sardegna Selezione d'Annata DOC)

Achtung: Die Durchfahrt durch Jerzu, das sich mit dem Beinamen „Citta del Vino“ schmückt, ist besonders eng, teils extrem steil und damit für große Womos eine der schwierigsten der Insel. Zwar wird in den kritischen Tageszeiten der Verkehr einspurig geleitet, doch kann es auch dann eng werden. Man sollte deshalb sein Fahrzeug gut beherrschen. Dazu gehört, auch an sehr steilen Stellen anfahren zu

Großartige Bergkulisse bei Ulassai – gesehen vom Parkplatz bei der Grotta Su Marmuri

können. Wer Bedenken hat, der sollte Jerzu zumindest nicht zu den Haupteinkaufszeiten durchfahren und/oder einen Lkw oder Omnibus abwarten und sich hinter diesen klemmen.

ABSTECHER NACH ULASSAI (4 km einfach)

Die kurze Fahrt durch die Berge hinüber zum Nachbarort Ulassai darf man nicht versäumen. Denn das von einer gewaltigen Felswand überragte Bergdorf bietet mit seiner Höhle **„Grotta Su Marmuri"** eine der schönsten Tropfsteinhöhlen Sardiniens. In der größten bislang auf der Insel entdeckten, auf 1000 Meter begehbaren Höhle wachsen in den imposanten Hallen gewaltige Sintergebilde. Mehrere Seen verwandeln sie in ein märchenhaftes unterirdisches Reich! Das ist nicht alles. Schon die Anfahrt zur Höhle ist ein Erlebnis. Der etwas verwirrend verlaufende, aber gut ausgeschilderte Fahrweg zur Höhle führt erst quer durch das Dorf und klettert dann kurz, aber extrem steil in einigen atemberaubenden Serpentinen eine fast senkrechte Felswand hinauf. Das Womo schwitzt, der nicht schwindelfreie Beifahrer eventuell auch, aber man wird für die Mühen belohnt. Denn kurz vor dem Parkplatz zur Höhle erreicht man eine von duftenden Kräutern bestandene, ebene [P] Parkfläche, auf der man sich wie auf einen Balkon stellen kann und beim ausgiebigen Picknick die großartige Aussicht auf die umliegende Bergwelt mit ihren eindrucksvollen Felsstöcken genießen kann. Auf dem geteerten, aber abfallenden Parkplatz an der Höhle findet man eine nette kleine Bar mit Ristorante, wo man neben Pizza auch die Spezialitäten der Oglistra probieren kann.

Einkaufen

Webarbeiten: Coop Tessile Su Marmuri, Via Funtana Serì, Tel. 0782 79076, www.sumarmuri.it

[P] Parkplatz

GPS: 32 S 0541757
UTM 4407292
N39,81458 E9,48787

Auf der Parkfläche (wird von der Coop als offizieller Stellplatz geplant) kann man auch übernachten.

Sehenswertes

Grotta Su Marmuri, Coop Su Bulliciu, Tel. 0782 79859, Führungen tägl. April/Okt. 11, 14.30, 17 Uhr; Mai/Juni/Juli/Sept. 11, 14, 16, 18 Uhr; Aug. 11, 13, 15, 17, 18.30 Uhr

ESCALAPLANO (50 km – km 262)

Kurz nach der Durchfahrt durch Jerzu zweigt Richtung Süden eine Straße ab, die auf ihrem weiteren Verlauf landschaftlich schlicht einmalig ist. Dafür lohnt sich die frickelige Jerzu-Durchquerung allemal! Denn die nächsten 30 Kilometer fährt man praktisch „über den Wolken“ durch ein Stück Sardinien, wie es unberührter kaum sein könnte.

Die Ausblicke sind einmalig und die vollständig leere Bergnatur von überwältigender Schönheit. Kaum hat man Jerzu hinter sich gelassen und den Blick zurück auf die schroffen Felszacken genossen, so kommt man zum **Santuario San Antonio.** Das ist ein stilles Fleckchen Erde an einem gleichnamigen, einsam gelegenen Pilgerkirchlein. Ringsum die schönste Gebirgskulisse, dazu ein sprudelnder Wasserhahn, beschauliche Picknickplätze zwischen Kiefern, weite ebene Wiesen – einen schöneren Platz zum ausgiebigen Picknick bei herrlich frischer Bergluft und erquicklicher Stille kann man wohl kaum finden.

094sa Abb.: ph

▲ *Ein herrliches Picknickidyll in frischer Bergluft – das einsame Santuario S. Antonio*

Park-/Picknickplatz
Santuario S. Antonio
GPS: 32 S 543442 UTM 4401275
N39,76029 E9,50716

Und, man glaubt es kaum, vom Kirchlein blickt man auf ein gegenüber völlig einsam in der Bergwelt stehendes Haus – das Hotel/Pizzeria/Ristorante „Rifugio di Ogliastra“, das zur hervorragenden Ogliastra-Küche einen atemberaubenden Fernblick bietet.

Immer verlassener wird die Welt im weiteren, stets sehr kurvenreichen Verlauf dieser praktisch verkehrslosen Panoramastraße. Dann ist das kleine abgelegene Städtchen **Perdasdefogu** erreicht.

Danach ist man wieder alleine mit sich und der sardischen Bergnatur. Wie bereits zuvor geht es auch nach Escalaplano über menschenleeres Land. Doch wer diesem Stück Erde nicht seine Existenz abringen muss, für den ist es eine faszinierende Welt, der man auch auf Sardinien längst nicht mehr überall in dieser Ur- und Reinform begegnen kann.

Kurz hinter dem Ortsausgang von **Escalaplano** biegt nach Westen die Straße Richtung Orroli ab, die man wenigstens ein kleines Stück entlangfahren sollte. Nach kurzer Fahrt hat man das Gelände der Landkirche **Chiesa San Giovanni** erreicht. Unten an der Straße sprudelt an einem großen angelegten Parkplatz die wasserreiche Quelle „Fossada“. Kurz vor der Quelle führt eine schmale Stichstraße hinauf auf ein kleines Hochplateau zum dortigen Kirchlein mit Picknickstellen, Nuraghe, Felsengräbern, einer großartigen Panoramasicht und einer gigantischen uralten Korkeiche, die bei Gemeindefesten wie der Prozession anlässlich der Festa di San Giovanni (24.6.) als Tanzbaum für den sardischen Rundtanz „Ballu Tundu“ dient. Einfach bellissima!

Picknickplatz mit Quelle

Sorgente Fossada (an der Chiesa S. Giovanni)
GPS: 32 S 0528493 UTM 4385363
N39,61755 E9,33195

ABSTECHER ZUM NURAGHEN ARRUBIU

(12 km einfach)

Fährt man an der Sorgente Fossada vorbei weiter, führt die Straße erst hinab ins Tal des Riu Flumendosa und klettert dann auf der gegenüberliegenden Talseite hinauf auf die Hochebene zwischen den Stauseen Lago del Flumendosa und Lago di Mulargia. Nach etwa 10 Kilometern zeigt bei km 11 ein Schild den Weg zum **„Nuraghen Arrubiu“.** Folgt man ihm, so erreicht man nach einigen km Fahrt erst auf befestigter Straße, dann auf teils unbefestigtem Weg den Parkplatz beim Nuraghenkomplex. Kürzer und besser ist die Anfahrt jedoch, wenn man von dem Abzweig nochmals 3,4 km weiter fährt und dann rechts die gute Teerstraße einbiegt.

Egal welchen Weg man nimmt – der in der totalen Einsamkeit gelegene Komplex ist mindestens so sehenswert wie die viel besuchte steinzeitliche Festung von Su Nuraxi. Arrubiu ist eine der komplexesten Nuraghierfestungen Sardiniens, die man noch auf eigene Faust und so lange man will entdecken und durchstreifen kann. Rund um den wuchtigen, einst 35 und jetzt noch stattliche 16 m hohen Mittelturm verläuft eine Wehrmauer mit fünf weiteren Türmen, die wiederum von einer Bastion mit sieben Türmen umgeben ist. Die eindrucksvolle Anlage wurde bis ins 5. Jh. n. Chr. von den Römern genutzt.

Parkplatz

Nuraghe Arrubiu, Coop Is Janas, Tel. 0782 847269, März–Okt. Tägl. 9–13 und 15–20.30 Uhr, Nov.–Febr. 9–13 und 15–17 Uhr. Ebener, geteerter Parkplatz mit Kiosk, kleiner, sympathischer Bar und Toiletten. Nachts einmalig ruhig!
GPS: 32 S 0525159 UTM 4390391
N39,66296 E9,29330

Essen

Museo Ristorante OmuAxiu, Via Roma 46, Tel. 0782 845023, www.omuaxiu.it. Das einladende Ristorante ist in einem 200 Jahre alten Gehöft untergebracht und eine gute Adresse, um Küche und Kultur der Region kennenzulernen. Der Hof der Familie Vargiu ist „ristorante“ und „museo“ in einem und die Küche spitze. Bitte anmelden!

▼ Prähistorisches Bollwerk – die mächtige Nuraghierfestung Arrubiu kann man noch auf eigene Faust durchklettern und erkunden

095sa Abb.: ph

BALLAO (13 km - km 275)

Nach Escalaplano geht es langsam, aber sicher bergab Richtung Ballao, das im fruchtbaren Tal des Riu Flumendosa liegt. Etwa auf halber Strecke zwischen den beiden Orten biegt Richtung Westen eine in vielen Landkarten überhaupt nicht eingezeichnete zweispurige Straße ab, die nach **Goni** hinaufführt. Aus unerfindlichen Gründen ist die Straße seit Jahren offiziell gesperrt. Sie ist aber durchgehend bestens befahrbar und wird von den Einheimischen auch genutzt. Ich bin sie ebenfalls mehrfach mit dem Wohnmobil gefahren, da der Weg zu der sehr sehenswerten steinzeitlichen Gräberanlage der **„Necropole Pranu Mutteddu“** bei Goni sonst nur über einen riesigen Umweg via S. Niccolo Gerrei und Silius führt. Benutzung auf eigene Gefahr!

Unmittelbar nach dem Abzweig Richtung Goni liegt links etwas unterhalb der Straße die **„Funtana Coberta“,** ein 2000 v. Chr. ange-

Abstecher zum Parco Archeologico di Pranu Mutteddu (12 km einfach)

Der Parco Archeologico von Pranu Mutteddu ist ein 17 ha großes Gelände westlich von Goni. Die Nekropole ist eine der bedeutendsten archäologischen Stätten Sardiniens. Inmitten eines lichten Korkeichenhains fand man hier nahe eines Nuraghierdorfes eine große megalithische Nekropole mit zahlreichen Gräbern unterschiedlichen Typs. Neben domus de janas, Felskammergräbern und Kastengräbern sind auch Kreisgräber zu sehen, die es nur hier gibt und der Ozieri-Kultur zugeordnet werden. Am auffälligsten sind die so genannten „Perdas Fittas“, über 50 teilweise sorgfältig bearbeitete und bis zu zwei Meter hohe Menhire.

Tipp: Viele besuchen nur das eingezäunte Gelände mit den „Perdas Fittas“. Folgt man jedoch dem kleinen Trampelpfad auf der gegenüberliegenden Straßenseite hinein die einsame Natur, kommt man zu einigen sehr interessanten Grabanlagen und schließlich zu einem von Felskammergräbern durchlöcherten Fels.

Tel. 070 982053, März–Sept. tägl. 9.30–20.30 Uhr, Okt.–Febr. 9–13 u. 14–18 Uhr. Bei der Anlage gibt es keine für ein Womo-Picknick geeigneten Parkplätze.

▼ *Einer der über 50 Menhire von Pranu Mutteddu – der umfangreichsten und eindrucksvollsten steinzeitlichen Gräberanlage der Insel*

096sa Abb.: ph

legtes, steinzeitliches Brunnenheiligtum. Zu ihm führte ein nur einspuriger Feldweg hinab. Unten gibt es eine kleine eingezäunte Parkfläche mit Picknickgelegenheit. (Mit großen Womos besser oben parken.) Das frei zugängliche Brunnenheiligtum ist nach Regenzeiten besonders schön, weil dann die Quelle Wasser führt und dem steinzeitlichen Bauwerk ein kleiner Wasserlauf entströmt.

Nach langer, erlebnisreicher, aber auch anstrengender Fahrt wartet einige Kilometer nach der „Funtana Coberta" ein malerisches Fleckchen Erde auf Sie, an dem Sie sich erst mal in die kühlen Fluten stürzen und dann am Busen der Natur eine ausgiebige Erholungspause gönnen können.

Ein kleines Schild mit der Aufschrift **„Piscina naturale"** zeigt den Weg zum verborgenen Idyll. Biegt man in den nur einspurigen Feldweg ein und folgt diesem, erreicht man nach etwa 800 m auf einspurigem Betonschwellenweg ein Gelände am Ufer des Riu Flumendosa. Angelegte Parkflächen, zwei malerische Pineddas unter schattigen Bäumen und davor ein breiter, frisch aufgeschütteter Sandstrand an einer von rundgeschliffenen Felspartien eingerahmten Biegung des Flumendosa, der an dieser Stelle einen wunderbaren natürlichen Pool bildet – was will man mehr? Vielleicht Goldfische? Sind bereits da: Irgendein Witzbold hat wohl sein Aquarium hier entsorgt und die quietschfarbenen Fische fühlen sich offensichtlich pudelwohl!

097sa Abb.: ph

▲ *Naturpool mit Ministrand – zur Abwechslung mal ein erfrischendes Bad im weichen Süßwasser des Flumendosa*

Achtung bei den Felsen nach dem Sandstrand. Hier herrschen gefährliche Strömungen und man kommt wegen der glitschigen Felsen unterhalb der Wasserlinie nur sehr schwer wieder aus dem Wasser auf die glatten Felsen. Deshalb besser nur vorn am Strand hineinhüpfen.

Picknickplatz

Piscina Naturale, Loc. Corte e Arenas. Wunderbares Bade- und Picknickgelände in stiller Natur mit Strand und Goldfischen.
GPS: 32 S 0529629 UTM 4379401
N39,56379 E9,34492

Nach **Ballao** kann man sich entscheiden: Entweder man fährt das Tal des Flumendosa hinab auf sehr gut ausgebauter breiter Spur über San Vito zurück an die Küste nach Muravera und von dort die große SS 125 quer durch die menschenleere Bergwelt des Sarrabus zurück nach Cagliari. Oder aber man verlässt bei Ballao das Tal des Flumendosa und nimmt die kurvenreiche Strecke über San Nicolo Gerrei und Dolianova.

DOLIANOVA (45 km – km 320)

Ich empfehle die Strecke via Dolianova, weil diese auf sehr verkehrsarmen Spazierfahrstrecken durch unverfälschtes sardisches Kernland führt und mit Dolianova bzw. Serdiana sozusagen direkt in den Weinhimmel Sardiniens führt.

So verlassen wir bei Ballao das Flusstal und kurven Richtung **Silius** hinauf in das unbewohnte Hochland am Nordrand des Sarrabus-Gebirges. Auf halber Strecke erblickt man im Westen auf einem Hügel die wuchtigen Ruinen des **Castello Sassai.** Die im 12. Jh. als Grenzfestung vom Judikat Cagliari gegen das Judikat Arborea errichtete Wehranlage wird nach Jahrhunderten des Verfalls zurzeit wissenschaftlich erforscht und zeitaufwendig rekonstruiert.

San Nicolo Gerrei ist das Zentrum der kleinen, weitgehend unbekannten Region Gerrei, die aus einer Hand voll Dörfern in der Umgebung besteht. Der Ort selbst hat nichts Besonderes, bietet jedoch gute Einkaufsmöglichkeiten und ist das Tor zum unbesiedelten und wegelosen Granitmassiv um den knapp 1000 m hohen Monte Genis südlich der kleinen Stadt.

Nach dem Straßenkreuz S. Nicolo Gerrei geht es gemütlich und vergleichsweise kurvenarm durch ein Bachtal. Dann führt der Weg in wilden Kurven bergauf in den landschaftlich besonders reizvollen Bergzug um den 842 m hohen Bruncu Salamu. Hat man die Passhöhe überschritten, öffnet sich mit einem Mal der Blick hinab auf die weite Ebene, die bis nach Cagliari und den sich weit öffnenden Golf von Cagliari reicht.

Dolianova ist ein wichtiges landwirtschaftliches Zentrum und bekannt für Oliven, Wein und Schafskäse.

Einkaufen

Olivenöl: Fattorie D'Olia di Enrico Loddo, Via Conte Boyl 8, Tel. 070 740715, www.oliodolia.com. Köstliches Öl aus den handgepflückten und kalt gepressten Oliven mit harmonisch intensivem Geschmack. Die Öle von D'Olia wurden mehrfach preisgekrönt. Besonders rein ist das olio biologico, besonders aromatisch das Olivenöl mit sonnengereiften Zitronen.

Käse: Argiolas Formaggi, Via Emilio Lussu s.n., Tel. 070 74 02 93, www.argiolasformaggi.com. Hier findet man eine ganze Palette unterschiedlicher Pecorino-Käse von *ricotta* über *dolce* und *semi duro* bis zu einem zum Reiben geeigneten alten *duro.*

Zum Weinkaufen kann sollte man den kurzen Weg zum Nachbarort **Serdiana** nicht scheuen. Denn dort hat mit der „Cantina Argiolas“ sozusagen Sardiniens Heiliger Gral des (Rot-)Weines seinen Sitz. Hier reift in den Fässern der legendäre „Turriga“ – der von der Fachwelt in höchsten Tönen gepriesene und mit Abstand teuerste aller sardischen Weine. Der Turriga ist weltweit stark gefragt und so ist die Nachfrage deutlich höher als die jährliche Produktion. So ist ein Turriga nur ab etwa 30 Euro aufwärts erhältlich. Doch das Haus Argiolas produziert auch preiswertere rote und weiße Tropfen, die dem Kultwein Turriga kaum nachstehen.

▼ *Ein Gläschen in Ehren kann wohl niemand verwehren*

Einkaufen

Cantina Argiolas, Via Roma 28–30, Tel. 070 740606, www.cantine-argiolas.it. Herausragende Rotweine: „Perdera", „Costera", „Korem", „Turriga", empfehlenswerte Weißweine: „Costamolino", „Cerdeña"

Rückfahrt nach Cagliari (20 km – km 340)

Von Serdiana führt die SS 387 schnurstracks und fast ebenso gerade durch die Ebene zurück zum Ausgangspunkt Cagliari.

Durch die Bergwelt der Barbagia, Gennargentu und Supramonte ins wilde Herz Sardiniens zu den Bilderbuchstränden der Ogliastra

Von den endlosen Sandstränden der Ogliastra führt die Straße hinauf in die Berge und mitten hinein in das wilde Herz Sardiniens, die abgeschiedene Welt der Barbagia. Über die Bergdörfer Seui und Sadali geht es in die traditionsreiche Sommerfrische Aritzo zu Füßen der Punta Lamarmora, des höchsten Inselberges.

Vom „Dach Sardiniens“ ist es nicht weit nach Sorgono, dem Herz des Mandrolisai. Tonara lockt mit der süßen Verführung „Torrone“, Mamoiada mit seinen düsteren Faschingsbräuchen. Orgosolo ist weltberühmt für seine „Murales“, Wandmalereien, die das ganze Dorf in eine einmalige Freilichtgalerie verwandeln. Den allerbesten Blick auf das Supramonte-Massiv genießt man von Nuoros Hausberg Monte Ortobene, Sardiniens allerbesten Cannonau im nahen Oliena.

Über die Oase „Su Gologone“, Sardiniens wasserreichste Quelle, geht es auf eindrucksvoller Bergstraße quer über das Supramonte-Gebirge zurück an die Küste nach Arbatax.

098sa Abb.: ph

ROUTE 6

DIE BARBAGIA

› Routenübersicht vorderer Umschlag innen

STRECKENVERLAUF

◀ *Vorseite: Auf den Spuren von Mufflon und Adler – Trekkingtour durch das Massiv des Gennargentu*

Strecke:

Gairo Cardedu - Barisardo (8 km) - Lanusei (20 km) - Seui (56 km) - Sadali/Grotta Is Janas (15 km) - Aritzo (40 km) - Sorgono (22 km) - Tonara (10 km) - Gavoi (30 km) - Mamoiada (16 km) - Orgosolo (11 km) - Nuoro (20 km) - Oliena (15 km) - Su Gologone (10 km) - Dorgali (18 km) - Cala Gonone (10 km) - Baunei/S. M. Navarrese (70 km) - Tortoli/Arbatax (14 km) - Lido di Orri (8 km)

Streckenlänge:

ohne Abstecher ca. 400 km
mit Abstechern ca. 470 km

BARISARDO, TORRE DI BARI (8 km - km 8)

🅿 ***Womo-Parkplatz***
GPS: 32 S 558202
UTM 4409454
N39,83310 E9,68018
Speziell für Womos vorgesehener terrassenförmiger Wiesenplatz am Strand in Torre di Bari, davor die Strandbar Sa Tracca

Von Gairo Cardedu, dem nördlichsten Punkt der Route 5, sind es nur wenige Minuten Fahrzeit bis nach Barisardo. Das unaufgeregte, in üppige Obstplantagen, Gemüse- und Weinfelder eingebettete Landwirtschaftsstädtchen ist eine günstige Gelegenheit, die Vorräte aufzufüllen. Denn viele der Bauern bieten frischeste, also soeben geerntete Ware direkt ab Feld, am Straßenrand oder auch aus der Garage oder Haustür zu sehr günstigen Preisen an. Die schützenden Hügel und Hochebenen, die Barisardo umgeben, verschaffen dem Ort ein besonders mildes Klima und seinen Einwohnern besonders ertragreiche Felder und Plantagen. Die eher gemächliche, von Tourismus noch wenig verfälschte Atmosphäre in den Straßen und Gassen macht das Städtchen sympathisch. Nicht selten kann man sich mit den aufgeschlossenen und freundlichen Einwohnern auch auf Deutsch unterhalten, da viele in Deutschland oder der Schweiz gearbeitet haben.

099sa Abb.: ph

▲ *Pause unterm Sarazenenturm – malerisch überragt der Torre di Bari den kilometerlangen Sandstrand*

Touristischer Magnet ist die vier Kilometer entfernte kleine Küstensiedlung **Marina di Bari,** die meist jedoch wegen ihres malerisch über dem endlosen Strand thronenden Sarazenenturms meist einfach „Torre di Bari" genannt wird. Die Straße endet auf einer Wendeplatte direkt über dem Strand beim Sarazenenturm. Eine Hand voll Hotels, eine Bar/Pizzeria und ein idyllisch gelegener ⛺ Campingplatz – das ist Torre di Bari.

Einer der schönsten Strände Sardiniens versteckt sich zwischen Torre di Bari und Tortoli. Die **Spiaggia Cea** ist wegen ihrer Farben ganz besonders schön, denn am herrlich weißen, feinsandigen Strand ra-

❶ *Camping Marina* ★★★

GPS: 32 S 0558516 UTM 4410393, N39,84153 E9,68394

Loc. Torre di Barì, Tel./Fax 0782 29969, www.campingmarina.it, 1.5.-30.9. Sehr schön direkt am Strand gelegener, kleinerer Platz mit fast familiärer Atmosphäre im lichten Eukalyptus-, Ulmen- und Akazienwäldchen. Neu renoviert und mit Luxussanitäranlagen (Waschbecken aus Naturstein!) ausgestattet. Junge, engagierte Betreibercrew, einladende Bar/Ristorante, wo man sich am Abend trifft. Anfahrt: ab Torre di Bari ca. 1,5 km staubige Piste bis Strandende. Womo inkl. Strom 8,50-15 €, Erw. 6,50-11,50 €, Ver-/Entsorgung für Durchreisende 40 €.

❷ *Camping L'Ultima Spiaggia* ★★★★

GPS: 32 T 0557420 UTM 4408019, N39,82022 E9,67092

Loc. Planargia, www.campingultimaspiaggia.it, Tel. 0782 29363, Fax 28963, 23.4-30.9. Riesiges, ebenes Gelände am Strand südlich von Barisardo mit eigener asphaltierter Anfahrtsstraße. Als 4-Sterne-Platz sehr komfortabel ausgestattet. Großes Sport- und Freizeitangebot. Beim Gelände ein großes Reitzentrum. Womo 8,50-16 €, Erw. 6,50-14,50 €, Strom 3 €.

❸ *Camping La Pineta* ★★

GPS: 32 T 0557420 UTM 4408019, N39,82022 E9,67092

Loc. Planargia, Tel. 0782 29372, www.campingbungalowlapineta.it, 1.4.-15.10. Kleiner, baumbestandener Platz unter familiär-freundlicher Leitung ca. 300 m vom Strand. Der preiswerte Platz liegt unmittelbar vor dem Camping L'Ultima Spiaggia und ist im Sommer deutlich ruhiger als dieser.
Womo 4,50-10 €, Erw. 4-8,50 €, Strom 2-2,50 €.

❹ *Area attrezata Rocce Rosse*

GPS: 32 S 0558120 UTM 4413407, N39,86872 E9,67958

Mobil-Tel. 340 9770595, April-Okt. Schön angelegter, weitläufiger Platz unter hohen Eukalyptusbäumen mit Strom, Trinkwasser und Ver-/Entsorgung, Warm-/Kalt-Duschen, WC, Grillplatz und Bar mit Kiosk. Sehr nette Betreiber. 70 m bis zum Strand. Womo alles inkl. 18 €

❺ *Area attrezzata Baia Cea*

GPS: 32 S 0558299 UTM 4413397, N39,86861 E9,68167

Mobil-Tel. 393 9380747, www.baiacea.it. Ein weiterer weitläufiger Platz unter hohen Eukalyptusbäumen zwischen Strand und Rocce Rosse mit aller notwendiger Austattung, jedoch kein Trinkwasser! Sehr idyllisch in den Sanddünen gelegene Bar mit Pizzeria/Ristorante. Vermietung von Sonnenschirmen und Standliegen. Anfahrt: auf schmalem, schlechtem Feldweg am Rocce Rosse vorbei. Womo 12-16 €, Strom 2 €.

Achtung!

Bei Starkregen im Herbst läuft die Eukalyptuswaldniederung sehr schnell mit Wasser voll, der Feldweg wird zum Bach und damit unpassierbar, sodass man auf dem „Baia Cea" in der Falle sitzt und u. U. tatenlos zusehen muss, wie sein Womo untergeht.

gen aus dem kristallklaren, in allen Blautönen schimmernden Meer die „Faraglioni Rossi" auf, 40 m hohe tiefrote Porphyrklippen.

Das Beste: An diesem Bilderbuchstrand findet man gleich zwei sehr schöne Stellplätze, die direkt aneinandergrenzen. Im hinteren Bereich liegt der „Rocce Rosse", direkt am Strand der „Baia Cea".

Wer mir dorthin folgen will für einige Tage des faulen Entspannens am Strand, bevor es hinauf in die wilde **Bergwelt der Barbagia** geht, der folgt dem von der Stichstraße nach Marina di Bari auf etwa halber Strecke abzweigenden Teersträßlein Richtung Cea. Dieses ist zwar schmal und nicht beschildert, aber durchgehend bis zum Lido di Orri bei Arbatax auch mit dem Womo befahrbar.

LANUSEI (20 km - km 28)

Nun verlässt die Route für einige Zeit die Küste und führt – mit hoffentlich frisch geleerter Toilette und Brauchwassertank – hinauf in die **Berge der Ogliastra** mitten durch Sardiniens schönstes Bergland und dann hinein in die wilde Welt der Barbagia, die bis vor nicht allzu langer Zeit noch als die Welt der Hirten und Banditen galt. Aus der Küstenebene von Barisardo geht es in ungemein vielen Kurven berauf in die kleine quirlige Bergstadt Lanusei. Der Verwaltungsort und Verkehrsknotenpunkt ist für längere Zeit der einzige Ort, der etwas urbaner ist. Danach führt die Route nur noch durch kleine Bergdörfer, die nur Grundversorgung für Mensch und Maschine bieten. Wer noch Spezielles braucht, der sollte es spätestens hier besorgen. Die 6000-Seelen-Stadt Lanusei hat weiter nichts bemerkenswertes, sodass man hier nicht lange verweilen muss.

Picknickplatz
GPS: 32 T 0543905
UTM 4416722
N39,89944 E9,51360
Parco Carmine. Schön angelegtes Picknickgelände im Bergwald mit Quelle und Bar. Von hier kann man auch schöne Spaziergänge unternehmen.

Quelle
GPS: 32 S 0541759
UTM 4417657
N39,90797 E9,48856

Wer Pause machen oder frisches Wasser fassen will, der fährt von Lanusei erst einmal ein kurzes Stück Richtung Elini. Denn gleich nach dem Ortsende kommt der gern als Ausflugsziel aufgesuchte **Bosco di Selene,** ein herrlich dichter Kastanien- und Steineichenwald. Etwa 3 km nach Lanusei liegen linker Hand im Wald ausgedehnte Parkflächen mit einladenden Picknickplätzchen.

Eine Quelle, an der man gut halten und Trinkwasser tanken kann, liegt ein kurzes Stück weiter an der Straße nach Arzana.

SEUI (56 km - km 84)

ANFAHRT

So verlassen wir Lanusei auf der Straße Richtung Seui. Nach 3 km kommt man zu einer Kreuzung, bei der man sich entscheiden muss: entweder weiter Richtung Seui über **Gairo S. Elena** und das durch einen Bergrutsch zum Geisterdorf gewordene **Gairo Vecchio** durch abenteuerliche Bergkulissen. Oder weiter Richtung SS 399 Richtung

Nuoro bis zum **Lago Alto de Flumendosa** und von dort durch mindestens ebenso großartige wie gänzlich unbesiedelte Berglandschaft.

Beide Strecken treffen hinter **Ussassai** wieder aufeinander. Sie sind ungefähr gleich lang und außergewöhnlich eindrucksvolle Bergstrecken. Wer kann, der sollte sie beide fahren. Wer dazu zu wenig Zeit hat, dem empfehle ich die Panoramastraße, die durch atemberaubend schöne und abwechslungsreiche Berglandschaft führt. Die Panoramastrecke ist die kleine Straße ohne Nummer, die von der großen SS 389 direkt nach der Bahnstation links in die Pampa abzweigt.

100sa Abb.: ph

▲ *Überragend und unübersehbar – die markante Felsnadel des Monte Perda Liana*

Etwa 8 km nordwestlich von Lanusei erreicht die Straße Richtung Nuoro (SS 389) eine von Bergen umrahmte Hochfläche, in der sich höchst malerisch der große, weitverzweigte Stausee Lago Alto del Flumendosa ausdehnt.

Einen einmalig schönen Panoramablick über den See und das Gebirge hat man von der kleinen Forststraße, die unmittelbar nach der **Schmalspurbahn-Station von Villagrande** von der Hauptstraße nach Süden abzweigt. Die schmale, aber geteerte und auch mit dem Womo sehr gut befahrbare Straße ist eine der schönsten Strecken im Inselinneren Sardiniens. Sie führt 40 Kilometer durch völlig einsame Bergnatur. Die Verkehrsteilnehmer, mit denen man rechnen muss, sind überwiegend Kühe, Schafe, Ziegen oder Schweine.

Erst führt die Straße am südlichen Seeufer entlang, dann geht es bergauf zu einem Aussichtspunkt, von dem sich ein Prachtblick über den See auftut. Kurven- und aussichtsreich führt sie nach Süden weiter durch abwechslungsreiche Landschaften und an den **schönsten Felsformationen** der so genannten „Tacchi“ und „Tonneri“ entlang. Besonders markant ist der berühmte 1293 m hohe **Monte Perda Liana,** zu dem eine steile Stichstraße hinaufführt. Sie endet an einem idyllischen [P] [Picknick] Park- und Picknickplatz, von dem ein angelegter Fußpfad hinauf bis zum Fuß der imposanten Felsnadel führt.

Unterwegs passiert man an mehreren Stellen gefasste [Quelle] Quellen, die sich ebenfalls für eine kleine Rast eigenen. Ein weiterer Haltepunkt sollte der **Nuraghe Ardasai** sein, der auf halber Strecke wie eine graue, steinzeitliche Ritterburg nahe der Straße auf einem Fels thront. Steigt man hinauf, ist die Sicht tatsächlich fast grenzenlos.

Dann kommt man in den **„Foresta de Montarbu“,** ein dichter, alter, quellen- und tierreicher Bergwald, der dank seiner außergewöhnlichen Artenvielfalt und Schönheit ein besonders geschützter Naturpark ist. Ohne an einem einzigen Haus vorbeizukommen, erreicht man nach rund 40 Kilometern entlang der Spazier- und Panoramastraße an einer Stelle zwischen Ussassai und Seui wieder die Hauptstraße nach Lanusei.

[Picknick] [P] Park- und Picknickplatz

Monte Perda Liana.
Kleiner Platz mit idyllischer Picknickeinrichtung unter uralten Steineichen mit grandiosem Fernblick.

▶ *Und sie dreht sich doch: Drehscheibe für die historische Schmalspurbahn auf dem Bahnhof Seui*

102sa Abb.: ph

Mit Seui ist die **Barbagia** erreicht und damit das Stück Sardinien, das am berüchtigsten ist und wohl auch zu Recht als **das sardische Kernland** gilt. Jahrhundertelang waren die weitgehend unzugänglichen und kaum besiedelten Berge der Barbagia eine abgeschiedene Welt, in der sich die ehrenwerten Banditen erfolgreich versteckten.

ORTSBESCHREIBUNG

Das kleine Bergstädtchen Seui hat, wie alle Bergdörfer, eine schmale Ortsdurchfahrt, an der sich für ein Womo kaum ein Halteplatz bietet. Wer hier anhalten und das romantisch verwinkelte Zentrum durchstreifen und seine Sehenswürdigkeiten sehen will, der sollte gleich am Ortseingang hinauf zum etwas oberhalb liegenden Bahnhof fahren. Hier gibt es genügend P Platz und hier kann man sich auch gleich die historischen Anlagen der niedlich kleinen **Schmalspurbahn** anschauen, mit der man in der Saison von Arbatax hier herauffahren kann. Die Sehenswürdigkeiten von Seui, darunter ein alter spanischer Kerker, sind auf dem **ausgeschilderten „Museumsweg"** in einem kleinen Spaziergang gut zu erkunden.

Essen

Trattoria Deledda, Via Roma 72, Tel. 0782 54621. Unverfälschte Bergküche, zubereitet von „La Mamma" persönlich aus den frischen, saisonalen Produkten ihres Gartens und der Region.

SADALI, GROTTA IS JANAS (15 km - km 99)

So extrem kurvenreich die Straße vor Seui verlief, so unendlich kurvig geht es weiter. Erst 8 km weiter hat die endlose Kurbelei wenigstens kurz ein Ende. Nun hat man eine Kreuzung und die Hochfläche von Sadali erreicht. Wir fahren erst einmal die wenigen schnurgeraden

Kilometer bis nach **Sadali,** denn das etwas abseits der Hauptstraße gelegene Örtchen ist einen kurzen Besuch wert. Die Straße führt quer durch den Ort und an ihrem Ende steil hinab auf einen stillen [P] Platz, wo sie endet. Unterwegs passiert man die Kirche und schräg gegenüber sitzt eine kleine alte Wassermühle über dem romantisch rauschenden **Wasserfall „Cascata Sa Pescheria".** Unten am Platz lädt das kleine private **Museum „Sa Omu e Zia Cramella"** zu einer Besichtigung ein. Hier sprudelt eine weitere Quelle, an der man auch gut das Womo mit frischem Trinkwasser versorgen kann.

Sehenswertes und Quelle

GPS: 32 S 0523798 UTM 4407658, N39,81857 E9,27806

Museo Sa Omu e Zia Cramella, Piazza Eleonora d'Arborea, Tel. 0782 59249, Mai-Sept. tägl. 11-13 und 15-18.30 Uhr, Eintritt frei

6 Stellplatz Zona Grotta Is Janas

GPS: 32 S 0522744 UTM 4410598 N39,84509 E9,26584

Tel. 0782 599012, www.grottesadali.it, tägl. 10-12 und 15-18 Uhr, Okt.-März nur So.

Die große Attraktion von Sadali liegt einige Kilometer außerhalb des Ortes. Dazu muss man erst wieder zurück bis zur Kreuzung und dort weiter auf der SS 198 Richtung Seulo fahren. Nach 1 km führt linker Hand eine kleine Teerstraße zur **„Zona Grotta Is Janas",** die man nach genau 1,3 km erreicht. Dieses Plätzchen ist einfach wunderbar. Denn es gibt hier große, ebene [P] Parkplätze inmitten der stillen Bergnatur, auf denen man auch gerne mit dem Womo übernachten kann.

Außerdem kann man sich ein paar Schritte entfernt in einer Bar/Ristorante ein Bier oder auch eine Pizza gönnen. Und dann gibt es unterhalb der Terrasse einladende Picknickplätze im schattigen Steineichenwald. Das alles wurde angelegt, weil sich hier auch die „Grotta Is Janas" öffnet, die man mit einer Führung besichtigen kann.

Die „Zona Grotta Is Janas" umfasst ein 500 ha großes Gelände, durch das mehrere ausgeschilderte Wanderpfade führen. Auf gar keinen Fall versäumen sollte man, dem Schild **„Su Sturnu de Su Turnu"** zu folgen und durch ein kleines Tal hinabzusteigen. Neben dem Pfad gurgelt und gluckst ein Bächlein zu Tale. Dann geht es auf in eine senkrechte Felswand gehauenen Stufen weiter hinab bis zu einem frischen Grund zu Füßen einer mächtigen Felswand, aus der wie im Märchenbuch in Duschhöhe aus einer kleinen Höhle ein je nach Jahreszeit kleiner oder großer, aber immer bezaubernd anzuschauender Wasserfall quillt. Eine Dusche im Adams- oder Evakostüm ist, so sonst keiner da, mehr als erquicklich!

Nur wenige Schritte davon entfernt führt der Weg zu einem mitten im Wald sehr schön angelegten Picknickgelände, bei dem die Quelle **„Sorgente di Tirriccu"** frisches Nass spendet.

▼ *Wie eine Fantasie-Filmkulisse – von der Höhle führt ein wildromantischer Pfad hinab zum kleinen Wasserfall „Su Sturnu"*

101sa Abb.: ph

› Routenatlas Seite 296

ARITZO (40 km - km 139)

Von der Janas-Höhle bis nach Aritzo sind es ziemlich genau 40 km. Nicht viel, meinen Sie. Doch Sie werden sehen, dass das wohl mit die längsten 40 km Ihres Lebens werden. Denn nun geht die Fahrt mitten hinein in die Barbagiaberge hin zum **Massiv des Gennargentu,** das in der 1834 m hohen **Punta La Marmora** und damit dem höchsten Berg der Insel Sardinien gipfelt. Die Strecke eröffnet immer wieder großartige Ausblicke auf die bewaldeten Berge der Barbagia di Seulo.

Beim namengebenden Bergdorf **Seulo** hat man die Grenze zum Nationalpark **„Parco Nazionale Gennargentu/Golfo di Orosei“** erreicht, der sich von hier bis an die Ostküste erstreckt.

Nach Seulo wird der Weg noch kurviger und führt dann vor **Gadoni** in vielen Serpentinen hinab in die Schlucht des Riu Flumendosa, den hier ein gewaltiges Viadukt überspannt. Auf der anderen Schluchtseite geht es in ebensolchen Serpentinen wieder hinauf. Dann sieht man ein Schild, das den Abzweig zum gut 8 km entfernten Bergwerk **„Miniera Funtana Raminosa“** markiert.

Weiter als bis zum Bergwerk sollte man jedoch mit dem Womo nicht mehr fahren. Denn nach den in einem tiefen Taleinschnitt liegenden Anlagen wird das Sträßlein noch enger, erheblich steiler und schlechter.

Quelle Raminosa

GPS: 32 S 0516086,
UTM 4416328
N39,89687 E9,18817

Üppige Quelle unter mächtigen Kastanienbäumen mit Parkmöglichkeit 800 m nach Abzweig zur Miniera Funtana Raminosa.

Sehenswertes

Miniera Funtana Raminosa, Tel. 0781 491300, Führungen Sommer Mo.-Fr. 8.30-17 Uhr, So. 8.30-13 Uhr, sonst 9, 11, 13 Uhr

Abkürzung

Genau 3 km vor Aritzo trifft die Straße auf eine Kreuzung. Wer im weiteren Verlauf seiner Reise nach Fonni will, der kann hier rechts die kleine Gebirgsstraße zum „Passo Tascusi“ abbiegen, die erst zweispurig, dann aber auf der größten Strecke einspurig quer durch das einsame Gebirge führt und beim „Passo Tascusi“ hinter Desulo auf die Straße nach Fonni trifft. Diese Straße ist in fast keiner Karte vermerkt und nur mit „Passo Tascusi“ ausgeschildert. Aber sie ist da und beachtenswert! Denn sie ist zum einen eine wunderbare Panoramastrecke durch einsames Bergland. Und zum anderen spart man sich einen großen Umweg und vor allem ungezählte Kurven hinab nach Tonara und wieder hinauf nach Desulo und weiter bis Fonni.

Wir fahren jedoch weiter bis zu dem einladenden Bergstädtchen **Aritzo,** das für die Sarden seit alters eine beliebte Sommerfrische ist. Der Ort ist für vier Dinge berühmt: als erstes für die **„Sagra delle Castagne“,** zu der Ende Oktober Abertausende von der ganzen Insel hierher strömen sowie zweitens für das **Rodeo von Aritzo,** bei dem im Gennargentu eingefangene Wildpferde im Rodeostadion von wagemutigen Männern zugeritten werden. Auch dies ist ein großes Spektakel, denn die Sarden sind allesamt Pferdenarren und ebenso stolze wie exzellente Reiter.

Dritte Sehenswürdigkeit ist der **Monte Texile,** eine auffällig aufragende Felsnadel, die schon den steinzeitlichen Nuraghiern als Kultplatz diente.

103sa Abb.: ph

▲ *Auch Kajaktouren durch die Flumendosa-Schlucht werden vom Hotel Sa Muvara organisiert*

Und viertens schließlich ist der Ort berühmt wegen des am Ortseingang in wunderbarer Alleinlage gelegenen **Hotels Sa Muvara,** das kulinarisch sicher als eines der besten im Inselinneren gilt und das ich möglichst auf keiner meiner Reisen auslasse. Denn im Hause des in Aritzo geborenen Vollblutsarden, Hoteliers, Landwirts und Förderers der sardischen Kultur und des sardischen Brauchtums Signore *Ninni Paba,* kommt im außergewöhnlichen Ambiente des zeltartigen Ristorante nur allerbeste Barbagia-Küche auf den Tisch. Das allein lohnt den Besuch. Und ab und an ist auch für einen eingefleischten Womo-Reisenden so ein Zimmer mit Bett und Balkon mit Blick auf den Monte Texile einfach nur schön und entspannend. Dazu veranstaltet das Hotel Exkursionen zu Fuß, Pferd oder Jeep in die umliegenden Berge des Gennargentu.

Achtung: Die Auffahrt zum Hotel ist kurz, aber sehr steil. Einen auch für Womos genügend großen [P] Parkplatz gibt es, wenn man nach dem ersten Haus gleich links unterhalb des Pools die schmale Gasse hinauffährt. Dort kann man auch im Womo übernachten (natürlich auf Nachfrage!). An Wochenenden kann es jedoch eng werden. Dann sollte man das Womo unten an der Straße auf dem ebenen Platz direkt gegenüber der Auffahrt abstellen und dort auch nächtigen.

Essen und Übernachten

Hotel Sa Muvara ****, Funtana Rubia, Tel. 0784 629336, www.samuvarahotel.com, Mai-Mitte Okt.

SORGONO (22 km - km 161)

Noch in Aritzo zweigt die Straße nach Sorgono ab. Auch wenn man von Aritzo erst wieder weit talwärts muss, um über **Atzara** in das viel tiefer gelegene Städtchen zu gelangen, für Weinfreunde lohnt sich der Weg. Denn Sorgono ist das Zentrum der kleinen Region Mandrolisai, in dem der gleichnamige Wein angebaut wird. Mandrolisai wird nur hier in der Cantina del Mandrolisai in Sorgono gekeltert, sonst nirgends auf Sardinien.

▼ *Mandrolisai superiore: der beste Wein aus der Cantina del Mandrolisai in Sorgono*

104sa Abb.: ph

Einkaufen

Cantina del Mandrolisai, Corso IV. Novembre 20 (die Verkaufsstelle ist am Ortseingang auf der rechten Straßenseite), Tel. 0784 60113, www.mandrolisai.com, Mo.-Fr. 8-13 u. 14.30-17.30 Uhr, Sa. 8-12.30 Uhr

TONARA (10 km – km 171)

Quelle
GPS: 32 T 507979
UTM 4429741
N40,01784 E9,09350

Mit einem Karton Mandrolisai beladen, geht es nun durch den Ort wieder bergauf in Richtung Tonara Superiore.

Dann schlängelt sich die Straße durch dichten Kastanien- und Steineichenwald hinauf in das 960 m hoch gelegene Tonara. Auch in diesem freundlichen Bergstädtchen warten besondere Leckereien auf den Reisenden. Die erste und ganz besonders verführerische findet man, wenn man gleich am Ortseingang direkt hinter der Locanda Muggianeddu nach rechts einbiegt. Dann wieder rechts und man steht vor einer kleinen Manufaktur, wo die nur aus Nüssen, Eiweiß und Honig bestehende **Leckerei „Torrone“** zubereitet und zum günstigen Preis auch verkauft wird.

Danach kehrt man am besten gleich in die kleine **Locanda del Muggianeddu** ein, in der der koch- und pilzbegeisterte Wirt *Mauro* mit seiner Frau *Tina* für wenig Geld frischeste Bergküche auf den Tisch zaubert.

Ein weiteres Mitbringsel aus Tonara sind *sonaggiarios,* „Glöckchen“. Denn hier aus Tonara stammen fast alle **Glocken und Glöcklein,** die Kühe, Schafe und Ziegen um den Hals tragen und bei ihren Wanderungen den „Klang Sardiniens“ erzeugen. Noch gibt es mehrere Schmiede, die diese schönen Souvenirs von Hand herstellen.

Essen

Locanda del Muggianeddu, Via Monsignore Tore 10, Tel. 0784 63885

Einkaufen

Torrone: Torronificio Pruneddu, Via Ing. Porru, Tel. 0784 63805
Glocken: Carlo Sulis, Via Giovanni XXIII 6, Tel. 0784 63845

105sa Abb.: ph

▶ *Urig und gemütlich: die Locanda del Muggianeddu*

AUSFLUG ZUM DACH SARDINIENS

(ca. 40 km einfach)

Hinter Aritzo und Tonara ragt das **Massiv des Gennargentu** auf, das höchste Gebirge Sardiniens. Da es bis in die höchsten Gipfelregionen noch grün ist und weit hinauf noch von dichten Laubwäldern bedeckt, mutet es streckenweise fast wie deutsches Mittelgebirge oder die schottischen Highlands an. Doch seine Gipfelregion liegt weit über 1500 m Höhe. Der höchste aller Inselberge, die **Punta La Marmora,** ragt 1834 m hoch auf. Nicht viel weniger hoch ist die daneben liegende **Bruncu Spina** mit 1829 m. In die Gipfelregion führen zwei Straßen, die auch mit dem Womo ohne weitere Probleme befahren werden können.

Die erste beginnt am **„Passo Arcu de Tascussi"** und führt zweispurig bis in den Bereich des 1599 m hohen Monte S'Iscudu. Bei dem Agriturismo S'Arena erreicht sie einen riesigen ebenen Teerplatz, von dem man eine gigantische Aussicht genießt.

Parkplatz

GPS: 32 T 0523131 UTM 4430604, N40,02533 E9,27108

Loc. S'Arena. Riesiger Parkplatz mit grandioser Aussicht, an dem der Agriturismo eine Bar und Exkursionen zu Pferd bietet.

Nach dem Parkplatz wird die Straße steiler und schmaler, ist aber immer noch ohne weiteres befahrbar. Schließlich windet sie sich in einigen sehr steilen Serpentinen hinauf auf 1500 m Höhe, wo sie an einer unbewirtschafteten Berghütte endet.

Hier beginnt eine der Wanderrouten zur Punta La Marmora, die auch ein Normalbürger gehen kann. Wichtig sind nur Kondition und Ausdauer und - ganz wichtig - die richtige Kleidung und das passende Schuhwerk. Denn man darf niemals vergessen: Auch wenn kein Wölkchen am Himmel zu sehen ist, man befindet sich klimatisch im Hochgebirge und das Wetter kann blitzartig umschlagen.

Die zweite Möglichkeit mit dem Womo in die Gipfelregionen des Gennargentu vorzudringen ist die Stichstraße, die etwa 7 km vor **Fonni** Richtung Gipfelregion zum 1595 m hohen Monte Spada abzweigt. Direkt am Abzweig liegt der schöne Agriturismo Su Pinettu, kurz dahinter befindet sich ein großes Parkplatzgelände.

Wanderung zur Punta La Marmora

Dauer 5 Std., Länge ca. 14 km, Schwierigkeit: mittel bis anspruchsvoll. Kurzer, steiler Anstieg am Su Xuxu. Der Weg ist weitgehend schattenlos, deshalb unbedingt Sonnenschutz und genügend Wasser mitnehmen.

Parkplatz

Große, leicht abfallende Parkflächen ca. 500 m hinter dem Abzweig mit Picknickeinrichtungen und Brunnen.

Kurz hinter dem Agriturismo verzweigt sich die Straße. Links geht es bis zum geschlossenen Hotel Sporting Club. Nach rechts geht es weit durch schönste und einsamste Bergwelt, wobei man mehrere Quellen, darunter die üppig sprudelnde **„Sorgente Monte Spada"** passiert.

Einsame Bergwelt – die Straße zum Bruncu Spina windet sich steil und kurvenreich bergauf

106sa Abb.: ph

Picknickplatz mit Quelle

GPS: 32 T 0525952 UTM 4438900 N40,09999 E9,30448

Sorgente Monte Spada mit Tischen und Bänken aus Gennargentu-Granit und Parkplatz.

Wanderung zur Punta La Marmora

Dauer ca. 5 Std., Schwierigkeit: einfach bis mittel. Der weitgehend schattenlose Pfad ist nicht markiert, jedoch meist deutlich zu erkennen.

Je weiter man die Straße hinauf in die vollständig einsame, landschaftlich schlicht grandiose urtümliche Bergwelt fährt, desto besser und breiter wird sie. Am Schluss erreicht sie fast die Breite einer Startbahn. Warum, wird schnell klar. Sie endet nämlich nach gut 8 km an der Talstation eines Skiliftes, für den die riesigen Parkflächen angelegt wurden. Am Lift bieten ausgedehnte ebene Terrassen Parkraum für Hunderte von Fahrzeugen. Von hier beginnt ein weiterer Fußweg zur Punta La Marmora, der weniger anstrengend ist und deshalb meist begangen wird.

GAVOI (30 km - km 201)

ANFAHRT

Quelle

An der SS 128 bei km 124
GPS: 32 T 0514420 UTM 4438176 N40,09375 E9,16916

Von Tonara geht es weiter nordwärts Richtung Lago de Gusana. Erst führt die Route noch durch Bergland zu den abgelegenen Bergdörfern **Tiana** und **Ovodda.** Unterwegs passiert man eine Quelle mit Wasserhahn und Parkbucht, die sich gut zum Füllen des Trinkwassertanks eignet.

Schließlich erreicht man die kleine, einsam in der Landschaft liegende **Landkirche S. Pietro.** Kurz danach senkt sich die Straße hinab und der Wald gibt immer wieder Blicke frei auf die tief unten blinkenden Wasser des Stausees **Lago di Gusana.** Wer hier nach einem

Picknickplatz Ausschau hält, der sollte vom Gas gehen. Denn kurz darauf liegt auf der seeseitigen Straßenseite eine alte Straßenmeisterei, vor der eine schöne und ebene, von Wald umrahmte Wiese dazu gute Gelegenheit gibt.

Wer hier die Nacht verbringen will, muss allerdings damit rechnen, ab und an Besuch von Liebespärchen zu erhalten.

Schließlich haben einen unzählige Kehren hinab zum See gebracht. Um es vorweg zu sagen: Unten am See ist es nicht so ganz einfach, einen schönen Picknickplatz am Wasser zu finden. Denn die beiden Stichstraßen, die von der SS 128 zum See abführen, enden beide bei Hotels. Die umfangreichen Anlagen am Seeufer - Gebäude, befestige Parkflächen, Uferstraßen, ein Sportplatz - sind unverständlicherweise seit ihrer Fertigstellung verschlossen. Ebenso der kleine, neu angelegte Camping, der nach nur wenigen Wochen geschlossen wurde. Hinter beidem darf man sardische Ränkespiele vermuten, denn eine Auskunft, wieso das so ist, erhält man von niemandem.

Picknickplatz
GPS: 32 T 0515815 UTM 4441979, N40,12799 E9,18562
Vor der alten Straßenmeisterei bei km 130

ORTSBESCHREIBUNG

Gavoi schmiegt sich etwas oberhalb des Sees in 770 m Höhe an den Hang. Die Durchfahrt ist, wie immer bei den Bergdörfern in der Barbagia, schmal und so sollte man rechtzeitig Ausschau nach einer Parkmöglichkeit für das große Womo halten - denn Anhalten lohnt sich.

Gavoi ist nicht nur ein malerisches, von engen Gassen durchzogenes Granitdörfchen, sondern es bietet auch ebenso gute wie günstige Einkaufsmöglichkeiten für **sardische Spezialitäten,** besonders natürlich solche aus der Barbagia. Besondere Erwähnung verdient hier das besonders dünne und feine *pane carasau* „Corrias" von *Angelo Murdeu,* das, nach alter Sitte in einem alten Holzofen gebacken, zu den besten zählt, die ich je auf der Insel gegessen habe.

Einkaufen
Pane Carasau: Panificio Artigiano Angelo Murdeu, Via Roma 38, Tel. 0784 53353
Hirtenmesser: Michele Lavra, Via Dante 4, Tel. 0784 52156
Goldschmuck: AURUM Roberto Lai, Via Roma 200, Tel. 0784 52175 (traditioneller und moderner Schmuck)
Skulpturen: Luciano Busia, Via De Gasperi 30, Tel. 0784 53496 (u. a. zauberhafte Figürchen aus Terrakotta und Trachyt)

Einkaufen
Sardische Spezialitäten: Cantina Garau, Via Roma 121 Tel. 0784 52102. Beim jungen Sommelier Cristian findet man vom Käse über Wein bis zum Brot alles, was es an Leckereien so gibt.

Schließlich findet man in Gavoi auch noch das private „Museo Jocos", ein ganz zauberhaftes **Spielzeugmuseum** (*Jocos*, sardisch für „Spielzeuge"), in dem das Ehepaar *Michele Pira* und *Angela Loddo* das zeigt, was sie inselweit in den letzen 20 Jahren aufgestöbert haben. Michele und Angela nehmen sich gerne Zeit und geben Auskunft über die einzelnen Stücke.

Sehenswertes
Museo Jocos, Vl. Repubblica 14, 08020 Gavoi, Tel. 0784 52158

› Routenatlas Seite 292

MAMOIADA (16 km – km 217)

Quelle

Fonte Donnessu. Schön angelegte Quelle mit Picknickeinrichtungen etwas unterhalb der Straße
GPS: 32 T 518516
UTM 4445330
N40,15819 E9,21697

Picknickplatz mit Quelle

Santuario dei Santissimi Cosma e Damiano
GPS: 32 T 0522296
UTM 4448737
N40,18872 E9,26192

7 Stellplatz Agricamper Badu Orgolesu

GPS: 32 T 522818
UTM 4453126
N40,22825 E9,26822
www.mamoiada.net/baduorgolesu.html, Tel. 0784 56503, ganzjährig. Ca. 1 km außerhalb, nahe der Straße nach Nuoro gelegener Agriturismo mit 10 Stellplätzen, Strom, Ver-/Entsorgung, Dusche und Waschmaschine. Womo 10 €, Strom 2 €. Man kann hier auch Pecorino und andere Produkte kaufen. Anfahrt gut ausgeschildert.

Sehenswertes

Museo delle Maschere, Piazza Europa 15, Tel. 0784 569018, www.museodellemaschere.it, Di.–So. 9–13 und 15–19 Uhr, Jul.–Sept. auch Mo.

Gleich nach dem Ortsausgang Richtung **Orani** verlassen wir die SS 128 und biegen nach Osten eine kleine Nebenstraße nach Mamoiada ab. Wenige Kilometer hinter Gavoi trifft man auf eine Quelle mit Parkbucht, an der es sich schön picknicken lässt. Wasser fürs Womo muss einige Meter herbeigetragen werden.

4 km vor Mamoiada passiert man das große **Santuario dei Santissimi Cosma e Damiano.** Die mitten in der Natur neben der kaum befahrenen Straße gelegene Anlage wird Mitte September Austragungsort eines neun Tage dauernden religiösen Festes und im August findet hier ein ausgesprochen interessanter wie bunter Kunsthandwerkermarkt statt. Das restliche Jahr bietet der Ort idealen Platz für eine ausgiebige Rast. Parkplätze, Wasserhahn, Tisch und Bänke – alles ist reichlich vorhanden.

Das Barbagiadorf mit dem schönen Namen Mamoiada ist für seine uralten Traditionen bekannt, die sich besonders ausdrucksstark in den uralten, düsteren **Faschingsbräuchen** und den Figuren und ihren Verkleidungen niederschlagen. Mit den „Mamuthones" und „Issohadores" hat Mamoiada zwei der berühmtesten und eindrucksvollsten Karnevalsfiguren der Barbagia.

Während des Umzugs bewegen sich die schwerfälligen, in zottelige Schafsfelle und gruselige schwarze Holzmasken gehüllten **Mamuthones** in zwei langen Schlangen über die Straße. Die finsteren Gesellen gehen langsam, gebeugt von teils über 50 kg schweren Glockengehängen. Ihnen folgen die mit eleganten, rotweißen Kostümen bekleideten, leichtfüßigen **Issohadores,** die die ungelenken Mamuthones mit Peitschen vor sich her treiben und einfangen. Völkerkundler nehmen an, dass der Brauch auf einen phönizischen Wasserkult zurückgeht, wobei die dämonischen, schwarzen Gesichtsmasken den Regengott Maimone darstellen, aus dem sich auch der Ortsname ableitet. Die Sarden selbst haben eine andere Sichtweise. Für sie stehen die grimmigen, schwerfälligen Mamuthones für das sardische Volk. Die flinken Issohadores symbolisieren die fremden Eroberer, die die Sarden einfangen und zum Vergnügen durch die Straßen treiben.

Näheres über die Bräuche und Masken von Mamoiada, der Barbagia und dem gesamten Mittelmeergebiet erfährt man im kleinen, aber interessanten **„Museo delle Maschere".** Und wer sich solch eine eindrucksvolle Mamuthones-Maske mit nach Hause nehmen will, der besucht den „Maestro della Maschera", den Maskenschnitzermeister *Ruggero Mameli,* der diese nach uralten Vorlagen in aufwendiger Handarbeit fertigt.

Einkaufen

Masken: Ruggero Mameli, Via A. Crisponi 19, www.mascheremameli.com, Tel. 0784 56222. Die handgeschnitzten signierten Masken sind allesamt Unikate. Kleine gibt es ab 35 €, große kosten 100–250 €.

ORGOSOLO (11 km – km 228 km)

108sa Abb.: ph

▲ *Banditengeschichten und aktuelle Wirklichkeit – in Orgosolo und anderswo in den Bergen liegen sie noch heute dicht beieinander*

Das Hirtendorf Orgosolo galt lange als das **Banditendorf** schlechthin, in dem Blutrache ganze Sippen auslöschte. Von 1903–1917 wütete hier eine gnadenlose *disamistade* („Familienkrieg"), der über 50 Menschen zweier verwandter Sippen zum Opfer fielen. Bis heute gelten die Einwohner als besonders stolz, misstrauisch und eigensinnig.

Aber Orgosolos Geschichte wird mittlerweile nicht mehr nur als die Geschichte blutiger Verbrechen erzählt, sondern auch als die von bitterer Armut, Ausbeutung und Unterdrückung sowie dem verzweifelten Widerstand einer archaischen Hirtengesellschaft gegen den kolonisatorischen Drang seitens des modernen italienischen Staatswesens.

Heute ist Orgosolo weltweit bekannt für seine „Murales", die **berühmten Wandbilder,** die fast jedes Haus im Dorf schmücken und den gesamten Ort in eine Freiluftgalerie verwandeln, die kein Sardinienfahrer versäumen sollte.

P Parkplatz

GPS: 32 T 0530479 UTM 4450454, N40,12236 E9,21488

ABSTECHER NACH PRATOBELLO UND ZUM FORESTA DI MONTES (17 km einfach)

Von Mamoiada kommend zweigt kurz vor dem Ortseingang von Orgosolo ein schmales, aber gutes Sträßlein ab. Es führt auf die Hochebene Pratobello und über sie hinweg weiter tief hinein in die abgeschiedene Welt der **Supromonte von Orgosolo** und die wildromantische Welt der Foresta di Montes. Dieses Stück Barbagia gehört zum schönsten, was die Region an Natur zu bieten hat. Uralte Eichen schmücken mit ihren ausladenden Kronen das weite Weideland. Neben dem Meckervieh bevölkern Schafe, Pferde und zahlreiche halbwilde Schweine das menschenleere Land. An der Straße liegen unter Steineichen reizvolle Picknickplätze mit sprudelnden Quellen.

Picknickplatz

Parkplatz mit tollem Picknickgelände im lichten Eichenwäldchen, mit Tischen und Bänken und Wasserhahn.

GPS: 32 T 0529713 UTM 4448195, N40,18361 E9,34903

Camping

8 Camping Supramonte *

GPS: 32 T 529738 UTM 4449145
N40,19217 E9,34937

Loc. S. Arthu Tittu, Tel. 0784 401015, Apr.-Okt. Überaus reizvoll im naturbelassenen Gelände gelegener Platz, jedoch wegen des unebenen Untergrundes und dem Baumbestand beschränkte Stellmöglichkeiten für Womos. In der Vor- und Nachsaison häufig zwar offen, doch oft unbesetzt. Mit der Coop Cultura e Ambiente, die den Platz betreibt, kann man empfehlenswerte Exkursionen in den Supramonte unternehmen.

Dann – man traut seinen Augen kaum – erblickt man am Straßenrand einen bemalten Fels, der den Camping „Supramonte" ankündigt. Tatsächlich liegt hier im fantastisch schönen, märchenhaft von Flechten überzogenen Steineichenwald ein Camping mit Restaurant.

Nach gut 6 km erreicht man eine Kreuzung, an der man, fährt man rechts Richtung Fonni, zum einsam gelegenen Landhotel und Restaurant Ai Monti del Gennargentu gelangt, das für seine gute Küche bekannt ist.

Fährt man an der Kreuzung geradeaus, endet die Straße nach gut 9 km durch unglaublich schöne und abwechslungsreiche Natur schließlich im dichten Wald an einer Forststation. Hier kann man parken und auch gerne mit dem Womo übernachten. Das empfiehlt sich auch, denn von hier aus kann man großartige Wanderungen unternehmen. Ein Weg führt zur 2 km entfernt auf 1082 m Höhe gelegenen Quelle **„Funtana Bona"** und weiter bis zum 1316 m hohen Gipfel des **Monte Novo.** Man sollte ihn keinesfalls versäumen, denn die Aussicht vom Gipfel, auf dem sich eine einsame Feuerwache befindet, ist schlicht sensationell (Gehzeit einfach ab Forststation ca. 1 Std.). Wer will, kann von der Forststation aus auch zu tagelangen Wanderungen aufbrechen, bei denen er wohl keiner Menschenseele begegnet. Denn das riesige Berg- und Waldgebiet, das bereits Teil des Nationalparks „Gennargentu/Golfo di Orosei" ist, ist völlig unerschlossen und menschenleer. Mehrtageswanderungen sollte man zur eigenen Sicherheit in der Forststation anmelden!

Essen

Ai Monti del Gennargentu, Loc Settiles, Tel. 0784 402374. Einsam gelegener Landgasthof, auf dem unverfälschte Barbagia-Küche auf den Tisch kommt.

9 Forststation

GPS: 32 T 0533750 UTM 4441489
N40,12304 E9,39610

Park- und Übernachtungsmöglichkeit direkt an der Forstkaserne

NUORO (20 km - km 248)

„Holdes und verbranntes Herz Sardiniens, umgeben vom Kranz der Berge, ausgetrocknet von Sonne und Vendetta", besang und beklagte der Schriftsteller *Sebastiano Satta* (1867–1914) seine Heimatstadt Nuoro. Schön ist sie nicht und einladend ist der Eindruck auch nicht, wenn man sich ihr vom Tale aus nähert.

Auch ihr Ruf ist nicht gerade der beste. Zu verdanken hat sie dies ihrer Stellung als **Hauptstadt der Banditenprovinz Nuoro.** In den 1950er und 1960er Jahren diente sie schließlich als Ausgangspunkt der großen Banditen-Treibjagden in der unzugänglichen Bergwelt der

Information

Ufficio Provinciale del Turismo, Piazza Italia 19, 08100 Nuoro, Tel. 0784 238878, Fax 33432, turismo@provincia.nuoro.it, www.enteturismo.nuoro.it

Barbagia, die der Polizeipräfekt von Nuoro organisierte und an der auch die italienische Armee teilnahm. Der berüchtigte **„Supercarcere di Badu 'e Carros"**, das örtliche Gefängnis, das eher einer mittelalterlichen Festung gleicht, erinnert an diese dunkle Zeit.

Heute ist die 35.000 Einwohner zählende Stadt vor allem eins – ein ewiges Verkehrschaos, in das tagtäglich viele Tausend aus der gesamten Provinz strömen, um Behördengänge zu erledigen oder Geschäfte zu tätigen. Deshalb sollte man nicht erwarten, im Zentrum mit dem Womo einen Parkplatz zu finden.

Gute [P] Parkmöglichkeiten, auf denen man auch übernachten kann, findet man aus Richtung Orgosolo kommend gleich am Ortseingang beim Amphitheater.

Von hier muss man etwas bergauf spazieren, wenn man in die Altstadt will. Hier zeigt sich Nuoro von seiner einladenderen Seite. Schmale, verwinkelte Gassen und Häuschen mit kleinen Höfen und Gärten erinnern noch an das unscheinbare Bergdorf, das Nuoro einst war. Zahlreiche kleine Geschäfte laden ein, die **Spezialitäten der Barbagia** und speziell des Nuorese kennen zu lernen. Wer sich in die *dolci sardi* verliebt hat, der sollte bei der kleinen Dolceria der Brotkünstlerin *Luisa Monne* vorbeischauen. Frau *Monne* pflegt neben der handwerklichen Backkunst der *dolci tipici nuoresi* auch noch die uralte sardische Tradition der *pani votivi,* so genannter Gebildebrote.

(10) [P] *Parkplatz mit Ver-/Entsorgung*
GPS: 32 T 0527853 UTM 4462711 N40,31445 E9,32781
Ebene Parkterrassen am Hang mit Schacht und Wasserhahn unterhalb des Amphitheaters, nachts beleuchtet, Übernachten möglich, jedoch mäßiger Verkehrslärm

Einkaufen

Pasticceria artigiana, Luisa Monne, Via Tola 22, Tel. 0784 35542

Auch das Geburtshaus der Nobelpreisträgerin für Literatur, *Grazia Deledda,* in dem heute das „Museo Deleddiano" untergebracht ist, liegt hier im ältesten Viertel.

Essen

Ciusa, via Ciusa 55, Tel. 0784 257052, äußerlich höchst unscheinbar, innen erstklassige Küche, mit die beste der Stadt!

Sehenswertes

Museo Deleddiano, Via Grazia Deledda 42, Tel. 0784 258088, 15.6.-30.9. tägl. 10-20 Uhr, 1.10.-14.6. tägl. 10-13 und 15-17 Uhr

In der Altstadt nahe der zentralen Piazza Vittoria Emanuelle findet man auch die Pinakothek der Provinz Nuoro.

Sehenswertes

Museo d'Arte della Provincia di Nuoro, Via S. Satta, Tel. 0784 252110, Di.-So. 10-13 und 16.30-20.30 Uhr

Herausragende Sehenswürdigkeit der Stadt ist aber das **„Museo della Vita e delle Tradizioni Popolari Sarde"**. Hinter diesem sper-

Sehenswertes

Museo Archeologico Nazionale, Via Mannu 1, www.museoarcheologiconuoro.it, Tel. 0784 31688, Di./Do. 9-13 u. 15-17 Uhr, Mi., Fr., Sa. 9-13 Uhr, Eintritt frei. Nach Jahren, in denen es wegen der Plünderung durch Räuber geschlossen hatte, ist das Museo Archeologico Nazionale endlich wieder eröffnet.

› Routenatlas Seite 292, Stadtplan S. 230

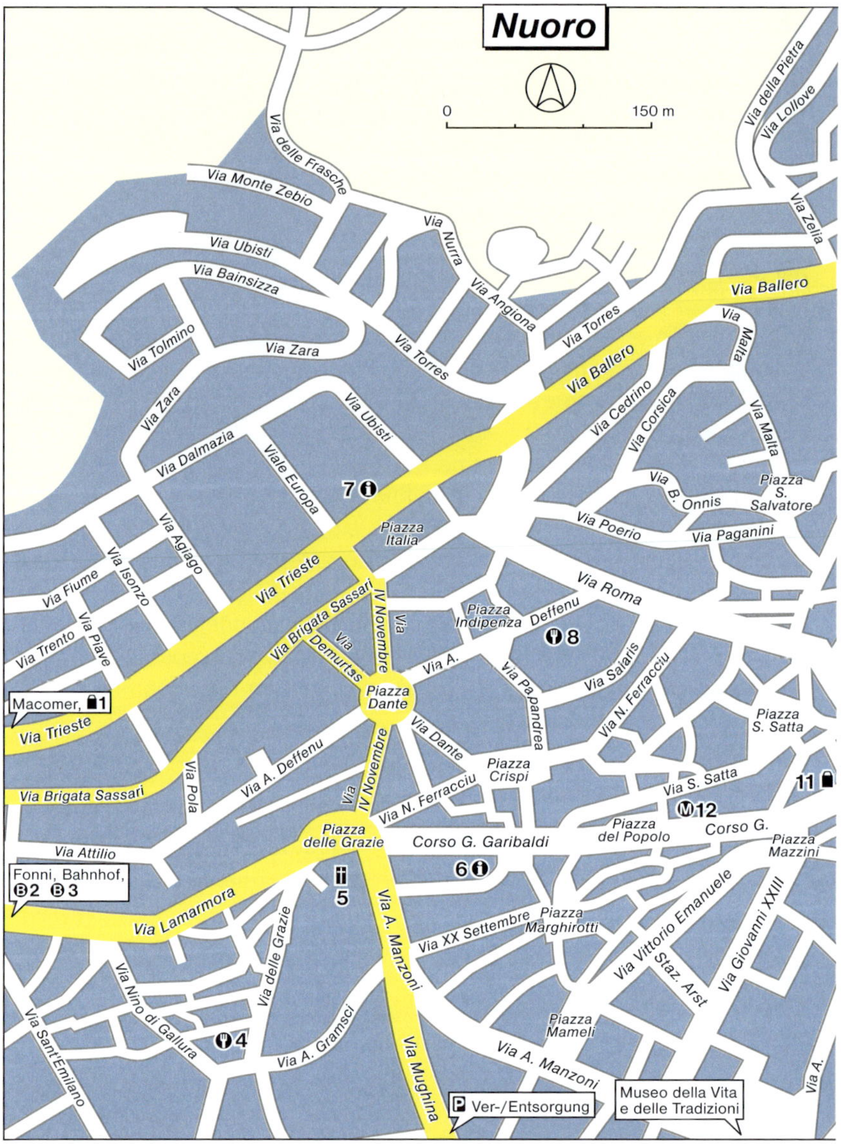

rigen Namen verbirgt sich Sardiniens größtes und schönstes volkskundliches Museum. Das 1976 eröffnete „Museo del Costume“, wie es die Einheimischen kurz nennen, besteht aus einem um zwei Innenhöfe angeordneten Komplex kleinerer Häuser, die in den unterschiedlichen regionalen Baustilen der Insel errichtet sind. Unter ihren Dächern sind bemerkenswerte Sammlungen prachtvoller Trachten, Schmuckstücke und Amulette, Möbel mit herrlichem Schnitzwerk, farbenprächtige Teppiche, Musikinstrumente sowie Karnevalsmas-

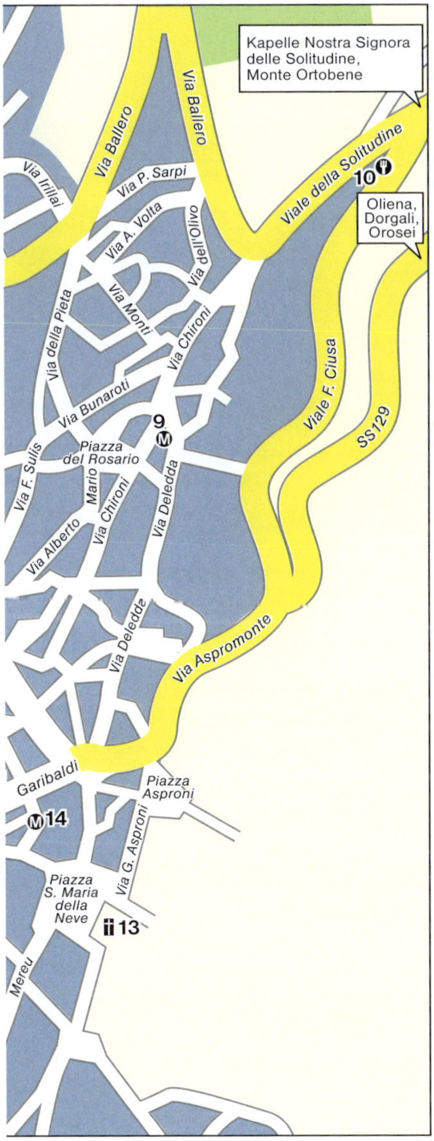

- 1 La Tavola degli Antichi
- 2 Busse ARST
- 3 Busse PANI
- 4 Il Rifugio
- 5 Chiesa Nostra Signora delle Grazie
- 6 Ufficio Turistico
- 7 UTP-Information
- 8 Trattoria La Locanda
- 9 Museo Deleddiano
- 10 Ristorante Ciusa
- 11 Pasticceria artigiana Luisa Monne
- 12 Museo d'Arte della Provincia
- 13 Cattedrale Santa Maria della Neve
- 14 Museo Archeologico

ken aus der Barbagia untergebracht. Einzigartig ist die Präsentation sardischer Brotbackkunst. Über 600 verschiedene Backwaren kann man bestaunen, vom einfachen *pane carasau* bis hin zu kunstvoll modellierten, filigranen Brot-Skulpturen.

Sehenswertes

Museo della Vita e delle Tradizioni Popolari Sarde, Via Mereu 56, Tel. 0784 257035, 15.6.-30.9. tägl. 10-20 Uhr, 1.10.-14.6. tägl. 10-13 und 15-17 Uhr

Einfach herrlich – Blick vom Monte Ortobene auf das gegenüberliegende Suramonte-Gebirge

109sa Abb.: ph

ABSTECHER AUF DEN MONTE ORTOBENE
(7 km einfach)

Am östlichen Stadtausgang liegt, direkt an der Straße auf den Monte Ortobene, die **Kapelle Nostra Signora della Solitudine,** in der in einem schlichten schwarzen Sarkophag die sterblichen Überreste der Nobelpreisträgerin *Grazia Deledda* ruhen.

Über 7 km schlängelt sich nach der Kapelle die Straße durch zerklüftete Granitlandschaft bis zum Gipfel des Ortobene hinauf. Die frische Bergluft, die schattigen Steineichenwälder, die kleinen Quellen und einladenden Ausflugslokale, besonders aber der einzigartige Panoramablick hinüber auf den gegenüberliegenden Supramonte machen den Abstecher zu einem Muss. Quasi zwischen Himmel und Erde schwebt auf seinem höchsten Punkt die 7 m hohe **Bronzestatue** des Redentore, des „Erlösers“.

OLIENA (15 km - km 263)

Der Supramonte von Oliena ist das beliebteste und spektakulärste **Trekkinggebiet** Sardiniens. Denn das gewaltige Karstmassiv, das sich von Nuoro bis an die Ostküste erstreckt, wo es am Golf von Orosei senkrecht ins Meer abstürzt und so die höchste und imposanteste Steilküste im gesamten Mittelmeerraum bildet, besitzt dank seiner zahlreichen Karsterscheinungen viele besonders spektakuläre Wanderziele wie den **Monte Corrasi,** den mit 1464 m höchsten Gipfel des Supramonte oder das nuraghische Höhlendorf Monte Tiscali.

Eine der ersten und wichtigsten Trekkingstationen Sardiniens hat deshalb auch in, genauer gesagt hoch über Oliena ihren Sitz. Am

Information

Ufficio Turistico „Su Sole“,
Via Grazia Deledda 32,
Tel. 0784 286078,
Fax 286324,
www.galaveras.it,
Mo.-Sa. 9.30-13
und 16-19 Uhr

Fuße des **Monte Maccione,** wo die Vegetation den nackten Felswänden weicht, hat die Coop ENIS im schattigen Steineichenwald eine alte Herbergsruine in langer Arbeit wieder aufgebaut und zu einem beliebten Treff von Bergwanderern und Einheimischen gleichermaßen gemacht.

Doch die Anfahrt ist extrem steil und besteht ausschließlich aus einer Aneinanderreihung von Serpentinen. Oben gibt es wenig Parkmöglichkeit und die einspurige Zufahrt zum einzig größeren und ebenen Platz, auf dem man auf Nachfrage auch mal mit dem Womo übernachten kann, ist oft durch Tagesgäste zugeparkt. So bleibt es Ihre Entscheidung, ob Sie mit Ihrem Womo zum Monte Maccione hochfahren oder nicht. Die Aussicht ist jedoch sensationell und das Essen gut, sodass man etwas versäumt, wenn man nicht einmal oben gewesen ist.

Oliena ist aber auch für Nichtwanderer ein lohnendes Ziel. Denn neben zahlreichen alten Traditionen gibt es hier verschiedene hervorragende Produkte zu kaufen. An erster Stelle steht der **Cannonau von Oliena,** der vielen Kennern als der beste der Insel gilt. Wenigstens ein Karton „Nepente di Oliena" sollte unbedingt an Bord!

Essen

Ristoratino Masiloghi, Via Galiani 68, Tel. 0784 285696, www.masiloghi.it. Sehr einladend und stilvoll in sardischem Ambiente, beste lokale und regionale Küche. Sehr empfehlenswert!

SU GOLOGONE (10 km – km 273)

Hinter dem wohlklingenden Namen Su Gologone verbergen sich gleich zwei Dinge. Als erstes Sardiniens wasserreichste Quelle und als zweites das nahe der Oase allein in schönster Natur zu Füßen der Supramonte-Felsen gelegene, wunderschöne Hotel Su Gologone. Beide sind den Besuch unbedingt wert. Das Hotel wegen seiner bildschönen Anlage und seiner inselweit gerühmten Küche. Doch für Womo-Reisende ist naturgemäß die Quelle das bedeutendere Ziel als das 4-Sterne-Hotel.

Parkplatz und Quelle Su Gologone

GPS: 32 T 0541995 UTM 4459956, N40,28904 E9,49407

Am Tage herrscht hier Ausflugsverkehr und zwei Buden bieten Getränke und Souvenirs, denn wenige Schritte vom Parkplatz tritt hinter einem fotogenen Kirchlein aus einer senkrechten Felswand die Quelle Su Gologone heraus. Bis zu 300 Liter pro Sekunde sprudeln hier aus der Klamm und strömen durch ein Chaos an gewaltigen, rundgewaschenen Felsen gluckernd und glucksend durch die üppig grüne Oase (in der Saison 2 € Eintritt).

Einkaufen

Cantina Sociale Oliena, Via Nuoro 112, www.cantinasocialeoliena.it, Tel. 0784 287509, Mo.–Fr. 8.30–13 und 15.30–17.30 Uhr, Sa. 8.30–12 Uhr

11 Stellplatz Agrituristmo Costiolu

GPS: 32 T 0525198 UTM 4468586 N40,36747 E9,29680

Lc. Costiolu, SS 89 bei km 10,3, Tel. 0784 260088, www.agriturismocostiolu.com, ganzjährig. Gastfreundlicher Agriturismo in Alleinlage an der Straße von Nuoro nach Bitti mit 10 anlegten Stellplätzen. Verkauf von eigenen Produkten wie Käse, Salami, Eier, Honig etc. Womo 7–10 €, mit Frühstück 12–15 €

Wichtig!

Bitte auf dem Parkplatz an der Quelle nicht den Wasserhahn zuparken, an dem die Einheimischen Wasser holen und auf gar keinen Fall hier Abwasser ablassen! Leider habe ich mehrfach deutsche Womos bobachtet, die dies ungeniert taten, obwohl es sich hier um reine Regenwasserschächte handelt. Die nächste Entsorgungsstation ist in Nuoro!

111sa Abb.: ph

▲ *Gigantisch – in der heute teils eingestürzten Höhe im Monte Tiscali fand das Volk der Nuraghier seine allerletzte Zuflucht*

AUSFLUG INS VALLE DI LANAITTU UND ZUM MONTE TISCALI

Quelle und Hotel Su Gologone sind auch idealer Ausgangsort für Rad- oder Wandertouren hinauf in die Berge des Supramonte zum Hochtal Valle di Lannaittu und weiter bis zum Nuraghierdorf Monte Tiscali. Man kann an der Quelle vorbei noch weiterfahren, was man jedoch mit Womos nicht tun sollte (Schild „Localita Turistica Lanaittu"), denn kurz nach der Quelle wird die Straße zur staubigen Geländepiste. Diese endet 6 km später an einem Parkplatz im Hochtal Valle de Lanaittu unweit der beiden **Karsthöhlen „Grotta sa Oche"** und **„Grotta su Ventu"**.

Vom Hochtal führt auch ein Pfad hinauf zum viel besuchten Monte Tiscali, in dem sich in einer gigantischen und teilweise eingestürzten Höhle eine der letzten **Zufluchtstätten des steinzeitlichen Volkes der Nuraghier** versteckte (2 € Eintritt). Der Weg hinauf ist überaus schön und die Höhle mit den Überresten des Dorfes beeindruckend. Der Aufstieg ist markiert (roter Pfeil), der Pfad jedoch nicht immer zu erkennen. Deshalb: Wer hier wandern will, sollte sich vorher genau nach dem Weg erkundigen oder sich einer Gruppe anschließen.

DORGALI (18 km - km 291)

Wir verlassen Su Gologone in Richtung Dorgali. Doch bevor man zu dem bekannten Ort an der Ostküste fährt, sollte man den kurzen Abstecher zum **steinzeitlichen Dorf „Serra Orrios"** nicht versäumen. Mit seinen über 70 Hütten ist die 1200–900 v. Chr. entstandene Anlage die größte Nuraghiersiedlung Sardiniens.

3 km vor Dorgali kommt man dann auf die große Küstenstraße SS 125 **„Strada orientale sarda"**, die die gesamte Ostküste hinabführt. Wenige Kilometer weiter verlassen wir sie bereits wieder, um bei km 32,6 dem Schild **„Grotta Ispinigoli"** zu folgen. Nach kurzer Fahrt kommt eine Gabelung. Rechts geht es hinauf zur Höhle. Neben einem großen, leicht abfallenden Parkplatz und einem guten Hotel mit toller Panoramabar erwartet uns dort die **„Grotta di Ispinigoli"**, die mit dem 38 m hohen „Ispinigoli", dem „Stachel im Rachen", über einen der größten Stalagnaten Europas verfügt.

Fährt man geradeaus weiter, kommt nach etwa 5 km erneut eine unbeschilderte Gabelung. Rechts geht es zur bislang noch fast unerschlossenen **„Cala Cartoe"**, wo Verbotschilder jedoch Womos die Weiterfahrt untersagen. Links geht es weiter bis zur weit abgelegenen, aber wunderschönen **Caletta Osalla**, die neben einem kleinen, feinen Sandstrand als einziges Gebäude den Agriturismo „Osalla" besitzt, der in seinem Ristorante „Cucina tipica" serviert. Achtung beim Parken: Nicht in tiefen Sand geraten!

Sehenswertes

Villaggio Nuragico Serra Orrios, Tel. 0784 96721, Führungen tägl. 9, 10, 11, 12 Uhr, zusätzlich März–Juni/Sept./Okt. 15, 16, 17 Uhr, Juli/Aug. 16, 17, 18 Uhr, Nov.-Febr. 14, 15, 16 Uhr

Sehenswertes

Grotta di Ispinigoli, Tel. 0784 96243, Führung zu jeder vollen Stunde tägl. 9-12 Uhr, Apr.-Mai 15-17 Uhr, Juni 13-18 Uhr, Juli/Aug. 9-13 und 15-18 Uhr, Sept. 9-12 u. 15-18 Uhr

112sa Abb.: ph

◀ *Das imposante Gigantengrab „S'Ena e Tomes" liegt unweit von Serra Orrios an der Straße Richtung Bitti*

Um die Bergstadt Dorgali führt jeweils unter- und oberhalb des historischen Kerns eine Umgehungsstraße herum. Wer in den Ort will, sucht sich an den Umgehungen einen Parkplatz und steigt dann in den alten, sehr malerischen Ortskern hinauf oder hinab. Obwohl Dorgali keine wirklichen Sehenswürdigkeiten vorweisen kann, ist es stets gut besucht. Denn in den kleinen Läden kann man gut einkaufen und in den Bars die trotz erheblichem Tourismus erstaunlich intakte Atmosphäre dieser reizvollen sardischen Bergstadt genießen.

Dorgali ist nicht nur für seinen Cannonau und seinen Käse berühmt, sondern besonders auch für seine Leder- und Webarbeiten, die man im „centro storico" direkt bei den kleinen Ledermanufakturen und Weberinnen kaufen kann.

Ver-/Entsorgungsstation

32 T 550082
UTM 4460831
N40,29648 E9,58927
Via Enrico Fermi 27. An der oberen Ortsumgehung bei der Bar Fancella.
Ver-/Entsorgung 7 €

Einkaufen

Teppiche/Webarbeiten: Angelina Carta, Via Lamarmora 128, Tel. 0784 96421. Sign. *Angelina* und ihre Töchter fertigen besonders schöne Stücke nach traditionellen Vorlagen in Handarbeit.
Wein: Cantine Sociale, Via Piemonte 11 (obere Umgehungsstr.), Tel. 0784 96143, www.csdorgali.it, Mo.-Fr. 8-14 u. 15-18 Uhr, Sa. 8-13 Uhr
Käse: Coop Dorgali Pastori, Via Piemonte (nahe Cantina Soc.), Tel. 0784 96517, www.dorgalipastori.it, Mo.-Fr. 8.30-13 und 15-18 Uhr, Sa./So. 16-19 Uhr

In den letzten Jahren hat sich Dorgali dank seiner idealen Lage am Fuße des Supramonte und seinen spektakulären Zielen wie der Schlucht „Gola Su Gorropu" sowie der grandiosen Steilküste am Golf von Orosei zu einer Art **Adventure Center Sardiniens** entwickelt, in dem sich die Anhänger aller Extremsportarten von Freeclimbing bis Bungeejumping treffen.

Auskunft über die vielen Möglichkeiten, zu Fuß durch die Berge zu wandern, mit dem Mountainbike durch Felsenschluchten zu fahren, sich an extremen Steilwänden frei emporzuhangeln oder sich an einem Gummiseil in den (Beinahe-)Tod zu stürzen, geben die Tourist-Infos sowie die Büros der diversen Anbieter.

Information

Ufficio Turismo, Viale Umberto 37, 08022 Dorgali, Tel. 0784 927236, www.dorgali.it
Pro Loco, Via Lamarmora 108, Tel. 0784 96243

› Routenatlas Seite 293

Abstecher zur Gola Su Gorruppu

Eines der herausragendsten Ziele in der Umgebung Dorgalis ist die kolossale Schlucht Gola Su Gorruppu, zu der man mit dem Fahrzeug nur von Dorgali aus kommt.

- Die erste Möglichkeit: untere Ortsumgehung Richtung Tortoli. Am Ortsende (direkt nach dem sehr steilen Stück) rechts kleine Straße ab und dann gut 11 km in das Tal des weltabgeschiedenen Riu Flumineddu hinein.
- Die zweite Möglichkeit: auf der SS 125 weiter und ca. 1,5 km nach dem Cala-Gonone-Tunnel rechts schmale Teerstraße hinab ins Flumineddu-Tal. (Auf beiden Routen Schild „Hotel Sant'Elene" folgen.) Nach gut 10 km endet die Straße bei der 2007 durch ein Unwetter zerstörten Brücke „Ponte s'Abba Arva" (GPS: 32 T 0544288 UTM 4453079, N40,22697 E9,52057). Von hier geht es zu Fuß bis zum Schluchteingang weiter. Von der Brücke führt auch ein gut ausgeschilderter Wanderpfad (ca. 2 Std. Laufzeit) hinauf zum Monte Tiscali (s. Kap. „Oliena").

Beide Strecken sind auch mit dem Womo befahrbar, wobei es beim Entgegenkommen eines anderen Womos oder Reisebusses eng werden kann. Wer gut zu Fuß ist, sollte deshalb das Womo auf dem „Passo Silene" beim Infobüro der Trekking-Coop. Soc. Gorropu abstellen und von dort zur Schlucht hinabsteigen.

CALA GONONE (10 km – km 301)

3 km südlich von Dorgali durchstößt ein neuer, nun auch für große Mobile ausreichend hoher, beleuchteter Tunnel das Küstengebirge und führt zum Küstendorf Cala Gonone. Jenseits des Tunnels geht es in Serpentinen steil hinab bis ans Meer, wo sich der viel besuchte und im Hochsommer überlaufene Ferienort an den Hang schmiegt.

Unterwegs passiert man dabei den **Nuraghen Mannu.** Bekannt und touristisch groß geworden ist der an sich wenig günstig gelegene Ort als Ausgangspunkt für **Bootsausflüge** an die grandiose Steilküste im Golf von Orosei, die sich ab Dorgali fast 50 km nach Süden bis Santa Maria Navarrese erstreckt. Dieses Stück Küste mit seinen kirchturmhohen, senkrecht abfallenden Felswänden, seinen gigantischen **Grotten** und seinen paradiesischen Robinsonbuchten wie der „Cala Fuili", „Cala di Luna" oder der „Cala Sisine" ist das wohl großartigste **Naturspektakel,** was die Küstennatur Sardiniens zu bieten hat. Allerdings machen der sommerliche Massenansturm auf die Boote und Buchten und die happigen Preise für die Ausflugsboote das Ganze in der Hochsaison zwischenzeitlich zum zweifelhaften Vergnügen. Auch gilt es zu bedenken, dass hier angesichts der Lage die Sonne schon sehr früh hinter dem Gebirge verschwindet.

▼ *Absolutes Highlight – ein Bootsausflug zu den Robinson-Stränden am Golf von Orosei (hier Cala Mariolu)*

113sa Abb.: ph

Stellplatz/Camping

⑫ *Camper-Service Palmasera*

GPS: 32 T 0553553 UTM 4458975
N40,27954 E9,62995

Viale Bue Marino, Mobil-Tel. 336 818111, www.sostacamperpalmasera.it, 1.4.-31.10. Großer, schön angelegter umzäunter Terrassenplatz, nachts beleuchtet, breite, problemlose Anfahrt. Strom, Ver-/Entsorgung, Duschen, Grillplatz. Womo 10-30 € inkl. einmal Ver-/Entsorgung, Strom 2,50 €, Trinkwasser 2 €, Warmdusche 1 €, Juli/Aug. 20 €, Strom 2,50 €.

⑬ *Camping Cala Gonone* ****

GPS: 32 T 0553800 4459435
N40,28367 E9,63290

Via Collodi 1, Tel. 0784 93165, Fax 93255, www.campingcalagonone.it, 24.3.-2.11. Großer, gut ausgestatteter und von Pinien und Wacholder bestandener Platz in teils erheblicher Hanglage. Kurze steile Anfahrt, auf dem Platz nur im vorderen, an die Straße angrenzenden Bereich genügend ebene Flächen auch für größere Womos. Auffahrthilfen tun hier gute Dienste! Erw. 13,50-19,50 € inkl. Stellplatz, Strom 2-5 €.

Wäre er nicht so teuer und der Besitzer etwas gastfreundlicher, könnte der große Womo-Stellplatz in Cala Gonone, den man an der oberhalb des Orts verlaufenden Straße Richtung „Cala Fuili" findet, ein richtig guter Tipp sein. Der Campingplatz von Cala Gonone liegt auch schön, ist jedoch recht steil am Hang und bietet Womos wenig wirklich gute Stellgelegenheiten.

Information

Ufficio Informazioni, Viale Bue Marino (Straße in Richtung Cala Fuili), Tel. 0784 93696, nur in der Saison geöffnet

Ausflugsboote

Nuovo Consorzio Trasporti Marittimi, Cala Gonone, Via D. Millelire, www.calagononecrociere.it, Tel. 0784 93302

BAUNEI, S. M. NAVARRESE (70 km - km 371)

Nach Dorgali beginnt die Überquerung des Supramonte-Gebirges, das wie ein gewaltiger Sperrriegel den Weg nach Süden versperrt. Das heißt, die nächsten 60 km sind überaus kurvenreich und ohne Ortschaft. Und sie sind vor allem eine der schönsten und spektakulärsten Gebirgsstrecken auf Sardinien. Einen Halt sollte man bei der Ruine der Straßenmeisterei „Cantoniera Bidicolai" einlegen. Hier hat man gute [P] [Picknick] Park- und Picknickgelegenheit und dazu allerbesten Blick auf den Eingang in die gigantische Gorropu-Schlucht.

Nach gut 26 km Klettertour hat man auf 1017 m Höhe den **„Passo Genna Silana"** erreicht. Hier hält jeder und es macht hier auch Sinn. Denn hier hat die Trekking-Coop Gorropu ihren Sitz und ihren Informationspunkt. Die Berlinerin *Sandra Lietze* und der in Urzulei geborene *Francesco Murru* kennen ihren Supramonte wie die eigene Westentasche und halten detaillierte Infos und Wanderkarten bereit. Wer immer eine Frage hat oder an einer Tour mit den beiden teilnehmen will, der trete hier ein.

[i] *Information*

Soc. Gorropu, Passo Genna Silana, Mobil-Tel. 333 8507157 (Sandra) oder 347 4233650 (Francesco), murru.fran@tiscali.it, www.gorropu.com. Neben Informationsmaterial zum Supramonte di Urzulei geführte Touren mit botanischem, archäologischem, ornithologischem oder fotografischem Schwerpunkt, auch individuelle Wünsche und Verkauf von sardischen Köstlichkeiten wie selbstgemachter Marmelade.

Nach dem Pass windet sich die durchweg sehr gut ausgebaute Gebirgsstrecke durch die Höhenlagen des Supramonte und erreicht auf dem 905 m hohen **Genna Cruxi** eine abzweigende Straße, die abenteuerlich in den Fels gesprengt landeinwärts führt. Das ist jedoch nicht die Straße zum Bergdorf **Urzulei.** Dieser Abzweig kommt erst ca. 3 km weiter.

Nach dem Abzweig sollten Freunde von Ziegenkäse die Augen offen halten. Denn hier bei km 175 hat die Coop Gruthas eine Verkaufsstelle für diese feine Köstlichkeit. Dann erreicht die Straße eine weite Hochebene, die sich bei längeren Regenfällen in einen flachen Sumpfteich verwandelt. Das **„Mare Urzulei"** ist stets von zahlreichen Tieren bevölkert. Kühe, Pferde, Ziegen, Schweine, alles sammelt sich hier auf der auch im heißen Sommer immer feuchten und grünen Weide.

[P] [Quelle] *Parkplatz mit Quelle Fontana Casari*

Bei km 166,5
GPS: 32 T 0550825
UTM 4438814
N40,09808 E9,59627

Nach der Hochfläche fährt man durch mehrere Galerien, die die Straße vor Steinschlag schützen. Zwischen zwei Galerien bei km 166,5 bietet ein [P] Parkplatz Gelegenheit zum Stopp. Hier sprudelt die kräftige [Quelle] Quelle **Fontana Casari,** die sich zum Trinkwasser zapfen anbietet. Hier beginnt auch ein Spazierweg, der hinab zur **Chiesa S. Giovanni e S. Lucia** (1 km) und zum herrlichen **Wald von Eltili** (2 km) führt.

[P] [Picknick] *Park- und Picknickplatz*

Area Sosta Monte Lopene
GPS: 32 T 0551340
UTM 4436529
N40,07747 E9,60213

Wenn Sie eine Pause planen oder einfach ein tolles Naturerlebnis haben wollen, dann achten Sie bei der weiteren Fahrt auf das Schild **„Area Sosta Monte Lopene".** Denn dahinter verbirgt sich eine der schönsten [P] [Picknick] Raststellen entlang der gesamten Ostküste.

Geht man vom Parkplatz in den lichten, duftenden Kiefernwald hinein, so steht man plötzlich in einem ganz entzückenden kleinen Picknickparadies mit liebevoll angelegten Tischen und Bänken und zwei niedlich gemauerten Feuerhäuschen zum gefahrlosen Grillen. Der Knaller dieses Plätzchens ist jedoch die Felspartie, die hinter dem Picknickbereich aufragt. Stufen und Treppen führen hinauf auf verschiedene kleine Felsnadeln, und wer sie erklimmt, der wird mit einem einfach sagenhaft schönen Ausblick über die umliegenden schwarzblau schimmernden Berge und Gipfel der Ogliastra und hinab auf die Küstenebene belohnt, den er so schnell nicht wieder vergisst.

Einige Kilometer weiter kommt mit dem **„Belvedere Genna Aramene“** noch ein P Parkplatz mit großartiger Aussicht. Nach dem Genna Aramene geht es nur noch bergab und das teils durch spektakuläre Galerien, die hier die Gebirgsstraße gegen Bergschlag schützen. Schließlich hat man das Bergdorf **Baunei** erreicht. Die Ortsdurchfahrt ist eng und lang, aber es führt kein Weg daran vorbei.

Stellplatz

GPS: 32 T 0557865 UTM 4437187, N40,08297 E9,67872

Su Porteddu, Loc. Su Sinniperu, Mobil-Tel. 340 2755226. Einmalig schön und still gelegener, naturbelassener Platz zwischen Felsen und Steineichen mit Dusche und Bar. Hier beginnt der Pfad hinab zur Cala Goloritze (hinab ca. 1 Std., zurück ca. 1,5 Std.). Anfahrt: gegenüber Abzweig zum Ristorante „Golgo“ 1,2 km Geländepiste. Womo 24 Std. 4 €

ABSTECHER NACH SU GOLGO (einfach 11 km)

114sa Abb.: ph

▲ *Die Terrasse des Restaurants Su Golgo ist ein wunderbarer Ort zum Entspannen und Genießen*

In Baunei führt eine kleine Stichstraße hinauf auf die fantastisch wilde Hochebene von Su Golgo. Die ersten 3 km geht es in sehr engen Serpentinen steil nach oben. Dann ist die Hochfläche erreicht. Einige Kilometer weiter trifft man auf eine Gabelung, an der es links hinauf zum Restaurant „Il Golgo“ geht. Nach der Gabelung wird die Straße zur Geländepiste. Das Ristorante liegt nicht nur einmalig herrlich allein in stiller Natur, sondern bietet auch von seiner Terrasse hinab eine wirklich herrliche Aussicht auf die Hochfläche. Das Essen ist allerdings im (in Sichtweite gelegenen) Il Rifugio besser, wo man auf Nachfrage auch schon mal eine Nacht stehen kann.

Essen

Il Rifugio/Centro Excursioni, Mobil-Tel. 368 7028980, www.coopgoloritze.com. Die Coop bietet neben einigen Zimmern und Exkursionen zu Fuß, mit dem Pferd, dem Mountainbike oder Jeep eine ausgezeichnete Küche. Auf Nachfrage kann man auf den ebenen Flächen vor dem Gebäude auch eine Nacht verbringen.

› Routenatlas Seite 293

In der Ferne erblickt man von der Terrasse auch die **Pilgerkirche San Pietro di Golgo,** an der die befahrbare Straße endet. Bei dem Kirchlein stehen einige uralte, unglaublich riesige Olivenbäume, unter deren ausladenden Kronen sich Picknickgelegenheiten anbieten, die allerdings von Massen an Ziegenkötteln übersäht und deshalb nur eingeschränkt nutzbar sind.

Etwa 300 m nach der Weggabelung sollte man parken und dem Schild „As Piscinas" folgen. Bei den zwischen grauen Felsbrocken und krummen Steineichen gelegenen Tümpeln lädt ein reizendes Picknickgelände mit Tischen und Bänken zum langen Verweilen ein. Zwischendurch kann man zum Verdauen ein paar Schritte einen

Stellplatz/Camping

14 *Camper-Service Costa Orientale*

GPS: 32 S 0558696 UTM 4426618
N39,98770 E9,68750

Via Tancau, Tel. 0782 669696, www.costaorientale.it, 15.5.-30.9. Am Strand „Spiaggia Tancau" gelegener Stellplatz. Vorne schattenloser Teerparkplatz, hinten ebener, naturbelassener Eukalyptushain. Ver-/Entsorgungsstation, Dusche, Waschmaschine, Fahrrad-/Sonnenschirmverleih. Anfahrt gut ausgeschildert, Schild „Area Attrezzata" folgen. Womo 10-20 €, Strom 3 €.

15 *Camping Solemar* ***

GPS: 32 S 0558533 UTM 4425920
N39,98142 E9,68553

Via Tancau, Tel. 0782 615384, 1.3.-31.11. Der Platz liegt dem Camping Mare Blu landeinwärts direkt gegenüber in einem schattigen Eukalyptus-Pinienwald. In der Hochsaison laute Disco! Womo 5-8 € inkl. Strom, Erw. 5-8 €.

16 *Camping Le Cernie* ***

GPS: 32 S 0558459 UTM 4424755
N39,97093 E9,68456

Lido delle Rose, Tel. 0782 669472, Fax 669612, www.campinglecernie.com, ganzjährig. Gemütlicher Platz im schattigen Pinienwäldchen direkt hinterm Sandstrand. Womo 2-8,50 € inkl. Strom (2 A), Womo über 7 m Zuschlag 3-11,80 €, Strom (6 A) 4 €, Erw. 7-14,90 €. Zuschlag für „Millennium"-Plätze für Womos mit eigenem Anschluss an Wasser, Strom, Sat-TV 2,50-11,40 €.

17 *Camping Iscrixedda* ***

GPS: 32 S 0558387 UTM 4424178
N39,96574 E9,68367

Lido delle Rose, Tel. 0782 669461, Fax 669701, www.campingiscrixedda.it, ganzjährig. Der schönste Platz in Lotzorai und dazu auch noch preiswert. Komfortabler, sehr schön, fast parkartig angelegter Platz mit guter Ausstattung im lichten Pinienhain und mit vielen Palmen direkt am Strand. Womo 5,50-9 €, Strom 2 €, Erw. 5,50-11 €.

ausgeschilderten Pfad über Stock und Stein bis zur nahen **„Voragine Su Golgo“** gehen. „Su Sterru“ („Abgrund“) nennen die Sarden kurzerhand das sagenhafte 295 m tiefe Karstloch, das sich hier in der Erde auftut. Achtung! Am tiefsten Karstschlund Europas herrscht Lebensgefahr! Obwohl nach tödlichen Abstürzen nun eingezäunt, ist am Abgrund, besonders mit Kindern, größte Vorsicht geboten.

So steil es zu Su Golgo hinaufgeht, so steil geht es nach Baunei zur Felsnadel **Sa Pedra Longa** hinab. Die abenteuerliche Straße ist immer von Geröll übersät und von tiefen Rissen durchzogen und teils weggesackt. Nach ca. 4 km unten angekommen, erwarten einen inmitten des Felschaos große ebene [P] Parkflächen und eine malerisch in die Felsen gebaute Bar/Trattoria mit wunderbarer Schilfdachterrasse. Grund für Straße und Parkplatz ist „Pedra Longa“, die über 80 m hohe Felsnadel, die hier aus den Wellen des Meeres senkrecht in den Himmel ragt.

115sa Abb.: ph

▲ *Pionier in Sachen Stellplatz auf Sardinien – der große Platz „Costa Orientale“ am Strand von Lotzorai*

Kurz später hat man **S. M. di Navarrese** und damit die Küste erreicht. Das ruhige Dörfchen markiert das Ende der Steilküste am Golf von Orosei. Hier weicht der Fels des Supramonte den wunderbaren, endlosen Sandstränden der Ogliastra. Die gesamte Ogliastraküste ist ein echtes Camperparadies. Fast jeder Ort hat gleich mehrere Campingplätze und Stellplätze für Womos. Allein S. M. Navarrese und das anschließende **Lotzorai** haben fünf davon. Der Campingplatz „Mare Blu“ ist jedoch wegen der zu eng stehenden Bäume für größere Womos nicht geeignet.

TORTOLI, ARBATAX (14 km – km 385)

Bis zu den roten Klippen von Arbatax gibt es nun Strände ohne Ende. Einfach großartig ist die **Spiaggia von Girasole,** die ein überbreiter Dünengürtel und eine wunderbare Pineta säumen und die landeinwärts vom großen Lagunensee **Stagno di Tortoli** begrenzt wird. Von **Girasole** führt eine Teerstraße hinaus zu diesem noch weitgehend unverbauten Superstrand, der bei Womo-Reisenden schon immer sehr beliebt war.

Von Girasole führt die Straße durch die fruchtbare Ebene schnurgerade zum benachbarten Tortoli. Das quicklebendige Städtchen ist mit Hafen und Flughafen das Verkehrs-, Einkaufs- und Verwaltungszentrum der Ogliastra.

Selbst hat es nichts an Sehenswürdigkeiten zu bieten, ist jedoch mit seinen vielen Läden und Geschäften ideal, um die Vorräte aufzufrischen. Da die Straßen und Gassen eng und der Verkehr erheblich sind, sollte man jedoch besser vermeiden, mit dem Womo in das alte

Mit dem Trenino Verde in die Berge

Ideal für einen Tagesausflug mit der Schmalspurbahn ist die Strecke von Arbatax nach Sadali. Man parkt auf dem großen Platz am Fels, von dem es nur wenige Schritte zum Bahnhof sind. Da die Abfahrt bereits früh am Morgen erfolgt, kann man auf dem Platz auch im Womo übernachten (soweit der sommerliche Rummelplatz dort noch nicht aktiv ist).
Los geht es um 7.50 Uhr. Über die Stationen Tortoli, Elini, Lanusei, Arzana, Villagrande, Gairo, Ussassai und Seui erreicht man nach gut 3 Std. wahrlich eindrucksvoller Fahrt um 11.05 Uhr Sadali. Dort kann man entweder bummeln und essen gehen oder mit dem Shuttlebus hinaus zur „Zona Grotta Is Janas" fahren. Zurück geht es dann um 17.06 Uhr, Ankunft in Arbatax 20.20 Uhr. Den wohlgefüllten Picknickkorb nicht vergessen!
Diese Strecke wird nur vom 13. Juni–12. Sept. befahren!

***Information:** Fahrkarten im Bahnhof Arbatax, Tel. 0782 667285 oder Pro Loco Tortoli, Tel. 0782 622824, www.treninoverde.com. Erw. einfach 7 €/Kind 3,50 €, hin/zurück 14 €/Kind 7 €*

Mit der MY Helios an die Steilküste

Fast noch mehr Pflichtprogramm ist ein Bootsausflug zu der einzigartigen Steilküste am Golf von Orosei und den dortigen Bilderbuchbuchten und -stränden, zu der in der Saison von verschiedenen Orten zahlreiche Ausflugsboote starten. Die schönste und lustigste Art und Weise, diese wunderbare Schiffsreise zu machen, ist jedoch Sergio mit seiner Helios. Er nimmt max. 25 Pers. mit, sodass man sich am Sonnendeck im Bikini ausstrecken kann. Dazu kann die wendige Helios in Stellen wie Felsengen, Höhlen u. a. anlanden oder sogar hineinfahren, die mit den großen Booten gar nicht erreichbar sind. Dort, wo auch die Helios nicht weiterkommt, wird ausgebootet und mit dem Schlauchboot in Höhlen hineingefahren oder an verschwiegenen Sandbuchten angelandet. Bei Sergio ist es dazu immer lustig und heiter und sehr familiär. Dazu gibt es Badepausen, ein an Bord frisch zubereitetes Mittagessen „al mare", dazu Wein und Espresso. Kurzum: Man merkt, dass Sergio und sein „Leichtmatrose" Tonino mit Herz und Seele dabei sind.
Das Womo kann gut und sicher nur wenige Schritte vom Anleger entfernt direkt im Sportboothafen geparkt werden.

116sa Abb.: ph

***Helios Turismo:** Marina Arbatax, Tel. 0782 667522, Mobil-Tel. 368 7546384 (Sergio), www.heliosturismo.it, Abfahrt im „Porto Turistico" von Arbatax ca. 8 Uhr, Rückkehr gegen 18.30 Uhr, Erw. 45 € alles inklusive*

Sardinien oder Südsee? – der Bilderbuchstrand von Porto Frailis

Zentrum hineinzufahren. Das ist auch nicht notwendig, denn sowohl nördlich wie südlich führen Umgehungsstraßen um den Ortskern herum und hinaus nach Arbatax.

Arbatax ist berühmt für seine Roten Felsen. Doch, um es gleich zu sagen, so „berühmt" sind die nicht. Fährt man hinaus zu dem kleinen Hafenort, so endet die Straße auf einem großen staubigen Platz, vor dem recht malerisch ein roter Porphyrfels am Strand aufragt.

Vom Hafen startet der **„Trenino Verde",** die historische, rumpelige **Schmalspurbahn,** die seit 1913 von der Küstenebene in unendlichen und abenteuerlichen Kurven und Kehren im Schritttempo hinaufschnauft in die großartige Berglandschaft der Ogliastra.

Wer bei Arbatax einen Strand sucht, wird keinen finden. Doch es gibt zwei, sie verstecken sich nur sehr. Beide haben jedoch etwas ganz Besonderes. Der erste, die **Spiaggia Basaura,** liegt nahe dem Flughafen. Der Weg führt durch die von Schilf höher als das Womo gesäumte Straße hinaus und endet auf einem [P] Parkplatz direkt hinter dem Strand. Das Spektakuläre: Die landenden Flugzeuge – meist kleine Propellermaschinen – fliegen nur wenige Meter über die Badenden und setzen direkt hinter dem Strand auf. Nicht leise, aber einzigartig. Man kann den Fluggästen zuwinken! Anfahrt: erst Richtung Flughafen, dann an der Gabelung links. Im Sommer ist am Parkplatz eine Bar und Open-Air-Strand-Disco.

Die **Spiaggia di Ponente** ist dagegen nur auf nicht nachvollziehbaren und hier nicht beschreibbaren labyrinthischen Wegen zu erreichen. Am besten dem Schild „Coop Pescheria" folgen, dann landet man auf dem kilometerlangen Sandband zwischen dem Meer und einem schmalen Arm des Stagno di Tortoli. Wer den Weg gefunden hat, auf den wartet nicht nur die Fischerei-Coop mit frischester Ware, sondern das Ristorante „La Capannina" (Mobil-Tel. 329 0267224)

Camping

⑱ ***Camping Telis*** ★★★
GPS: 32 S 0560494 UTM 4419636
N39,92467 E9,70792
Baia di Porto Frailis, Tel. 0782 667140, Fax 667261, www.campingtelis.com, ganzjährig. Sehr schönes, gepflegtes, parkartiges Terrassengelände mit fast tropisch üppiger Vegetation. Am Platz nur schmaler Fels- und Kiesstrand. Womo 8–11 €, Erw. 6–13 €, Strom 2–3 €.

und ein endloser Sandstrand mit Blick auf die Isola Ogliastra und Steilküste im Golf von Orosei.

Die touristische Schokoladenseite von Arbatax ist die auf der Südseite der Landzunge gelegene Siedlung **Porto Frailis.** Dort sind ein schöner Strand, das tolle Hotel „La Bitta" und direkt daneben der schöne Campingplatz „Telis".

LIDO DI ORRI (8 km – km 393)

Zu den anderen drei Campingplätzen von Tortoli muss man jedoch erst wieder von Arbatax zurück nach Tortoli und dann ein Stück auf der SS 125 in Richtung Süden fahren. Etwa 1 km nach dem Ortsausgang biegt nach Osten eine Straße zum Lido di Orri ab.

Gleich am Anfang des Bilderbuchstrandes liegt rechterhand oberhalb der Straße der einfache, aber schöne und weitläufige Stellplatz „Tanca Orri". Die Straße führt parallel zum Strand immer weiter Richtung Süden und zu den anschließenden wunderschönen Stränden

118sa Abb.: ph

Kilometerlanges Badeparadies der schönsten Art – der von malerischen Felsgruppen und -skulpturen in intime Séparées unterteilte Lido di Orri

„Spiaggia di Musculedda“ und **„Spiaggia Cea“,** an dem sich gleich zwei wunderschön für sich allein in der Natur direkt am Traumstrand gelegene Stellplätze für Wohnmobilisten befinden (siehe Kapitel „Barisardo, Torre di Bari“ S. 215).

Weiterfahrt und Anschluss

Noch etwas weiter südlich hat man von Gairo Cardedu aus Anschluss an die Route 5 (s. S. 203).

Stellplatz/Camping

⑲ *Camping Sos Flores* ***

GPS: 32 S 0559048 UTM 4419247

N39,92127 E9,69096

Loc. San Gemiliano, Tel. 0782 623671, Fax 624627, www.sosflores.net, 1.5.-30.9. Direkt am Strand gelegenes, regelmäßig angelegtes Gelände im lichten Wäldchen. Im vorderen Bereich Wiesenboden. Achtung: Teils ist der Untergrund weich und lockersandig. Womo 7-9 €, Erw. 6,50-9,50 €, Strom 2 €.

⑳ *Camping Orri* ***

GPS: 32 S 0558002 UTM 4417785

N39,90817 E9,67859

Loc. Lido di Orri, Tel. 0782 624695, Fax 624685, www.campingorri.it, 1.5.-30.9. Großer, ebener Platz im schönen Mischwald direkt hinter dem an dieser Stelle besonders breiten Lido di Orri. Womo 5-10 €, Erw. 7-14 €, Strom 2,50 €, Ver-/Entsorgung 8 € (ab 3 Tage frei), für Durchreisende 20 €.

㉑ *Camping Cigno Bianco* ***

GPS: 32 S 0558002 UTM 4417785

N39,90817 E9,67859

Loc. Lido di Orri, Tel. 0782 624927, Fax 624565, www.cignobianco.it, 1.5.-30.9. Relativ neuer, direkt neben dem Camping Orri gelegener, angenehm ruhiger Platz. Womo 0-10 €, Erw. 7,50-11 €, Strom 2 €.

㉒ *Stellplatz Area Camper Tanca Orri*

GPS: 32 S 0558313 UTM 4417293

N39,90371 E9,68218

Loc. Lido di Orri, Mobil-Tel. 348 7351779, ganzjährig. Schönes Naturgelände mit lichtem Baumbestand für ca. 60 Womos, ca. 30 Plätze mit Strom. Mit Ver-/Entsorgung und Duschen, Waschmaschine. Womo 10-14,50 €, Strom 2 €.

Von den Traumstränden der Baronie zur Straße des Vermentino nach Monti in die Berge des Monte Albo

Die Bergstadt Dorgali ist für ihren guten Wein und Käse bekannt. Im fruchtbaren Tal des Cedrino liegt das freundliche Bauernstädtchen Orosei, dessen Strand sich von Horizont zu Horizont erstreckt. Vorbei am Naturpark Biderrosa erreicht man die Geländepiste, die hinausführt zum herrlichen Strand von Berchida.

Ob Santa Lucia, das Städtchen Posada oder die beliebten Badeorte Budoni und San Teodoro – alle zeichnen sich durch kristallklares Wasser und karibisch schöne Strände aus. Ihnen vorgelagert liegt der gewaltige Felsblock der Tavolara, das Wahrzeichen Sardiniens. Von der Bilderbuchküste geht es landeinwärts zum Vermentinodorf Monti und dann hinauf in die einsamen Berge der Monti di Ala. Verwegen und schutzlos auf dem Berggipfel liegt das Hirtendorf Orune, das mit „Su Tempiesu“ eines der eindrucksvollsten Brunnenheiligtümer der Insel besitzt. Krönender Schlusspunkt ist ein Ausflug hinauf zum Monte Tuttavista, von dessen Gipfel sich ein atemberaubender Pamoramablick eröffnet.

119sa Abb.: ph

ROUTE 7

DER NORDOSTEN

TRAUMSTRÄNDE OHNE ENDE

› Routenübersicht vorderer Umschlag innen

STRECKENVERLAUF

Vorseite: Pineta e Mare – Pinien und Meer: Die Pineta Sant Anna über der Bucht von Budoni gilt als eine der schönsten Sardiniens

Strecke:
Dorgali - Orosei (25 km) - Cala Liberotto/Cala Ginepro (13 km) - Santa Lucia (18 km) - Posada (12 km) - Budoni (12 km) - San Teodoro (14 km) - Olbia (25 km) - Monti (25 km) - Ala dei Sardi (30 km) - Budduso (15 km) - Bitti (26 km) - Orune (14 km) - Galtelli (46 km) - Orosei (8 km)

Streckenlänge:
ohne Abstecher ca. 300 km
mit Abstechern ca. 500 km

OROSEI (25 km - km 25)

ANFAHRT

Auf der Fahrt von Dorgali nach Orosei bieten sich für Wohnmobil-Reisende gleich mehrere interessante Stellplätze. Bei km 211 biegt eine kleine Teerstraße ab, die bergauf zum Agriturismo „S'Ozzastru" führt. Wenige Kilometer später passiert man den Agriturismo „Paulesa".

Die Straße führt einige Kilometer von der Küste entfernt durch die Macchia. Spannend wird es kurz vor Orosei, denn dort geht die SS 125 praktisch mitten durch einen Marmorsteinbruch. Alles ist von einer weißen Staubschicht bedeckt und man muss mit gesteigertem Lkw-Verkehr rechnen, die die Steinquader abtransportieren.

Stellplatz

1 *Agriturismo S'Ozzastru*
GPS: 32 T 0551538 UTM 4465587
N40,33924 E9,60679
Loc. Su Cuddiarvu, SS 125 bei km 211,6, Tel. 0784 94065, www.agriturismosozzastru.com. Wenige Stellplätze beim ruhigen, 2009 als besonders gastfreundlich ausgezeichneten Agriturismo in Hanglage, herrliche Aussicht auf die Küste. Ver-/Entsorgung, Strom, im Agriturismo gute Küche. Anfahrt: Von der SS 125 bei km 211,6 500 m die einspurige Teerstraße bergauf. Womo 10–14 €, Ver-/Entsorgung für Durchreisende 15–18 €.

2 *Agriturismo Paulesa*
GPS: 32 T 0553650 UTM 4466010
N40,34292 E9,63169
SS 125 bei km 214,7, Tel. 0784 96052, www.paulesa.com, ganzjährig. Stellplätze mit Ver-/Entsorgung bei sehr ruhigem Agriturismo. Gute Küche, Verkauf von Produkten aus eigener Herstellung. Herrlicher Blick auf die Küste. Mit Reitmöglichkeit. Anfahrt über unbefestigten Weg. Womo inkl. Ver-/Entsorgung 10 €, Erw. 4 €

ORTSBESCHREIBUNG

Dann ist Orosei, eines der angenehmsten Städtchen an der gesamten Ostküste Sardiniens, erreicht. Kurz nach dem Ortseingang biegt von der Hauptstraße bei einer Linkskurve eine leicht zu übersehende Nebenstraße ab. Erwischt man sie, führt sie einen durch Pfirsich- und Olivenhaine hinaus an den Strand südlich von Orosei. Sie endet an der kleinen Marina von Orosei, wo ebene Parkflächen unter mächtigen Pinien ideale Picknickplätzchen abgeben, und die sympathische Che-Guevara-Gedächnisbar „Su Petrosu" Essen und Trinken bietet. Eine Holzbrücke bringt Fußgänger hinüber zum Strand. Klettert man hinter dem wenig schön in die Küste betonierten Hafen über die Felsen, kommt man nach einigen Minuten Fußmarsch in die idyllisch gelegene **„Cala di Osalla“**, die mit dem Fahrzeug nur über eine lange Stichstraße aus Richtung Dorgali her zu erreichen ist.

Park- und Picknickplatz

GPS: 32 T 0557601 UTM 4465016
N40,33370 E9,67811

Ebene Stellmöglichkeit unter großen Bäumen am Ende der Straße

Park- und Picknickplatz mit Bar

Ebene Schotterfläche unter Schatten spendenden Pinien mit Che-Guevara-Gedächtnis-Bar „Su Petrosu“, wo es auch was zu essen gibt.

GPS: 32 T 055836 UTM 4466055
N40,34300 E9,68714

Fährt man weiter auf der Hauptstraße in die Stadt hinein, so kommt man an die zentrale Straßenkreuzung, wo die SS 125 auf die SS 129 trifft und die unschwer an der stets gut besuchten wie verkehrsumbrausten Bar zu erkennen ist.

Kurz nach dem Knotenpunkt biegt die Stichstraße (via del mare) hinaus zur Küste nach **Marina di Orosei** ab. Bevor man hinausfährt zum Strand, sollte man sich die reizende Altstadt von Orosei anschauen. Das 5000-Einwohner-Städtchen liegt im üppig blühenden, weinschweren **Cedrino-Tal** inmitten eines einzigen großen Obst- und Gemüsegartens. Nur schwer mag man sich vorstellen, dass dieses fruchtbare Land noch bis Ende des 19. Jh. eine gefürchtete Malaria-Hölle war. Heute ist Orosei einer der freundlichsten Küstenorte Sardiniens. Eine schmucke Altstadt mit verwinkelten Gassen, eine einladende Piazza mit Bars und Cafés und dazu einige sehenswerte historische Bauwerke. Als Ausgangspunkt zum Erkunden des „Centro Storico“ bietet sich die lauschige **Piazza del Popolo** im Herzen der Altstadt an. Am Rand der kleinen Parkanlage mit Sitzbänken unter schattigen Palmen befindet sich das Pro-Loco-Büro.

120sa Abb.: ph

Information

Pro Loco, Piazza del Popolo 12, Tel. 0784 998367, www.orosei-proloco.com

Daneben führt eine großzügige Freitreppe zur barocken **Pfarrkirche San Giacomo** aus dem 18. Jh. und der benachbarten **Kapelle Santa Croce.** Gegenüber am Platz steht das schlichte Oratorio del Rosario, von dem aus eine Treppe zur Piazza Sas Animas und der gleichnamigen Kapelle Sas Animas mit schöner barocker Rückfront

▲ *Charmant, verwinkelt und interessant – die malerische Altstadt von Orosei*

führt. Von hier aus sind es nur noch wenige Schritte zur ehemaligen **Klosterkirche Sant'Antonio Abate** aus dem 15. Jh., dem kulturhistorisch wertvollsten Bauwerk der Stadt. Wie begütert einst einige seiner Bewohner waren, zeigt das Museo di Guiso, das den Nachlass des Oroseier Adeligen Don Giovanni Guiso in seinem historischen Palazzo ausstellt.

Museo di Guiso

Via Musio 2, Tel. 0784 997084, Mai/Jun. Di., Fr.-So. 9.30-12 u. 17-19 Uhr, Juli-Sept. Di.-So. 9.30-12 u. 17-22 Uhr

Natürlich ist Oroseis beliebteste Seite der schier endlose Strand. Die Straße nach Marina di Orosei endet auf angelegten Parkflächen, auf denen in der Vor- und Nachsaison fast immer Caravans stehen. Dahinter überspannt eine Brücke den Cedrino, der kilometerweit parallel zum Stand fließt und diesen so in eine Art Nehrung verwandelt. Die Schilfzonen des Cedrino dienen zahlreichen Vögeln als Lebensraum, darunter auch dem kolossal farbenprächtigen Sultanshuhn. Überquert man die Brücke und fährt rechts an der ersten Bar vorbei, erreicht man nach ca. 1 km die zweite, entzückend direkt in den Sand gebaute Strandbar Su Cannonaria.

Camping

❸ Camping Sa Prama **

GPS: 32 T 0566265 UTM 4476913
N40,44023 E9,78134

Cala Liberotto, www.saprama.it, Tel./Fax 0784 91072, ganzjährig. Kleiner Platz mit familiärer Atmosphäre im schönen Pinienwald in leichter, terrassierter Hanglage unter freundlicher Leitung unmittelbar hinter dem bildschönen Sandstrand der Cala Liberotto. Ein kleines verstecktes Idyll, das gerne von jungen Familien besucht wird. Meist kennt man sich vom letzten Sommer und trifft sich am Abend in der Pizzeria des Platzes. Womo 8-12,50 € inkl. Strom, Erw. 6-10,50 €.

❹ Camping Cala Ginepro ***

GPS: 32 T 0567159 UTM 4477682
N40,44708 E9,79198

Cala Ginepro, Tel. 0784 91017, Fax 91362, www.campingcalaginepro.com, 1.5.-15.10. Weitläufiger, landschaftlich sehr ansprechend direkt am langen Sandstrand gelegener Platz mit lichtem Pinienbestand. Gastfreundliche und engagierte Leitung und umfangreiche Ausstattung. Womo 9-16 € inkl. Strom, Ew. 6-12 €, Camperstop u. Ver-/Entsorgung für Durchreisende 15-33 €

CALA LIBEROTTO, CALA GINEPRO

(13 km - km 38)

Das, was mit „Fuili e Mare“ beginnt, sich mit „Cala Liberotto“ fortsetzt und dann mit „Cala Ginepro“ endet, sind keine gewachsenen Orte, sondern verstreut und versteckt im schönen Pinienwald gelegene Feriensiedlungen, die ohne klar erkennbare Grenzen ineinander übergehen.

Mit Bar, Supermarkt, Hotel und Parkplatz ortsähnlich ist nur die Siedlung Cala Liberotto, an der die Straße zum Meer abzweigt. An der Küste kann man Richtung Norden bis Cala Ginepro fahren. Die Küste ist hier mit kleinen Felspartien, dazwischengestreuten Sandbuchten und langen Stränden ausgesprochen abwechslungsreich, weshalb sich hier viele Sarden ihre Ferienhäuser in den Wald gebaut haben. In diesem findet man auch einige Campingplätze.

SANTA LUCIA (18 km - km 56)

ANFAHRT

Zwischen Cala Ginepro und dem Capo Comino spannt sich eine gänzlich unbesiedelte, unglaublich schöne und landschaftlich abwechslungsreiche Küste mit großartigen Badebuchten und Stränden auf, die ohne Frage zu den Highlights der so strandreichen Insel zählen.

Eine ganz besonders reizvolle und unberührte Perle ist der **„Parco Naturale Biderrosa“**, auf dessen Einfahrt man einige Kilometer nördlich von Cala Ginepro bei Km 237,4 stößt. Einlass zu den fünf traumhaften Robinson-Crusoe-Buchten mit idyllischen Strandseen, karibisch schöner Pineta erhält jedoch täglich nur eine limitierte Zahl von 130 Fahrzeugen. Die Berechtigung dazu erhält man beim Forstamt am Eingang. Tipp: Die dritte Bucht ist die allerschönste!

Information

Parco Naturale Biderrosa. Zufahrtberechtigung nur bei der Forstverwaltung am Parkeingang. Auto 12 € (Juli/Aug. 14 €), Radler 2 €, Erw. 1 €, Einlass Apr.-Okt. tägl. ab 9.30 Uhr, Schließung 18 Uhr

Spiaggia Berchida

Zwar ziemlich beschwerliche, so doch freie Zufahrt gibt es zum nächsten Strandparadies, der fantastischen Spiaggia Berchida. Auch dieser unberührte Superstrand, der sich an der Mündung des kleinen Riu Berchida von Horizont zu Horizont erstreckt, ist wegen seiner außergewöhnlichen Schönheit und Unberührtheit von der Umweltorganisation Lega Ambiente als einer von italienweit insgesamt nur 11 Stränden als „besonders schützenswert“ eingestuft worden. Das heißt, dass dort, wo das Verbotsschild jegliche Weiterfahrt verbietet, auch nicht weitergefahren wird! Auch wenn jenseits des Schildes die Plätzchen in den Dünen noch so schön scheinen. Es wird kontrolliert, die Strafen sind happig und wer das Verbot ignoriert, der zahlt zu Recht!

121sa Abb.: ph

Die Farben Sardiniens – an der Spiaggia Berchida

› Routenatlas Seite 289

Stellplatz

5 *Agriturismo Su Meriacru*

GPS: 32 T 0567403 UTM 4483016
N40,49511 E9,79541

Hier hat sich der ebenso rundliche wie rührige *Gianfranco Carzedda* inmitten der im Sommer ausgeglühten Landschaft ein kleines, aber um so entzückenderes Refugium geschaffen. Pfade führen unter wohltuendem Schatten vorbei an üppig blühenden Blumenbeeten erst zur niedlich kleinen Bar (hier ist alles klein!), auf deren Terrasse man neben eisgekühlten Getränken auch Brot, Käse, Schinken, Oliven u. Ä. aus eigener Herstellung erhält. Zu Mittag und Abend gibt es im hinteren Bereich des Geländes auf langen Tafeln und Bänken unter ausladenden Ästen alter Eichen und unter freiem Himmel „piatti tipici sardi": also *ravioli, gnocchi, zuppa, seadas, arrosti di porcetto allo spiedo, pecora bollita e gustosissimi formaggi* und mehr. Unbedingt anmelden! Auf dem Gelände liegen verstreut 10 Zeltplätzchen (keine Stellplätze für Womos!). Parkplätze stehen links der Piste bei den Pferdeställen zur Verfügung.
Su Meriacru, Tel. 0784 814014, Apr.-Okt.

Camping

7 *Camping Cala Pineta* ***

GPS: 32 T 0566425 UTM 4491260
N40,56945 E9,78473

Loc. Mandras, Tel. 0784 819181, www.calapineta.it, 1.6.-30.9. Reizvoll in teils flacher, teils leicht hügeliger Pineta gelegener Platz. Der Strand direkt am Platz ist jedoch felsig und kiesig. Womo 6,50-12 €, Erw. 6,50-11,50 €, Strom 2 €.

Doch bevor man an das Schild kommt, müssen erst schwierige 3 km Geländepiste überwunden werden. Wer es wagen will: Genau bei km 242 weist ein Schild Richtung Osten zum „Agriturismo Su Meriacru". Hier einbiegen und weiter auf der erst noch breiten, aber mächtig staubigen und Nerven wie Wagen zerrüttelnden Waschbrettpiste. Nach ca. 1,5 km im Schritttempo erreicht man den Agriturismo, der rechts des Weges versteckt im einsamen Gelände liegt.

Nach dem Agriturismo wird der Weg schmaler und schlechter. Je nach Wetter und Jahreszeit so schlecht, dass mit dem Womo nur noch mit Risiko ein Durchkommen möglich ist. Da der Strand im Hochsommer längst kein einsames Idyll mehr ist, muss mit entgegenkommenden Fahrzeugen gerechnet werden. Wer es wagt, wird nach 3 km schließlich eine Kuppe überfahren und dann vor sich den strahlend weißen, von einem breiten Dünengürtel geschmückten Prachtstrand sehen.

6 [P] *Parkplatz*

GPS: 32 T 0568517 UTM 4481338
N40,47991 E9,80837

Unmittelbar hinter dem Dünengürtel sehr großes, jedoch völlig schattenloses und holpriges, leicht abfallendes Gelände. In der Saison gebührenpflichtig, sonst frei und auch übernachten möglich. Vorsicht vor tiefen Querrinnen!

Capo Comino

5 km nach dem Abzweig zum Berchida-Strand zweigt erneut eine Stichstraße Richtung Meer und Capo Comino ab. Diese ist jedoch geteert und bestens befahrbar. Nach kurzer Fahrt hat man einen großen Parkplatz mit saisonaler Bar „Il Moletto" erreicht, von dem ein kurzer Trampelpfad durch die Dünen hinunter zum wunderschönen, feinsandigen Naturstrand **„S'Ena e S'Architta"** führt. Fährt man weiter, so endet die Teerstraße kurz später und geht in eine für Womos nicht mehr zu befahrende Geländepiste über. Zwischen dem Capo Comino und S. Lucia liegt der Camping Cala Pineta für sich allein in der Küstennatur.

ORTSBESCHREIBUNG

Nach weiteren 5 km hat man Santa Lucia erreicht. Der Ort mit dem Sehnsuchtsfaktor im Namen erweist sich allerdings schlicht als die Ansammlung einer Handvoll Häuser an der Küste. Hotels gibt es hier noch keine, dafür findet man mehrere Campingplätze.

Die Straße endet auf von Pinien beschatteten, unebenen Parkflächen. Im Schatten der Bäume laden Tische und Bänke und Trinkwasserstellen die Reisenden zu einem Picknick ein.

Hier beginnt auch ein wirklich sehr schöner Spazierweg, der entlang der Küste durch die herrliche Pineta nach Süden bis zum Strand „S'Ena e S'Architta" führt.

Essen

Albero Maestro, an der Kreuzung der Straße von La Caletta nach S. Lucia und der SS 125, Tel. 0784 819103. Das Ristorante ist das beste in weitem Umkreis, besonders herausragend sind die Meeresgerichte und die Risotti.

Camping

8 Camping Mandragola **

GPS: 32 T 0565425 UTM 4492259
N40,57853 E9,77302

Viale dei Pini, www.villaggiomandragola.com, Tel./Fax 0784 819119, 1.5.-30.9. Schöner Platz mit schattigen, teils großen Stellplätzen im Pinienwald, am weißen, flach abfallenden Sandstrand, ideal auch für (Klein-)Kinder. Dazu freundliches, hilfsbereites, gut Englisch sprechendes Personal. Womo 4-8 €, Erw. 7,50-12,50 €, Strom (3 A) 2,50-3 €, Ver-/Entsorgung 5 €.

9 Camping S'Elema

GPS: 32 S 0560494 UTM 4419636
N40,57930 E9,77107

Viale dei Pini, www.selemacamping.com. Tel. 0784 37349, 1.4.-31.10. Direkt neben dem Mandagola gelegener, schöner Platz in schattiger Pineta am breiten Sandstrand. Womo 9,50-17 € inkl. Ver-/Entsorgung, Erw. 5,50-12,50 €, Strom 3-3,50 €, Ver-/Entsorgung für Durchreisende 10-15 €, Camperstop 20-30 €.

ABSTECHER ZUM MONTE ALBO

(einfach 45 km)

Das im Gegensatz zum benachbarten Supramonte kaum bekannte und parallel zu ihm verlaufende Kalkgebirge Monte Albo ist ein einzigartig schönes Ausflugsziel. Picknickkorb nicht vergessen! Von der umtriebigen Kleinstadt **Siniscola** führt die Straße in unendlich vielen Kehren und Serpentinen durch wildromantische Bergnatur bergauf und eröffnet dabei atemberaubende Panoramablicke hinab auf die Küste. Nach gut 10 km hat man den Anstieg hinter sich und trifft auf eine Kreuzung, wo man Richtung Lula weiterfährt. Was nun die nächsten knapp 30 km kommt, ist eine der zauberhaftesten Spazierfahrstrecken Sardiniens! Erst geht es dicht unter den kahlen Gipfeln des Monte Albo entlang. Gleich wohin man schaut, die Ausblicke und Fernsichten sind großartig.

Quelle Monte Albo (Funtana Sa Mela)

GPS: 32 T 0553826 UTM 4490380, N40,56244 E9,63582

Nach der 800 m hoch gelegenen **Cantoniera Guzurra** geht es allmählich, aber stetig bergab. Die Vegetation wird immer dichter und ab-

122sa Abb.: ph

▲ *Blühender Oleander und nackter Fels – der Monte Albo bei Siniscola*

wechslungsreicher und das Land idyllischer. Schließlich ist das kleine Dorf **Lula** erreicht. Von hier kann man auf ebenfalls schöner, praktisch verkehrsfreier Strecke durch einsames Land hinunter zur Schnellstraße SS 131 und auf dieser in kurzer Zeit wieder zur Küste zurücksausen. Nach Lula trifft man auf halber Strecke zur SS 131 die malerische **Landkirche San Francesco,** bei der jedes Jahr vom 1.–10. Mai eines der größten und wichtigsten Pilgerfeste Sardiniens stattfindet.

Quelle bei Lula

GPS: 32 T 0539611 UTM 4479800
N40,46793 E9,46725

Wasserreiche Quelle in stiller Lage mit großem Parkplatz.

POSADA (12 km – km 68)

ANFAHRT

Nach S. Lucia beginnt eine einzigartige Badeküste, deren Strände sich praktisch ohne Unterbrechung bis kurz vor Olbia fortsetzen. Durch ihre karibische Schönheit und ihre Nähe zum Flug- und Fährhafen Olbia sind sie jedoch alle gut bis sehr stark frequentiert. Höhepunkt des Badegetümmels sind die beiden Ferienorte Budoni und San Teodoro.

Bevor man diese erreicht, kommt erst noch das romantisch auf einem Fels gelegene Städtchen Posada, zu dem man von S. Lucia auch eine einzige Strandwanderung machen könnte. Zu dem Endlosstrand führen an mehreren Stellen Stichstraßen hinaus. Eine bringt Sie in den aufstrebenden, aber irgendwie konturlosen, weil planlos gewachsenen und weiter wachsenden Badeort **La Caletta,** der sich um einen Sportboothafen ausbreitet, um den weitläufige Parkflächen auch für große Womos genügend Platz bieten. Einen Bummel sollte man zum lecker Eisschlecken nutzen, denn die Attraktion von La Caletta ist für mich neben dem tollen Strand die „Boutique del Gelato".

Essen

La Torre, Loc. San Giovanni, Tel. 0784 810388. Für seine gute Fisch- und Meeresküche und leckere Holzofenpizza bekanntes Restaurant an der Zufahrt zum Hafen gegenüber dem romantisch am Ufer aufragenden Sarazenenturm San Giovanni.

Camping

⑩ Camping Ermosa

GPS: 32 T 0562526 UTM 4498136
N40,63170 E9,73935

Loc. Su Tiriarzu, www.campingermosa.com, Tel. 0784 853010, 15.4.–15.10. Netter, ebener, kaum bekannter kleinerer Camping mit lichtem Busch- und Baumbestand direkt hinter dem Strand mit schönem Blick auf Posada, Bar/Ristorante. Womo 9–12 €, Erw. 6–9 €, Strom 3 €.

Essen

Boutique del Gelato, Via. N. Sauro, Tel. 07849 810618. Der Himmel für Schleckermäuler! Bei *Mauro* und *Natalina Cappai,* die viele Jahre in Bochum eine Eisdiele betrieben, gibt es unglaublich viele leckere Eiskreationen aus eigener Herstellung.

ORTSBESCHREIBUNG

Das Städtchen Posada hockt weithin sichtbar auf einem Fels unter den wuchtigen Ruinen des im 12. Jh. von den Genuesern errichteten **„Castello della Fava“,** was soviel heißt wie „Bohnen-Festung“. Wer in die Altstadt will, der sollte mit dem Womo auf keinen Fall weiter als bis zu der Stelle fahren, wo große [P] Parkplätze links unter der Mauer das Wenden noch problemlos erlauben. Denn die kleine Wendeplatte vor dem Stadttor ist meist durch parkende Pkw zusätzlich eingeengt. Ein Spaziergang hinauf zur Festung lohnt sich, besonders des tollen Ausblickes wegen.

[P] *Parkplatz Posada*

Großer kostenfreier Schotterparkplatz zu Füßen des Felsens unterhalb der Altstadt.
GPS: 32 T 561414
UTM 4498755
N40,63735 E9,72626

Sehenswertes

Castello della Fava, tägl. 9-13 und 15.30-19.30 Uhr

Zum Essen empfiehlt sich das freundliche Restaurant im netten Hotel Sa Rocca, von dessen Gastraum man zu lecker Fisch und Wein ebenfalls eine herrliche Aussicht auf die Küste und das Meer genießen kann.

Essen

Sa Rocca, Piazza Eleonora d'Arborea 30, Tel. 0784 854139

123sa Abb.: ph

▲ *Spiaggia di S. Giovanni – weißer Sand, blaues Meer, grüne Pineta mit Bar und im Hintergrund hockt Posada malerisch auf seinem Fels*

Dort erblickt man Strand und noch mal Strand. Im Süden von Posada ist das die **Spiaggia S. Giovanni,** die man auf einer schmalen Teerstraße erreicht. Dieser Fleck ist sehr idyllisch, besonders auch wegen der direkt im Sand in der Schatten spendenden Pineta gelegenen Pizzeria „Tartaruga“, auf deren gemütlicher „Veranda sul Mare“ es auch gute und preiswerte Meeresgerichte gibt.

[P] *Parkplatz mit Pizzeria und Strand S. Giovanni*

GPS: 32 T 562873 UTM 4497038, N40,62178 E9,74335
Schöner Strandparkplatz mit tollem Blick auf Posada und einfacher, aber einladender Trattoria „marinara“.

Auch nördlich von Posada versteckt sich ein weiterer, bilderbuchschöner Strand, der zwar keine Trattoria hat, dafür aber einen kleinen Süßwasser-Lagunensee und eine wunderschöne Strandpineta. Dieses Idyll an der Mündung des Riu Posada erreicht man, wenn man etwa 3 km nach Posada die SS 125 kurz nach der Auffahrt auf die SS 131 beim Agriturismo Orvile dem kleinen Schild „Spiaggia“ folgend Richtung Küste verlässt. Erst befestigt und auf dem letzten Stück dann 500 m auf Sandpiste geht es insgesamt etwa 1,5 km bis zum Pinienwäldchen und dann hinein in die herrliche Pineta an der **„Riviera dei Pini“,** in der auch immer Wohnmobile stehen.

Riviera dei Pini

GPS: 32 T 562982
UTM 4500536
N40,65328 E9,74498
Bildschöne Pineta ohne weitere Einrichtungen direkt am feinen Sandstrand mit Lagunensee an der Mündung des Riu Posada. Natur pur.

› Routenatlas Seite 289

BUDONI (12 km - km 80 km)

Ca. 3 km vor **Tanaunella** liegt der Camping Sa Marina allein für sich unterhalb der Straße am Strand.

Camping

⑪ *Camping Sa Marina* ***
GPS: 32 T 0563138 UTM 4503058
N40,67599 E9,74709
SS 125 km 247, Tel. 0784 837161, Fax 837171, www.samarina.com, 1.6.-15.9. Kleinerer Platz in ruhiger Lage mit schönen Stellplätzen unter Pinien mit Blick aufs Meer. Der Stand ist teils Sandstrand, teils Fels. Womo 9,50-15 €, Erw. 9,50-19 €, Strom 3 €.

Nach Posada werden die Strände immer voller und der sommerliche Trubel immer doller. Das Ganze betrachten kann man sich erst einmal in aller Ruhe von der **Punta del Asino** nördlich der Siedlung Tanaunella. Dorthin kommt man, wenn man von der Straße nach Tanaunella abzweigt und dem Schild „Pineta Sant Anna" folgt. Die führt direkt zu ausgedehnten Parkplätzen am Rande der herrlichen Pineta, die den gesamten Landvorsprung bedeckt. Sie gilt als eines der schönsten Küsten-Pinienwäldchen Sardiniens.

P *Parkplatz*
GPS: 32 T 0561269 UTM 4505388, N40,69712 E9,72520
Pineta Sant Anna. Schattenlos, in der Saison gebührenpflichtig (Womo 10 €), mit Trinkwasserhahn und speziell ausgeschildertem Womo-Bereich. Im Wäldchen Picknickstellen, Bar/Ristorante, Sanitäranlagen, Wassersportgeräteverleih. Ca. 100 m zum super Strand, zu dem eine kleine Brücke hinüberführt.

Nach Norden hat man einen tollen Blick über die gesamte **Cala di Budoni.** Zu diesem Sommer-Sonne-Strandparadies führen zahlreiche Stichstraßen hinaus, die meist auf Naturparkflächen im lichten Pinienwäldchen direkt hinter dem Strand enden. Eine besonders schöne,

Camping

⑫ *Camping Pedra e Cupa* ***
GPS: 32 T 0560323 UTM 4505750
N40,70045 E9,71404
SS 125, km 278,2, Tel. 0784 844004, www.pedraecupa-camping.com, 1.6.-30.9. 1 km südlich von Budoni zwischen Straße und Strand gelegener Platz teils im Pinienwäldchen, teils Schatten durch Stoffdächer. Gutes Restaurant am Platz. Womo 8-15 €, Erw. 6,50-15 €, Strom 2,50-3 €, Warmdusche 0,50 €, Entsorgung für Durchreisende 10-13 €.

⑬ *Camping Salamaghe* ***
GPS: 32 T 0559995 UTM 4506813
N40,71005 E9,71026
Loc. Marina, Tel. 0784 844177, www.campingsalamaghe.com, 1.6.-20.9. An der Stichstraße vom Ortszentrum zum Strand gelegener, ebener Platz mit wenig Schatten. Erw. 10-19 € inkl Stellplatz, Strom 3 €.

an der zumindest ich einfach nicht vorbeifahren kann, ohne wenigstens kurz hinauszufahren und in der netten rumpeligen Strandbar einen kleinen „caffe dopio“ zu nehmen, liegt ganz am Südende der Bucht bei der Bar Sa Capannizza.

Ein riesengroßer [P] Parkplatz mit einer markierten, jedoch schattenlosen Stelle für Womos samt Primitivdusche und Abwasserschacht bietet gute Stellmöglichkeit, um nach einem erfrischenden Sprung ins Wasser sich in der besagten Bar niederzulassen und das bunte Treiben am Strand zu beobachten.

[P] ***Parkplatz Sa Capannizza***
GPS: 32 T 560850 UTM 4505674
N40,69972 E9,72027
Parkplatz direkt am tollen Strand und mit Strandbar. Womo 8–18 Uhr 10 €.

SAN TEODORO (14 km – km 94)

124sa Abb.: ph

▲ *Dank Fritz vom Ultraleichtflughafen San Teodoro: La Cinta und die Tavolara aus der Luft gesehen*

Für die Weiterfahrt ab Budoni empfehle ich nicht die Hauptstraße, sondern die kleine, kaum ausgeschilderte Nebenstrecke, die entlang der Küste von Budoni nach San Teodoro führt. Sie ist eine Abkürzung, viel verkehrsärmer und vor allem sehr viel schöner! Die Straße führt nach **Agrustos** und **Porto Ottiolu,** zwei erstaunlich unentdeckt gebliebene Ferienorte zwischen den touristischen Hauptkampfzonen San Teodoro und Budoni.

Der turbulente Ferienort San Teodoro ist in den letzen Jahren aus allen Nähten geplatzt. Grund dafür sind seine Nähe zu Olbia und natürlich die Strände, darunter die berühmte **„La Cinta“,** eines der bekanntesten Sandparadiese Sardiniens, das von der gewaltigen Insel Tavolara höchst fotogen überragt wird. Rings um den einst kleinen Fischerort sind ausufernde Ferienhaus-Anlagen entstanden. Dazu die für die sommerlichen Besuchermassen notwendige Infrastruktur mit Supermärkten, Discos, Gastronomie und Dienstleistungen.

Für Durchreisende mit Womo bietet San Teodoro dankenswerterweise eine Ver-/Entsorgungsstelle im Klärwerk der Stadt. Der riesige Parkplatz am La-Cinta-Strand ist für Wohnmobile leider gesperrt. Dafür bietet der sich ebenfalls direkt am La Cinta befindende gleichnamige Campingplatz allerbeste ebene und schattige Plätze direkt hinter dem Traumstrand, weshalb er besonders bei deutschen Wohnmobilisten sehr beliebt und bereits zu Pfingsten von ihnen gut belegt ist.

Achtung: Wer von San Teodoro auf dem schnellsten Wege nach Olbia will oder muss, der sollte nicht die verkehrsreiche, ungemütliche

Camping/Service

⑭ *Ver-/Entsorgung*

GPS: 32 T 0556195 UTM 4514938
N40,78351 E9,66600

Ganzjährig Entsorgung und Trinkwasser für 5 € in der Kläranlage von San Teodoro. Die Anfahrt ist gut ausgeschildert.

⑮ *Camping La Cinta* ***

GPS: 32 T 0556690 UTM 4514701
N40,78134 E9,67185

Via del Tirreno, www.campingsanteodoro.com, Tel./Fax 0784 865777, 1.5.-15.10. Großer, ebener und einfach toll direkt am La-Cinta-Strand gelegener Platz mit lockerem Baumbestand und Blick auf die vorgelagerte Tavolara. Die Leitung spricht teils Deutsch, ist sehr freundlich und vor allem auch sehr hilfsbereit, auch bei „externen" Sachen wie z. B. technischen Problemen mit dem Womo. Ein Bade- und Rumbummelaufenthalt auf La Cinta ist für mich deshalb schon Tradition. Sehr beliebt, deshalb im Juli/Aug. schnell ausgebucht! Hunde sind verboten! Womo 10-16.30 €, Erw. 5,40-11,10 €, Strom 4 €

⑯ *Camping Cala d'Ambra* ***

GPS: 32 T 0557339 UTM 4913640
N40,77174 E9,67944

Loc. Cala d'Ambra, Tel./Fax 0784 865650, www.campingcaladambra.com, 1.6.-30.9. Kleinerer, von Eukalyptusbäumen beschatteter Platz am Kiesstrand. Der Sandstrand beginnt jedoch nahebei. Ruhiger gelegen als La Cinta, jedoch für große Womos oder Gespanne etwas problematische Anfahrt, da diese durch die in der Saison oft sehr vollen bzw. überfüllten Straßen quer durch San Teodoro führt. Im Juli/Aug. ist die direkt danebenliegende große Disco geöffnet und viel besucht. Womo 4-14 €, Erw. 8,50-14 €, Strom 3 €.

Küstenstraße nehmen, die ohne Seitenstreifen und mit viel Lkw-Verkehr Womo-Fahrern besondere Konzentration abverlangt, sondern die fertig gestellte, vierspurige **Schnellstraße SS 131.** Die erreicht man, wenn man kurz nach dem Ortsausgang landeinwärts dem Schild „Padru" und „Olbia 4 Corsi" folgt. Auf der verkehrsarmen autobahnartigen Rennpiste ist man in allerkürzester Zeit in Olbia.

NACH OLBIA (25 km - km 119)

Zwischen San Teodoro und Olbia reiht sich ein Ferienort an den anderen. Die meisten sind von besseren bis gehobenen **Hotelanlagen und „Villagios"** geprägt. Doch eine Reihe von Campingplätzen bietet auch dem Wohnmobilisten gute und sichere Unterkunft. Frei stehen ist jedoch hier höchstens noch im Herbst und Winter möglich. Offizielle Stellplätze gibt es keine. Viele Strandparkplätze sind im Sommer dazu mit Höhenbegrenzungen gegen Womos „gesichert". (Stadtbeschreibung Olbia siehe Seite 68.)

CAPO CODA CAVALLO

Einige Kilometer nach San Teodoro kann man auf einer guten Straße ganz hinaus fahren auf das schmale, weit ins Meer vorspringende Capo Coda Cavallo, das **„Pferdeschwanz-Kap".** Der Abstecher lohnt, denn nach 7 km bietet sich am Ende der Straße ein großartiger Blick hinab auf die zerlappte Küste, das Meer und die gegenüber liegenden Inseln Molara und Tavolara.

PORTO TAVERNA

Auch der riesige [P] Strandparkplatz von Porto Taverna ist in der Saison für Womos gesperrt. Einzige Möglichkeit des Aufenthalts und letzter Camping vor Olbia bietet der zwar nicht direkt am Strand, aber doch einladend gelegene [Camping] Camping Tavolara.

Camping

⑰ Camping Cala Cavallo ***

GPS: 32 T 0558135 UTM 4521520
N40,84266 E9,68961

Loc. Capo Coda Cavallo, Tel. 0784 834156, www.calacavallo.it, 1.6.-15.9. Sehr schön gelegener und gut ausgestatteter Platz ca. 100 m vom kleinen, aber feinen Sandstrand mit grandioser Tavolara-Kulisse. Womo 12-36 € inkl. Strom, Erw. 4,50-7 €.

⑱ Camping Tavolara

GPS: 32 T 0554224 UTM 4523278
N40,85877 E9,64337

SS 125, km 300, Loc. Porto Taverna, Tel. 0789 40166, Fax 40000, www.camping-tavolara.it, ganzjährig. Von Eukalyptus beschatteter, nett angelegter Platz, teils terrassiert in Hanglage, teils eben, ca. 10 Fußmin. vom Strand. Womo 1,50-13 €, Erw. 8,50-11 €, Ver-/Entsorgung für Gäste 5 €, für Durchreisende 15 €.

MONTI (25 km - km 144)

Um nach Monti weiterzufahren, muss man gar nicht weiter in die Stadt hinein, sondern biegt bereits vorher auf die **SS 597 Richtung Sassari** ab. Nur 20 km auf der viel befahrenen Straße, dann verlässt man diese wieder und ist nur Minuten später erneut in der totalen Einsamkeit der sardischen Berge. Direkt an der Abfahrt von der SS 597 bietet eine Quelle mit Parkplatz Trinkwasser.

Monti ist neben Berchidda (s. Route 1) das zweite wichtige **Vermentino-Dorf** in der Gallura. Und jeder, der nach Monti kommt und etwas mit Wein, hier speziell in seiner weißen Variante, anfangen kann, der muss einfach bei der „Cantina del Vermentino“ von Monti Halt machen und sich ein oder zwei Kartons des köstlich frischen Spitzentröpfchens „Funtanaliras“ oder des „Arakena Superiore“ einladen. Auch der Spumante des Hauses, der Vermentino Brut „Vigne del Portale“, ist sehr zu empfehlen.

Dazu besitzt Monti einen zwar nicht sehr wohmobilgeeigneten, so doch immerhin vorhandenen Campingplatz, der am Ortsausgang Richtung Ala dei Sardi in schöner Waldlage am Hang zu finden ist. Der Betreiber ist sehr nett und die Pizzeria/Ristorante am Platz gut. Und schließlich ist es die praktisch völlig menschenleere, aber landschaftlich sehr eindrucksvolle Region südlich von Monti, die den Weg in das Vermentinostädtchen lohnend macht.

Quelle Su Cantaru

GPS: 32 T 0527152
UTM 4519420
N40,82536 E9,32200

Von großen Felsblöcken eingefasste Quelle mit zwei Hähnen und Picknickplatz direkt an der Abfahrt (von Olbia kommend) von der SS 597 nach Monti/Telti.

Einkaufen

Cantina del Vermentino, Via San Paolo 2, Tel. 0789 44012, www.vermentino-monti.com, Mo.-Fr. 8.30-12 und 14.30-18.30, Sa. 8.30-12.15 Uhr

Camping

⑲ Camping La Pineta *

GPS: 32 T 527501 UTM 4517041
N40,80392 E9,32603

Via San Paolo, Tel. 0789 44495, 1.6.-30.9. Einfacher, schön im Wald gelegener terrassierter Platz mit guten Sanitäranlagen, wegen der sehr steilen Waldlage jedoch nur bis ca. VW-Bus-Größe geeignet. Gutes Restaurant am Platz, ideal als Ausgangspunkt für Wanderung und Ausflüge in die Monti di Ala. Womo 3-4 € inkl. Strom, Erw. 5-8 €.

ALA DEI SARDI (30 km - km 174)

Der Weg in diese stille, fast gänzlich menschenleere Hochebene führt am Campingplatz vorbei durch herrlichen Hochwald in steilen Kehren hinauf. Oben angekommen, fühlt man sich auf den von grauen, moosüberzogenen Felsen übersäten kargen Weideflächen wie alleine auf der Welt. Nach etwa 7 km über die Hochfläche zeigt ein Schild nach links den Weg zur **„Chiesa San Paolo"**. Sechs Kilometer führt das Sträßlein in Richtung Küste. Dort, wo es beginnt, sich bergab zu winden, muss man anhalten und den umwerfenden Fernblick hinab auf den Golf von Olbia genießen. Dann schlängelt sich das Sträßlein hinab in einen Taleinschnitt und endet am vollkommen einsam, still und idyllisch gelegenen **Eremitenkirchlein San Paolo.** Die gesamte Anlage ist von freundlicher Hand in ein reizendes kleines Idyll verwandelt worden. So kann man gar nicht anders als den hoffentlich mitgebrachten und gut gefüllten Picknickkorb mit Brot, Käse und einem Fläschchen Vermentino auszupacken und im Schatten eines alten Olivenbaumes ausgiebig Pause mit anschließender erholsamer Siesta zu machen.

Picknick mit Quelle
GPS: 32 T 0533532
UTM 4515663
N40,79128 E9,39746
Chiesa San Paolo

Nach dem Abzweig zum Kirchlein ändern sich die Landschaft und Vegetation allmählich. Die Bäume werden höher und tragen Nadeln und aus der Fläche ragen bewaldete Berge empor. Unversehens fühlt man sich angesichts des majestätischen Hochwaldes und der moosüberzogenen Felsen, zwischen denen sich lustig ein kristallklarer Bergbach schlängelt, fast wie im Hochschwarzwald. Nicht nur für die Sarden sind die unerschlossenen und unbesiedelten **Monti di Ala,** die sich zwischen Monti und etwa der Linie Oschiri/Pattada ausbreiten, ein besonders attraktives Wandergebiet.

In dem Granitgebirge leben noch Adler, Hirsche und Mufflons und in den Bergbächen wie dem Rio S'Eleme Bergforellen. Besonders schön ist die als Naturpark geschützte Region um den 811 m hohen **Monte Olia.** Mitten in diesem herrlichen Mischwald liegt unweit der Straße eine Forststation (Cas. Forestale) und direkt davor ein angelegter Wanderparkplatz. Ein für Sardinien wirklich ungewöhnlicher, weil so seltener Anblick. Hier sollte der Naturliebhaber Station machen und zu Fuß oder Mountainbike die granitene Region erkunden. Hier beginnt auch eine gut 4 km lange Geländepiste, die durch den Wald bergauf bis zum Zeltplatz „Sa Toa" führt. Piste wie Platz sind jedoch nicht für dicke Womos gedacht, sondern für Pkw mit Zelt.

Wander-Parkplatz
GPS: 32 T 0530917
UTM 4510809
N40,74765 E9,36622
An der SS 389 bei ca. km 12. Etwas zurückgesetzt neben der Straße im Wald gelegen, sodass man nach der Wanderung hier auch eine Nacht ruhig verbringen kann.

BUDDUSO (15 km - km 189)

Auch nach Ala dei Sardi findet sich für sardische Verhältnisse Erstaunliches. So liegt etwa 5 km südlich des Ortes westlich der Straße der malerische kleine, künstlich angelegte **See „Sa Coiluna"** mit herrlich erfrischendem Süßwasser. Dieses spenden gleich mehrere Quellen in der Umgebung, deren Wasser der fischreiche See auffängt.

Wovon man in Budduso lebt, wird schnell klar: vom Granit, der gleich in Dutzenden von Steinbrüchen rings um den Ort aus dem Fels gebrochen wird und der den Einwohnern selbst als Baumaterial für so ziemlich jeden Zweck dient. Auch die reichlich vorhandene Kunst im öffentlichen Raum ist natürlich aus **„Graniti di Budduso“,** den man in die ganze Welt exportiert. Während so ein Granitblock eher weniger geeignet ist, ihn als Souvenir ins Womo zu laden, sind es die traditionell in Budduso von Hand aus Eichenholz gefertigten und kunstvoll mit Schnitzereien verzierten Holztruhen schon eher. Wer eines dieser schönen Möbel erwerben will, der kann dies bei Signore *Solinas* tun.

Einkaufen

Traditionelle Holztruhen und -möbel: Artintaglio „Mastro Mimmiu“, Via F. Fodde 10, Tel. 079 714043. Der Kunsttischler Renzo Solinas hat beim Meister „Mimmiu“ einst gelernt, dem Vater der Schnitzkunst von Budduso.

BITTI (26 km – km 215)

ANFAHRT

Ziemlich genau 7 km nach Budduso passiert die Straße nach Bitti den **Nuraghen Loelle.** Bislang noch unbekannt und für sich allein in einsamster und schönster Natur gelegen, bietet das Gelände denkbar beste Picknickgelegenheiten. Zwischen den einzelnen Gängen kann man durch das Gelände stromern, in den Nuraghen hinein und auf ihn hinaufklettern oder die Reste von zwei Megarontempeln entdecken. Wer Trinkwasser braucht, der biegt in die Nebenstraße Richtung **Lodé** ab, wo er nach einigen Kilometern auf die rechts der Straße gelegene Quelle Mamone trifft.

Das nächste steinzeitliche Heiligtum auf dieser Tour ist noch wenig bekannt, aber eines der außergewöhnlichsten der Insel. Bei km 54 biegt eine einspurige Teerstraße nach Westen ab und führt durch lichte, von mächtigen Felsbrocken übersäte Steineichenwälder zum **„Complesso Nuragico Su Romanzesu“,** einem weitläufigen nuraghischen Heiligtum, das sich in einem angrenzenden Korkeichenwäldchen befindet. Die Anfahrt zum Eingang ist jetzt oberhalb des archäologischen Geländes wie auch ein geteerter Parkplatz mit Kassenhaus. Der untere Parkplatz gehört offensichtlich dem angrenzenden Agriturismo, dessen Betreiber jeden verscheucht, der dort parken will. Zentrale Anlage des Heiligtums ist ein großes ovales, von stufenförmigen Sitzreihen umrahmtes Wasserbecken. Das Wasser für dieses Ritualbecken entströmte einem weiter oberhalb befindlichen heiligen Brunnen und floss durch einen Kanal hinab. Weiter den Hügel hinauf finden sich links und rechts weitere Tempelreste und Fundamente von Rundhütten. Oben auf dem Hügel schließlich trifft man auf die Reste zweier Megarontempel.

Quelle Mamone

GPS: 32 T 0534105 UTM 4490947 N40,56860 E9,40291

Ergiebige Quelle mit angelegtem Park- und Picknickplatz

Picknickplatz

GPS: 32 T 0526811 UTM 4490841 N40,56791 E9,31673

Nuraghe Loelle. Ein zauberhafter Platz mit Tischen und Bänken inmitten der Einsamkeit im Schatten alter Eichen zu Füßen des imposanten Nuraghen, wo man auch mal eine Nacht stehen kann.

Sehenswertes/ Picknickplatz

GPS: 32 T 0527064 UTM 4486483, N40,52864 E9,31954

Complesso Nuraghico Su Romanzesu, Tel. 0784 414314, www.coopistelai.com, März–Okt. 9–13 Uhr, Nov.–Febr. 8.30–13 Uhr, Juli/Aug. auch 15.30–19.30 Uhr, März–Juni und Sept./Okt. 15–19 Uhr, Nov.–Febr. 14.30–18 Uhr. Anfahrt: bei km 54,2 auf einspuriger, streckenweise beidseits durch Steinmauern eingeengter Teerstraße 2,7 km bis Parkplatz.

› Routenatlas Seite 288

125sa Abb.: ph

▲ *Bitti, ein typisches Berg- und Hirtendorf*

ORTSBESCHREIBUNG

Das Bergdörfchen Bitti schmiegt sich in angenehm luftiger Höhe (565 m) in eine von grünen Hügeln umrahmte Senke. Berühmt-berüchtigt ist Bitti für seinen uralten blutigen Streit mit dem benachbarten, höher gelegenen Bergdorf Orune, der sich einst an Weidestreitereien entzündete und bis heute schwelt. Davon bekommt der Reisende jedoch nichts mit. Vielmehr dagegen von der **vielfältigen Handwerkstradition,** von seinem berühmten Männerchor „Tenores di Bitti“ und von seinem köstlich knusprigen „Pane Carasau“, das eines der besten der Insel ist. Aber Achtung: In das Gassengewirr Bittis sollte man mit dem Womo tunlichst nicht hineingeraten.

Nach dem Einkaufen kann man sich auch mal wieder ein leckeres und üppiges Menü gönnen, denn dafür bietet der zwischen Bitti und Lode einsam gelegene „Agriturismo Ertila“ die beste Gelegenheit. Hier wird alles aus eigenen Produkten hergestellt. Neben ausgezeichneter Küche bietet der Hof auch einige Stellplätze für Wohnmobile.

Camping

(20) Agriturismo Ertila

GPS: 32 T 0535574 UTM 4492201
N40,57983 E9,42033

Tel./Fax 0784 414558, www.agriturismoertila.it, ganzjährig geöffnet. Ein sehr einsam gelegener Agriturismo mit weithin gerühmter Küche und einigen betonierten Stellplätzen für Womos mit Wasser und Strom. Womo 10 € alles inkl., Erw. 5 €. Anfahrt: 12 km auf der Straße Richtung Lode, dann links eine einspurige Teerstraße bis zum Agriturismo. Achtung Pferdeliebhaber: Der Hof bietet mehrtägige Pferdeexkursionen durch die eindrucksvolle Bergwelt rings um Bitti.

Einkaufen

Pane Carasau: Panificio Artigianale Bulloni, Via Minerva 8, Tel. 0784 415182
Käse: Minicaseificio Ghelethoma, Via Gramsci 27, Tel. 0784 415740
Keramik: Terra Pintada, Via Brigata Sassari 74, Tel. 0784 414072, www.terrapintada.com

ORUNE (14 km – km 229)

Von Bitti geht es langsam, aber stetig berauf durch von Steinmauern durchzogenes und von uralten Steineichen bestandenes Weideland bis zum kleinen Bergdorf Orune. Auf etwa dem halbem Wege passiert man eine gefasste Quelle, an der sich nicht nur Wohnmobilisten, sondern auch gerne die Hirten treffen.

Irgendwie klingt es schon im Namen mit: Orune ist traditionell als die Heimat notorischer Messerstecher und Viehdiebe verschrien. Tatsächlich hockt das Dorf, ebenso einzigartig wie abweisend gleich einem struppigen Raubritternest völlig ungeschützt auf dem Gipfel eines Berges, weshalb es auch den Beinamen **„Dorf des Windes“** trägt. Selbst den vom schweren Leben und der Arbeit abgehärteten

Quelle

GPS: 32 T 0530496
UTM 4475929
N40,43344 E9,35955

Barbagia-Hirten gilt Orune als der Ort, wo nur die Zähesten und Härtesten ausharren.

Doch es gibt gute Gründe, Orune zu besuchen. Als Gast merken sie höchstens die besonders ausgeprägte Zurückhaltung der Bewohner, die jedoch viel mehr Unsicherheit denn Ablehnung ist. Und wer das stets am ersten Montag im August beginnende 9-tägige **Dorffest „Su Cossolu“** miterlebt, der weiß die Gastfreundschaft der Orunesen zu schätzen.

Der Hauptgrund für die Reise in diese abgelegenen Winkel Sardiniens ist jedoch weder die Gastfreundschaft noch der als besonders delikat gerühmte Pecorino von Orune, sondern das **nuraghische Brunnenheiligtum „Su Tempiesu“.**

Zu dem steinzeitlichen Heiligtum, das für mich einer der magischsten und schönsten Orte Sardiniens ist, fährt man erst von der Hauptstraße hinab zum Dorf und dann gleich am Ortseingang rechts eine steile Straße Richtung Friedhof hinab. Dann am Friedhof links unterhalb des Dorfes entlang und 5 km auf schmaler, aber auch für Wohnmobile gut zu befahrender Teerstraße teils steil bergauf und bergab bis zum Ende der Teerstraße. Dort hat man ein Gebäude mit Bar und kleiner Ausstellung errichtet, in dem man neben eisgekühlten Getränken auch die Eintrittskarte für das Heiligtum erhält (so jemand da ist).

▼ *Das nuraghische Brunnenheiligtum Su Tempiesu*

Sehenswertes

GPS: 32 T 0534653 UTM 4473380
N40,41032 E9,40842

Su Tempiesu, Mobil-Tel. 328 7565148, www.sutempiesu.it, tägl. 9 Uhr bis Sonnenuntergang

126sa Abb.: ph

Von hier geht es auf einem idyllischen Fußpfad hinab zum Brunnenheiligtum. Die Coop L.A.R.Co, die das Gelände betreut, hat aus dem 900 m langen Weg eine Art **Naturlehrpfad** gemacht, an dem man neben Bänkchen zum Ausruhen auch allerhand über die Flora am Wegesrand erfahren kann.

Am Ende des Pfades angekommen, liegt am steilen Hang das um 1200 bis 800 v. Chr. erbaute Pozzo Sacro Su Tempiesu. Es ist das einzige Brunnenheiligtum auf Sardinien, dessen oberirdischer Aufbau aus präzise behauenen Trachytblöcken fast vollständig erhalten ist. Zu verdanken ist dies einem Erdrutsch, der die Anlage verschüttete.

Aus dem überdachten, von Steinbänken gesäumten Vorraum führt eine kleine symbolische Treppe hinab zur Quelle, die noch heute auch in besonders trockenen Perioden Wasser spendet. Dieses fließt durch einen winzigen, in die Bodenplatten gemeißelten Kanal aus dem Brunnenhaus hinaus und weiter über den kleinen Vorplatz.

Doch nicht nur der Brunnen selbst ist wunderbar, sondern auch die tiefe Stille und Ruhe und der atemberaubende Blick hinüber auf das Massiv des Monte Albo, der majestätisch in den tiefblauen Himmel Sardiniens aufragt. Su Tempiesu ist ein abgeschiedener Platz, zu dem nur wenige Touristen finden. Aber Su Tempiesu ist ein perfekter Platz, um noch einmal die Magie Sardiniens eindringlich zu erleben, bevor man sich auf den Rückweg zum Fährhafen Olbia macht.

Der Weg dorthin führt erst zurück bis zum Friedhof. Dort biegt eine schmale Teerstraße ab, die in fantastischen Kurven von Orune hinabturnt ins Tal zu der dort verlaufenden SS 131. **Achtung:** für größere Wohnmobile nicht geeignet, da einige sehr enge Serpentinen und Kehren zu passieren sind.

GALTELLI (46 km - km 275)

Wenn man in Su Tempiesu zum Abschluss der großen Rundreise sozusagen die innere Kraft und Magie Sardiniens noch einmal mit eindringlicher Kraft erleben kann, so kann man bei Galtelli die äußere Schönheit dieser Insel noch mal in besonderer Intensität tanken, bevor man das meerumspülte kleine Paradies wieder verlassen muss.

Erst sollte man bei einen Bummel auf dem **„Parco Letterario Grazia Deledda“** die Orte und Plätze erleben, an denen die große sardische Schriftstellerin *Grazia Deledda* ihren 1926 mit dem Nobelpreis geehrten Roman „Canne als Vento“ („Schilf im Wind“) spielen ließ: Hier kann man das Haus der Damen Pintor besuchen und sich in die Welt ihres Knechts Efix hineinversetzen.

Ⓟ ***Gipfel-Parkplatz Monte Tuttavista***
GPS:32 T 554276
UTM 4470061
N40,37937 E9,63940
Wunderschön in stiller Bergnatur gelegener, ebener Teerplatz mit Picknickeinrichtungen und Wasserhahn.

Dann aber sollte man sich aufmachen auf den langen und teils sehr steilen, aber wenigstens streckenweise auch mit dem Womo problemlos zu befahrenden Weg hinauf auf den Gipfel des Monte Tuttavista. Es gibt mehrere Anfahrtsmöglichkeiten: Man kann z. B. in Galtelli am Ortsende in Richtung Nuoro gleich an der Brücke mit dem grünen Geländer links fahren und auf schmaler Teerstraße den Schildern „Monte Tuttavista“ folgen. Für Wohnmobile besser und einfacher ist jedoch die Anfahrt von der SS 125 von Orosei nach Dorgali. Nimmt man bei der Durchfahrt durch das Gelände mehrerer Marmorsteinbrüche die letzte (dritte) Straße, die rechts ab bergauf führt (unbeschildert!), so geht es auf zweispuriger Straße ca. 1,5 km bis zum Eingangstor. Von hier aus geht es dann teilweise steil und auf schmaler Spur bergauf. Da die Straße einspurig und dazu streckenweise beidseitig von herabhängenden Ästen eingeengt ist, ist sie für große Wohnmobile nicht mehr geeignet. Fahrer von kleinere Mobilen, die sich zutrauen, bei eventuellem Gegenverkehr auch mal eine Strecke bergab zurückzustoßen, können sich auf dem serpentinenreichen

127sa Abb.: ph

Weg bis hinauf zum wunderschön gelegenen Parkplatz zu Füßen des Gipfels zu machen.

Nach einigen Kilometern Kletterei zeigen in einer Kehre ein Ⓟ Parkplatz und ein kleines Holzschild den Pfad zum nahen **Felsentor „Petra Istampata“.** Das gigantische, über 30 m hohe Felsloch ist wie ein Rahmen für ein göttliches Naturgemälde.

Nach dem Felstor wird der Weg noch steiler und kurviger und erreicht, vorbei an einem weitläufigen Picknickgelände, schließlich einen ebenen Ⓟ Parkplatz. Von hier aus geht es in etwa 10 Fußminuten hinauf auf den 806 m hohen Gipfel des Monte Tuttavista, den ein 10 m hohes Kreuz ziert und von dem man tatsächlich einen einzigartigen 360-Grad Rundum-Panoramablick genießen kann. Im Osten erblickt man die nahe Küste und die goldenen Strände von Orosei, im Süden die karstzerfressenen Gipfel des Supramonte von Dorgali. Im Westen ragt der Monte Ortobene auf und nach Norden reicht der Blick über das tief unten im Tal liegende Galtelli hinüber zum mächtigen Massiv des Monte Albo.

Hier auf dem Gipfel lässt sich in einer Gefühlsmischung aus Glück und Sehnsucht, Abschiedsschmerz und Wiedersehensfreude ein Sardinienurlaub auf die denkbar schönste Art abschließen.

Adiosu, auf Wiedersehen!

▲ *Grandioser Ausblick: das Felsentor „Petra Istampata“*

129sa Abb.: ph

128sa Abb.: ph

ANHANG

ÜBERSICHT DER STELL- UND CAMPINGPLÄTZE

GPS-Koordinaten der beschriebenen Stell- und Campingplätze (Kartendatum WGS84)
Die aufgeführten Stellplätze können als Waypoint-Liste auf der Produktseite dieses Buches unter www.reise-know-how.de kostenlos heruntergeladen werden.

ROUTE 1

Nr.	Name, Ort	Koordinaten	Seite
1	Cugnana	N41,00475 E9,50487	73
2	Villagio Turistico Isuledda Camping	N41,13476 E9,44307	74
3	Camping Capo d'Orso	N41,16140 E9,40272	76
4	Camping Baia Saraceno	N41,17930 E9,39328	78
5	Camping Acapulco	N41,18641 E9,37790	78
6	Womo-Stellplatz Il Sole	N41,22048 E9,42479	80
7	Camping La Maddalena	N41,22548 E9,42780	80
8	Camping Abbatoggia	N41,25328 E9,40394	80
9	Camping Isola dei Gabbiani	N41,19601 E9,31855	81
10	Camping Arcobaleno	N41,19326 E9,27182	81
11	Womo-Stellplatz Santa Teresa Gallura	N41,23219 E9,19001	83
12	Camping La Liccia	N41,18046 E9,17682	85
13	Camping Marine delle Rose	N41,12932 E9,09980	85
14	Stellplatz Area Camper Oasi Gallura	N41,12571 E9,06339	85
15	Camping Baia Blu La Tortuga	N41,12454 E9,06728	85
16	Camping Saragosa	N41,12715 E9,07104	86
17	Camping Mare Blu	N40,96758 E8,85745	87
18	Stellplatz Camper-Service Punto Marganai	N40,92050 E8,79223	88
19	Camping La Foce	N40,93358 E8,81660	88
20	Camping International	N40,92329 E8,79548	88
21	Camping Baia dei Ginepri	N40,92081 E8,79449	88
22	Stellplatz Agriturismo „Crabileddu"	N40,91282 E8,80060	88
23	Stellplatz Sedini	N40,85697 E8,81740	90
24	Camping Li Nibari	N40,82562 E8,54335	91
25	Stellplatz „Camp Site"	N40,81562 E8,46042	91
26	Camping Golfo del Asinara	N40,81644 E8,48545	91
27	Stellplatz Agricampeggio Satta	N40,80884 E8,49113	91
28	Stellplatz Osilo	N40,74227 E8,67610	96
29	Camper-Service Tempio Pausania	N40,90497 E9,09743	99
30	Stellplatz Vallicciola	N40,85168 E9,15225	100
31	Camping Tancare	N40,77923 E9,17540	103

ROUTE 2

Nr.	Name, Ort	Koordinaten	Seite
1	Area La Pineta	N40,86896 E8,23631	106
2	Torre del Porticciolo	N40,64241 E8,19025	109
3	Stellplatz Paradise Park	N40,59079 E8,25568	111
4	Camper-Service I Plantani	N40,60687 E8,27474	111
5	Camping Calik	N40,59478 E8,29197	111
6	Camping Mariposa	N40,57926 E8,31222	112
7	Costa Blu	N40,32670 E8,44084	117
8	S'Abba Druche	N40,31495 E8,46505	117
9	Camping Turas	N40,27437 E8,48818	119
10	Agriturismo biologica Nuraghe Elighe	N40,32652 E8,69572	120

ROUTE 3

Nr.	Name, Ort	Koordinaten	Seite
1	Stellplatz Agriturismo Pittinuri	N40,11105 E8,49440	127
2	Agriturismo Angolo Azurro	N40,03825 E8,69595	132
3	Camping Nurapolis	N40,07006 E8,48483	133
4	Camping Europa	N40,07134 E8,49462	133
5	Camping Is Arenas	N40,07590 E8,48779	133
6	Parking Camper	N40,04350 E8,39767	133
7	Stellplatz mit Ver-/Entsorgungsstation Putzu Idu	N40,03297 E8,40164	134
8	Stellplatz Agriturismo Il Ginepro	N40,02268 E8,41456	134
9	Stellplatz Agricampeggio Muras	N39,96278 E8,40370	135
10	Camping Is Aruttas	N39,94920 E8,40863	135
11	Camping Spinnaker	N39,90237 E8,52879	138
12	Camper-Service „Sa Rodia“	N39,89710 E8,58930	139
13	Camper-Service „Campo Sportivo Tharros“	N39,90603 E8,57949	139
14	Camping S'Ena Arrubia	N39,81623 E8,55669	142
15	Area Camper Marina di Arborea	N39,80221 E8,54948	142
16	Camping Sennisceddu	N39,80449 E8,76991	143
17	Parkplatz Tadasuni	N40,05193 E8,87351	146
18	Stellplatz Ghilarza	N40,12631 E8,83998	147

ROUTE 4

Nr.	Name, Ort	Koordinaten	Seite
1	Parkplatz am Torre dei Corsari	N39,68139 E8,44995	152
2	Camping Sciopadroxiu	N39,52481 E8,47376	156

3	Camping Le Palme	N39,48883 E8,44988	158
4	Camping Ortus de Mari	N39,44007 E8,42238	160
5	Stellplatz Bucht von Portixeddu	N39,41783 E8,41136	160
6	Stellplatz Buggerru	N39,4031667 E8,4025000	161
7	Stellplatz Cala Domestica	N39,37246 E8,38208	161
8	Stellplatz Coaquaddus	N38,98291 E8,44185	168
9	Camping Tonnara	N39,00687 E8,38768	169
10	Camping Le Saline	N39,10871 E8,36143	169
11	Camping Sardegna	N38,96359 E8,59899	170
12	Camping Portu Tramatzu	N38,92657 E8,71137	170
13	Stellplatz Porto Budello	N38,93667 E8,72571	172
14	Stellplatz Tuaredda	N38,89602 E8,81441	173
15	Camper-Service „Al Oasi di Chia"	N38,88172 E8,85598	174
16	Area Camper „Su Giudeu"	N38,88927 E8,86432	174
17	Camping Torre Chia	N38,89828 E8,88438	174
18	Camping Cala d'Ostia	N38,95758 E8,96959	175
19	Camping Flumendosa	N38,96744 E8,97792	175
20	Camper Cagliari Park	N39,21026 E9,12701	177
21	Ver-/Entsorgung	N39,27385 E9,04997	182
22	Sardische Spezialitäten mit Stellplatz	N39,70750 E8,98758	184
23	Stellplatz Tuili	N39,71286 E8,95668	185
24	Stellplatz Sa Corona Arrubia	N39,65744 E8,86542	188

ROUTE 5

Nr.	Name, Ort	Koordinaten	Seite
1	Camping Pini e Mare	N39,20571 E9,31875	193
2	Stellplatz Eukalyptuswäldchen	N39,17913 E9,36496	193
3	Camping Spiaggia del Riso	N39,12148 E9,51037	194
4	Stellplatz Dumping System	N39,14462 E9,49882	194
5	Stellplatz Area Camper gli Aranci	N39,15932 E9,50805	194
6	Camping Capo Ferrato	N39,24266 E9,56925	196
7	Camping Le Dune	N39,27679 E9,58219	197
8	Camping Porto Pirastu	N39,29173 E9,59875	197
9	Camping Torre Salinas	N39, 36707 E9,59374	198
10	Camping Quattro Mori	N39,37589 E9,59914	198
11	Camper-Service Luna e Limoni	N39,42271 E9,57650	199
12	Wohnmobil-Service Turimar	N39,43782 E9,63234	200
13	Ver-/Entsorgung Porto Corallo	N39,44064 E9,63708	200

14	Camping Porto Corallo	N39,44300 E9,63587	200
15	Camping Il Cavallino	N39,70275 E9,66638	202
16	Camping Coccorrocci	N39,72695 E9,67357	203

ROUTE 6

Nr.	Name, Ort	Koordinaten	Seite
1	Camping Marina	N39,84153 E9,68394	215
2	Camping L'Ultima Spiaggia	N39,82022 E9,67092	215
3	Camping La Pineta	N39,82022 E9,67092	215
4	Area attrezata Rocce Rosse	N39,86872 E9,67958	215
5	Area attrezzata Baia Cea	N39,86861 E9,68167	215
6	Stellplatz Zona Grotta Is Janas	N39,84509 E9,26584	219
7	Stellplatz Agricamper Badu Orgolesu	N40,22825 E9,26822	226
8	Camping Supramonte	N40,19217 E9,34937	228
9	Forststation	N40,12304 E9,39610	228
10	Parkplatz mit Ver-/Entsorgung	N40,31445 E9,32781	229
11	Stellplatz Agrituristmo Costiolu	N40,36747 E9,29680	233
12	Camper-Service Palmasera	N40,27954 E9,62995	237
13	Camping Cala Gonone	N40,28367 E9,63290	237
14	Camper-Service Costa Orientale	N39,98770 E9,68750	240
15	Camping Solemar	N39,98142 E9,68553	240
16	Camping Le Cernie	N39,97093 E9,68456	240
17	Camping Iscrixedda	N39,96574 E9,68367	240
18	Camping Telis	N39,92467 E9,70792	244
19	Camping Sos Flores	N39,92127 E9,69096	244
20	Camping Orri	N39,90817 E9,67859	244
21	Camping Cigno Bianco	N39,90817 E9,67859	244
22	Stellplatz Area Camper Tanca Orri	N39,90371 E9,68218	244

ROUTE 7

Nr.	Name, Ort	Koordinaten	Seite
1	Agriturismo S'Ozzastru	N40,33924 E9,60679	248
2	Agriturismo Paulesa	N40,34292 E9,63169	248
3	Camping Sa Prama	N40,44023 E9,78134	250
4	Camping Cala Ginepro	N40,44708 E9,79198	250
5	Agriturismo Su Meriacru	N40,49511 E9,79541	252
6	Parkplatz Spiaggia Berchida	N40,47991 E9,80837	252
7	Camping Cala Pineta	N40,56945 E9,78473	252

8	Camping Mandragola	N40,57853 E9,77302	253
9	Camping S'Elema	N40,57930 E9,77107	253
10	Camping Ermosa	N40,63170 E9,73935	254
11	Camping Sa Marina	N40,67599 E9,74709	256
12	Camping Pedra e Cupa	N40,70045 E9,71404	256
13	Camping Salamaghe	N40,71005 E9,71026	256
14	Ver-/Entsorgung San Teodoro	N40,78351 E9,66600	258
15	Camping La Cinta	N40,78134 E9,67185	258
16	Camping Cala d'Ambra	N40,77174 E9,67944	258
17	Camping Cala Cavallo	N40,84266 E9,68961	259
18	Camping Tavolara	N40,85877 E9,64337	259
19	Camping La Pineta	N40,80392 E9,32603	259
20	Agriturismo Ertila	N40,57983 E9,42033	262

WOMO-WÖRTERLISTE DEUTSCH – ITALIENISCH

A

Abblendlicht .... *anabbagliante*
abdichten .... *impermeabilizzare*
Abschleppen......................... *rimorciare*
Abschleppseil .... *cavo di rimorchio*
Abwasser.............................. *acque di rifiuto*
abstellen/parken .... *parcheggiare*
Achse .... *asse*
Alarmanlage .... *alarm*
Ampel.................................. *semaforo*
Anlasser.............................. *avviare il motore* (Motor anlassen)
Anschluss/Adapter .... *adattatore*
Auspuff............................... *tubo di scappamento*
Auto.................................... *macchina*

B

Batterie (laden) .... *batteria (ricaricare)*
befahrbar (nicht befahrbar).. *(non) transitabile*
Benzin .... *benzina*
Benzinpumpe....................... *pompa benzina*
beschädigt.......................... *danneggiato*
Blinker .... *freccia*
Breite.................................. *larghezza*
Bremsbelag .... *pastiglia di freni*
Bremsen (die) .... *freni*
Bremsflüssigkeit.................. *olio dei freni*

C, D

Chemie-Toilette .... *WC chimico*
defekt .... *difettoso*
dicht................................... *stagno*
Dichtung............................. *guarnizione*
Diesel .... *gasolio*
Differential.......................... *differenziale*

E

(Einspritz-)Pumpe................ *pompa (d'iniezione)*
eng, schmal .... *stretto*
entleeren/entsorgen .... *svuotare*
erlaubt................................ *permesso*
Ersatzrad .... *ruota di scorta*
Ersatzteil............................. *il pezzo di ricambio*

F

Feder .... *molla*
Fernlicht .... *fari abbagliant*i
Feuerlöscher....................... *estintore*
Frostschutzmittel................. *antigelo*
Führerschein .... *patente di guida*

G

Gang................................... *marcia*
Gasflasche.......................... *bombola del gas*
gebrochen .... *rotto*
geöffnet.............................. *aperto*
Gepäckträger .... *portabagagli*
geschlossen......................... *chiuso*
Geschwindigkeit.................. *velocità*
gesperrt.............................. *chiuso*
Getriebe.............................. *cambio delle marce*
Gewicht .... *peso*
Glühbirne............................ *lampadina*
Grauwasser......................... *acqua nero*

H

Handbremse .... *freno a mano*
Hebel.................................. *leva*
Heizung............................... *riscaldamento*
Hilfe.................................... *aiuto*
Höhe................................... *altezza*
Hupe .... *clacson*

K

Kabel.................................. *cavo*
(Benzin-)Kanister................. *tanica di benzina*
Kardanwelle (Antriebswelle) *albero motore*
Karrosserie .... *carrozzeria*
Keilriemen .... *cinghia trapezoidale*
Kfz-Kennzeichen.................. *sigla automobilistica*
Kolben .... *pistone*
Kugellager........................... *cuscinetto*
Kühler................................. *radiatore*
Kühlschrank......................... *frigorifero*
Kupplung .... *frizione*
Kurve.................................. *curva*
Kurzschluss......................... *corto circuito*

L

Länge .... *lunghezza*
langsames Fahrzeug............ *veicolo lento*
leer.................................... *scarico/vuoto*
Lenkung............................. *zerzare*
Lenkrad .... *volante*
Licht ein- und ausschalten... *accendere la luce, spegnere la luce*
Lichtmaschine..................... *dinamo*
Luftfilter............................. *filtro aria*
Lüftung.............................. *ventilazione*

M, N

Messstab........................... *asta di livello*
Motor................................ *motore*
(Schrauben)Mutter............. *dado*
niedrig .... *basso*

O, P

Ölwechsel .... *cambio olio*
Panne .... *panne*
Parkplatz............................ *parcheggio*
Propangas .... *gas propano*

R

Rad.................................... *ruota*
Radkappe .... *pattana*
Radkreuz............................ *chiave la croce*
Radmutter.......................... *bulloni*
Radwechsel .... *cambio ruota*
Rastplatz............................ *piazzuola di sosta*
Reifen .... *gomma*
Reifendruck .... *pressione pneumatica*
reparieren.......................... *riparare*
Reserverad .... *ruota di scorta*
(Rück-)Licht........................ *fanalino di coda*
(Rück-)Spiegel .... *specchio (retrovisore)*

S

Schalter............................. *interuttore*
Scheibenwischer................ *tergicristallo*
Scheinwerfer...................... *fari*
Schlauch .... *camera d'aria*
Schlüssel........................... *chiave*
Schmutzwasser.................. *acqua nero*
Schneeketten..................... *catene da nere*
Schraubenschlüssel........... *chiave per dadi*
Schraubenzieher................ *cacciavite*
Sicherung .... *fusibile*
Starthilfe-Kabel.................. *cavi per ponte batteria*
Stecker .... *spina*
Steckdose.......................... *presa di corrente*
steil .... *ripido*
Stoßstange .... *paraurti*
Stoßdämpfer...................... *ammortizzatore*
Strom .... *corrente*

T

Tank................................... *serbatoio*
Tankstelle .... *stazione di servicio*
Tempolimit......................... *limite di velocità*
Trinkwasser .... *acqua potabile*

U

übernachten .... *pernottare*
undicht .... *non impermeabile*
Unfall................................. *incidente*

V

Ventil .... *valvola*
Ventilator .... *ventilatore*
verboten .... *vietato*
Ver-/Entsorgung................. *carico/scarico*
Vergaser .... *carburatore*
(Schwer-)Verletzte .... *ferito (grave)*
Versicherung...................... *assicurazione*
voll tanken .... *pieno* (voll tanken), *fare benzina* (tanken)
Vorfahrt .... *precedenza*

W

Wagenheber....................... *cric*
Wasserpumpe.................... *pompa di acqua*
Wassertank........................ *serbatoio di acqua*
Werkstatt .... *officina*
Werkzeug........................... *gli attrezzi*
Wohnmobil .... *camper*
Wohnmobil-Stellplatz.......... *area di sosta camper*

Z

Zündkerze .... *la candela*
Zündschlüssel..................... *chiave di accensione*
Zündung .... *accensione*
Zylinder(kopf)..................... *(testa di) cilindro*

sound))trip®
Neu bei
REISE KNOW-HOW
REISE KNOW-HOW
NorthernAfrica
The Andes
Argentina
Australia
The Balkans
Barbados
Belly Dance
Northeast Brazil
China
Cuba
Finland
Iceland
India
Ireland
Japan
Mexico
Russia,
St. Petersburg
Scotland
South Africa
Switzerland
Turkey
Die Compilations der CD-Reihe sound))) trip stellen die aktuelle, typische Musik eines Landes oder einer Region vor.
Jede CD 50–60 Minuten.
22- und 40-seitiges Booklet.
Im Buchhandel erhältlich.
Unverbindl. Preisempf.:
15,90 € [D]
Kostenlose Hörprobe
im Internet.
in cooperation with
(((piranha)))
www.reise-know-how.de

REGISTER

N

O

P

Q, R

S

T

U

V

W

Z

Nurra / Anglona (Nord)

III
Santa Teresa di Gallura
La Maddalena
Castelsardo
Tempio Pausania
Olbia
Stintino
Porto Torres
Sassari
Ozieri
Siniscola
Alghero
Macomer
Bosa
Nuoro
Dorgali
Oristano
Laconi
Tortolì
Mandas
Sanluri
Iglesias
Villaputzu
Carbonia
Cagliari
Villasimius
Sant'Antioco
Pta. li Canneddi
Baia Trinita
84
I. ROSSA
Isola Rossa
Trinita d'Agultu Vignola
Badesi Mare
17
Badesi
M. Littigheddu
692
Coghinas
19
Valledoria
18
21
20
87
Castelsardo
22
Viddalba
IV
Lu Bagnu
Santa Maria Coghinas
Terme di Casteldoria
Roccia dell'Elefante
Lago di Casteldoria
N. S. di Tergu
134
Casteldoria
Tergu
23
San Pietro di Simbranos
127
M. Tudderi
435
Sedini
Bulzi
200
97
Marina di Sorso
Perfugas
A N G L O N A
24
Laerru
Sorso
Piana Ederas
597
Foresta Pietrificata
Erula
Sennori
Nulvi
127
96
Martis
VII

IV
Gallura
0
10 km
I. RAZZOLI
I. BUDELLI
81
S. Teresa Gallura
Pta. Falcone
I. MARMORATA
I. SPARGI
83
Valle di Luna
Capo Testa
11
Marazzino
Porto Pozzo
Porto Liscia
Porto Pollo
Porto Puddu
9
10
80
12
Porto Pozzo
Cala Vall'Alta
S. Pasquale
133
M. Pauloni 361
M. Canu 395
Pto. di Vignola
Vignola Mare
13
14
15
16
Portobello di Gallura
Fiume Liscia
Riu di Baldu
Aglientu
Nekropole Li Muri
Gigantengrab Li Lolghi
Luogosanto
M. Puntaccia 640
Gigantengrab Coddu Vecchiu
Fonte Filetta
III
Riu Vignola
Cant. Sfossato
Lago d. Liscia
M. Abbalata 636
M. Pulchiana 673
Trinità d'Agultu e Vignola
133
R. Carana
M. Littigheddu 692
VALLE DELLA LUNA
M. Puzzu 740
Luras
99
Aggius
P. Selici 911
M. Petreddu 799
Calangianus
M. Saurru 735
Bortigiadas
29
127
98
P. Abaltana 719
Tempio Pausania
Telti
Sorgente Rinaggiu
127
392
Cant. Curdureddu
Fonte di Monti
M. LIMBARA
100
VII
VIII
199

› Blattschnitt s. Umschlag hinten

VI
II
Anglona/Turritano/Nurra
Stagno di Pilo
PORTO TORRES
San Gavino
Marina di Sorso
Platamona Lido
Pozzo San Nicola
M. S. Giusta 251
Riu Mannu
Monte d'Accoddi
131
M. Alvaro 342
LA NURRA
Porto Palmas
Argentiera
CAPO DELL' ARGENTIERA
Palmadula
La Corte
M. Forle 464
SASSARI
L. Baratz
Porto Ferro
Riu Filibertu
Tottubella
291
Riu Mascari
Santa Maria La Palma
127 bis
Usini
Nekropole Anghelu Ruju
Sella & Mosca
Olmedo
Uri
M. Miale Ispina 216
Nekropole Santu Pedru
Riu Cuga
M. Timidone 362
M. Doglia 437
Fertilia
Stagno di Calich
Lago di Cuga
Pto. Conte
Maristella
Nuraghe Palmavera
Lido di Alghero
Grotta di Nettuno
Capo Caccia
Alghero
Putifigari
M. Unturzu 558
Nekropole Puttu Codinu
Cantoniera Scala Piccada
P. sa Casa 506
Fiume Temo
Villanova Monteleone
292
P. Ettori 717
Monteleone Rocca Doria
Lago del Temo
M. Minerva 644
0
10 km
X
Santa Teresa di Gallura
La Maddalena
Castelsardo
Tempio Pausania
Olbia
Stintino
Porto Torres
Sassari
Alghero
Ozieri
Siniscola
Macomer
Bosa
Nuoro
Dorgali
Oristano
Laconi
Tortolì
Mandas
Sanluri
Iglesias
Villaputzu
Carbonia
Villasimius
Cagliari
Sant'Antioco

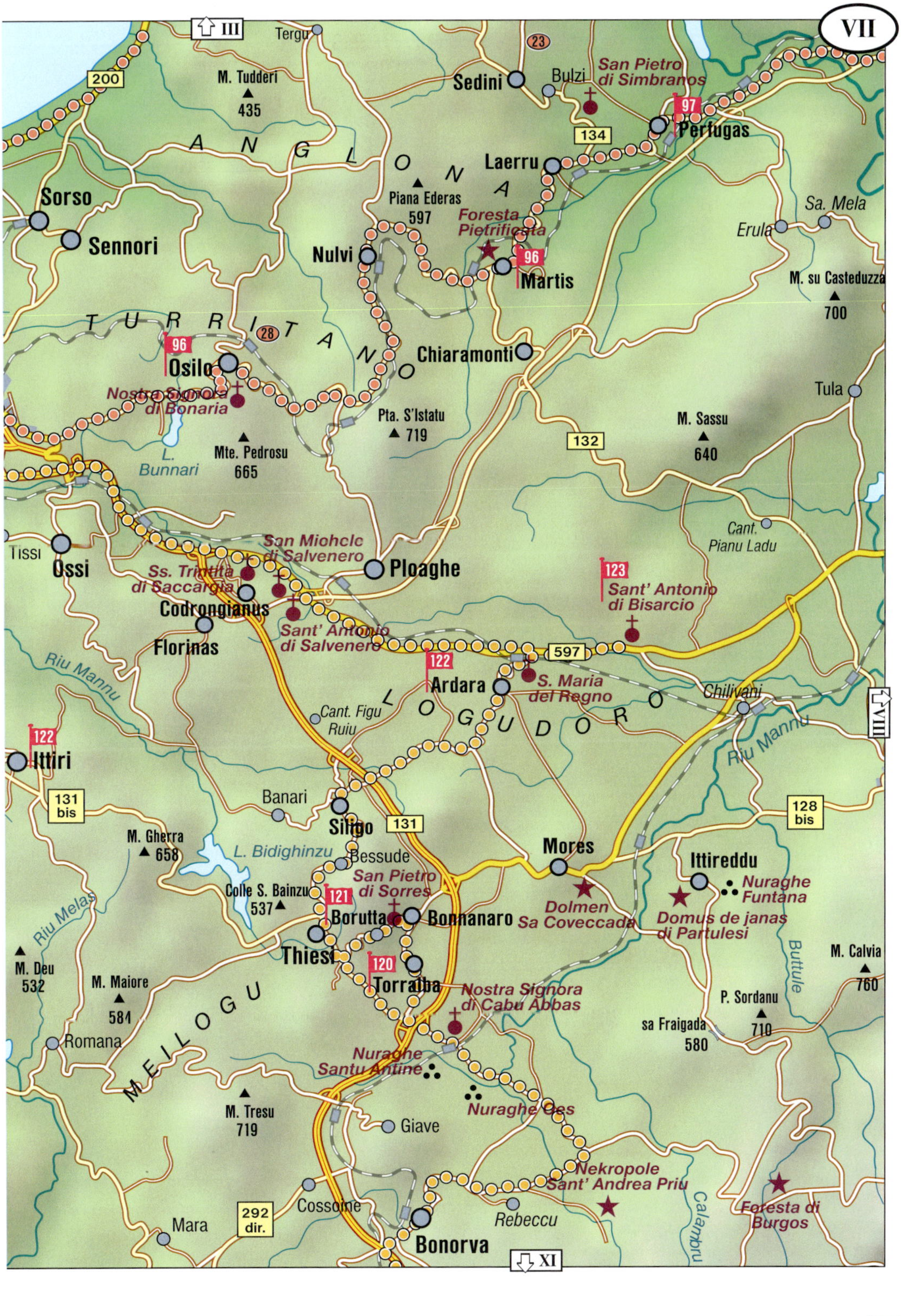
VII
III
VIII
XI
Tergu
200
M. Tudderi
435
23
Sedini
Bulzi
San Pietro di Simbranos
97
Perfugas
134
ANGLONA
Laerru
Piana Ederas
597
Foresta Pietrificata
Sorso
Sennori
Nulvi
96
Martis
Sa. Mela
Erula
M. su Casteduzza
700
TURRITANO
28
96
Osilo
Chiaramonti
Nostra Signora di Bonaria
Pta. S'Istatu
719
Tula
M. Sassu
640
132
Mte. Pedrosu
665
L. Bunnari
Cant. Pianu Ladu
Tissi
Ossi
San Michele di Salvenero
Ploaghe
Ss. Trinità di Saccargia
123
Sant' Antonio di Bisarcio
Codrongianus
Florinas
Sant' Antonio di Salvenero
597
122
Riu Mannu
Ardara
S. Maria del Regno
LOGUDORO
Chilivani
Cant. Figu Ruiu
122
Ittiri
Riu Mannu
131 bis
Banari
Siligo
131
128 bis
M. Gherra
658
L. Bidighinzu
Bessude
Mores
Ittireddu
Colle S. Bainzu
537
San Pietro di Sorres
121
Nuraghe Funtana
Dolmen Sa Coveccada
Domus de janas di Partulesi
Riu Melas
Borutta
Bonnanaro
M. Deu
532
Thiesi
120
Buttule
M. Calvia
760
M. Maiore
584
Torralba
Nostra Signora di Cabu Abbas
P. Sordanu
710
MEILOGU
sa Fraigada
580
Romana
Nuraghe Santu Antine
Nuraghe Oes
M. Tresu
719
Giave
Nekropole Sant' Andrea Priu
Cossoine
Calambru
Foresta di Burgos
292 dir.
Rebeccu
Mara
Bonorva

VIII
IV
Baronie
Lu Colbu
828
la Variante
676
Pta. Balistreri
1362
30
Cant.
Gaddau
M. Muros
787
M. Baligioni
1100
392
Coghinas
Cant.
sa Turrina
Coghinas
102
Berchidda
31
199
259
Monti
Su Cantaru
19
San Paolo
C. se sos
Rueddos
C. Marranca
101
Lago del
Coghinas
Cant.
Pedredu
Badu Alzolas
M. Olia
811
Cant.
Zuighe
R. de s'Elema
N. S. di
Castro
Oschiri
M. Orriola
346
Badde Suelzu
389
Cant.
Mazzinaiu
Oschiri
Su. Noduladu
P. di Senalonga
1076
MONTI DI ALA
260
Ala dei Sardi
199
VII
P. sa Mesa
925
M. Lerno
1094
20
P. sa Donna
1019
Mamone
Ozieri
Bantine
Pattada
260
Budduso
Nuraghe
Loelle
389
dir./a
Nughedu
L. sos
Canales
389
Fiume Tirso
Osidda
Su Romanzesu
700
CAT. DEL GOCEANO
261
Bitti
P. Masiennera
1156
M. Paidorzu
1002
GOCEANO
M. Comoretta
858
Bultei
Nule
Benetutti
M. Saroloi
854
Anela
Riu Mannu
Passo Uccaidu
Cucurru
su Pirastru
914
Su Tempiesu
M. Rasu
1258
Bono
M. sa Turrita
456
262
Orune
Bottidda
XII

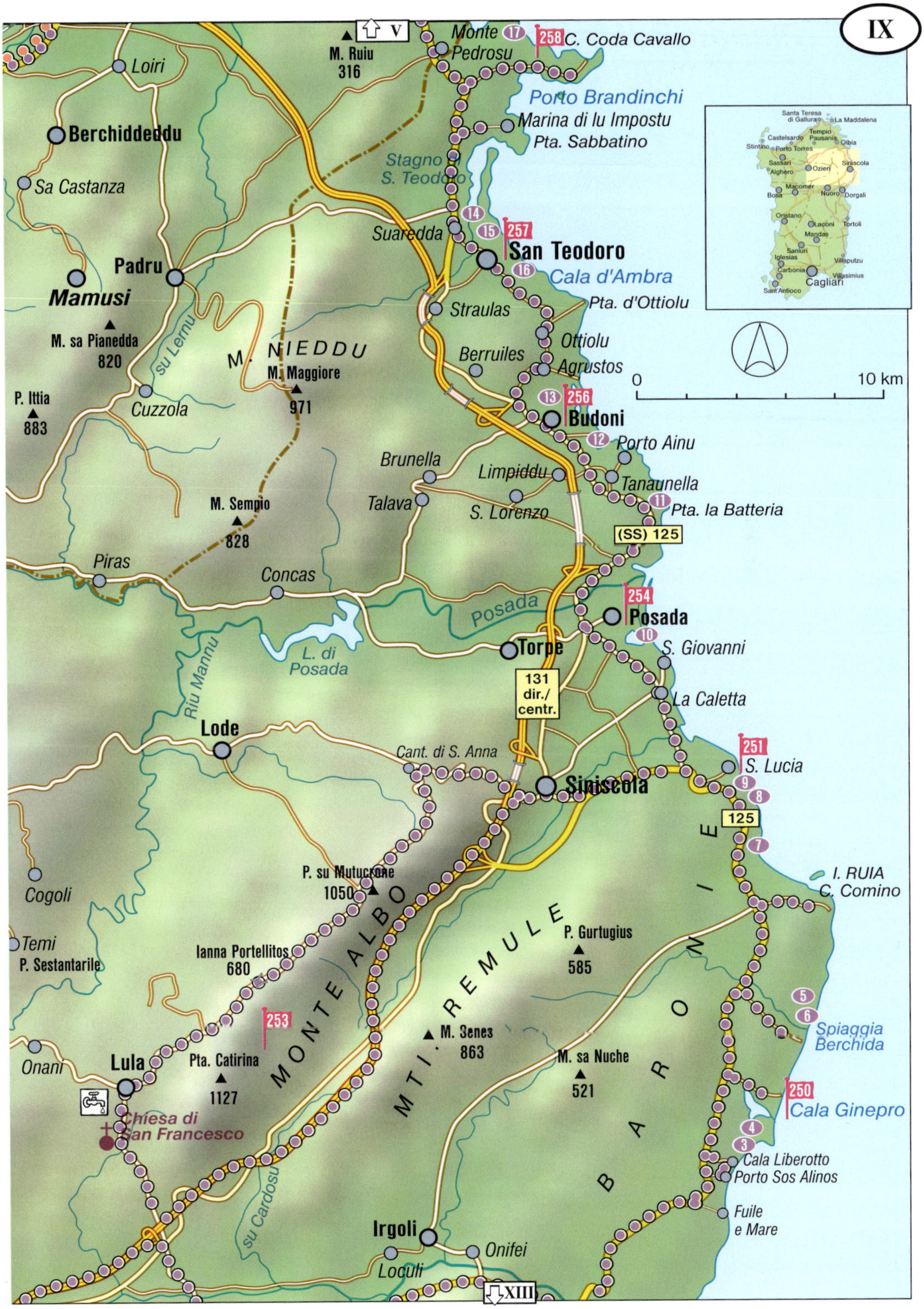
IX
V
XIII
M. Ruiu
316
Monte Pedrosu
C. Coda Cavallo
Porto Brandinchi
Marina di lu Impostu
Pta. Sabbatino
Stagno di S. Teodoro
Loiri
Berchiddeddu
Sa Castanza
Padru
Mamusi
Suaredda
San Teodoro
Cala d'Ambra
Straulas
Pta. d'Ottiolu
Ottiolu
Agrustos
Berruiles
M. sa Pianedda
820
su Lernu
M. NIEDDU
M. Maggiore
971
P. Ittia
883
Cuzzola
Budoni
Porto Ainu
Brunella
Limpiddu
Tanaunella
Talava
S. Lorenzo
Pta. la Batteria
(SS) 125
M. Sempio
828
Piras
Concas
Posada
L. di Posada
Torpe
S. Giovanni
131 dir./centr.
La Caletta
Riu Mannu
Lode
Cant. di S. Anna
S. Lucia
Siniscola
125
Cogoli
P. su Mutucrone
1050
I. RUIA
C. Comino
Temi
P. Sestantarile
Ianna Portellitos
680
P. Gurtugius
585
MONTE ALBO
MTI. REMULE
BARONIE
Spiaggia Berchida
Onani
Lula
Pta. Catirina
1127
M. Senes
863
M. sa Nuche
521
Cala Ginepro
Chiesa di San Francesco
Cala Liberotto
Porto Sos Alinos
su Cardosu
Fuile e Mare
Irgoli
Onifei
Loculi
0
10 km
Santa Teresa di Gallura
La Maddalena
Castelsardo
Tempio Pausania
Olbia
Stintino
Porto Torres
Sassari
Alghero
Ozieri
Siniscola
Bosa
Macomer
Nuoro
Dorgali
Oristano
Laconi
Tortolì
Sanluri
Iglesias
Villaputzu
Carbonia
Cagliari
Villasimius
Sant'Antioco

X
Planargia/Marghine
VI
XIV
M. Minerva
644
Cossoine
Mara
Padria
Pozzo-
maggiore
M. Mannu
802
Montresta
M. Pittada
788
Temo
C. Maragiu
10
292
Santa Teresa di Gallura
La Maddalena
Tempio Pausania
Castelsardo
Olbia
Stintino
Porto Torres
Sassari
Siniscola
Alghero
Ozieri
Macomer
Bosa
Nuoro
Dorgali
Oristano
Laconi
Tortolì
Mandas
Sanluri
Iglesias
Villaputzu
Carbonia
Villasimius
Sant'Antioco
Cagliari
116
Cast.
Serravalle
Bosa
Sindia
Bosa Marina
San Pietro
Extramuros
Suni
129
bis
Tinnura
Tamuli, Perdas
marmuradas de Tamuli
Modolo
Magomadas
Flussio
Sagama
Pto. Alabe
Tresnuraghes
Sorgente
Sant Antioco
M. S. Antonio
808
0
10 km
Mannu
Sennariolo
Scano
Montiferro
127
Cuglieri
San Leonardo
di Siete Fuentes
126
Pta. de Foghe
Punta
Arancola
878
Castello di
Monte Ferru
292
Capo Nieddu
128
M. Urtigu
1050
Santu Lussúrgiu
MONTE FERRU
Cascata
Sos
Molinos
S'Archittu
S. Caterina
di Pittinuri
Nostra Signora
Bonarcado
Bonarcado
M. Mesu 'e
Roccas
584
130
Seneghe
132
Torre Sa
Rocca Tunda
Is Arenas
Narbolia
Milis
Su Pallosu
C. Mannu
133
Putzu Idu
St. de
is Benas
Pauli
Crechi
131
Bauladu
Tramatza
Pauli
Murtas
Stagno
Sale Porcus
Riola
Sardo
S. Vero
Milis
Mannu
Zeddiani
I. DI MAL
DI VENTRE
292

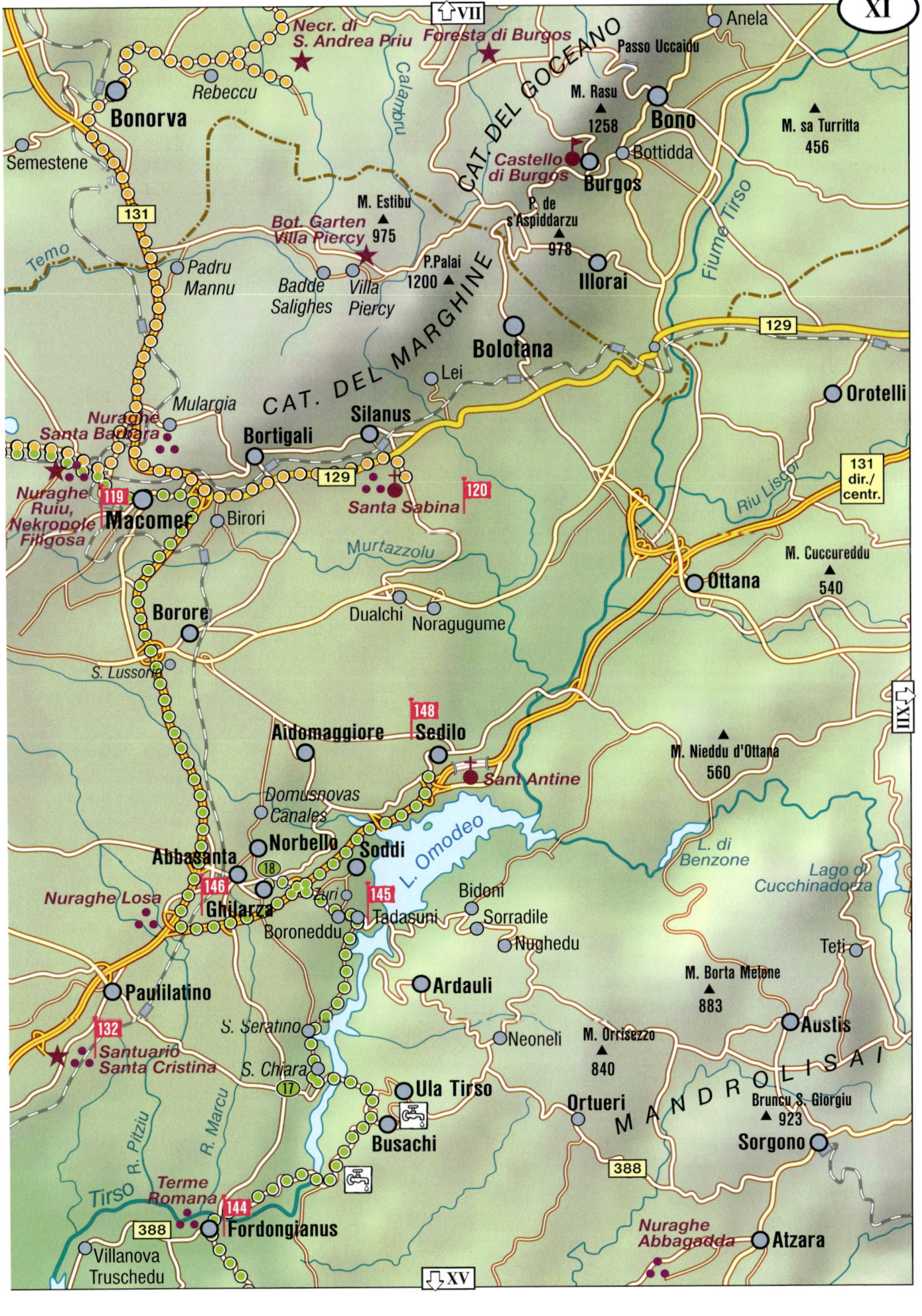
VII
XII
XV
Necr. di S. Andrea Priu
Foresta di Burgos
Calambru
CAT. DEL GOCEANO
Anela
Passo Uccaidu
Bonorva
Rebeccu
M. Rasu 1258
Bono
M. sa Turritta 456
Semestene
Castello di Burgos
Burgos
Bottidda
131
M. Estibu 975
P. de s'Aspiddarzu 978
Bot. Garten Villa Piercy
Fiume Tirso
Temo
Padru Mannu
Badde Salighes
Villa Piercy
P.Palai 1200
Illorai
CAT. DEL MARGHINE
Bolotana
129
Lei
Orotelli
Mulargia
Nuraghe Santa Barbara
Silanus
Bortigali
131 dir./centr.
Riu Liscoi
Nuraghe Ruiu, Nekropole Filigosa
119
Macomer
Birori
Santa Sabina
120
Murtazzolu
M. Cuccureddu 540
Ottana
Borore
Dualchi
Noragugume
S. Lussorio
148
Aidomaggiore
Sedilo
M. Nieddu d'Ottana 560
Sant Antine
Domusnovas Canales
L. Omodeo
L. di Benzone
Lago di Cucchinadorza
Abbasanta
Norbello
Soddi
18
Nuraghe Losa
146
Ghilarza
Zuri
145
Tadasuni
Bidoni
Sorradile
Boroneddu
Nughedu
Teti
Paulilatino
Ardauli
M. Borta Melone 883
132
S. Serafino
Neoneli
M. Orrisezzo 840
Austis
Santuario Santa Cristina
S. Chiara
17
Ula Tirso
R. Marcu
R. Pitziu
Ortueri
MANDROLISAI
Bruncu S. Giorgiu 923
Busachi
Sorgono
388
Tirso
Terme Romana
144
388
Fordongianus
Nuraghe Abbagadda
Atzara
Villanova Truschedu

XII

Baronie (Süd)/Barbagia/Ogliastra (Nord)

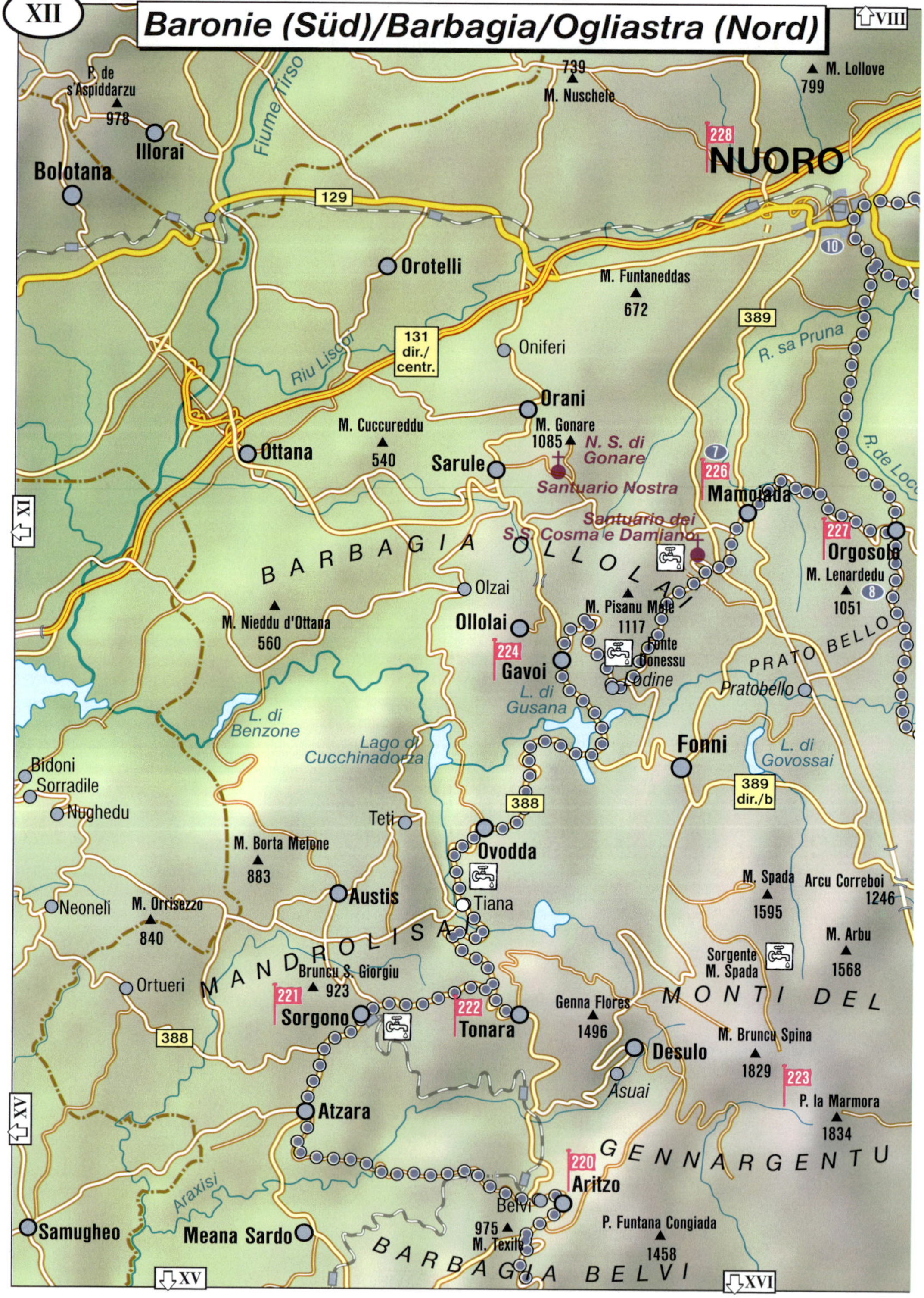

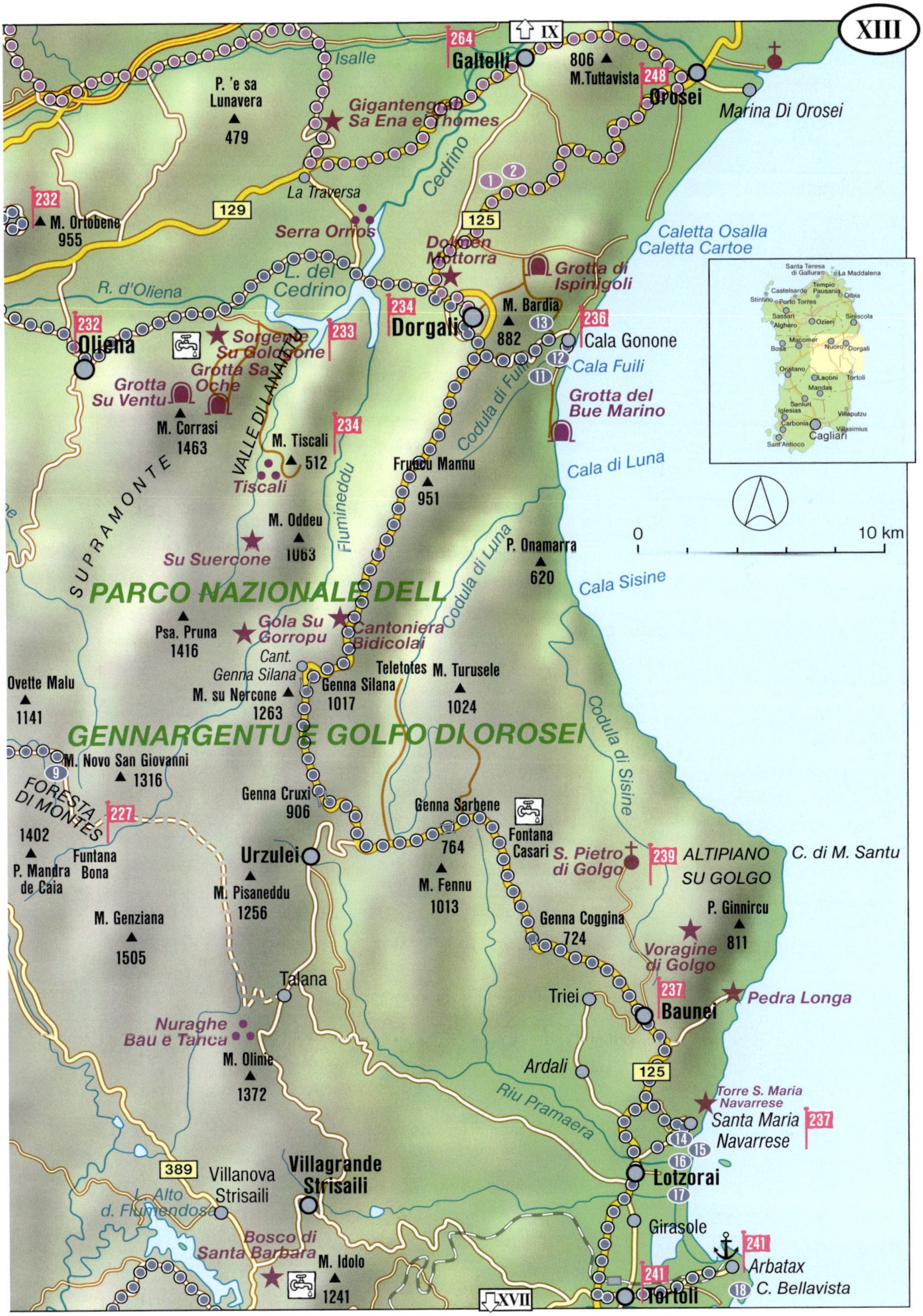
XIII
IX
XVII
Galtelli
Orosei
Marina Di Orosei
806
M.Tuttavista
Isalle
P. 'e sa Lunavera 479
Gigantengrab Sa Ena e Thomes
Cedrino
La Traversa
129
125
232
M. Ortobene 955
Serra Orrios
Dolmen Mottorra
Grotta di Ispinigoli
Caletta Osalla
Caletta Cartoe
R. d'Oliena
L. del Cedrino
Dorgali
M. Bardia 882
Cala Gonone
Cala Fuili
Oliena
Sorgente Su Gologone
Grotta Sa Oche
Grotta Su Ventu
Valle di Lanaittu
M. Corrasi 1463
M. Tiscali 512
Tiscali
Grotta del Bue Marino
Codula di Fuili
Cala di Luna
Fruncu Mannu 951
Flumineddu
Supramonte
M. Oddeu 1063
Su Suercone
Codula di Luna
P. Onamarra 620
Cala Sisine
0
10 km
PARCO NAZIONALE DELL
GENNARGENTU E GOLFO DI OROSEI
Psa. Pruna 1416
Gola Su Gorropu
Cantoniera Bidicolai
Cant. Genna Silana
Genna Silana 1017
Teletotes
M. Turusele 1024
M. su Nercone 1263
Ovette Malu 1141
Codula di Sisine
M. Novo San Giovanni 1316
Foresta di Montes
Genna Cruxi 906
Genna Sarbene 764
Fontana Casari
1402
P. Mandra de Caia
Funtana Bona
Urzulei
M. Pisaneddu 1256
M. Fennu 1013
S. Pietro di Golgo
Altipiano Su Golgo
C. di M. Santu
M. Genziana 1505
Genna Coggina 724
P. Ginnircu 811
Voragine di Golgo
Talana
Triei
Baunei
Pedra Longa
Nuraghe Bau e Tanca
M. Olinie 1372
Ardali
Riu Pramaera
Torre S. Maria Navarrese
Santa Maria Navarrese
389
Villanova Strisaili
Villagrande Strisaili
Lotzorai
L. Alto d. Flumendosa
Girasole
Bosco di Santa Barbara
M. Idolo 1241
Arbatax
C. Bellavista
Tortolì
Santa Teresa di Gallura
La Maddalena
Tempio Pausania
Olbia
Castelsardo
Stintino
Porto Torres
Sassari
Siniscola
Alghero
Ozieri
Bosa
Macomer
Nuoro
Dorgali
Oristano
Laconi
Tortolì
Mandas
Sanluri
Iglesias
Villaputzu
Carbonia
Villasimius
Cagliari
Sant'Antioco

Arborea, Marmilla

XV
XI
XIX
XVI
S. Chiara
Ula Tirso
Busachi
Ortueri
MANDROLISAI
Tonara
388
Fordongianus
Terme Romane
Villanova Truschedu
Tirso
R. Marcu
Nuraghe Abbagadda
Atzara
Allai
Samugheo
Meana Sardo
M. Texile 975
M. Grighini 673
Siapiccia
Siamanna
Ruinas
Scala s'Ebba 497
M. Corte Cerbos 616
VALLE DEI MENHIR
Riu Biddissariu
295
M. sa Scova 1158
Castello Medusa
Villaurbana
Asuni
Mogorella
Villa S. Antonio
Riu Flumini
Castello Aymerich
Laconi
SARCIDANO
M. Corumedus 893
P. Laccu sa Vitella 630
442
Senis
Nureci
Usellus
Assolo
Villaverde
Escovedu
Pau
Albagiara
GIARA DI GESTURI
Genoni
Nurallao
ARCI
Ales
Zeppara
Nuragus
Gonnosno
Sini
Curcuris
Genuri
Nuraghe Is Paras
Isili
197
Morgongiori
M. Zepparedda 609
Gesturi
Pompu
Baradili
Setzu
GIARA DI SERRI
P. Trempu 703
Santa Vittoria
128
Siris
Simala
Baressa
Turri
Tuili
Barumini
Serri
MARMILLA
Gonnoscodina
Su Nuraxi
Gergei
Escolca
Masullas
Ussaramanna
Mogoro
Gonnostramatza
Siddi
Las Plassas
Pauli Arbarei
Giara di Siddi
Gigantengrab
Sa Domu S'Orcu
Villanovafranca
Mandas
Collinas
Lunamatrona
Villanovaforru
Sardara
Villamar
M. S. Mauro 501
Gesico
Santa Maria De Is Acquas
Cast. di Monreale
Seuni

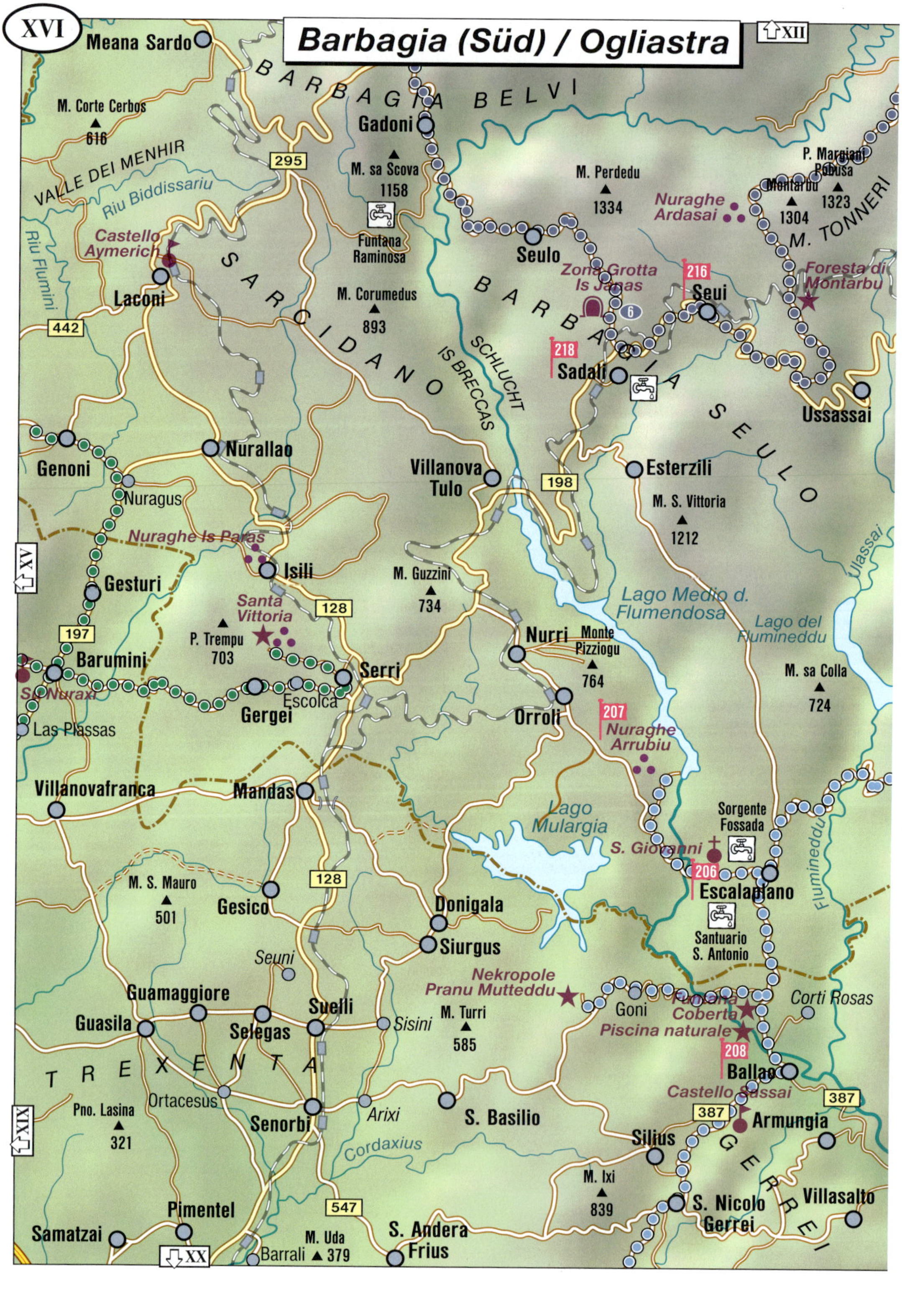
XVI
Barbagia (Süd) / Ogliastra
XII
XV
XIX
XX
BARBAGIA BELVI
SARCIDANO
BARBAGIA SEULO
TREXENTA
GERREI
VALLE DEI MENHIR
M. TONNERI
Meana Sardo
M. Corte Cerbos
616
Riu Biddissariu
Riu Flumini
Castello Aymerich
Laconi
442
295
Gadoni
M. sa Scova
1158
Funtana Raminosa
M. Corumedus
893
M. Perdedu
1334
Seulo
Nuraghe Ardasai
P. Margiani Pobusa
Montarbu
1304
1323
Foresta di Montarbu
Zona Grotta Is Janas
216
Seui
6
218
Sadali
IS BRECCAS
SCHLUCHT
Ussassai
Genoni
Nurallao
Nuragus
Villanova Tulo
198
Esterzili
M. S. Vittoria
1212
Ulassai
Nuraghe Is Paras
Isili
Gesturi
M. Guzzini
734
Lago Medio d. Flumendosa
Lago del Flumineddu
Santa Vittoria
128
197
P. Trempu
703
Nurri
Monte Pizziogu
764
Barumini
Su Nuraxi
Serri
M. sa Colla
724
Escolca
Gergei
Orroli
207
Nuraghe Arrubiu
Las Plassas
Villanovafranca
Mandas
Lago Mulargia
Sorgente Fossada
S. Giovanni
206
Escalaplano
Flumineddu
M. S. Mauro
501
Gesico
Donigala
Santuario S. Antonio
Siurgus
Seuni
Nekropole Pranu Mutteddu
Goni
Funtana Coberta
Corti Rosas
Guamaggiore
Guasila
Selegas
Suelli
Sisini
M. Turri
585
Piscina naturale
208
Ballao
Castello Sassai
387
Armungia
Ortacesus
Pno. Lasina
321
Senorbì
Arixi
S. Basilio
Silius
Cordaxius
M. Ixi
839
S. Nicolò Gerrei
Villasalto
Pimentel
Samatzai
547
M. Uda
Barrali
379
S. Andrea Frius

XVII
XIII
XXI
Arbatax
C. Bellavista
San Gemilana
Tortolì
O G L I A S T R A
M. Idolo
1241
L. Alto d. Flumendosa
M. Perda Liane
1293
Arzana
Bosco di Selene
198
Elini
Ilbono
Lanusei
Lido di Orri
P. Tricoli
1211
M. Arbo
1031
Loceri
390
Barisardo
Gairo St.Elena
Torre di Bari
Osini
Ulassai
SPIAGGIA TRAMALITZA
Bruncu sa Canna
821
Grotta Su Marmuri
Jerzu
Gairo Cardedu
Santa Barbara
125
P. Corongiu
1008
Genna su Ludu
852
Marina Di Gairo
M. Ferru
875
Bruncu Niada
838
M. Arbu
812
Punta su Scusorgio
840
C. Sferracavallo
Marina di Tertenia
Tertenia
Sa Foxi Manna
M. is Crobus
599
Perdasdefogu
Melisenda
Perda is Furonis
674
S. Giorgio
Cant. Masonedili
S A L T O D I Q U I R R A
P. s'Accettori
589
M. Cardiga
676
Cant. S. Giorgio
M. Flixi Durci
558
M. Parredis
630
Castello di Quirra
I. DI QUIRRA
San Nicolò
Quirra
Flumendosa
C. S. Lorenzo
0
10 km
M. su Piroi
605
387
Santa Teresa di Gallura
La Maddalena
Tempio Pausania
Castelsardo
Olbia
Stintino
Porto Torres
Sassari
Siniscola
Alghero
Ozieri
Macomer
Nuoro
Bosa
Dorgali
Oristano
Laconi
Tortolì
Mandas
Sanluri
Iglesias
Villaputzu
Carbonia
Villasimius
Cagliari
Sant'Antioco

XVIII
Iglesiente / Campidano
XIV
XXII
Marina di Arbus
M. Arcuentu 785
Riu Piscinas
Montevecchio
Piscinas
Costa Verde
P. s'Accorradroxiu 726
Guspini
Pabillonis
Bellu
Arbus
Ingurtosu
Is Arenas
Scivu
Bau
P. Mairu 724
Gonnosfanadiga
Campidano
P. Mumullonis 499
C. Pecora
Portixeddu
M. Linas
Villacidro
P. di S. Miali 1062
Fluminimaggiore
P. Perda de sa Mesa 1236
Lago di Montimannu
S. Nicolao
Sra. Trigus 651
Grotta Su Mannau
Tempio di Antas
Buggerru
Cala Domestica
M. Anzeddu 903
Sa Duchessa
Malacalzetta
Iglesiente
P. Cucurdonimannu 910
Acquaresi
Casa Natura
Monte Marganai
M. S. Pietro 661
S. Benedetto
Grotta di San Giovanni
L. Monteponi
Lago Corsi
Montecani
Pan di Zucchero 132
Masua
P. S. Michele 906
Iglesias
Domusnovas
Nebida
Golfo di Gonessa
Monteponi
Musei
Fontanamare
Monte Scorra
Cixerri
Tonnara
Seddas Moddizzis
Villamassargia
La Regina
Gonnesa
Nuraghe Seruci
Bacu Abis
Castello di Goiosa Guardia
C. Altano
Corongiu
M. Orri 723
Nuraxi Figus
M. S. Miai 614
M. Rosas 609
Portoscuso
Cortoghiana
Barbusi
Terraseo
Parco di Monte Atzari
Porto Vesme
Area archeologica Monte Sirai
Sirai
Terrubia
CARBONIA
Paringianu
Riomurtas
Narcao
Bruncu Teula
Perdaxius
Pesus
Acquacadda
10 km
153 155 156 157 159 160 161 163 164 165 166
126 130 196 197

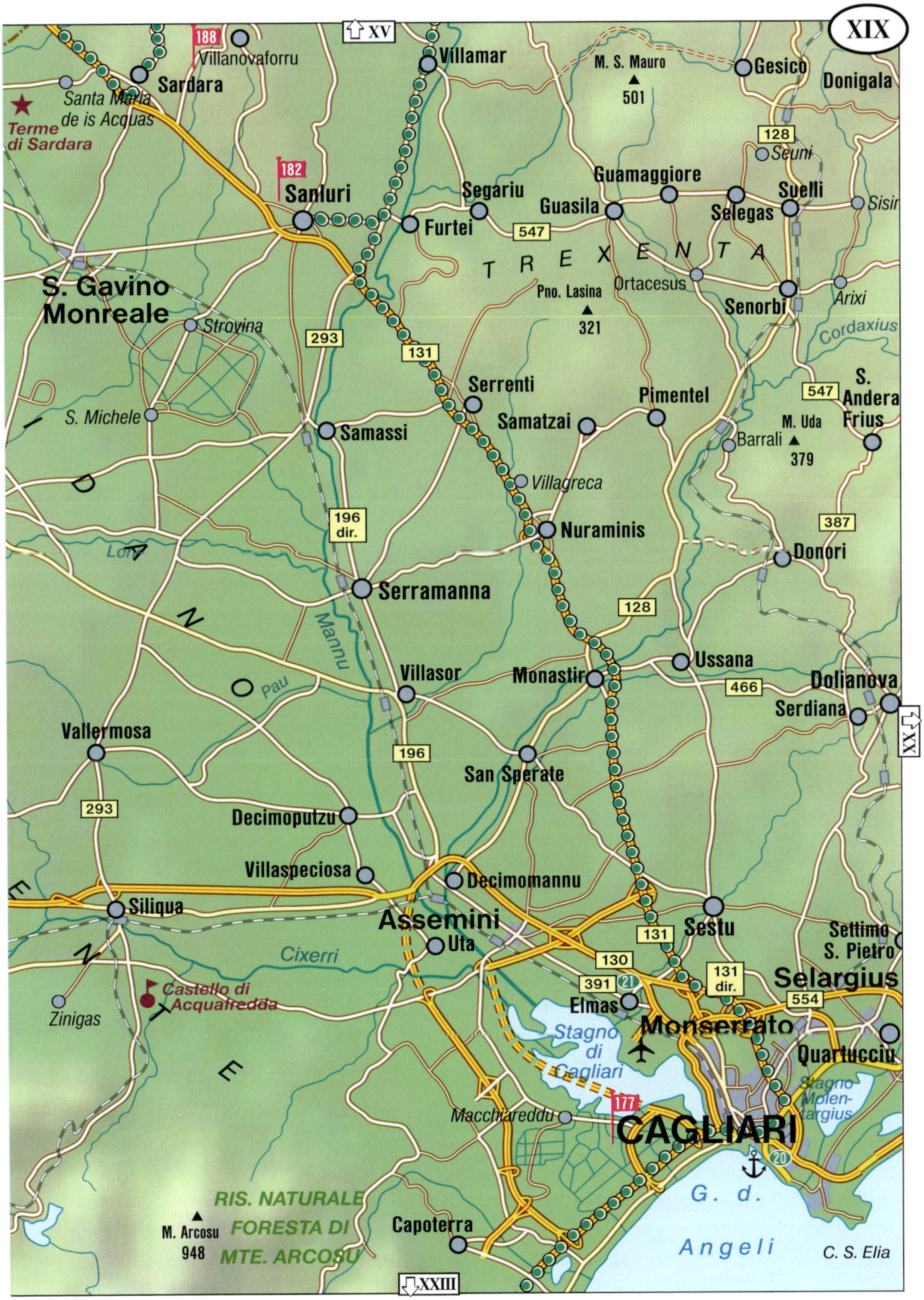

XIX
XV
XX
XXIII
Villanovaforru
Sardara
Santa Maria de is Acquas
Terme di Sardara
Villamar
M. S. Mauro
501
Gesico
Donigala
128
Seuni
Sanluri
Segariu
Guamaggiore
Guasila
Selegas
Suelli
Sisini
Furtei
547
T R E X E N T A
Ortacesus
Pno. Lasina
321
Senorbì
Arixi
S. Gavino Monreale
Strovina
293
131
Cordaxius
Serrenti
Pimentel
547
S. Andera Frius
Samatzai
M. Uda
379
Barrali
S. Michele
Samassi
Villagreca
Nuraminis
196 dir.
387
Donori
Serramanna
Mannu
128
Ussana
Villasor
Monastir
466
Dolianova
Serdiana
Pau
Vallermosa
196
San Sperate
293
Decimoputzu
Villaspeciosa
Decimomannu
Siliqua
Assemini
Uta
Sestu
131
Settimo S. Pietro
130
131 dir.
Selargius
Cixerri
391
21
554
Elmas
Castello di Acquafredda
Zinigas
Stagno di Cagliari
Monserrato
Quartucciu
Stagno Molentargius
Macchiareddu
177
CAGLIARI
20
G. d. Angeli
C. S. Elia
RIS. NATURALE FORESTA DI MTE. ARCOSU
M. Arcosu
948
Capoterra
I G L E S I E N T E

XX
XIX
Sarrabus / Cagliari
XVI
Strovina
293
131
Pno. Lasina
321
Senorbi
Arixi
S. Basilio
Cordaxius
Santa Teresa di Gallura
La Maddalena
Tempio Pausania
Castelsardo
Stintino
Porto Torres
Olbia
Sassari
Alghero
Ozieri
Siniscola
Macomer
Bosa
Nuoro
Dorgali
Oristano
Laconi
Tortolì
Mandas
Sanluri
Iglesias
Villaputzu
Carbonia
Villasimius
Cagliari
Sant'Antioco
Serrenti
Samatzai
Pimentel
547
M. Uda
379
Barrali
S. Andera Frius
Cuccuru Orru
801
Villagreca
Bruncu su Cani
491
387
Nuraminis
Donori
Serramanna
128
Mannu
Bruncu Salamu
842
Pau
Villasor
Monastir
Ussana
466
210
Serdiana
Dolianova
XIX
196
San Sperate
Soleminis
Decimoputzu
Villaspeciosa
Decimomannu
Sinnai
Assemini
Sestu
Uta
131
Settimo S. Pietro
Maracalagonis
Cixerri
130
131 dir.
391
21
554
Selargius
Elmas
Monserrato
Quartucciu
Stagno di Cagliari
192
Stagno Molentargius
Quartu S. Elena
Foxi
177
Macchiareddu
CAGLIARI
192
Poetto
G. di Quartu
20
RIS. NATURALE FORESTA DI MTE. ARCOSU
M. Arcosu
948
G. d. Angeli
Capoterra
C. S. Elia
Gutturu Mannu
La Maddalena
Golfo
M. is Pauceris Mannu
720
195
Villa d'Orri
di Cagliari
M. is Laccuneddas
601
XXII
XXIII
Porto Foxi

XXI
XVII
Castello Sassai
387
Nuraghe Armungia
M. Parredis
630
I. DI QUIRRA
Quirra
C. S. Lorenzo
GERREI
Silius
Armungia
M. Ixi
839
S. Nicolò Gerrei
Villasalto
Flumendosa
M. su Piroi
605
387
125
Furittu
sa Matt'e Abramu
733
S. Vito
Villaputzu
199
14
13
Pto. Corallo
12
Foresta Monte Genis e Monte Pardu
M. Genis
979
M. Arrubiu
767
Genn'Argiolas
775
197
Muravera
11
Ollastu
Tuviois
10
9
Stagno di Saline
S. Priamo
Torre Salinas
P. Serpeddi
1067
Bruncu Coxinadroxiu
772
GOLA RIU CANNAS
Riu
Sa Picocca
Stagno dei Colostrai
Burcci
Cannas
SARRABUS
Bruncu Meureddu
591
M. Liuru
420
Stagno di Feraxi
Arcu e Tidu
426
M. d. Sette Fratelli
1023
Annunziata
Vgio. C. Ferrato
8
C. Ferrato
S. Gregorio
Porto Pirastu
125
7
Oliaspeciosa
S. Basilio
Parco Sette Fratelli
Caserma Vécchia
COSTA REI
Casa Forestrale Maidopis
Monte Nai
6
S. Isidoro
Bruncu de su Soli
775
Castiadas
195
Flumini
Capitana
S. Andrea
1
M. Arbu
811
M. Mininimi
732
Terra Mala
Cala di Sinzias
C. D. Marina
2
M. Nieddu
590
Geremeas
M. Macioni
336
Cala Regina
5
M. Maria
589
4
192
Villasimius
I. SERPENTARA
Torre delle Stelle
Solanas
3
P. Molentis
Spiaggia Simius
C. Boi
G. di Carbonara
Cala Giunco
C. Carbonara
0
10 km
I. D. CAVOLI

XXII
XVIII
Santa Teresa di Gallura
La Maddalena
Tempio Pausania
Castelsardo
Stintino
Porto Torres
Olbia
Sassari
Siniscola
Alghero
Ozieri
Macomer
Nuoro
Bosa
Dorgali
Oristano
Laconi
Tortolì
Mandas
Sanluri
Iglesias
Villaputzu
Carbonia
Cagliari
Villasimius
Sant'Antioco
163
Fontanamare
Monte Scorra
Montepon
Tonnara
166
Gonnesa
Seddas Moddizzis
Vergine del Pilar
Villamassargia
IGLESIENTE
Nuraghe Seruci
Bacu Abis
C. Altano
Coronigiu
126
Nuraxi Figus
M. S. Miai
614
Terraseo
166
Portoscuso
Cortoghiana
Barbusi
I. PIANA
166
Porto Vesme
La Punta
Tonnare
Area archeologica Monte Sirai
Sirai
CARBONIA
Paringianu
Guardia d. Mori
211
167
Bruncu Teula
Perdaxius
Sandalo
126
Serbariu
Pesus
Carloforte
M. S. Michele Arenas
492
Matzaccara
I. DI S. PIETRO
Canale d. Colonne
Arenas
S. Giovanni Suergiu
L. di M. Pranu
La Caletta
10
Calasetta
Tratalias
Pta. d. Colonne
Cussorgia
126
punisch-röm. Nekropole, pun. Thopet
126 dir.
Palmas
Giba
Tonnara
S. Antioco
Cortiois
195
Masainas
168
Porto Botte
Villarios
I. DI S. ANTÍOCO
Perdas de Fogu
271
Golfo di Palmas
Is Solinas
Is Domus
S. Anna Arresi
9
Cannai
8
Stagno di Maestra
Porto Pino
P. Menga
11
Stagno de is Brebeis
C. Sperone
Pto. Pino
I. LA VACCA
Pta. Cala di Piombo
Pto. Cogodulos
C. Teulada
I. IL TORO
0
10 km

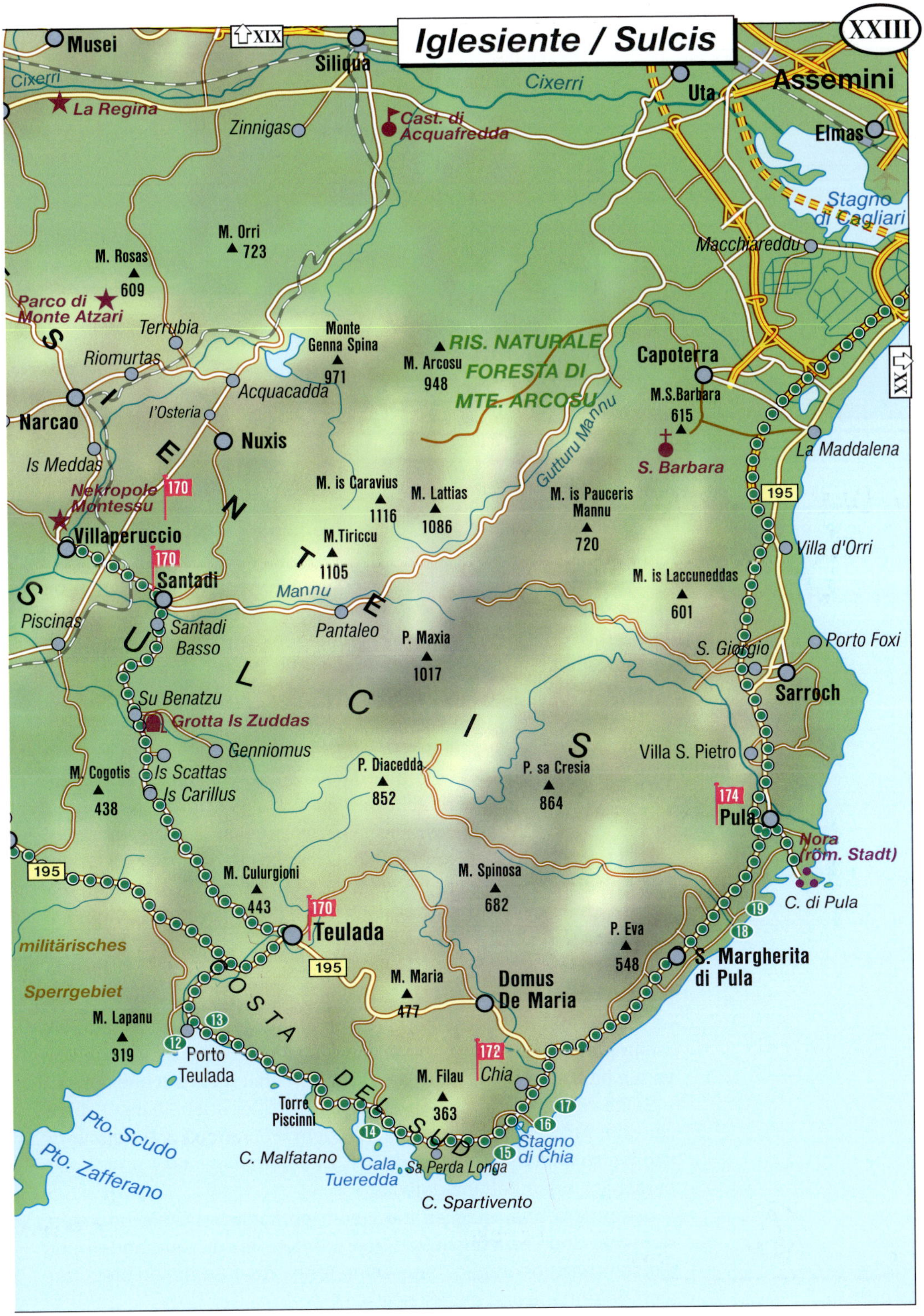
Iglesiente / Sulcis
XXIII
XIX
XX
Musei
Siliqua
Uta
Assemini
Elmas
Cixerri
La Regina
Zinnigas
Cast. di Acquafredda
Stagno di Cagliari
Macchiareddu
M. Orri 723
M. Rosas 609
Parco di Monte Atzari
Terrubia
Riomurtas
Narcao
Acquacadda
l'Osteria
Nuxis
Monte Genna Spina 971
M. Arcosu 948
RIS. NATURALE FORESTA DI MTE. ARCOSU
Capoterra
M.S.Barbara 615
S. Barbara
Gutturu Mannu
La Maddalena
Is Meddas
Nekropole Montessu
170
Villaperuccio
Santadi
M. is Caravius 1116
M. Lattias 1086
M.Tiriccu 1105
M. is Pauceris Mannu 720
195
Villa d'Orri
M. is Laccuneddas 601
Mannu
Piscinas
Santadi Basso
Pantaleo
P. Maxia 1017
Porto Foxi
S. Giorgio
Sarroch
Su Benatzu
Grotta Is Zuddas
Genniomus
Is Scattas
Is Carillus
M. Cogotis 438
P. Diacedda 852
P. sa Cresia 864
Villa S. Pietro
174
Pula
Nora (röm. Stadt)
C. di Pula
M. Culurgioni 443
M. Spinosa 682
Teulada
P. Eva 548
S. Margherita di Pula
militärisches Sperrgebiet
M. Maria 477
Domus De Maria
M. Lapanu 319
Porto Teulada
172
Chia
M. Filau 363
Torre Piscinni
Pto. Scudo
Pto. Zafferano
C. Malfatano
Cala Tueredda
Sa Perda Longa
Stagno di Chia
C. Spartivento
SULCIS
IGLESIENTE
COSTA DEL SUD
12
13
14
15
16
17
18
19

130sa Abb.: ph

DER AUTOR

Peter Höh, Jahrgang 56, wurde im Süden der Bonner Republik in einem 600-Seelen-Dorf in knapp 800 m Höhe geboren. Nach obligatorischer Schullaufbahn folgte eine handwerkliche Berufsausbildung.

Diesen Lehrjahren schlossen sich einige Wanderjahre durch die weite innere und äußere Welt an. Weiter ging es mit Abitur auf dem zweiten Bildungsweg und anschließendem Studium der Publizistik und Informationswissenschaften an der FU Berlin.

Der Fall der Mauer und der damit verbundene Zusammenbruch der damaligen Ost-West-Schwarz-Weiss-Welt war auch für den Autor eine Zäsur. Denn direkt vor seiner Tür eröffnete sich über Nacht eine riesige „terra incognita“, die von Berlin Alexanderplatz bis Wladiwostok reichte und dringend entdeckt werden wollte. So schnürte er erneut das Bündel und brach auf, nun als Publizist und also mit dem Griffel im Gepäck. Ersten Veröffentlichungen im Reise Know-How Verlag folgten zahlreiche weitere in verschiedenen Verlagen, Zeitungen und Zeitschriften rund um die Themen Reisen und speziell Wohnmobil-Reisen.

Mittlerweile gilt Peter Höh als ausgewiesener Experte für Sardinien und das italienische Fremdenverkehrsamt ENIT hat ihn für seine Arbeit über Sardinien 2002 mit einem Preis ausgezeichnet. Sein umfangreiches Reisehandbuch „Sardinien“ aus dem Reise Know-How Verlag hat sich schnell zum Standardwerk über die Insel entwickelt.

Seine vielen Recherchetouren kreuz und quer über die Insel absolviert der Autor seit Jahren meist mit dem Wohnmobil und hat auf diese Weise beinahe jeden Stellplatz, jede Campinganlage und Quelle persönlich erkundet und getestet.

Besonders aber sind es die vielen persönlichen Verbindungen, Kontakte und Freundschaften, die auf den Reisen entstanden und die sehr dazu beitragen, dass seine Arbeit über Sardinien stets fundiert, informativ und aktuell sein wird.